Riedel/Wiese · **Klausur- und Abiturtraining Deutsch 1**

Werner Riedel/Lothar Wiese

Klausur- und Abiturtraining Deutsch 1

Einführung in den Roman

Aulis Verlag Deubner & Co KG

Die Deutsche Bibliothek - CIP-Einheitsaufnahme

Klausur- und Abiturtraining Deutsch / Riedel ; Wiese. -
Köln: Aulis-Verl. Deubner.

1. Einführung in den Roman. - 1994
ISBN 3-7614-1563-X

Best.-Nr. 3020

Satz und Layout: SCHÄFER & KOSUBEK, Köln
Druck und Bindung: Druckerei DAN, Ljubljana, Slowenien
ISBN 3-7614-1563-X

Inhalt

Hinweise für den Benutzer

Der vorliegende Band „Einführung in den Roman“ ist Teil einer zunächst auf vier Bände angelegten Reihe für das Fach Deutsch, die Ihnen Hilfen bei der Klausur- und Abiturvorbereitung bieten soll. Dieser Band behandelt die Gattung Roman; Bände zum Drama, zu Lyrik und Kurzprosa folgen.
Dieser Band gliedert sich in vier Kapitel. Im *ersten Teil* finden Sie Kategorien und Grundbegriffe der epischen Gattung, die Sie kennen und anwenden müssen. Deshalb werden auch im systematischen Teil Beispielanalysen vorgelegt. Dieses Basiswissen des systematischen Teils sollten Sie immer wieder nachschlagen; dazu dienen Ihnen die Hinweise und Querverweise in den übrigen Kapiteln.
Die im *zweiten, literaturgeschichtlich angelegten Kapitel* vorgestellten Werke sind nicht als vollständige Werkanalysen angelegt. Sie dienen vielmehr erstens der Einführung in den jeweiligen Roman, zweitens enthalten sie methodische Anleitungen in Form von Beispielanalysen, drittens geben sie einen detaillierten Überblick über den Kontext des Werkes, viertens enthalten sie Übungsbeispiele, die Sie selbständig lösen und dann mit den Lösungshinweisen, die nur wesentliche Ansätze und Schwerpunkte allgemein vorstellen, vergleichen können. Im *dritten Kapitel* finden Sie nichtfiktionale Texte, die den Aufgabentypen „Analyse nichtfiktionaler Texte“ und „Erörterung im Anschluß an fachspezifische Textvorlagen“ entsprechen. Das *vierte Kapitel* soll Ihnen verschiedene Hilfen an die Hand geben; es soll Ihnen noch einmal verdeutlichen, wie zitiert wird, welche Vorgehensweisen bei der Analyse zu empfehlen sind, wie Sie Ihr Beschreibungsvokabular ergänzen können, welche Fachbegriffe unbedingt verfügbar sein sollten. Der Leser wird bemerken, daß die Beispielaufgaben und -analysen sich an den verbreiteten Aufgabenarten (Abiturrichtlinien) orientieren. Mögliche, aber weniger genutzte Varianten dieser Aufgabenarten - z. B. der Textvergleich, aber auch kreative Schreibformen -, werden im Lyrik- und Kurzprosaband vorzustellen sein. Die Unterschiede bei den Texten und Antworten der Beispielanalysen (vgl. Umfang, Komplexität, Abstraktionsniveau) nehmen, ohne direkt vermerkt zu werden, Bezug auf die graduellen Unterschiede zwischen Leistungs- und Grundkursen.
Die ausgewählten Romane wurden nach folgenden Kriterien festgelegt: Sie werden häufig im Unterricht gelesen und haben sich in der Praxis bewährt; sie sind für die Kategorien und Poetik des Romans ebenso relevant wie für die literarische Epoche. Leider mußte ausgewählt, mußte auf einige wichtige Romane (z. B. Th. Mann) verzichtet werden, die den Rahmen einer solchen Einführung gesprengt hätten.
Auf alle fachwissenschaftlichen Entscheidungen, die in diese Arbeit eingegangen sind, kann und sollte hier nicht eingegangen werden, da es vorrangig auf Benutzbarkeit, Praktikabilität ankommt.
Wichtig ist für uns noch der Hinweis, daß Kunstwerken wie dem Roman grundsätzliche Offenheit eignet, daß der Leser seine eigene Deutungsperspektive einbeziehen wird, daß im literarischen Text verschiedene Möglichkeiten der Sinngebung angelegt und vom aktuellen Leser schöpferisch zu realisieren sind. In diesem Sinne gibt es zwar nicht die objektive Analyse, aber dennoch mußten wir uns um eine in sich geschlossene, überprüfbare Analyse bemühen, um methodische Wege vorzustellen und weitgehend gesicherte Einsichten vermitteln zu können. So haben wir einen mittleren Weg gesucht, der einerseits komplex genug und wissenschaftlich ausgerichtet ist und der andererseits auf die Unterrichtspraxis bezogen werden kann. Dieser Band soll

jedenfalls nicht den Eindruck erwecken, es gebe rezeptartige Analysemodelle und Handlungsanweisungen, die der Leser nur umzusetzen habe. Es wird dem aufmerksamen Leser auffallen, daß die einzelnen Kapitel, insbesondere die Beispielanalysen und Lösungshinweise - bei aller grundsätzlichen Übereinstimmung -, einen variablen methodischen Zugriff sowie einen unterschiedlichen Sprachstil aufweisen. Man kann also merken, daß hier zwei Verfasser geschrieben haben. Wir halten dies aber keinesfalls für einen Mangel, sondern angesichts der erwähnten Offenheit und Variationsbreite unseres Faches für ein Charakteristikum.
Abschließend sollen noch einige *konkrete Empfehlungen* gegeben werden, wie dieses Buch am sinnvollsten zu nutzen ist.

1. Zu den einzelnen Kapiteln

Zunächst bietet es sich an, sofern im Unterricht behandelt und somit bekannt, zunächst den allgemeinen Teil (Kapitel 1) abschnittweise zu lesen. Sodann empfiehlt es sich, jeweils den ersten abgedruckten Romanauszug zu lesen, sich Notizen zu machen und diese mit der Beispielanalyse zu vergleichen. Nach der Lektüre des Abschnittes „Einbettung in die Epoche“, der in die literaturgeschichtlichen Voraussetzungen einführt, sollten Sie das Übungsbeispiel selbständig bearbeiten, bevor Sie Ihre Ergebnisse vergleichen.

2. Zum Glossar

Die wichtigsten, wiederkehrenden Begriffe, im Text mit einem * versehen, sollten Sie in diesem Register nachschlagen und von nun an verfügbar haben.

3. Zu den Formulierungshilfen

Bei Ihren Analysen sollten Sie sich vergewissern, ob Sie die Zitiertechnik richtig anwenden, ob Ihr Beschreibungsvokabular zu erweitern ist, wie Sie bestimmte Ausdrucksmängel Ihrer letzten Klausur vermeiden können.

4. Weiterführende Literatur wird häufig, allerdings bewußt sehr sparsam, am Ende einer Einheit vorgestellt. An dieser Stelle sei auf das in jeder Bücherei greifbare „Kindler Literatur Lexikon“ hingewiesen, das Sie sehr schnell und präzise mit dem Werk vertraut machen kann und erste Literaturangaben (Sekundärliteratur) enthält.

1 Systematischer Teil

1.1 Zum Gattungsbegriff Roman

An dieser Stelle kann weder der Versuch unternommen werden, die Geschichte der Romane aufzuschreiben, noch kann ein umfassender Überblick über die Entwicklung der Diskussion des Gattungsbegriffs gegeben werden. Wir wollen hier nur auf einige grundsätzliche Probleme und Fragestellungen aufmerksam machen.

Abgrenzungen

Eine der wichtigsten Thesen zum Roman ist, daß es sich bei ihm um eine Auflösung des Versepos in Prosa handle. Damit wird seine Nähe, aber auch zugleich seine Distanz zum *Epos* betont. Die Prosaform des Romans ist zwar ein wichtiges Unterscheidungsmerkmal, das jedoch nicht als Schwäche, sondern als Möglichkeit für den Roman interpretiert werden muß (als Möglichkeit, die Distanz zum Erzählten zu verringern), von größerer Bedeutung sind jedoch die gehaltlichen Unterschiede zwischen Epos und Roman. Es geht dabei um die unterschiedliche Art der ihnen gemeinsamen Weltdarstellung. Die Helden des antiken Epos, erinnert sei hier nur an die Schöpfungen Homers, sind Repräsentanten einer allgemein akzeptierten Weltordnung ohne ausgeprägte Individualität. Autor, Leser und dargestellte Welt fügen sich zu einem spannungsfreien Ganzen zusammen, das in der schönen Form der Versdichtung seine ästhetische Entsprechung findet. Der Roman hingegen lebt nicht mehr von einem solchen einheitlichen Weltbild, sondern die innere Welt der Figuren tritt der äußeren Welt als gleichberechtigt gegenüber. Falsch wäre es jedoch, wollte man daraus ableiten, daß es dem Roman nicht um die Darstellung von Welt gehe. Diese steht auch hier im Mittelpunkt, allerdings in der gebrochenen Beziehung des Individuums zu ihr. So ist es zu erklären, daß der Roman seit der Aufklärung in zunehmendem Maße zum Synonym für Literatur schlechthin wird, denn er bietet dem erwachenden Individuum Gelegenheit, sich und seine Umgebung widerzuspiegeln, nicht im Sinne einer platten Duplikation, sondern mit den Möglichkeiten des Hohlspiegels, der Vergrößerung, Verkleinerung und Verzerrung.

Abzugrenzen ist der Roman von der *Novelle*. Diese ist nicht nur kürzer als der Roman, sondern vor allem anders strukturiert. Ihr gedrängter, geradlinig auf ein Ziel hinführender Aufbau ist dem des Dramas vergleichbar. Anders als im Roman hält sich der Erzähler im allgemeinen zurück oder verlegt seine Kommentare in eine Rahmenerzählung. Im Mittelpunkt des Interesses steht die Handlung und nicht die Figur. Insgesamt muß die Novelle als formstrenger als der Roman angesehen werden.

Schwieriger ist es, den Gattungsbegriff Roman von der *Erzählung* abzugrenzen, wenn letzterer Begriff nicht als Oberbegriff für alle Formen der erzählenden Literatur verstanden werden soll. Als Gattungsbegriff verweist das Wort „Erzählung“ auf eine kürzere Form der erzählenden Literatur, die im allgemeinen einen stärkeren Bezug zur

Realität besitzt und den Eindruck des Fiktiven zu vermeiden versucht. Sie ist gekennzeichnet durch ein lockeres, nicht auf einen Punkt zentriertes Erzählen, das den Erzählstoff in freier, ungezwungener Form entfaltet. An manchen Stellen sind die Übergänge zum Roman fließend, so daß manche Autoren ein Werk als Erzählung bezeichnen, die Literaturwissenschaft dieses Werk jedoch als Roman einordnet.

Romantypen

Hilfreicher für das Verständnis von Romanen als die vorangehenden Überlegungen zum Gattungsbegriff können Versuche sein, eine Romantypologie aufzustellen, obgleich an dieser Stelle vorangestellt werden muß, daß jede Typologie zur Vernachlässigung des Einzelexemplars führt. Andererseits tritt jedes Einzelexemplar zum Typus in Spannung und offenbart dadurch seine Individualität.

Folgen wir der Einteilung, die Wolfgang Kayser in seinem Buch „Das sprachliche Kunstwerk" vorgenommen hat, so können wir die Romane einteilen in: Geschehnis-, Figuren- und Raumromane.

Der *Geschehnisroman* zeichnet sich strukturell dadurch aus, daß Knotenpunkte der Geschichte und Schwerpunkte des Erzählens zusammenfallen. Die Intensität des Erzählens korrespondiert mit der Wichtigkeit der Ereignisse. Zu diesem Typus gehören der Liebesroman mit den Hauptereignissen Treffen, Trennung und Wiedervereinigung der Liebenden, dann der historische Roman, in dem die Bedeutung des Ereignisses schon in der Thematik liegt, und schließlich der Schauerroman (als Vampir-, Gespenster- und Kriminalroman), in dem die Ereignisse mit den von ihnen ausgehenden Schauereffekten im Mittelpunkt stehen.

Davon zu unterscheiden ist der *Figurenroman.* Im Mittelpunkt steht eine einzelne Figur, die häufig autobiographische Merkmale aufweist. Zu diesem Romantypus gehören der Bildungsroman, in dem es um die Herausbildung einer Persönlichkeit zu einem mehr oder weniger allgemein anerkannten Ziel geht, wo ein gewisser Reifegrad der Hauptfigur erreicht werden soll, und dann der Entwicklungsroman, der stärker die geistig-psychische Entwicklung akzentuiert. Meist ist er impressiv (nach W. Kayser: Das sprachliche Kunstwerk) konzipiert, was bedeutet, daß die Reaktion der Hauptfigur, seine Seelenzustände, seine inneren Konflikte zum Zentralpunkt des Romans werden. Wenn aus Reflexionen der Hauptfigur Konsequenzen für die Außenwelt entstehen, liegt eine expressive Form dieses Romantypus (W. Kayser, a. a. O.) vor.

Als dritte Form müssen wir den *Raumroman* betrachten, der uns inhaltlich in Form des Gesellschaftsromans begegnet. Im Gegensatz zum Figurenroman steht nicht die Entwicklung einer Figur im Mittelpunkt, sondern es kommt zu einem panoramaartigen Nebeneinander von Figuren und Figurengruppen, die jeweils bestimmte Kraftfelder in der Gesellschaft verkörpern. In diesem Romantypus bietet sich die Möglichkeit einer kritischen Analyse der Gesellschaft, aber auch der Entwurf einer Gesellschaftsordnung ist hier angesiedelt. Erinnert sei hier an die Tradition utopischer und anti-utopischer Romane im angelsächsischen Raum. Häufig wird dieser Romantypus mit dem Geschehnisroman kombiniert, damit die Zeit als die für den Roman typische Kategorie zum Tragen kommt.

Natürlich sind noch weitere Klassifizierungsmöglichkeiten des Romans möglich. So kann man nach der Eigenart der Aussageweise vom empfindsamen, humoristischen, satirischen, realistischen, didaktischen usw. Roman sprechen. In diesen Begriffen spiegelt sich die Haltung des Erzählers zu seinem Stoff wider, wovon unter dem Punkt 1.2.1 noch genauer die Rede sein wird.
Ebenso bieten sich Unterscheidungen nach der Form an, wenn man vom Ich-Roman, vom Brief- oder Dialogroman spricht. Auch Wertkriterien wie Trivialroman, Bestseller, Unterhaltungsroman und künstlerisch hochstehender Roman gehen mit dem Substantiv Roman Verbindungen ein.
All diese Klassifizierungen können die individuelle Analyse eines Romans nicht ersetzen; sie können aber unter Umständen Aspekte liefern, die für die Analyse herangezogen werden können. Nur in diesem Sinne möchten wir die vorangehende Beschreibung und Auflistung von Begriffen verstanden wissen.

Literaturhinweise:

Wolfgang Kayser: Das sprachliche Kunstwerk. Eine Einführung in die Literaturwissenschaft. Bern: Francke 1948.
Hans-Dieter Gelfert: Wie interpretiert man einen Roman? Arbeitstexte für den Unterricht. Stuttgart: Reclam 1993.

1.2 Zentrale Aspekte der Romananalyse

1.2.1 Autor - Erzähler - Leser

Vorbemerkung

In einem Erzähltext, also auch im Roman, teilt ein Autor seinen Lesern - in der Regel - einen fingierten, also erfundenen Erzählinhalt mit, und zwar in einem besonderen Erzählverfahren. Dieser Erzählinhalt ist eine Geschichte, in welcher Figuren in Raum und Zeit handeln (vgl. 1.2.3) und hierbei Veränderungen erleben, bewirken oder erleiden. Bei der Entscheidung für das Erzählverfahren stehen dem Autor viele Auswahlmöglichkeiten zur Verfügung. So kann er z. B. die Geschichte auf einen engen Raum der Zeit (z. B. einige Stunden) und des Ortes (z. B. ein Zimmer) begrenzen, oder er kann über größere Zeiteinheiten (z. B. mehrere Generationen bzw. Räume und verschiedene Handlungsorte) verfügen. Der Autor kann weiterhin seine Geschichte vom Ende oder Anfang her erzählen, er kann sie chronologisch oder mit Zeitsprüngen darstellen, er kann die Erzählfunktion einer mithandelnden oder außenstehenden Figur übertragen, er kann den Blickwinkel je nach Bedarf erweitern oder verengen. - Auf diese Weise entfaltet sich ein literarisches Werk, das charakterisiert ist durch eine Netz innertextlicher Beziehungen, die dichter und vielfältiger sind als in normalsprachlichen Texten und zu der bemerkenswerten Geschlossenheit literarischer Texte beitragen; diese werden so zu einem Bedeutungsganzen.

Der Autor

Wenn G. Grass seinen Roman „Die Blechtrommel" (vgl. Kapitel 1.2.4) mit dem Satz beginnen läßt „Zugegeben, ich bin Insasse einer Heil- und Pflegeanstalt", so dürfte jedem Leser klar sein, daß das Ich, das hier spricht, nicht der Autor ist, sondern eine von diesem eingesetzte fiktive Figur mit eigener fiktiver Lebensgeschichte. Ein empirisch nachweisbarer Autor - als historische Person mit einer realen und also überprüfbaren Lebensgeschichte - erzählt in der Regel nicht seine eigene Lebensgeschichte; andernfalls verfaßt er seine Autobiographie. Der Autor erzählt vielmehr eine fingierte, also eine erfundene Geschichte, aber meistens so, daß sie als wirklich erscheint, daß der Schein von Wirklichkeit erzeugt wird. Fontane bemerkt dazu: „Ein Roman (...) soll eine Welt der Fiktion auf Augenblicke als eine Welt der Wirklichkeit erscheinen lassen."

Der reale Autor ist daher grundsätzlich vom Text zu trennen; somit kann er nicht direkter Gegenstand der Analyse sein. Der Leser weiß von seiner Lebensgeschichte, seiner Einstellung und Absicht kaum etwas. Allerdings gibt es autobiographisch angelegte Literatur, vornehmlich Ich-Erzählungen, in denen der Erzähler und Figuren der Erzählung zum Sprachrohr des Autors werden; diese Erzählungen sind nur begrenzt fingiert und weisen einen höheren Grad an unmittelbarer Wirklichkeitsabbildung auf. Aber bei den meisten Erzähltexten bedürfte es zusätzlicher, über den Text weit hinausreichender Untersuchungen, um über diesen realen Autor und seine Lebenswirklichkeit etwas zu erfahren (vgl. hierzu Kapitel 2.1). Gleichwohl ist dieser reale Autor indirekt zu bedenken. Er ist als die übergeordnete Instanz, als sogenanntes Autorbewußtsein in jedem Erzähltext erkennbar und für alle Entscheidungen des Erzählverfahrens verantwortlich: zum Beispiel für die Zeitstruktur, die Raumgestaltung, die Erzählfunktion, die Figurenkonstellation. Beim Lesen oder Interpretieren fragen wir also nicht nach der Intention des realen Autors, die wir nicht ermitteln können, sondern nach der Textintention. Darunter verstehen wir im wesentlichen das in den Text eingegangene und hier nachweisbare, aber nur indirekt ableitbare Autorbewußtsein. Beim Analysevorgang erfassen wir dieses Autorbewußtsein bzw. die Textintention eingeschränkt, denn ein Text kann sich beim Rezeptionsvorgang zum Teil verselbständigen. Somit ist also der Erzähltext unabhängig vom realen Autor zu rezipieren und der Sinngehalt in bezug auf dieses Autorbewußtsein im Text zu konstruieren. Von diesem Autorbewußtsein im Text können wir nur sehr bedingt Rückschlüsse auf den realen Autor ziehen (vgl. Kapitel 2).

Der Erzähler

Vorbemerkung

Wenn wir uns an den oben zitierten Satz aus der „Blechtrommel" erinnern, erkennen wir, daß der Autor die Erzählfunktion abtritt und eine Erzählinstanz einsetzt. Es hat sich eingebürgert, diese Instanz als Erzähler-Medium oder als fiktive Erzählfigur oder, noch vereinfachter, als Erzähler zu bezeichnen. Dieser Erzähler ist eine Art Zwischeninstanz zwischen Autor und Stoff bzw. eine Art Vermittler des Autorbewußtseins, der den Lesevorgang steuert. Zwar gibt es fast unendlich viele Möglichkeiten, eine Geschichte zu erzählen und diese Erzählerrolle zu gestalten. Aber es gibt Grundsituationen, an die sich die Autoren anlehnen und die sie variieren. Bevor diese Grundsituationen des Erzählens im folgenden vorgestellt werden, wollen wir uns noch einmal wichtige Grundbedingungen des Erzählens vergegenwärtigen. Wir fragen uns, welche Möglichkeiten ein Autor hat, seine fiktionale Welt mit Hilfe seines Erzähler-Mediums - also einer vermittelnden Figur - einzurichten.

Die erste Frage ist also: Wer vermittelt?
Es kann eine eigenständige Erzählerpersönlichkeit auftreten, die frei schalten und walten kann, oder es wird scheinbar erzählerlos erzählt. In dem Fall wird die Erzählerinstanz in das Bewußtsein einer (oder mehrerer) Figur(en) verlagert, oder die Wirklichkeit wird nur passiv und scheinbar objektiv, einem Kamera-Auge vergleichbar, wahrgenommen und erzählt.

Die zweite Frage: Ist das Erzählbewußtsein außerhalb oder innerhalb der Romans verankert?
Die erzählte Welt wird immer von einem subjektiven Bezugspunkt aus gesehen. Dieser Bezugs- oder Wahrnehmungspunkt, von dem aus erzählt wird, kann außerhalb der Romanfiguren, aber innerhalb der erzählten Welt liegen - wir sprechen dann von Außenperspektive -; Außenperspektive kann aber auch vorliegen, wenn eine eigenständige Erzählerpersönlichkeit außerhalb der erzählten Welt steht. Der Bezugspunkt kann andererseits auf die Innenperspektive einer oder mehrerer Figuren begrenzt werden.

Die dritte Frage: Wie gestaltet sich die Beziehung des Erzählers zur erzählten Welt?
Man kann dieses räumliche Verhältnis des Erzählers zu Figuren und Vorgängen noch genauer unterscheiden, indem wir nach dem Erzählerstandpunkt (point of view) fragen. Vergleichen wir, wie oft vorgeschlagen, die Erzählhaltung mit der Kameraeinstellung und -führung. Der Erzähler kann zum Beispiel, wie bei der Kameraführung, aus großer Nähe mit begrenztem Blickwinkel wahrnehmen, oder er kann diese Kameraeinstellung verändern und die Perspektive und damit das Blickfeld erweitern.

Die vierte Frage: Welches Wert- und Wirklichkeitsbewußtsein besitzt der Erzähler?
Die Erzählfigur bietet nicht nur den Blickpunkt, von dem aus der Leser wahrnimmt, sondern sie hat auch einen Standpunkt, ein Werte- und Wirklichkeitsbewußtsein.

Die fünfte Frage: Wie tritt der Erzähler formal auf?
Die Erzählfigur kann zum Beispiel ein Ich-Erzähler sein, der als Figur auf der Handlungsebene auftritt, oder ein Er/Sie-Erzähler, bei dem die handelnde und erzählende Figur nicht identisch sind.

Diese romanästhetischen Grundentscheidungen sind allerdings abhängig von der historischen Situation des Autors, anders gesagt: von dessen Wirklichkeitsverständnis. Allein schon die Veränderungen der Erzählfigur und der Perspektive verdeutlichen die Zeitgebundenheit der Erzählform. Zum Beispiel zieht sich der persönlich auftretende Erzähler - vorwiegend im 18. und 19. Jahrhundert zu finden - unter dem Eindruck eines veränderten Literatur- und Wirklichkeitsverständnisses zurück.

Wenn wir im folgenden unter *Erzählsituation* die räumliche und seelisch-geistige Beziehung des Erzählers zur erzählten Welt begreifen, so ist dies eine modellhafte Vereinfachung und kennzeichnet im Grunde nur die Grundtendenz des Romans; unabhängig davon wechselt in den untergeordneten Erzähleinheiten die Erzählsituation.

Die Ich-Form

Diese Erzählsituation liegt vor, wenn die grammatisch erste Person den Erzähler und eine handelnde Figur bezeichnet, wenn eine eigenständige Erzählfigur Konturen gewinnt, die inmitten der erzählten Welt steht. Aber bei dieser Erzählsituation ist der Blickwinkel auf den persönlichen Gesichtskreis begrenzt, so daß andere Figuren nur von außen beschrieben werden können (Außensicht). Die Welt ist nur so weit existent, wie das erzählende Ich sie zu erfassen und zu überblicken versteht. Diese Ich-Erzählung unterscheidet sich in Erzählhaltung und im Erzählverfahren zunächst nicht von Autobiographien und Memoiren. Es scheint in allen Fällen die Form der Wirklichkeitsaussage vorzuliegen, in der ein realer Autor über sein Leben berichtet. Über den Grad an Fiktionalität muß sich der Leser erst vergewissern. Diese Ich-Erzählsituation bietet folgende Möglichkeiten, die wir - wieder modellhaft vereinfacht - vorstellen werden. Bei allen ist der Blickwinkel jeweils verschoben, und alle bieten dem Leser verschiedene Rezeptionsmöglichkeiten.

1. Zwischen erzählendem und erlebendem Ich besteht eine deutliche Distanz, und das erzählende Ich bestimmt die Perspektive.
An dem bereits oben zitierten Eingangssatz aus der „Blechtrommel" wie an den darauf folgenden Sätzen wird deutlich, daß das Ich, Oskar Matzerath, rückblickend auf sein früheres Leben zurückschaut. In der Heil- und Pflegeanstalt hat er seine Daseins- und Lebensform gefunden, allerdings nur bedingt ein höheres Bewußtsein, da dieses von Geburt an ausgeprägt war und sich nicht grundsätzlich entwickelte. Es gibt aber andere Ich-Romane, in denen der Zeitabstand, die Lebenserfahrung und -einstellung so ausgeprägt sind, daß man von „zwei verschiedenen Ich-Instanzen" sprechen muß. Das erzählende Ich vermag auf das Handeln und Denken des erlebenden Ich ebenso wie auf das Handeln anderer Figuren mit kritischem Abstand zurückzublicken und nähert sich klar der auktorialen Erzählhaltung.

2. Erzählendes und erlebendes Ich sind als Figuren in Einstellung und Blickwinkel weitgehend identisch, somit fehlt der zeitliche Abstand.
Verdeutlichen wir das zweite Modell einer Ich-Erzählsituation an den einleitenden Sätzen des Böll-Romans „Ansichten eines Clowns": „Es war schon dunkel, als ich in Bonn ankam, ich zwang mich, meine Ankunft nicht mit der Automatik eines Uhrwerks ablaufen zu lassen, die sich in fünfjährigem Unterwegssein herausgebildet hatte". In diesem Roman verschieben sich ständig die Zeitebenen, und das erlebende und erzählende Ich unterscheiden sich kaum hinsichtlich ihrer Lebenserfahrung und -sicht. Zwar blickt die Hauptfigur Hans Schnier weit in die Vergangenheit zurück, aber diese Rückblicke werden vom Blickwinkel des erzählenden Ichs gelenkt und gedeutet. Der so erreichte Eindruck der Unmittelbarkeit enthält für den Leser ein Identifikationsangebot. Eine Distanz und Spannung zwischen erlebendem und erzählendem Ich besteht kaum. Noch auffälliger wird jede Differenz zwischen Einst (Erleben) und Jetzt

(Erzählen), sieht man von den Mitteilungen des Herausgebers ab, in Goethes Briefroman „Die Leiden des jungen Werther“ aufgehoben (vgl. 2.2.1). - Im Verschwinden der Erzählinstanz, im Einhalten einer konsequent subjektiv-begrenzten Perspektive nähert sich diese Variante der personalen Erzählhaltung an.

3. Das erzählende Ich tritt zwar innerhalb der Geschehensebene, aber nur als Randfigur, als kaum beteiligter Augenzeuge auf.
Auf dieses dritte Modell der Ich-Erzählsituation soll nur der Vollständigkeit halber hingewiesen werden. Die Figur eines weitgehend Unbeteiligten, der aber Augenzeuge ist, verändert den Erzählwinkel: im Mittelpunkt des Romans stehen eine oder mehrere Hauptfiguren, über die von der Perspektivfigur in der dritten Person erzählt wird.

Die Er/Sie-Form

Im Gegensatz zur Ich-Erzählsituation ist der Er/Sie-Erzähler nicht in die erzählte Welt integriert. Wir unterscheiden zwischen einer Erzählsituation, in der ein Erzähler als eigenständige Figur (auktoriale Erzählhaltung) auftritt, und einer Erzählsituation, in welcher ein Erzähler mit eigenen Zügen fehlt und bei der aus der Sicht einer oder mehrerer Figuren der Handlungsebene erzählt wird (personale Erzählhaltung) oder ohne jede Bindung an eine Person, also in unmittelbarer Wiedergabe des Geschehens (neutrale Erzählhaltung).

Die auktoriale Erzählsituation

Verdeutlichen wir diese Erzählsituation am Beispiel des Romanbeginns von Goethes „Wahlverwandtschaften“.

Eduard - so nennen wir einen reichen Baron im besten Mannesalter - Eduard hatte in seiner Baumschule die schönste Stunde eines Aprilnachmittags zugebracht, um frisch erhaltene Pfropfreiser auf junge Stämme zu bringen.

Der Leser blickt mit dem Erzähler, der nur an dieser Stelle im Roman in der ersten Person Plural auftritt, sonst aber die Er-Form wählt, von außen auf die Figuren. Der Erzähler gibt zu erkennen, daß er der Urheber der Geschichte ist und - wie die Formulierung „so nennen wir“ signalisiert - außerhalb der erzählten Welt steht.
Wie oben schon am Beispiel einer auktorial angelegten Ich-Erzählsituation dargelegt, erscheint der Blickwinkel fast unbegrenzt, das Geschehen liegt abgeschlossen und überschaubar vor dem Erzähler. Dieser vermag in das Innere der Figur zu schauen wie in die Vor- und Nachgeschichte; er kann sich von überlegener Position aus in Form von Erzählereinmischungen an den Leser wenden. - Der Begriff „auktorial“ (von lat. auctor: Urheber, Verfasser) verweist auf die Eigenständigkeit der Erzählfigur ebenso wie auf die Autorität des Erzählers in die Darbietung der erzählten Welt. Herkömmlicherweise spricht man von Allwissenheit und meint mehr den Standpunkt, man spricht von olympischer Position und meint mehr den Standort. Genauer gesagt: Jeder Standort und Standpunkt sind möglich, der allwissende ebenso wie der begrenzte; der Erzähler kann jeden einnehmen und zwischen ihnen wechseln.
Typische Erzählweisen für auktoriales Erzählen sind der Erzählerbericht und -kommentare sowie Formen der indirekten Rede.

Die personale Erzählsituation

Zitieren wir einen weiteren Romananfang, und zwar aus A. Döblins „Berlin Alexanderplatz“:

Er stand vor dem Tor des Tegeler Gefängnisses und war frei. Gestern hatte er noch hinten auf dem Acker Kartoffeln geharkt mit den anderen, in Sträflingskleidung, jetzt ging er im gelben Sommermantel, sie harkten hinten, er war frei.

In diesen ersten Sätzen tritt der Erzähler hinter die erlebende Figur zurück, und Merkmale eines Erzählereingriffes fehlen, so daß man den Eindruck hat, selbst am Schauplatz des Geschehens anwesend zu sein. Zwar erkennt man noch Spuren des Erzähltwerdens, aber der Seh- und Erfahrungsbereich der Figur des Biberkopf wird nicht überschritten. Damit ist die äußere Wahrnehmung begrenzt, die innere erweitert. Denn der Leser ist auf das Blickfeld dieser Perspektivfigur begrenzt, sieht nur dessen Ort, dessen Zeit und dessen mithandelnde Figuren. Personales Erzählen tendiert, wie oben gesagt, zur Darstellung der Bewußtseinsprozesse der Perspektivfigur, also zum Bewußtseinsroman. Neben den Formen des Erzählerberichtes herrschen Formen der Personenrede vor, also direkte Rede, erlebte Rede, innerer Monolog. Als Beispiel für diese Form der Erzählweise soll eine Passage aus Döblins Roman, die einige Absätze hinter der zitierten Stelle steht, zitiert werden: „Was war denn? Nichts. Haltung, ausgehungertes Schwein, reiß dich zusammen, kriegst meine Faust zu riechen“. Die Frage „Was war denn?“ und die Antwort „Nichts“ sind keine Erzählerfragen und -antworten, sondern solche der Figur und gewähren einen direkten und unverstellten Eindruck in die Gedanken- und Gefühlswelt der Figur.

Die neutrale Erzählsituation

Die bisher noch nicht angesprochene, aber auch in der Ich-Erzählung vorkommende neutrale Erzählsituation ist als eine Variation der personalen zu begreifen. In eindeutiger Form ist sie meist nur in kürzeren Textsequenzen zu finden. Nehmen wir als Beispiel eine Passage aus den „Wahlverwandtschaften“, die auf die oben zitierte folgt: „Hast du nicht meine Frau gesehen? fragt Eduard, indem er sich weiter zu gehen anschickte. Drüben in den neuen Anlagen, versetzte der Gärtner. Die Mooshütte wird heute fertig, die sie an der Felswand, dem Schlosse gegenüber, gebaut hat. Alles ist recht schön geworden und muß euer Gnaden gefallen“. In Goethes Roman wechselt also die auktoriale in eine neutrale Erzählsituation. Diese entspricht offensichtlich der Verfasserintention, möglichst unmittelbar und anschaulich, ohne erzählerische Vermittlung, dem Leser die Rede der Figur zu präsentieren. Der Standpunkt liegt beim neutralen Erzählen nicht in einer der Figuren; der Leser hat den Eindruck, „als imaginärer Zeuge des Geschehens anwesend zu sein“, wie F. K. Stanzel formuliert. Neben solchen Dialogpartien, die der Darbietungsweise eines Dramas vergleichbar sind, kennzeichnen auch sachlich beschreibende und berichtende Erzählsequenzen, ohne erzählerische Vermittlung, die neutrale Erzählsituation. Sie wird deshalb mit einer Kameraeinstellung verglichen, die nur passiv und neutral zu registrieren vermag.

Zusammenfassung:
Deutlich wurde am Beispiel des Goethe-Romans, daß ein Roman eine dominant gesetzte, also vorherrschende Erzählsituation aufweist, daß auf unterer Ebene in den einzelnen Sequenzen diese Erzählsituationen wechseln. Eine durchgehend personale, neutrale oder auktoriale Erzählhaltung dürfte zu einer Monotonie beim Lesen führen; zudem bietet der Wechsel die Möglichkeit, gemäß der Autorintention Schwerpunkte zu setzen und den Leser unterschiedlich einzubeziehen.

Erzählweisen

Wie schon deutlich wurde, lassen sich einzelnen Erzählsituationen tendenziell bestimmte Erzählweisen zuordnen. Der auktorial erzählte Roman neigt eher zum Erzählerbericht, der personal bzw. neutral erzählte zu den Formen der Personenrede. - Zunächst ist jede Erzählung natürlich Äußerung eines Erzählers; aber innerhalb der Erzählung kann sich der Erzähler entweder direkt äußern, gerichtet an den Leser, oder die Figuren sprechen lassen.

Erzählerbericht

Als Erzählerbericht verstehen wir alle Äußerungsformen, die dem Erzähler als Sprecher zuzuschreiben sind. E. Lämmert unterscheidet folgende Formen des Erzählerberichtes, die allerdings ineinander übergehen und in ihrem Zusammenspiel den Erzählerbericht ausmachen.
a) Zunächst gibt es den - meist raffenden - Bericht über eine Geschehensfolge, bei dem die erzählerische Vermittlung deutlich wird.
b) Sodann ist die Zusammenfassung der Rede oder der Gedanken einer Figur, der Rede- oder Gedankenbericht, zu nennen; die Rede oder Gedanken werden nicht direkt dargeboten, sondern vom Erzähler berichtet; auf diese Weise können zum Beispiel bestimmte Gesprächsphasen überbrückt und gerafft werden.
c) Im weiteren Sinne gehören zum Erzählerbericht sogenannte zeitlose Erzählweisen wie zum Beispiel die Beschreibung einer Sache oder Person sowie die Erörterung (Reflexion, Essay) allgemeiner Fragen; beide Formen besitzen eigenständigen Charakter und unterbrechen den Geschehensablauf.

Die Formen der Personenrede

Hierunter begreifen wir alle gesprochenen und gedachten Äußerungen und Empfindungen einer Figur. Diese Erzählformen sind die wesentlichen Elemente der szenischen Darstellung, die ein Geschehen unmittelbar darstellen will und zum zeitdeckenden Erzählen neigt. Auf die bekannteren Formen soll nur knapp verwiesen werden.
a) Zunächst sind alle Formen des *Erzählerberichtes*, die oben vorgestellt wurden, erneut zu nennen, soweit die nämlich Äußerungen einer handelnden Figur sind.
b) Die *direkte Rede* wird in der Regel durch eine Redankündigung eingeführt. Die Äußerung der Figur wird wörtlich zitiert, meist durch Satzzeichen wie Doppelpunkt und Anführungszeichen erkennbar.

c) Bei der *indirekten Rede* referiert der Erzähler oder eine andere Figur die Figurenrede im Modus des Konjunktivs; er kann sie zusammenfassend verkürzen. Bewirkt wird eine Distanzierung zu dieser Äußerung.

d) Die weniger eindeutige Form der *erlebten Rede* soll zunächst am Beispiel aus dem Roman „Berlin Alexanderplatz" verdeutlicht werden, auch um diese Form vom inneren Monolog abzugrenzen. Als die Hauptfigur, Franz Biberkopf, von einem Einbruch zurückkommt und sieht, daß er verfolgt wird, triumphiert er, weil er den anderen den Reinfall gönnt: „Franz lacht lautlos weiter, er sieht nach rückwärts durch das kleine Autofenster auf die Straße, ja, das Auto verfolgte sie, sie sind entdeckt; warte, das ist ihre Strafe, und wenn ich selbst dabei verschütt gehe, die sollen nicht mit mir umspringen, die Gauner, die Strolche, die Verbrecherbande" (S. 189). Der zunächst gewählte Erzählerbericht, und zwar bis zum Wort „Straße", wechselt von der Interjektion „ja" in die Figurenperspektive über; das Erzählverhalten verändert sich grammatisch-stilistisch. Die dritte Person und das Tempus werden beibehalten, aber eine Gedankenankündigung („er dachte") fehlt, und das Wort „ja" signalisiert, daß die Gedanken unmittelbar ausgedrückt werden, ohne daß sich der Erzähler, wie beim inneren Monolog, völlig zurückzieht. Von der Verbform „warte" nach dem Semikolon an verändert sich die Erzählweise erneut; der Wechsel in die Ich-Form zeigt den inneren Monolog an. Das Zitat zeigt den Übergangscharakter der erlebten Rede zum inneren Monolog. - Die erlebte Rede ist eine Form der Gedankenwiedergabe. Im Modus und der Wortstellung gleicht sie der direkten Rede, im Tempus entspricht sie dem Kontext (meist Präteritum); die dritte Person unterscheidet sie von der direkten Rede ebenso wie vom inneren Monolog.

e) Der *innere Monolog* ist, wie der sogenannte Bewußtseinsstrom oder „stream of consciousness", definitorisch nicht eindeutig festlegbar. Während in älteren Romanen die Gedanken der Figuren im Selbstgespräch, also in wörtlicher Rede oder dem Gedankenbericht, syntaktisch und stilistisch durchgeformt, wiedergegeben werden, entdecken und entwickeln die Schriftsteller allmählich neue Formen der Bewußtseinswiedergabe. Versucht wird, das Bewußtsein unvermittelt, im authentischen vorsprachlichen Urzustand „sprechen" zu lassen, ohne daß alle stilistischen und grammatischen Konventionen beachtet werden. Die sprachliche Form entspricht zwar der Personenrede, aber der innere Monolog zeigt abweichende strukturelle Besonderheiten: die Bewußtseinswiedergabe erfolgt im Präsens und in der ersten grammatischen Person; es fehlen Redeankündigungen, Anführungszeichen und jede Spur einer Erzählerinstanz; die syntaktische Bewegung ist oft unstrukturiert oder assoziativ, und ein stark persönlich gefärbtes Idiom (Spracheigentümlichkeit einer Person) zeigt wie die übrigen Besonderheiten, wie unverstellt und ungefiltert die Gedanken und Gefühle dargestellt werden (vgl. den dritten Teil des Döblin-Zitates).

Wir entscheiden uns angesichts der Begriffsunklarheit für den Begriff *innerer Monolog*; nicht als Sammelbegriff für alle Formen der Gedankenwiedergabe, sondern nur für eine bestimmte Erzähltechnik, die sich der oben zitierten grammatisch-stilistischen Mittel bedient. Auf diese Weise kann eine Figur innerste Gedanken - hörerlos und unausgesprochen - preisgeben, so daß der Leser den Eindruck hat, diese Gedanken würden so wiedergegeben, wie sie sich im Augenblick der Bewußtwerdung vollziehen. Das Beispiel des Döblin-Romans zeigte, wie sehr diese Erzählweisen fluktuieren.

Literaturhinweise:

Eberhard Lämmert: Bauformen des Erzählens. [...] Stuttgart: Metzler 1967.
Jochen Vogt: Aspekte erzählender Prosa. [...] Opladen: Westdeutscher Verlag 1990.
Franz K. Stanzel: Typische Formen des Romans. [...] Göttingen: Vandenhoeck & Ruprecht 1987.
Kordula Kahrmann u. a.: Erzähltextanalyse. Eine Einführung in Grundlagen und Verfahren. 2 Bde. Kronberg: Athenäum Verlag 1977.

Der Leser

Wiederholt wurde schon die Rolle des Lesers angesprochen. Er ist als Adressat zentrales Element der Erzählkommunikation, ohne dem Autor bekannt zu sein.
Es ist zwischen den verschiedenen Leserrollen zu unterscheiden. Erstens verstehen wir unter dem Begriff Leser die wirkliche Person, die den Roman liest, zweitens die gedachte Figur, die der Autor sich beim Schreiben von seinem Leser vorstellt, drittens die Figur, die als direkt angesprochener Leser Figur des Textes ist.

a) Der reale Leser
Dieser Leser entzieht sich genauer Beurteilung, es sei denn, wir sehen uns selbst in dieser Rolle. Über andere Leser zu unterschiedlichen Zeiten gibt es wenige Informationen - bis auf ausgewählte Rezeptionsdokumente, meist von Literaturkritikern, eben nichttypischen Lesern, vorgelegt. Interessant ist in diesem Zusammenhang, wie diese verschiedenen realen Leser, von denen wir Leseeindrücke vorliegen haben, unterschiedliche Deutungen gewonnen haben. Allein schon aus dieser Tatsache läßt sich folgern, daß die Bedeutung eines literarischen Textes nicht eine statische, sondern eine variable Größe ist - abhängig also vom Leser. Der Leser realisiert die Bedeutung gemäß seinen konkreten Bedingungen, z. B. seiner Einstellung, seinen Kenntnissen, seinen typischen Prägungen. Wir unterscheiden den aktuellen Leser der Gegenwart (vgl. den Schüler) vom Leser der Vergangenheit.

b) Der gedachte Leser
Der Autor hat beim Schreiben das Bild eines zukünftigen Lesers vor Augen. Es ist der gedachte Adressat seiner Erzählkommunikation. Diese Vorstellung eines gedachten Lesers gründet sich zum Beispiel auf die Wirklichkeitserfahrungen des Autors; die Vorstellung beeinflußt den Erzähltext, indem der Autor zum Beispiel bestimmte Lesergruppen zur Kritik auffordern oder auch nur unterhalten will. Der Autor greift im Blick auf den Leser also zu bestimmten Erzählverfahren und Gestaltungsmitteln; so steuert das Leserbild also den Produktionsprozeß des Autors, und beeinflußt damit durch das dem Text zugrundeliegende Leserbild auch den Vorgang des Lesens. Denn der Leser erhält, sicherlich meist indirekt, eine für den gedachten Leser entworfene Perspektive, an welcher er sich orientiert.

c) Die Figur des Lesers im Text

Es gibt eine Reihe von Romanen, in denen die Leserfigur im Text gestaltet ist, also als fiktiver Kommunikationspartner des fiktiven Erzählers vorkommt. Als Beispiel sei ein Satz aus der „Blechtrommel" zitiert: „Ihnen allen, die Sie außerhalb meiner Heil- und Pflegeanstalt ein verworrenes Leben führen müssen, Euch Freunden und allwöchentlichen Besuchern (...) stelle ich Oskars Großmutter vor" (S. 11). Mit den grammatischen Pluralformen der Anrede „Ihnen, Sie" wird auch der Leser direkt angesprochen und seine Rezeptionshaltung mitgesteuert. Denn indem die Leserrolle als die eines außenstehenden Beobachters, der ein „verworrenes" Leben führt, gekennzeichnet wird, wird ein naiv identifizierendes Lesen erschwert.

Fassen wir zusammen: Der reale Autor plant grundsätzlich eine bestimmte Aufnahme seines Werkes, kennt zwar nicht den realen Leser seiner eigenen Zeit, besitzt aber ein Bild des gedachten Lesers, und dieses Bild beeinflußt sein Schreiben. Der reale Leser wird - meist unbewußt - von diesem idealen Leserbild, genauer, von den Konsequenzen, die der Autor daraus zieht, mitbeeinflußt. - Das Bedeutungsganze eines Textes erschließt sich dem Leser, indem er die einzelnen Elemente der erzählten Romanwelt - neben der Leserrolle z. B. die Stoffwahl, die Zeit- und Raum- und Figurengestaltung, das Erzählverfahren - in ihrem Zusammenhang rezipiert. Zunächst ist diese Bedeutung die subjektive des Lesers und nicht mit der vom Autor gemeinten identisch. Erst beim interpretierenden Lesen nähert sich dieses Leserverständnis dem am Text faßbaren Autorbewußtsein.

1.2.2 Die Ebene erzählender Texte: Geschehen - Geschichte - Text der Geschichte

Im Kapitel 1.2.1 wurde schon erläutert, wie in einem Erzähltext Geschichten erzählt werden, die durch ein Erzähl-Medium vermittelt werden und dem Leser eine sinnvoll geordnete Welt darbieten. Aber diese erzählte Welt des Romans ist nicht einfach als sinnvoll geordnete von vornherein gegeben. Sie beruht auf einem *Geschehen*, das, natürlich unausgesprochen, eine scheinbar unendliche Fülle von Begebenheiten, Figuren und Räumen aufweist. Aus diesen nur gedachten Geschehenselementen werden für die *Geschichte* - so nennen wir das zweite Element - nach der Konzeption des Erzählers bestimmte Elemente ausgewählt und auf der Zeitachse angeordnet. Das heißt erstens, daß ein Ausschnitt aus einem letztlich unendlichen und unstrukturierten Geschehensstrom ausgewählt und zweitens innerhalb dieses Ausschnittes ebenfalls ausgewählt und zugeordnet wird. Zum Beispiel legt Döblin in seinem Roman „Berlin Alexanderplatz" den Erzählbeginn (Entlassung der Hauptfigur aus dem Gefängnis) und das Ende fest (Entschluß dieser Figur, ein neues Leben zu beginnen) und ordnet, gemäß seiner Erzählkonzeption, diesen Lebensabschnitt zu einer sinnvollen Geschichte, indem er Einzelheiten herausgreift bzw. wegläßt. (Auf dieser Ebene der Geschichte kann man wie im Englischen zwischen „story" und „plot" unterscheiden: unter „story" verstehen wir die Ereignisfolge, unter „plot" das logische Handlungsgerüst). Will man sich dieser Geschichte vergewissern, kann man ihre *Fabel* ermitteln; die Inhaltsangabe ist der Versuch, die Fabel zu rekonstruieren. Die dritte Ebene nach dem Geschehen

und der Geschichte ist der *Text der Geschichte*. Dieser Text, der dem Leser vorliegt, weist nun die zu untersuchende besondere Erzählstruktur auf mit Perspektivierung, Figurenkonstellation, Raum- und Zeitgestaltung, Phasenbildung etc. Der so organisierte Text enthält die Sinnstruktur und die tiefere Bedeutungsebene des Romans.
Untersuchen wir im folgenden genauer die Frage, wie ein Erzähltext organisiert werden kann. Als erstes fällt zum Beispiel auf, daß der Erzähltext in der Regel nicht die chronologische Ereigniskette widerspiegelt. Die Neugliederung geschieht zum Beispiel durch Unterbrechung, Umstellung, Raffung, Einschnitte (vgl. Orts- und Personenwechsel), Abschweifungen (vgl. Erzählerkommentare), verschiedene Handlungsstränge.
Der Autor kann also, ausgehend von seiner Konzeption, die Geschehensfolge vielfach unterbrechen, umstellen und neu ordnen. Genauer gesagt: er kann Geschehen auslassen oder raffen, den zeitlichen Ablauf umstellen, in die Vergangenheit zurück- und in die Zukunft vorausschauen. In vielfältiger Weise können die Abfolge der Ereignisse, also die Geschehensordnung, und die Ordnung der Erzählung auseinandertreten. Dieser neuen Erzählordnung nähern wir uns, wenn wir die Zeitstruktur untersuchen. Mithilfe der Kategorien *Erzählzeit* und *erzählte Zeit* können wir diese Zeitstruktur erfassen.
Unter *erzählter Zeit* verstehen wir den gesamten Zeitraum, über den erzählt wird, anders gesagt: die Zeitdauer, die das erzählte Geschehen in Wirklichkeit ausfüllen würde. Sie ist an vielfachen Zeitangaben im Text (vgl. Jahr, Monat, Tag etc.) erkennbar. Die erzählte Zeit in der „Blechtrommel" umfaßt 55, im „Berlin Alexanderplatz" ungefähr eineinhalb Jahre.
Unter *Erzählzeit* verstehen wir, etwas vereinfacht gesagt, die Lesezeit eines Textes, die allerdings meist durch räumliche Angaben, und zwar durch Seitenangaben, ersetzt wird. Die Lesezeit wird beim Döblin-Roman (ca. 400 Seiten) 7 bis 8 Stunden betragen. Beide Zeiten in Bezug gesetzt, erlauben Einsichten in die Zeitgestaltung und Bauform. Wir unterscheiden drei prinzipielle Möglichkeiten dieser Zeitgestaltung:
1. Sind Erzählzeit und erzählte Zeit annähernd gleich, spricht man von zeitdeckendem Erzählen. Das Geschehen wird nach Art des Dramas unmittelbar präsentiert. Mit dieser *szenischen Darstellung* werden Handlungen und Gespräche, die im Sinne der Erzählkonzeption wichtig sind, detailliert wiedergegeben. Erreicht wird eine größere Wirklichkeitsnähe und Anschaulichkeit.
2. Ist die Erzählzeit länger als die erzählte Zeit, spricht man von Zeitdehnung, dem Zeitlupentempo beim Film vergleichbar. Zeitdehnendes Erzählen findet sich zumeist in Erzählphasen, in denen Träume, Gedanken, Bewußtseinsvorgänge oder Erzählerkommentare in den Handlungsgang integriert werden.
3. Ist die erzählte Zeit länger als die Erzählzeit, spricht man von zeitraffendem Erzählen. Da der Geschehenszusammenhang nicht vollständig zeitdeckend wiedergegeben werden kann, wechseln also Phasen der szenischen (zeitdeckenden) und der berichtenden (zeitraffenden) Darstellung. Auf diese Weise gliedert sich das Geschehen in Erzähleinheiten (Sequenzen). Unter einer Sequenz* verstehen wir ein zusammenhängendes (vgl. die Einheitlichkeit von Raum-, Zeit-, Figur- und Motivgestaltung), vom Gesamttext abgrenzbares Geschehen. Die Kapiteleinteilung ist häufig formal angelegt und bietet nur eine erste, vorläufige Orientierung. Der Leser kann, durchschaut er die Sequenzbildung, das Zeitgerüst sowie die Bauform des Romans

durchschauen. Im zeitraffenden Erzählen kann zum Beispiel der Handlungszusammenhang umrißhaft hergestellt („inzwischen hatten sie geheiratet und zwei Kinder bekommen") oder können Zeitphasen übersprungen werden („Nach drei Jahren trafen sie sich wieder").

Um die Zeitstruktur und damit die Bauform eines Erzähltextes zu erfassen, ist genauer nach der zeitlichen Abfolge zu fragen:

a) Wird in chronologischer Abfolge, also *kontinuierlich*, wie es auch in „Wirklichkeit" der Fall wäre, erzählt?

b) Wird die Reihenfolge des Geschehens umgestellt, wird sprunghaft und damit *diskontinuierlich* erzählt?

c) Wird so erzählt, als ereigneten sich einzelne Geschehnisse parallel, also *simultan*?

d) Wird durch eine *Rückwendung* (auch: Rückgriff) die Handlungsfolge unterbrochen und werden frühere Ereignisse nachgetragen, oder wird durch *Vorausdeutungen* Zukünftiges angedeutet?

Fassen wir zusammen: Untersuchen wir die Zeitstrukturen eines Romans nach den oben vorgestellten Kategorien, erkennen wir erstens, welche Erzähleinheiten (Sequenzen) gebildet werden: zweitens, wie das Erzähltempo (Beschleunigung oder Verlangsamung) variiert; drittens, welche Gewichtung und Intensität den einzelnen Einheiten jeweils zukommen; viertens, wie sich die Perspektive durch diese Zeitgestaltung verändern kann.

A. Döblin: Berlin Alexanderplatz

Am Roman Döblins soll nun das besondere Textbildungsverfahren untersucht werden. Zunächst soll zur Orientierung der Erzählzusammenhang, die Fabel also, vorgestellt werden. Der Transportarbeiter Franz Biberkopf hat vier Jahre wegen Totschlages an seiner Braut im Gefängnis gesessen und versucht zu Erzählbeginn ein neues, anständiges Leben in Berlin. Das Großstadtleben erscheint ihm bedrohlich und begegnet ihm als verwirrende Vorstellung rutschender Dächer, eines Menschengewimmels und eines bedrängenden Durcheinanders. Er hat Mühe, seinen Weg zu finden. Er will ehrlich bleiben, aber sein „Freund" Reinhold zieht ihn erneut in Verbrechen hinein. Drei Schicksalsschläge - der Betrug von Lüders, der Verlust seines Armes und die Ermordung seiner Freundin Mieze durch Reinhold - treffen ihn schwer; eigene Blindheit und Dummheit, aber auch die gesellschaftlichen Verhältnisse haben ihn immer wieder scheitern lassen. Nach dem dritten Schlag wird er als vermeintlicher Täter verhaftet und kommt in eine Irrenanstalt. Hier beginnt Biberkopf zu verstehen, und er versucht sich zu ändern.

Der Leser des Romans weiß, daß die so wiedergegebene Fabel dem Romanganzen nicht gerecht wird. Das Geschehen, so wie es hätte in Wirklichkeit ablaufen können, wird neu organisiert. Zum einen stellt ein außerhalb der Handlung stehender Erzähler die Fabel in einen religiös-philosophischen Zusammenhang, indem er zum Beispiel biblische Figuren und Ereignisse einbezieht. Zudem wird der Erzählzusammenhang regelrecht unterbrochen, wenn „Fremdtexte" der - nichtfiktionalen - Realität Berlins aus dem Jahre 1928 eingefügt werden. Diese Wirklichkeitsfragmente (Börsenberichte, amtliche Verlautbarungen, Reklame, Statistiken, Formulare, Wetterberichte etc.) lösen neben den genannten Erzählereinmischungen die Handlung in Fragmente auf, die in schneller Folge wechseln. Auf diese Weise wird das herkömmliche Erzählen mit einem räumlichen Nebeneinander und zeitlichen Nacheinander aufgelöst; Räume, Zeiten und Figuren werden neu kombiniert bzw. montiert. Diese Montagetechnik ist vom Film beeinflußt; Döblin nennt dies Erzählverfahren den „Kinostil". Wie der Film versucht der Roman Döblins simultan ablaufende Ereignisse einer Großstadt in ihrer den einzelnen bedrängenden Fülle zu erfassen. Die Montage verschiedenster Erzählpartikel aus unterschiedlichsten Zeiten, Orten und Perspektiven dient einer umfassenden Darstellung der Realität, in welcher der einzelne Mensch steckt. Indem Biberkopf zum Beispiel mit biblischen Grundsituationen konfrontiert wird, soll deutlich werden, daß seine Geschichte exemplarisch und übertragbar auf alle Menschen ist. Aber diese Montage (z. B. die Ereignisse um Biberkopf herum, die Realität 1928, biblische Grundsituationen, Belehrungen des Erzählers) fragmentarisieren einerseits den Erzählzusammenhang, doch wird dieser durch ein dichtes Netz von Motivverknüpfungen (vgl. das Motiv der Vergänglichkeit), Leitmotiven und Wiederholungen andererseits zusammengehalten. Genauere Einsicht in die Textstruktur gewinnen wir durch eine Beispielanalyse.

Analysebeispiel

Aufgabenstellung:
Analysieren Sie bitte den folgenden Text unter besonderer Berücksichtigung der Zeitgestaltung und Sequenzbildung.

Textgrundlage:
Alfred Döblin: Berlin Alexanderplatz. München: Deutscher Taschenbuchverlag (Nr. 295) 1979. S. 352 f.

Text:

Die Festung ist ganz eingeschlossen, die letzten Ausfälle werden gemacht, es sind aber nur Scheinmanöver. Es geht in den November. Der Sommer ist lange zu Ende. Der Regen hat sich in den Herbst hineingezogen. Sehr weit zurück sind die Wochen, wo die wonnige Glut auf den Straßen lag, die Menschen gingen in leichten Kleidern, die Frauen gingen wie in Hemden; ein weißes Kleid, eine enganliegende Kappe trug Franzens Mädel, die Mieze, die einmal nach Freienwalde fuhr, dann kam sie nicht wieder, das war im Sommer. Das Gericht verhandelt gegen Bergmann, der ein Parasit am Wirtschaftsleben und gemeingefährlich und skrupellos war. Der Graf Zeppelin kommt bei unsichtigem Wetter über Berlin an, sternklar ist der Himmel als er 2,17 Friedrichshafen verläßt. Um das schlechte Wetter, das aus Mitteldeutschland gemeldet wurde, zu umgehen, nimmt das Luftschiff seinen Weg über Darmstadt, Frankfurt am Main, Gießen, Kassel, Rathenow. Um 8,43 ist es über Nauen, 8,45 über Staaken. Kurz vor 9 Uhr erscheint der Zeppelin über der Stadt, trotz des regnerischen Wetters waren die Dächer mit

Schaulustigen besetzt, die das Luftschiff mit Jubel begrüßten, das seine Schleifenfahrt über den Osten und Norden der Stadt fortsetzte. 9,45 fiel in Staaken das erste Landungsseil.

Franz und Herbert streifen durch Berlin; sie sind meist von Haus weg. Franz ist in den Herbergen der Heilsarmee, in den Männerheimen, paßt auf, wandert durch die Augustherberge Auguststraße. Er sitzt in der Dresdener Straße, bei der Heilsarmee, wo er mit Reinhold war. Sie singen Liederbuch Nr. 66: Sag, warum noch warten, mein Bruder? Steh auf und komm eilend herzu! Dein Heiland ruft dich schon lange, Gern schenkt er dir Frieden und Ruh. Chor: Warum? Warum? Warum kommst du nicht herzu? Warum? Warum willst du nicht Frieden und Ruh? Fühlst du nicht im Herzen, o Bruder, Des Geistes lebendigen Zug? Willst du nicht Erlösung von Sünde? O eile zu Jesu im Flug! Sag, warum noch warten, mein Bruder? Schnell nahet dir Tod und Gericht! O komm, weil die Pforte noch offen ist Und Jesu Blut jetzt für dich spricht! Franz geht nach der Fröbelstraße ins Asyl, in die Palme, ob er Reinholden findet. Er legt sich in die Bettstelle, den Drahtvater, heute in die, morgen in die, Haarschneiden 10 Pfennig, Rasieren fünf, da sitzen sie, bringen ihre Papiere in Ordnung, Handel mit Schuh und Hemden, Mensch, du bist wohl das erste mal hier, ausziehen gibts nicht, denn kannste morgen früh suchen, wat du noch hast, die Stiebel, kuck mal, jeden Stiebel mußte einzeln in ein Bettfuß stellen, sonst stehlen sie dir alles, sogar das Gebiß. Willste dir tätowieren lassen? Und Ruhe, Nacht. Schwarze Ruhe, Schnarchen wie in ner Sägefabrik, ich hab ihn nicht gesehen. Ruhe. Bimm bimm bimm, was ist, Gefängnis, ich hab gedacht, ich bin in Tegel. Wecken. Da hauen die sich. Wieder raus auf die Straße. Uhre 6, die Weiber stehen da, warten auf ihren Liebsten, gehen mit ihm in die Kaschemme, verspielen ihr Bettelgeld. Reinhold ist nicht da, das ist Quatsch, daß ich ihn suche, der ist wieder auf Weiberjagd, Elfriede, Emilie, Karoline, Lili; braune Haare, blonde Haare.

Ausführung

A. Nach der Ermordung seiner Freundin Mieze irrt Biberkopf planlos mit seinem Freund Herbert durch Berlin. Er ist auf der Suche nach dem flüchtigen Mörder Reinhold, um mit ihm abzurechnen. Der vorliegende Auszug beschränkt sich nicht auf diese Erzählhandlung: sie wird zunächst ausgesetzt, indem über die Wetterlage und die Fahrt des Luftschiffes „Zeppelin“ berichtet wird. Das Geschehen um Biberkopf wird erweitert durch Einzelheiten aus der Welt der Tatsachen, die in keiner unmittelbaren Verbindung zur Erzählhandlung stehen. Verdeutlicht wird hier nicht nur das Schicksal des Biberkopf, sondern auch das ihn zeitgleich Umgebende (Wetterlage, Zeppelinfahrt).

B. In Form einer Überschrift kommentiert zunächst der Erzähler das im folgenden erzählte Geschehen. Er wirkt überlegen und souverän (auktorial), wenn er die Aktionen des Biberkopf als „die letzten Ausfälle“, als „Scheinmanöver“ (Z. 2) wertet. Dieser Erzählerhaltung entspricht die Vorausdeutung: der Leser erfährt, daß die Suche nach Reinhold vergeblich sein wird. Aber diese Vorausdeutung bleibt recht vage, und der Erzähler nähert sich im Sprachstil (vgl. Metaphorik des Militärischen) seinen Figuren an, so daß seine auktoriale Position eingeschränkt wird.

Die erste Sequenz (Z. 1 - 17) bietet weitgehend Situationsberichte aus der Welt der Realität. Der Erzähler berichtet über die gegenwärtige und vergangene Wetterlage, über eine Gerichtsverhandlung und über die Zeppelinfahrt mit exakten Zeitangaben, die mit der Realität übereinzustimmen scheinen. Nur an einer Stelle bezieht sich der Erzähler auf die Fabel, auf die Erzählhandlung, und zwar, wenn er auf „Franzens Mädel" (Z. 6) und ihre Ermordung verweist. Im übrigen wird vom auktorial auftretenden Erzähler - allerdings ohne persönlich geprägte Optik - offenbar historisch nachprüfbare Realität reproduziert. Er berichtet meist sachlich, nur gelegentlich wertet er wie beim Ausdruck „wonniger Glut" (Z. 4). Durch die Montage solcher Realitätselemente in das fiktive Geschehen, das den einzelnen betrifft, wird dieses in einen größeren Zusammenhang eingeordnet. Der einzelne ist nicht isoliert zu sehen, sondern im Bezug zum Umgebenden. Darüber hinaus könnten zwar - mit vorsichtiger Zurückhaltung - Angaben des Wetterberichtes („Regen in den Herbst hineingezogen") auf die Situation der Hauptfiguren bezogen werden, aber die übrigen Realitätselemente werden offenbar ohne inneren Zusammenhang zur Fabel einmontiert.

Im zweiten Abschnitt (Z. 18 - 28) wird die unterbrochene Fabel wieder aufgegriffen. Im zeitraffenden Erzählerbericht wird die Suche nach Reinhold wiedergegeben. Aber als Biberkopf bei der Heilsarmee ankommt, wechselt das Erzählverfahren; das Lied Nr. 66 aus dem Liederbuch wird direkt zitiert. Dieser Zitattext, offensichtlich aus vorgefundenem Sprachmaterial, erscheint wiederum funktionslos vom Erzähler montiert. Aber wenn es im Lied heißt „Warum willst du nicht Frieden und Ruh? Willst du nicht Erlösung von Sünde? Schnell nahet dir Tod und Gericht?", so verweist diese Liedmontage zumindest indirekt auf die innere Konfliktsituation Biberkopfs, auf sein Leiden und seine Erlösungsbedürftigkeit. Die Aussagen des Liedes bilden mit anderen Liedern und Texten eine leitmotivische Verknüpfung; indem sie zurückweisen und vorausdeuten, fügen sie das Getrennte auf der Ebene des Erzählers neu zusammen. Biberkopf versteht weitgehend nicht, was mit ihm und um ihn herum geschieht, da sein Reflexionsvermögen begrenzt ist. Die Liedmontagen artikulieren also an seiner Stelle größere thematische Zusammenhänge.

In der nächsten Sequenz (Z. 28 - 40) wird übergangslos von der Suche im Asylheim berichtet. Bereits im zweiten Satz wechselt der Erzählerbericht in den inneren Monolog der Hauptfigur über. Kaum unterscheidbar werden hier Gedanken Biberkopfs vermengt mit Stimmen anderer Personen im Asylheim (Z. 31 ff.). Ein schwer zu ordnendes Stimmengewirr an Fragen, Ratschlägen und Kommentaren - „ausziehen gibts nicht [...] sonst stehlen sie dir alles, willste dir tätowieren lassen?" (Z. 32 ff.) - wird in diesen Bewußtseinsstrom der Hauptfigur integriert. Eigene Bewußtseinsfetzen wie „Schwarze Ruhe. Schnarchen wie in ner Sägefabrik" oder „ich hab gedacht, ich bin in Tegel" (Z. 35 f.) bilden mit dem äußeren Stimmengewirr im Asylheim Assoziationsketten, welche das Durcheinander im Bewußtsein spiegeln. Sprachliche Merkmale wie verkürzte Syntax, persönliches Idiom, willkürliche Wortverbindungen, Lautmalerei und die assoziative Verknüpfung verdeutlichen die Unfähigkeit Biberkopfs, in dieser Situation bewußt und eigenständig zu denken. Er glaubt, im Gefängnis in Tegel zu sein, so daß für den Leser letztlich nicht klar wird, ob sich seine Assoziationen im Asylheim nicht auch auf das Gefängnis beziehen können. Erst am Schluß des Abschnittes zeigt sich, daß Biberkopf eine gewisse Übersicht gewonnen hat: „Reinhold

ist nicht da, das ist Quatsch, daß ich ihn suche“ (Z. 39). Durch diese Art des Bewußtseinsstroms wird verdeutlicht, wie sehr ein Gewirr äußerer Stimmen, vermengt mit inneren Stimmen, eigenständiges Denken blockiert. Biberkopf kann in der hier geschilderten Situation seine Lage nicht reflektieren und überläßt sich so den auf ihn einströmenden Assoziationen.
C. Indem der Autor, A. Döblin, sich nicht damit begnügt, einen herkömmlichen Erzählzusammenhang herzustellen, löst er sich von der Geschichte und geht über die Fabel hinaus. Mit seiner Kompositionstechnik, in der verschiedene Realitätsbereiche, Geschehensebenen und Sprachformen zu einem neuen Bedeutungsganzen verknüpft werden, will er verdeutlichen, daß der einzelne in einem Netz des kollektiven Lebens steckt und Mühe hat, die Fülle des auf ihn Eindringenden zu bewältigen. Die Montage verschiedenster Fragmente zeigt, daß die Handlungsebene allein relativ unwichtig ist und daß erst die Einsicht in die Erzählstrukturen zur Bedeutung des Romanganzen führt.

Übungsbeispiel

Aufgabenstellung:
Analysieren Sie bitte den folgenden Text unter besonderer Berücksichtigung von Zeit- und Erzählstruktur.

Textgrundlage:
A. Döblin: Berlin Alexanderplatz. Seite 253 f.

Text:

Und Franz marschiert allein die heiße, staubige Straße lang, rumm di bum di dummel di dei. Rumm di bum di dummel di dei. Warte warte nur Weilchen, bald kommt Haarmann auch zu dir, mit dem kleinen Hackebeilchen macht er Leberwurst aus dir, warte, warte nur ein Weilchen, bald kommt Haarmann auch zu dir. Verflucht, wo geh ich lang, verflucht, wo geh ich lang. Und er steht und kann nicht über den Damm, dann macht er kehrt, marschiert die heiße Straße zurück, an dem Lokal vorbei, wo die noch drin sitzen, wo der Tischler beim Bier sitzt. Ich geh nicht rein in das Haus. Der Tischler hat die Wahrheit gesagt. So ist die Wahrheit. Was mach ich mit Politik, mit dem ganzen Mist. Hilft mir nichts. Hilft mir nichts.

Und Franz marschiert wieder die heißen, staubigen, unruhigen Straßen lang. August. Am Rosenthaler Platz wird es wieder voller, einer steht mit Zeitungen da, Berliner Arbeiter-Zeitung, Marxistische Feme, ein tschechischer Jude als Knabenschänder, 20 Knaben verführt, trotzdem keine Verhaftung, hab ich auch gehandelt. Furchtbare Hitze heute. Und Franz steht, kauft dem Mann die Zeitung ab, das grüne Hakenkreuz an der Spitze, der einäugige Invalide von der „Neuen Welt“, Trink, trink, Brüderlein trink, lasse die Sorgen zu Haus, meide den Kummer und meide den Schmerz, dann ist das Leben ein Scherz, meide den Kummer und meide den Schmerz, dann ist das Leben ein Scherz. Und er geht weiter um den Platz herum, in die Elsasser Straße hinein, Schnürsenkel, Lüders, meide den Kummer und meide

den Schmerz, dann ist das Leben ein Scherz, meide den Kummer und meide den Schmerz, dann ist das Leben ein Scherz. Es ist schon lange her, Weihnachten voriges Jahr, Mensch, ist das lange her, hier hab ich bei Fabisch gestanden, ausgerufen, was war das für ein Bowel, Dinger für den Schlips, Schlipshalter, und Lina, Lina, die polnische, die dicke, hat mich abgeholt.
Und Franz marschiert, er weiß nicht was er will, auf den Rosenthaler Platz zurück und steht vor Fabisch an der Haltestelle, gegenüber Aschinger. Und wartet. Ja das will er! Er steht da und wartet und fühlt wie eine Magnetnadel - nach Norden! Nach Tegel, Gefängnis, Gefängnismauer! Da will er hin. Da muß er hin.

Lösungshinweise:

1. Nach der Armamputation beginnt Biberkopf die „dritte Eroberung von Berlin". Er hat noch immer Überlebenswillen, aber die erforderliche Einsicht noch nicht gewonnen. Er ist Zuhälter und will von anständiger Arbeit nichts mehr wissen. Dieser Auszug verdeutlicht seine innere Krise, die politischen Gespräche, z. B. mit dem Tischler, helfen nicht, sich und die Welt zu verstehen; so führt sein Weg, weitgehend unbewußt, zurück ins Gefängnis.
2. Eine Erzählhandlung ist klar erkennbar; im raffenden Erzählerbericht wird der Weg durch Berlin dargestellt. Aber der Text nähert sich fast zeitdeckendem Erzählen, da die Handlung immer wieder durch Elemente des Bewußtseinsstroms unterbrochen wird. Die im Bericht übersprungene bzw. geraffte Zeit wird auf diese Weise gefüllt.
3. Diese Einschübe verdeutlichen die Bewußtseinslage der Hauptfigur.
a) Die innere Realität von Biberkopf erweist sich als ein Stimmengewirr von weitgehend vorgefertigten Texten, von Liedern („meide den Kummer...") und rhythmischen Lautfolgen („Rumm di bum"), sowie von Gedankenfetzen („verflucht, wo geh ich lang") und Erinnerungen („Es ist schon lange her"). Diese Elemente des Bewußtseinsstroms zeigen, daß selbständiges, zielgerichtetes Denken und Handeln fehlen, daß seine Gefühlslage sich nur in Fremdtexten („meide den Kummer") zu spiegeln vermag.
b) Die auf Biberkopf eindringenden Stimmen äußerer Realität - Zeitungsschlagzeilen: „Marxistische Feme, tschechischer Jude" etc. - werden ebenfalls nicht reflektiert und fügen sich in das Stimmengewirr ein.
4. Der Erzählerbericht strukturiert den Text und orientiert über die Situation; er wechselt übergangslos in die Elemente des Bewußtseinsstroms. Zu diesen Elementen gehören auch die verschiedenen Rückblicke (Erinnerungen an Lüders, an Weihnachten letzten Jahres, an die polnische Lina); auch auf diese Weise wird die äußere Erzählhandlung unterbrochen, und inneres Geschehen überwiegt.
5. Die Untersuchung der Zeitstruktur und Erzählhandlung zeigt eine Aufsplitterung in Szenenfetzen. Die Erzähler- und Figurenstimme wechseln oft innerhalb eines Satzes (z. B. am Wechsel von Erster und Dritter Person erkennbar), und somit verändert sich auch die Perspektive. Diese Kompositionstechnik hat wichtige Funktionen: sie verdeutlicht erstens, daß der einzelne vielfältigen Eindrücken äußerer und innerer Realität ausgesetzt ist, und zweitens, daß das Bewußtsein des einzelnen überlagert und eingeengt wird durch diese Eindrücke (oft sind es vorgeformte Sprachfertigteile wie

Lieder), so daß die Wahrnehmungs- und Urteilsfähigkeit sehr beeinträchtigt wird. In der Fragmentarisierung der Sequenzbildung und Syntax spiegelt sich die Fragmentarisierung des Inneren.

1.2.3 Die Verankerung der Handlung in Raum und Zeit

Wenn im vorangehenden Kapitel von Zeit die Rede war, dann ging es dabei um die *Erzählzeit*, ablesbar an der Zeit, die man braucht, um einen bestimmten Textabschnitt zu lesen, bzw. objektiver erfaßbar an der Länge eines Abschnitts in Zeilen und Seiten. Dagegen bezog sich der Begriff *erzählte Zeit* auf den Zeitraum, den die Handlung oder Handlungsabschnitte in Jahren, Monaten, Wochen, Tagen, Stunden, ja unter Umständen sogar Minuten und Sekunden ausmachen, kurz, hier ging es um das Verhältnis zweier Zeitebenen, die den Erzählvorgang strukturieren.

Wenn in diesem Abschnitt von Zeit und vom Ort die Rede ist, dann werden diese beiden Begriffe als semantische Kategorien verstanden, als Bedeutungselemente komplexer Ordnung, die neben Figur und Handlung als weitere Bedeutungsebenen das Verständnis der entworfenen fiktionalen Welt maßgeblich prägen. Menschliches Handeln - und auch das von fiktiven Figuren - vollzieht sich immer in den Daseinskategorien des Menschen Raum und Zeit.

Die Verankerung des Geschehens in konkreten örtlichen Gegebenheiten entspricht dem, was die Engländer „setting in place" nennen. Für einen fiktionalen Text gilt, daß der Ort des Geschehens zugleich Bedingungsfeld für die Handlung ist, insofern er erst die äußeren Gegebenheiten für die Handlung schafft, aber auch ein Hintergrund, zu dem das Geschehen oder die Figuren in einem Spannungsverhältnis oder Zustand höchster Harmonie stehen können. Im folgenden seien einige grundsätzliche Möglichkeiten von Handlungsverlauf und lokaler Einbettung vorgestellt:

a) Eine Handlung, z. B. eine Liebesbegegnung, findet in einer harmonischen Sommerlandschaft statt. In einem solchen Fall wird die Liebe eingebettet in die Schönheit der Natur. Menschen und Umgebung sind in Einklang. Es gibt keine Brüche; die gesamte Szene entwickelt sich zur Idylle. Indem hier, auf der ästhetischen Ebene, die Handlung und der Ort bewußt zueinander in Beziehung gesetzt werden, wirkt die Darstellung des Ortes wie ein Kommentar zu dem, was auf der Handlungsebene geschieht. Das eigentliche Geschehen, die Liebesbegegnung, erweist sich als Widerspiegelung größerer natürlicher Zusammenhänge: Die Mutter Natur bejaht, was zwei Menschen miteinander tun, unabhängig davon, was etwa die Gesellschaft darüber denken mag. Sieht man die Natur als Ausfluß göttlichen Geistes, so erhält das, was die Liebenden tun und empfinden, durch die Übereinstimmung mit der Natur gleichsam den göttlichen Segen. Solch einen Ort, der paradiesähnliche Züge aufweist, bezeichnet man als 'locus amoenus'. Allerdings findet man solche Idealschauplätze meist nur in älterer Literatur oder heutzutage in Trivialliteratur als Kennzeichen des Kitsches.

b) Handlungsschauplätze können, wie schon erwähnt, auch in einem Spannungsverhältnis zum Romangeschehen stehen. Der Friedhof nahe dem elterlichen Haus in Fontanes „Effi Briest" bringt die jugendliche Welt Effis schon am Anfang des Romans in den Einzugsbereich des Todes und gehört damit zu jenen Raumelementen, die

Verweisungscharakter im Blick auf die weitere Handlung haben. Man muß bedenken, daß alle Raumschilderungen nicht nur helfen, die erzählte Welt aufzubauen, sondern zugleich durch ihre Konnotationsfelder die in diesen Räumen agierenden Figuren in eine bestimmte Atmosphäre stellen. Der Leser sucht nach Verbindungslinien zwischen den Räumen und den Figuren, die in ihnen vorkommen, weil er weiß, daß das literarische Werk durchkomponiert ist, daß es eine Überstrukturiertheit besitzt. Überstrukturiertheit bedeutet in diesem Zusammenhang, daß Informationen über den Raum nicht nur als Elemente einer Umgebungsbeschreibung verstanden werden, sondern auf einer zweiten Ebene mit der Handlung und den Figuren in Verbindung gebracht werden (z. B. der Friedhof als Hinweis darauf, daß die Figur in nächster Zeit mit dem Tod konfrontiert wird).

c) Während wir bisher vom Raum als örtlicher Gegebenheit gesprochen haben, soll nun dieser Begriff ausgedehnt werden. Man kann ebensogut von *sozialen Räumen* und von *geistigen Räumen* sprechen. Wir zählen hierzu die Räume, die sich für die Figuren durch Milieuprägung und die Raumkonstanten einer sozialen Schicht ergeben (z. B. eine ähnliche Denkungsart, gleiche Norm- und Wertvorstellungen, die sich bis in die Begrifflichkeit - etwa in direkter Rede - in Form bestimmter Isotopieebenen* fortsetzen). Die Welt des Adels in Goethes „Werther" und die Welt der Mathematik und Sexualität in Musils „Törleß" sind mit einem solchen erweiterten Raumbegriff zu fassen. Die für die Interpretation relevanten Fragestellungen sind nun: Wie verhält sich die Hauptfigur (manchmal auch Nebenfigur) zu diesem Raum? Ist sie ein Teil desselben? Möchte sie ein Teil dieses Raumes werden? Geht sie in Opposition zu diesem Raum? Wie reagiert der Raum auf die Figur? An dieser Stelle muß angemerkt werden, daß Figuren in Romanen häufig nur die eine Funktion haben, einen bestimmten Raum zu verkörpern, mit dem sich die Hauptfigur auseinanderzusetzen hat. Spannung entsteht in Romanen häufig daraus, daß die Hauptfigur gegen die starren Raster eines Raumes zu kämpfen hat bzw. daß durch die Begegnung von Raum und Figur der Anspruch des Raumes auf die berechtigte Existenz hinterfragt wird. So erweist sich das mathematische Gedankengebäude in der Begegnung mit dem jungen Törleß gerade nicht als ein bis in die Einzelheiten logisches System, und Walter Faber muß in Max Frischs Roman „Homo faber" erkennen, daß das Leben nicht wie eine mathematische Statistik aufgeht und die Technik nicht die höchste Errungenschaft der Menschheit ist. An der Figur Walter Faber erkennen wir, daß es noch einen weiteren Raum gibt, der besonders in der modernen Erzählliteratur einen wichtigen Platz einnimmt, und zwar der *Bewußtseinsraum*, der nach der Fragwürdigkeit aller vorgegebenen Räume letzter Aufenthaltsort des Ich geworden ist. Ein solcher „Ort" präsentiert sich dem Leser als ein Gedankenkontinuum, dessen Struktur nicht von einer außerhalb liegenden Welt und erst recht nicht von örtlichen Gegebenheiten geprägt ist, sondern aus Bewußtseinsketten und Deutungsmöglichkeiten von Welt besteht.

Die *Verankerung des Geschehens in zeitlichen Gegebenheiten* kann im folgenden kürzer abgehandelt werden, weil viele der Aspekte, die wir im Zusammenhang mit der Raumgestaltung in Romanen angesprochen haben, auch für die zeitliche Verankerung des Geschehens zutreffen. Zeit als semantische Kategorie des Romans meint in erster Linie jene zeitlichen atmosphärischen Elemente, die ein Geschehen umgeben. Zu denken ist hier an Grundkategorien wie Tag und Nacht, die vier Jahreszeiten, kirchliche und weltliche Feste, aber auch Lebensalter wie Jugend und Greisentum, politisch-historische Zeitspannen. Es seien im folgenden nur einige Beispiele angeführt: Der Tag als Signal für geistige Klarheit, Freude; die Nacht demgegenüber als Zeichen für Desorientiertheit, das Böse; der Frühling als Hinweis auf Lebensbejahung, Zukunftsperspektiven; der Winter als Zeit des Absterbens, der menschlichen Kälte; die Osterzeit als Periode der Auferstehung, der persönlichen und geistigen Erneuerung. Zeiten des Umbruchs in der Vergangenheit werden häufig als Verfremdung für Tendenzen in der eigenen Gegenwart benutzt. Spätestens an dieser Stelle erkennen wir, daß sich die semantische Betrachtung der zeitlichen Einbettung eines Geschehens der Raumbetrachtung annähert. In Ausweitung des obigen Raumbegriffs könnte man hier auch von zeitlichen Räumen sprechen. Auch die semantische Ausgestaltung der Kategorie Zeit schafft einen weiteren Bezugsrahmen für die Figuren, ihre Handlungen, Probleme, Ängste und Hoffnungen.

Analysebeispiel mit Übungsteil (Max Frisch: Homo faber)

Was wir bisher in allgemeiner Form erörtert haben, wollen wir nun anhand des Romans „Homo faber" von Max Frisch konkretisieren.

a) Inhaltsangabe:

Walter Faber, ein Maschinenbau-Ingenieur, der im Auftrag der UNESCO technische Entwicklungshilfe in der Dritten Welt leistet, muß auf einer Dienstreise nach Venezuela nach einer Notlandung 85 Stunden in der mexikanischen Wüste verbringen. Auf diesem Unglücksflug lernt er den Bruder Herbert seines früheren Freundes Joachim kennen, von dem er erfährt, daß Joachim seine Jugendliebe Hanna geheiratet hat. Diese Begegnung bringt ihn dazu, zusammen mit Herbert dessen Bruder Joachim im Dschungel von Guatemala zu suchen. Die beiden finden ihn erhängt in seiner Hütte. Faber kehrt in seine Wohnung nach New York zurück und verbringt dort einige Tage mit seiner Geliebten Ivy, die er nun endgültig verlassen will. Um ihr zu entkommen, bucht er überstürzt eine Schiffspassage nach Europa. An Bord lernt er die junge Sabeth kennen, zu der sich ein Liebesverhältnis entwickelt, ohne daß sich Faber zum damaligen Zeitpunkt voll darüber im klaren ist, daß Sabeth seine gemeinsame Tochter mit Hanna ist, die er seinerzeit in Zürich verlassen hat, um eine Stellung im Ausland anzunehmen. Entgegen seinen ursprünglichen Plänen macht er mit Sabeth eine romantische Bildungsreise durch Frankreich, Italien nach Griechenland, wo Sabeths Mutter lebt. Die inzestuöse Liebesgeschichte schlägt um in eine Schicksalstragödie, als Faber seiner Geliebten nackt entgegeneilt, die von einer Schlange gebissen worden ist. Sabeth weicht zurück und stürzt so unglücklich, daß sie sich eine unentdeckte innere Schädelverletzung zuzieht, an der sie später stirbt. Faber transportiert die bewußtlose Verletzte ins Krankenhaus und begegnet in Athen seiner Jugendliebe Hanna wieder, die über die Geschehnisse entsetzt ist und Faber aufklärt. Nach dem Tod seiner Tochter beschließt Faber, seinen bisherigen Beruf aufzugeben und Hanna zu heiraten. Er kehrt noch einmal nach New York zurück, um seine Wohnung aufzulösen, besucht dann Herbert, den Bruder seines Freundes, noch einmal in Guatemala, erledigt

Geschäftliches in Caracas, wo er aufgrund seines schlimmer werdenden Magenleidens selbst den Arbeiten nicht beiwohnen kann (hier verfaßt er den ersten Teil seines Berichts: Erste Station). Über Habana, Düsseldorf und Zürich kehrt er nach Athen zurück, wo er nach einer Operation wegen seines zu spät erkannten Magenkrebses (vermutlich) stirbt. Dieser Krankenhausaufenthalt stellt die „Zweite Station" dar, an der er den Rest seines „Berichtes" verfaßt.

b) Die Bedeutung von Räumen innerhalb der Makrostruktur des Romans „Homo faber"

Schon aus der Inhaltsangabe wird deutlich, daß der Roman an ganz unterschiedlichen Schauplätzen spielt. Dabei handelt es sich jedoch nicht nur um Räume, die das Abenteuerhafte in diesem Roman verstärken sollen (z. B. Wüste, Dschungel), sondern um semantische Großelemente, die im Dienst der Gesamtintention des Romans stehen. Wir wollen dies zunächst in allgemeinerer Form erörtern, ehe wir uns einem Textausschnitt in detaillierter Analyse zuwenden. Folgen wir zunächst einmal der Chronologie der Ereignisse, und untersuchen wir die Bedeutung der einzelnen Handlungsschauplätze.

Walter Faber beginnt seine Dienstreise in New York, wo er ein Appartement besitzt. Diese Stadt gilt als Inbegriff der modernen Lebensart mit Bauwerken, die die Leistungsfähigkeit menschlichen Geistes anschaulich repräsentieren. Das Leben in einem Hochhaus garantiert Faber höchste Funktionalität ohne Bindungen an die Natur. Er hat nur Kontakt zu dem von Menschenhand Geschaffenen; die luftige Höhe seiner Wohnung unterstreicht diesen Aspekt noch. Es muß festgehalten werden, daß die Zimmer dieser Wohnung ohne genaue Konturen bleiben. Von einem Wohnen im eigentlichen Sinn des Wortes kann also nicht gesprochen werden. Fabers wahre Heimat sind sein Auto und das Flugzeug und - mit Abstrichen - das Schiff, also Produkte des menschlichen Geistes.

Die zweite wichtige Station in unserem Roman ist die Wüste, in der Faber zwangsweise 85 Stunden verbringen muß. Die Wüste bedeutet die Abtrennung von aller Zivilisation (der elektrische Rasierapparat funktioniert nicht). Als Ersatz flüchtet sich Faber in die ebenfalls künstliche Welt des Schachspiels. Dem Erlebnispotential der Wüste (z. B. in Form von Sonnenuntergängen) versucht er sich durch die Reste von Technik zu entziehen, die ihm geblieben sind. Die Filmkamera soll das Naturschauspiel festhalten, es aus seiner Einmaligkeit herauslösen und zu etwas Wiederholbarem machen. Dennoch wird gleichzeitig spürbar, daß sich Faber von diesem Einfluß der Wüste nicht ganz lösen kann. Seine Gedanken beginnen um seine eigene Vergangenheit zu kreisen, und zwar um seine Jugendliebe Hanna.

Eine weitere Steigerung zu diesen Wüstenerlebnissen stellt Fabers Aufenthalt im Dschungel dar. Im Gegensatz zu der öden Landschaft der Wüste wird er dort mit der Üppigkeit der Vegetation, mit Fruchtbarkeit auf allen Seiten konfrontiert. Das bedeutet, daß sich Faber hier dem Leben (im Gegensatz zur geschaffenen Welt der Technik) auf Schritt und Tritt aussetzen muß. Werden und Vergehen liegen unmittelbar nebeneinander. Es ist bezeichnend, daß Walter Faber in dieser Phase mit einem Grundphänomen des Lebens, nämlich dem Tod, konfrontiert wird. Auf den Selbstmord seines Jugendfreundes weiß er nicht anders zu reagieren, als diesen mit der Filmkamera auf

Zelluloid zu bannen. Schließlich verläßt er die Stätte des Todes fast fluchtartig, ein Indiz dafür, daß er sich den Kräften dieser Umgebung nur mit Mühen widersetzen kann. Bei seinem zweiten Aufenthalt an diesem Ort stellt er sich abermals den Herausforderungen nicht (z. B. kümmert er sich wenig um die psychischen Veränderungen Herberts), sondern stürzt sich statt dessen in die Reparatur des Autos, obgleich dieses von Herbert überhaupt nicht gewünscht wird.
Nach einem Zwischenaufenthalt in New York, das Faber aufgrund seiner Beziehung zu Ivy mehr und mehr zu hassen scheint, begibt er sich auf das Schiff nach Europa. Das Schiff ist zu verstehen als ein Symbol für den Übergang von einem Ort zu einem anderen, zugleich aber auch ein Aufenthaltsort, der signalisiert, daß man keinen festen Boden unter den Füßen hat. Auf dieser Schiffspassage wird Faber zum einen mit einem weiteren Grundphänomen menschlichen Lebens konfrontiert. Nach der Begegnung mit dem Tod im Dschungel entwickelt sich nun eine Liebesbeziehung zu Sabeth. Gleichzeitig versucht Faber jedoch noch, seine bisherige technisch orientierte Lebensauffassung beizubehalten (Begeisterung für die Schiffsturbinen, Abneigung gegenüber Gesprächen über Kultur und Kunst). Aber selbst bei seinen Versuchen, dem Irrationalen in Form von Liebe keinen Raum zu geben, wird immer deutlicher, daß er gerade diesem Irrationalen zu erliegen droht (Eifersucht, sexuelles Begehren, Heiratsantrag). Potenziert wird dieser Einfluß des Irrationalen, Schicksalhaften noch dadurch, daß sich für den Leser der Verdacht verdichtet, daß Sabeth seine Tochter ist und sich hier eine Tragödie anbahnt, vergleichbar der des Ödipus, in der für Faber bisher ungekannte Kategorien wie Schicksal und Schuld an Bedeutung gewinnen. Diese Komponenten wachsen, je mehr man sich Europa, dem Kontinent der Kunst und Kultur, nähert.
Die folgenden Stationen, Paris, Südfrankreich, Italien und Griechenland lassen uns einem Walter Faber begegnen, der sich von seiner durch Technik und Logik bestimmten Welt mehr und mehr entfernt. Durch seine Zuneigung zu Sabeth gibt er nicht nur große Teile seines bisherigen Lebensstils auf, er öffnet sich auch unbewußt den Erlebnissen, die Kunst, Kultur und Natur bieten können. Zwar bricht sein an Logik, Rationalität und Technik orientiertes Denken immer wieder durch, doch läßt er sich andererseits auf Sprachspiele wie das Suchen angemessener Vergleiche ein, ein Verhalten, das mit seiner bisherigen Einstellung unvereinbar gewesen wäre (S. 151 f.). Faber läßt sich einfangen von mandolinenspielenden Bettlern (S. 107) und interessiert sich für den Kopf einer schlafenden Erinnye („Was sie wohl zusammenträumt-?", S. 111). In Griechenland, dem Ursprungsland der Tragödie, ereignet sich dann seine persönliche Tragödie: Sabeth zieht sich eine tödliche Verletzung zu, als sie vor ihrem nackten Vater zurückweicht (symbolische Darstellung des Inzestmotivs). Die Veränderung, die sich in Faber vollzogen hat, spiegelt sich beispielhaft in seiner Darstellung der im Freien verbrachten Nacht auf Akrokorinth wider (S. 150 - 152). Nach Sabeths Tod kehrt sich Faber völlig von seinem bisherigen Lebensstil ab. New York ist ihm fremd geworden; er bricht dort seine Zelte ab, um in Zukunft in Athen mit Hanna zu leben. Dieser Plan symbolisiert seine grundsätzlich andere Lebenshaltung: Er hat sein Schicksal angenommen.
Den veränderten Walter Faber erleben wir am intensivsten während seines Aufenthalts in Habana: „Vier Tage nichts als Schauen -", S. 172). Der vom Tätigkeitsdrang

beherrschte Mensch entdeckt die Freuden des Erlebens und der Kontemplation. Habana entpuppt sich als Stadt der Lebensfreude, eine Atmosphäre, in die Faber zum erstenmal einstimmt dadurch, daß er singt (S. 175).
Athen, die Stadt der attischen Tragödie, ist Fabers Endstation. Hier unterzieht er sich einer Operation wegen seines Magenkrebses, die er (wahrscheinlich) nicht überlebt. Orte in einem anderen Sinn sind die beiden Krankheitsaufenthalte in Caracas und in Athen. Hier wird der Ort (das Krankenbett) von Faber genutzt, um seinen Bericht zu verfassen. Das Krankenbett läßt Faber seine eigene Leiblichkeit neu erfahren. Es setzt Phasen der Reflexion in Gang, die sich in der konkreten Sprachgebung des Berichtes widerspiegeln. Von der „Ersten Station" (Caracas) zur „Zweiten Station" vollzieht sich eine dramatische Verschlechterung seines Gesundheitszustandes, die einhergeht mit Darstellungen intensiveren Erlebens, der Abwendung von seiner bisherigen Technikverehrung bis hin zu immer eindringlicherem Nachdenken über den Tod. Indem Faber seine eigene Vergänglichkeit vor Augen geführt wird, lernt er mehr und mehr, die Irrationalität des menschlichen Lebens, die Bedeutung von Gefühlen, Ängsten und Hoffnungen zu akzeptieren.

c) Die semantische Dimension von Zeit im „Homo faber"

Die Bedeutung von Zeit als semantischem Großelement spielt in Frischs „Homo faber" im Vergleich zu den Räumen eine untergeordnete Rolle. Es bleibt jedoch festzuhalten, daß die Romanhandlung mit der Jahresangabe 1957 in der unmittelbaren Gegenwart des Autors spielt. Soweit diese Zeit im Roman selbst faßbar wird, stellt sie den Hintergrund für das Romangeschehen dar. Dies ist gleichzeitig ein Indiz dafür, daß Max Frisch sich in diesem Roman mit geistigen Strömungen der 50er Jahre auseinandersetzen will, die von der Machbarkeit dieser unserer Welt, vom Glauben an den Fortschritt, von der Überschätzung der Naturwissenschaften geprägt sind. Wenn man diesen Aspekt der kritischen Auseinandersetzung mit der Gegenwart im Auge hat, geht es um Fragen des Kontextes* dieses Romans. Walter Faber ist ein Repräsentant dieser Zeit. Die Kennzeichnung Fabers als Typus wird stellenweise so weit getrieben, daß sich der Leser fragt, ob dieser Faber überhaupt noch ein Mensch mit individuellen Zügen ist.
Im übrigen sei exemplarisch auf zwei Stellen verwiesen, wo die Zeit als semantische Dimension eine Rolle spielt. Zunächst sei an die Mondnacht vor Fabers erstem intimen Zusammensein mit Sabeth in Avignon erinnert (S. 124 f.). Beide werden von dem Naturereignis einer totalen Mondfinsternis „überrascht" (S. 124). Es ist für Faber ungewöhnlich, daß er darauf „nicht gefaßt" (S. 124) ist, daß er sich zu Fragen wie „Was ist denn mit dem Mond los?" hinreißen läßt (S. 124). Zwar fängt er sich im folgenden wieder, wenn er Sabeth naturwissenschaftliche Erklärungen gibt. Dennoch scheint er sich anders verhalten zu haben, denn Faber berichtet im Anschluß an dieses Monderlebnis von Sabeth: „Das Mädchen fand damals (daran erinnere ich mich) zum ersten Mal, daß ich uns beide ernst nehme, und küßte mich wie nie vorher" (S. 124). Der Erzähler verwendet hier das romantische Motiv einer Mondnacht, in welcher der nüchterne Faber und die lebensfrohe Sabeth in der Liebe zueinander finden.
Als weiteres Beispiel für die semantische Dimension der Zeit sei das Erlebnis des Sonnenaufgangs auf Akrokorinth (S. 152 - 154) erwähnt. Zum einen steht dieses

Erlebnis in unmittelbarer semantischer Opposition zu den Sonnenuntergängen, die Faber in der Wüste gefilmt hat. Beide Naturerscheinungen sind in gleichem Maße stimmungsvoll und dazu geeignet, im Betrachter Emotionen freizusetzen. Während Faber in der Wüste nur die Filmkamera bedienen kann, also ein Medium zwischen sich und das Ereignis schaltet, reagiert er nun aufgeschlossen und emotional. Obgleich seine Sprache in den Vergleichen noch Reste seiner früheren Haltung gegenüber solchen Erlebnissen beinhaltet, ist doch unverkennbar, daß diese Formulierungen längst Teil eines Spiels zwischen ihm und Sabeth geworden sind. Seine wahre Einstellung wird jedoch erkennbar, wenn man berücksichtigt, daß Faber in seiner „berichtenden" Darstellung Elemente des ersten Schöpfungsberichtes (Gen 1) verwendet: „Von Minute zu Minute wird es heller, das Meer und der Himmel, nicht die Erde; man sieht, wo Athen liegen muß, die schwarzen Inseln in hellen Buchten, es scheiden sich Wasser und Land" (S. 153). Die Tageszeit wird hier in der Form eingesetzt, daß sie die Wandlung in Fabers Persönlichkeit reflektiert: Erst jetzt beginnt er zu leben, erst jetzt erkennt er die Welt als Schöpfung, die dem Menschen nur Bewunderung abnötigen kann.

Analysebeispiel eines Textausschnitts aus Max Frisch: Homo faber

Aufgabenstellung:

Analysieren Sie bitte den folgenden Textausschnitt unter besonderer Berücksichtigung der Ausgestaltung des Raumes und der Verankerung der Handlung in der Zeit!

Textgrundlage:

Max Frisch: Homo faber. Frankfurt: Suhrkamp 1977, S. 68 f.

Text:

Wir hätten Joachim (so denke ich oft) nicht in die Erde begraben, sondern verbrennen sollen. Aber das war nun nicht mehr zu ändern. Marcel hatte vollkommen recht: Feuer ist eine saubere Sache, Erde ist Schlamm nach einem einzigen Gewitter (wie wir's auf unserer Rückfahrt erlebt haben), Verwesung voller Keime, glitschig wie Vaseline, Tümpel im Morgenrot wie Tümpel von schmutzigem Blut, Monatsblut, Tümpel voller Molche, nichts als schwarze Köpfe mit zuckenden Schwänzchen wie ein Gewimmel von Spermatozoen, genau so - grauenhaft.

(Ich möchte kremiert werden!)

Auf unserer Rückfahrt damals machten wir überhaupt keinen Stop, ausgenommen in der Nacht, weil es zum Fahren einfach zu finster war ohne Mond. Es regnete. Es gurgelte die ganze Nacht, wir ließen unsere Scheinwerfer an, obschon wir nicht fuhren, und es rauschte wie eine Sintflut, die Erde dampfte vor unseren Scheinwerfern, ein lauer und schwerer Regen. Ohne Wind. Was man im Scheinwerfer sah: Gewächs reglos, Geschlinge von Luftwurzeln, die in unserem Scheinwerfer glänzten wie Eingeweide. Ich war froh, nicht allein zu sein, obschon eigentlich keinerlei Gefahr, sachlich betrachtet; das Wasser lief ab. Wir schliefen nicht eine Minute. Wir hockten wie in der Sauna, nämlich ohne Kleider; es war unerträglich, das nasse

Zeug auf dem Leib. Dabei war es, wie ich immer sagte, nur Wasser, kein Grund zum Ekel. Gegen Morgen hatte der Regen aufgehört, plötzlich, wie wenn man eine Dusche abstellt; aber es tropfte von den Gewächsen, es hörte nicht auf zu glucksen, zu tropfen. Dann die Morgenröte! Von Kühlung keine Spur; der Morgen war heiß und dampfig, die Sonne schleimig wie je, die Blätter glänzten, und wir waren naß von Schweiß und Regen und Öl, schmierig wie Neugeborene. Ich steuerte, ich weiß nicht, wie wir mit unserem Landrover durch den Fluß kamen, aber wir kamen hindurch und konnten es nicht fassen, daß wir je in diesem lauen Wasser mit fauligen Bläschen geschwommen sind. Es spritzte der Schlamm nach beiden Seiten, wenn wir durch die Tümpel fuhren, diese Tümpel im Morgenrot - einmal sagte Marcel: Tu sais que la mort est femme! Ich blickte ihn an, et que la terre est femme! sagte er, und das letztere verstand ich, denn es sah so aus, genau so, ich lachte laut, ohne es zu wollen, wie über eine Zote -

Ausführung

Der vorliegende Textausschnitt aus Frischs Roman „Homo faber" ist von Faber auf der „ersten Station", also im Hotelzimmer in Caracas, niedergeschrieben worden. Auf der Ebene der „erzählten Zeit" stellt er eine Rückblende auf die Ereignisse seines ersten Aufenthalts im Dschungel in Guatemala dar. Diese Rückblende wird an einer für die Gesamthandlung bedeutenden Stelle eingeschoben, nämlich an dem Punkt, als Faber New York (und damit Ivy und seinen bisherigen Lebensstil) verlassen hat und bevor er auf dem Schiff Sabeth kennenlernt.

Thematisch beinhaltet der Textausschnitt eine Erinnerung an den Tod Joachims sowie an die Rückfahrt durch den Dschungel. Die Konfrontation mit dem Tod und der üppigen Vegetation des Dschungels sind die objektiven Gegebenheiten, die den Hintergrund für die von Faber mitgeteilten Bewußtseinsinhalte bilden. Was Faber in jener Situation bewegte, faßte er mit den Worten „Verwesung voller Keime" zusammen (Z. 5 f.). Diese paradoxe Formulierung ist Ausdruck des inneren Widerstandes, den Faber gegen eine Wirklichkeit leistet, die der Logik und Rationalität entgegensteht. Gerade der semantische Raum des Dschungels ist dazu geeignet, diese andere, von Faber verachtete Welt zu repräsentieren. Dschungel bedeutet auf der einen Seite, daß hier eine Welt anzutreffen ist, die sich natürlich, d. h. ohne menschliches Eingreifen und Regulieren, entwickelt hat und ebenso fortbesteht. Wesentliches Merkmal dieser Welt ist das Nebeneinander von Werden und Vergehen oder, um es auf den Punkt zu bringen, die Konfrontation mit einer Üppigkeit, in der das Leben als ein unendlicher Prozeß erfahrbar wird. Diesem Erlebnis möchte Faber so schnell wie möglich entkommen, lediglich die Nacht zwingt ihn zu einem Halt (Z. 9 f.). Ein Blick auf die konkrete Sprachgebung bei der Ausgestaltung des Raumes läßt Fabers Denkweise schnell deutlich werden.

„Geschlinge von Luftwurzeln … glänzten wie Eingeweide" (Z. 14 f.). Die entscheidenden Konnotiongehalte dieses Bildes sind die Vorstellungen von Ungegliedertheit, Undurchdringbarkeit und Bedrohung für einen potentiellen Eindringling; durch den Vergleich kommen Vorstellungen von Ekel dazu, und außerdem entsteht eine semantische Verknüpfung zwischen dem Bereich der Pflanzenwelt und dem Bereich

des Tieres und des Menschen. Damit signalisiert Faber dem Leser, daß auch der Mensch in diese von ihm verabscheute Welt eingebunden ist, daß sich alles, was sich im Dschungel abspielt, auch im Menschen wiederholt. Diese grundsätzliche Äquivalenz der verschiedenen Bereiche des Lebens kommt auch in anderen Stellen noch zum Ausdruck. „Tümpel im Morgenrot“ (Z. 5) erzeugen in Faber Assoziationen von „Monatsblut“ (Z. 6) und Erinnerungen an Marcels französischen Ausspruch, der den Tod, die Erde und das Weibliche auf eine Ebene stellt (Z. 28 f.). Alle Begriffe, die das Schleimige, Glitschige, Schlammige in dieser Raumbeschreibung kennzeichnen, weisen letztlich über die konkrete Landschaftsbeschreibung hinaus und sind Indikatoren für Fabers Abscheu vor dem Geschlechtlichen und dem Akt, der menschliches Leben erst entstehen läßt. Ausdrücke wie „Gewimmel von Spermatozoen“ (Z. 7) und der Vergleich „... wir waren naß von Schweiß und Regen und Öl, schmierig wie Neugeborene“ (Z. 22 f.) sind weitere Grundlage für eine solche Ausdeutung.
Ziehen wir nun noch die zeitliche Verankerung des Geschehens mit heran, so ist insbesondere auf die Bedeutung der Nacht hinzuweisen. Die Nacht macht es dem Menschen unmöglich, sich zu orientieren. Die Unfähigkeit zu sehen, das Geschlagensein mit momentaner Blindheit, macht ein logisch-rationales Vorgehen unmöglich, der Mensch ist seiner Umgebung weitgehend ausgeliefert. Vor diesem Hintergrund ist dann auch Fabers Satz zu verstehen: „Ich war froh, nicht allein zu sein, obschon eigentlich keinerlei Gefahr, sachlich betrachtet“ (Z. 15 f.). Dieser Eindruck des Ausgesetztseins, der Schutzlosigkeit wird noch dadurch intensiviert, daß die Figuren durch ihre Nacktheit (Z. 17) auch körperlich zum Bestandteil dieser nächtlichen Dschungellandschaft geworden sind. Alles, was der „homo faber“, der technisch orientierte Mensch geschaffen hat, fällt von ihm ab, wenn er mit den Urphänomenen des Lebens, Tod und Fortpflanzung (Sexualität), konfrontiert wird.
Nach dieser kurzen Betrachtung der semantischen Dimensionen von Raum und Zeit in diesem Textabschnitt kann jetzt noch einmal auf die Stellung dieses Abschnitts im Roman eingegangen werden. Verkürzt kann man sagen, daß der Abschnitt Fabers Ekel vor dem Weiblichen, vor seiner eigenen Sexualität symbolisiert. Immer wieder baut er Abwehrmechanismen auf, um sich diesem Bereich entziehen zu können. Seine Flucht aus New York vor Ivy, dem klammernden weiblichen Efeu („ivy“ ist das englische Wort für Efeu), ist ein Indiz dafür. Der neue Lebensabschnitt, der mit dem Betreten des Schiffes beginnt, stellt jedoch nur eine um so stärkere Verstrickung in jenen Bereich dar, vor dem er fliehen wollte. In seiner Rückblende, die genau zwischen die Beziehungen zu Ivy und Sabeth eingeschoben wird, hat der Erzähler diese Erfahrung bewußt oder unbewußt zum Ausdruck gebracht. Die Erinnerung an das Dschungelerlebnis signalisiert bereits, daß Faber dem, wovor er flieht, nicht entkommen kann.

Übungsbeispiel: Max Frisch: Homo faber

Aufgabenstellung:
Analysieren Sie bitte den folgenden Text unter besonderer Berücksichtigung der Frage, wie der Erzähler den Raum des Geschehens ausgestaltet!

Textgrundlage:
Max Frisch: Homo faber. Frankfurt: Suhrkamp 1977. S. 180 f.

Text:

Meine letzte Nacht in Habana.

Keine Zeit auf Erden, um zu schlafen!

Ich hatte keinen besonderen Anlaß, glücklich zu sein, ich war es aber. Ich wußte, daß ich alles, was ich sehe, verlassen werde, aber nicht vergessen: - die Arkade in der Nacht, wo ich schaukle und schaue, beziehungsweise höre, ein Droschkenpferd wiehert, die spanische Fassade mit den gelben Vorhängen, die aus schwarzen Fenstern flattern, dann wieder das Wellblech irgendwo, sein Hall durch Mark und Bein, mein Spaß dabei, meine Wollust, Wind, nichts als Wind, der die Palmen schüttelt, Wind ohne Wolken, ich schaukle und schwitze, die grüne Palme ist biegsam wie eine Gerte, in ihren Blättern tönt es wie Messerwetzen, dann die Gußeisen-Laterne, die zu flöten beginnt, ich schaukle und lache, ihr zuckendes und sterbendes Licht, es muß ein beträchtlicher Sog sein, das wiehernde Pferd kann die Droschke kaum halten, alles will fliehen, das Schild von einem barber-shop, Messing, sein Klingeln in der Nacht, und das unsichtbare Meer spritzt über die Mauern, dann jedesmal Donner im Boden, darüber zischt es wie eine Espresso-Maschine, mein Durst, Salz auf den Lippen, Sturm ohne Regen, kein Tropfen will fallen, es kann nicht, weil keine Wolken, nichts als Sterne, nichts als der heiße und trockene Staub in der Luft, Backofenluft, ich schaukle und trinke einen Scotch, einen einzigen, ich vertrage nichts mehr. Ich schaukle und singe. Stundenlang. Ich singe! Ich kann ja nicht singen, aber niemand hört mich, das Droschkenpferd auf dem leeren Pflaster, die letzten Mädchen in ihren fliegenden Röcken, ihre braunen Beine, wenn die Röcke fliegen, ihr schwarzes Haar, das ebenfalls fliegt, und die grüne Jalousie, die sich losgerissen hat, ihr weißes Gelächter im Staub, und wie sie über das Pflaster rutscht, die grüne Jalousie, hinaus zum Meer, das Himbeer-Licht im Staub über der weißen Stadt in der Nacht, die Hitze, die Fahne von Cuba - ich schaukle und singe, nichts weiter, das Schaukeln der leeren Sessel neben mir, das flötende Gußeisen, die Wirbel von Blüten. Ich preise das Leben!

Lösungshinweise:

1. Einordnung der Textstelle in den Romanzusammenhang: Text stammt aus dem zweiten Teil des Romans („Zweite Station"); das erzählte Geschehen liegt in der Zeit nach Sabeths Tod; Frage: Wie lebt der sehend gewordene Walter Faber?
2. Kurze Charakterisierung des Ortes der Handlung: Habana, Ort der Lebensfreude, Abwendung Fabers vom „American way of life"; Bereitschaft Fabers zum Erleben; Übernahme der Verhaltensweisen Sabeths (Singen); Faber wird willentlich zu einem Bestandteil des Raumes, in dem er lebt.
3. Untersuchung der von Faber wiedergegebenen Eindrücke: Blick für die Details, durchweg positive Einstellung gegenüber den einzelnen Beobachtungen; Bilder der Lebensfreude und auch Sinnlichkeit (Darstellung der Mädchen: Beschreibung der fliegenden Röcke und braunen Beine und ihres Haares, Z. 21 f.).

4. Akzeptanz gegensätzlicher Elemente (das „zuckende und sterbende Licht“ der Laterne, Z. 11 f.; die Jalousie, die zum Meer fliegt und verschluckt wird, Z. 24; Widerspiegelung des Gegensätzlichen in der Schaukelbewegung; „die Wirbel von Blüten“ als Bild für die Vergänglichkeit des Lebens; Z. 27).
5. Die Nacht als Zeitraum des Diffusen, Ungegliederten wird in diesem Abschnitt von Faber anders erfahren. Trotz der Nacht (oder wegen?) kann er die einzelnen Eindrücke besonders intensiv erleben. Stufe einer neuen Wirklichkeitserfahrung („schauen“ bzw. „hören“, Z. 5).
6. Kohärenz in der Darstellung: Aneinanderreihung der einzelnen Eindrücke ohne syntaktische Brüche; Äußerungen über die Schönheit der Umgebung stehen ohne innere Spannung neben Formulierungen, die auf die Hinfälligkeit des eigenen Körpers hindeuten; insgesamt Tendenz zum Verzicht auf logisch-syntaktische Überleitungen, Vorherrschen von Substantivgruppen mit hoher Bildlichkeit; Wiederholungsstrukturen führen zur Herausbildung von Leitmotiven; Alliterationen und rhythmische Wiederholungsstrukturen erzeugen den Eindruck poetischer (lyrischer) Sprache.
7. Ausgehend vom Schlußsatz des Auszugs („Ich preise das Leben“, Z. 27) Herausarbeitung der gegenläufigen Kurve von Lebenserwartung (sein Tod steht unmittelbar bevor) und der von Faber gerade erst erlernten Fähigkeiten zu leben (in Übernahme der an Sabeth erlebten Verhaltensweisen).

Literaturhinweise:

Frederick A. Lubich: Max Frisch: „Stiller“, „Homo faber“ und „Mein Name sei Gantenbein“. München: Fink Verlag 1992. (Betonung psychologischer Deutungsansätze)
Reinhard Meurer: Max Frisch: Homo faber. Interpretation. München: Oldenbourg 1988. (aspektreiche, gut verständliche Einzelinterpretation).

1.2.4 Figur und Konfiguration

Figur

Erzählt jemand Geschichten, benötigt er Figuren, die erst Handlung ermöglichen. Der Ausdruck „Figur“ - im Gegensatz zum Begriff Person - verweist darauf, daß diese Figur als Mensch oder menschenähnliches Wesen (Tiere, Fabelwesen) erdacht, erfunden, konstruiert wurde. Es versteht sich, daß diese Figur bestimmte Merkmale besitzen muß, die ihr ein eigenes, unverwechselbares Profil geben, so daß sie eindeutig von anderen Figuren zu unterscheiden sind.
In Erzählungen und Romanen unterscheiden wir grundsätzlich zwischen erzählender Figur (Erzähler) und erzählter Figur (Figur auf der Handlungsebene).
Beim Lesen eines Romans bemerken wir, daß wir zu einer Figur Sympathie empfinden und daß wir eine andere Figur ablehnen. Der Autor stattet seine Figur mit Merkmalen aus, die dieser klare äußere Konturen und Charaktereigenschaften geben, so daß der Leser sie eindeutig und sicher identifizieren kann. Häufig ist eine Figur nicht bereits zu Beginn auf eindeutige Merkmale festgelegt, sondern sie durchläuft noch Entwicklungen und Lernprozesse.

Erzähltechnisch gesehen unterscheiden wir zwischen einer direkten und einer indirekten Charakterisierung von Figuren. Direkt charakterisiert wird eine Figur
a) durch den Erzähler selbst, der, obgleich selbst Figur, Figuren auf der Handlungsebene im Erzählerbericht vorstellen und bewerten kann;
b) durch zweite oder dritte Figuren auf der Handlungsebene, z. B. durch Personenrede;
c) durch eine Art Selbstcharakterisierung, zum Beispiel in Form der Rede- oder Bewußtseinswiedergabe.
Bei der direkten Charakterisierung durch einen auktorial auftretenden Erzähler kann der Leser sich diesem und seinen Wertungen eher anvertrauen als bei einer direkten Charakterisierung durch zweite und dritte Figuren auf der Handlungsebene. Denn in diesem letzteren Fall sind die Aussagen meist subjektiv gefärbt und vom Leser zu hinterfragen.
Etwas schwieriger zu erfassen sind die verschiedenen Elemente indirekter Charakterisierung, die der Leser aus Sprache und Verhalten der Figur selbst und aus der Reaktion anderer Figuren erschließen muß.
Diese Elemente sind zum Beispiel:
- äußere Erscheinung;
- die berufliche und soziale Stellung;
- typische Eigenschaften, Redensarten und Verhaltensweisen;
- Besonderheiten der Sprache, sozial und individuell geprägt;
- Bewußtseinsinhalte, Verhaltensmotive, Wertvorstellungen;
- Beziehungen zu anderen und Einfluß auf andere Personen.

Konfiguration

Die Figuren eines Romans, einer Erzählung stehen in einem vielschichtigen Bezugssystem; sie haben Beziehungen zueinander und bilden meist Gruppierungen, wobei eine Gruppe durch identische Merkmalsbündel gekennzeichnet ist. Ein Individualcharakter wie Alfred Matzerath ist auch wesentlich geprägt durch Merkmale des „Sozialcharakters“, in diesem Fall des Kleinbürgers. Denn die Danziger Kleinbürger um A. Matzerath herum werden deutlich typisiert; in ihrer sozialen Stellung, in ihren Denk- und Verhaltensweisen stimmen sie so weit überein, daß man von einem Gruppentypus bzw. Sozialcharakter sprechen kann. Wir nennen die Zuordnungen von Figuren, zum Beispiel zu Gruppen, bzw. die Beziehungen der einzelnen Figuren zueinander Konfiguration oder auch Figurenkonstellation.
Diese Konfiguration ist planvoll gestaltet; durch sie wird die erzählte Welt wesentlich aufgebaut. Vielfach werden in Romanen Handlungen durch eine gegensätzlich angeordnete Konfiguration ausgelöst. Im Roman „Die Blechtrommel“ steht Oskar Matzerath der Gruppe der Danziger Kleinbürger gegenüber, und daraus entstehen die zentralen Konflikte. Die Figurgestaltung in literarischen Texten unterliegt den Prinzipien des poetischen Textbildungsverfahrens:
Merkmalsbündel wiederholen sich - oft leitmotivisch, bilden ein Zeichensystem zweiter Ordnung, und Einzelnes verweist auf Allgemeines (vgl. Kapitel 1.2.5.).
Fragenkatalog:

Welche Merkmalsbündel haben die Figuren?
Wie unterscheiden sich die Figuren, wie verändern sich ihre Beziehungen?
Was geschieht, wenn Figuren andere Räume betreten?
Welche Figurengruppierungen gibt es, und was sind die Merkmale dieser Gruppe?
Wie sind die Beziehungen dieser Gruppen zueinander?
Ist der Erzähler mit dem dargestellten Selbstverständnis der Hauptfigur einverstanden, oder sieht er sie kritisch?

Analysebeispiel

Vorbemerkung

Der Ich-Erzähler, Oskar Matzerath, der als Dreißigjähriger sein Wachstum einstellt und so eine radikale Außenseiterrolle gewinnen kann, erzählt, als Dreißigjähriger in einer Anstalt lebend, über seine Kindheit und Jugend in Danzig (Buch 1), über sein fragwürdiges Künstlerleben im Zweiten Weltkrieg (2. Buch) und über seinen vergeblichen Versuch, in die bundesrepublikanische Gesellschaft hineinzuwachsen (3. Buch). Mithilfe seiner Trommel sowie seiner phantastischen Fähigkeit, Glas zu zersingen, wehrt er sich gegen die Erwachsenenwelt, deren Mißstände er aufzeigt; so attackiert er das Kleinbürgertum in Danzig, die Rolle der Kirche und der Kunst, überhaupt die breite Akzeptanz gegenüber dem Nationalsozialismus, die Unfähigkeit in der Wohlstandsgesellschaft nach 1945, über das Fehlverhalten der Bürger und die Untaten des Nationalsozialismus nachzudenken und Trauerarbeit zu leisten. Nach 1945 verändert sich zwar die Figur des Ich-Erzählers; O. Matzerath wächst etwas, verliert die Fähigkeit, Glas zu zersingen, und will Bürger werden. Seine Trommelkunst provoziert nicht mehr, sondern unterhält und lenkt ab. Die Eingliederung in die bürgerliche Gesellschaft Westdeutschlands gelingt aber nicht, und er gerät in eine Heil- und Pflegeanstalt, in der er seine Geschichte niederschreibt.

Aufgabenstellung:

Analysieren Sie bitte den Romanauszug unter besonderer Berücksichtigung der Figurengestaltung und der Konfiguration.

Textgrundlage:

Günter Grass: Die Blechtrommel. Frankfurt: Fischer Bücherei 1963. S. 62 ff.

Text:

Es wurde ruhiger in der Klasse Ia, als eine Frau eintrat, die sich hinterher Frau Spollenhauer nannte. Ich brauchte nicht ruhiger zu werden, da ich zuvor schon still und fast in mich gekehrt auf kommende Dinge gewartet hatte. Um ganz ehrlich zu sein: Oskar hatte es nicht einmal für nötig befunden, auf Kommendes zu warten, er bedurfte ja keiner Zerstreuung, wartete also nicht, sondern saß, nur seine Trommel spürend, im Schulgebänk und hatte es vergnügt mit den Wolken hinter oder vielmehr vor den österlich geputzten Schulfensterscheiben.

Fräulein Spollenhauer trug ein eckig zugeschnittenes Kostüm, das ihr ein trocken männliches Aussehen gab. Dieser Eindruck wurde noch durch den knappsteifen, Halsfalten ziehenden, am Kehlkopf schließenden und, wie ich zu bemerken glaubte, abwaschbaren Hemdkragen verstärkt. Kaum hatte sie in flachen Wanderschuhen die Klasse betreten, wollte sie sich sogleich beliebt machen und stellte die Frage: „Nun, liebe Kinder, könnt ihr denn auch ein Liedchen singen?" Als Antwort wurde ihr Gebrüll zuteil, welches sie jedoch als Bejahung wertete, denn sie stimmte geziert hoch das Frühlingslied „Der Mai ist gekommen" an, obgleich wir Mitte April hatten. Kaum hatte sie den Mai verkündet, brach die Hölle los. Ohne auf das Zeichen zum Einsatz zu warten, ohne den Text recht zu kennen, ohne das geringste Gefühl für den simplen Rhythmus dieses Liedes, begann die Bande hinter mir, den Putz an den Wänden lockernd, durcheinanderzugröhlen.

Trotz ihrer gelblichen Haut, trotz Bubikopf und unterm Kragen vorlugendem männlichen Schlips tat mir die Spollenhauer leid. Von den Wolken, die offensichtlich schulfrei hatten, mich losreißend, raffte ich mich auf, zog mit einem Griff die Stöcke unter meinen Hosenträgern hervor und trommelte laut und einprägsam den Takt des Liedes. Aber die Bande hinter mir hatte keinen Sinn und kein Ohr dafür. Nur Fräulein Spollenhauer nickte mir aufmunternd zu, lächelte die an der Wand klebende Mütterschar an, blinzelte besonders zu Mama hinüber und veranlaßte mich, dieses als Zeichen zu ruhigem, schließlich kompliziertem, alle meine Kunststücke aufzeigendem Weitertrommeln zu werten. Längst hatte die Bande hinter mir aufgehört, die barbarischen Stimmen zu mischen. Schon bildete ich mir ein, meine Trommel unterrichte, lehre, mache meine Mitschüler zu meinen Schülern, da stellte sich die Spollenhauer vor meine Bank, blickte mir aufmerksam und nicht einmal ungeschickt, vielmehr selbstvergessen lächelnd auf Hände und Trommelstöcke, versuchte sogar, meinen Takt mitzuklopfen, gab sich für ein Minütchen für ein nicht unsympathisches älteres Mädchen, das, seinen Lehrberuf vergessend, der ihm vorgeschriebenen Existenzkarikatur entschlüpft, menschlich wird, das heißt, kindlich, neugierig, vielschichtig, unmoralisch.

Als es dem Fräulein Spollenhauer jedoch nicht gelang, meinen Trommeltakt sogleich richtig nachzuklopfen, verfiel sie wieder ihrer gradlinig dummen, obendrein schlecht bezahlten Rolle, gab sich den Ruck, den sich Lehrerinnen dann und wann geben müssen, sagte: „Du bist sicher der kleine Oskar. Von dir haben wir schon viel gehört. Wie schön du trommeln kannst. Nicht wahr, Kinder? Unser Oskar ist ein guter Trommler?"

Die Kinder brüllten, die Mütter rückten enger zusammen, die Spollenhauer hatte sich wieder in der Gewalt. „Doch nun", fistelte sie, „wollen wir die Trommel im Klassenschrank verwahren, sie wird müde sein und schlafen wollen. Nachher, wenn die Schule aus ist, sollst du deine Trommel wiederbekommen."

Noch während sie diese scheinheilige Rede abspulte, zeigte sie mir ihre kurzbeschnittenen Lehrerinnenfingernägel, wollte sich an der Trommel, die, bei Gott, weder müde war noch schlafen wollte, zehnmal kurzbeschnitten vergreifen. Vorerst hielt ich sie fest, schloß die Arme in Pulloverärmeln um das weißrotgeflammte Rund, blickte sie an, blickte dann, da sie unentwegt den uralten schablonenhaften Volksschullehrerinnenanblick gewährte, durch sie hindurch, fand im Inneren des

Fräulein Spollenhauer Erzählenswertes genug für drei unmoralische Kapitel, riß mich aber, da es um meine Trommel ging, von ihrem Innenleben los und registrierte, als mein Blick zwischen ihren Schulterblättern hindurchfand, auf guterhaltener Haut einen guldenstückgroßen, langbehaarten Leberfleck.

Ausführung

A. Der Romanauszug handelt von Oskar Matzeraths erstem Schultag in einer Danziger Volksschule. Wie das Gesetz es verlangt, soll er sich, obgleich körperlich einem Dreijährigen vergleichbar, den Regeln der Schule unterwerfen. Seine Einstellung zur Schule, zu den Mitschülern und Lehrern kann nicht die der anderen Erstkläßler sein, da er geistig voll entwickelt ist und er beschlossen hat, die Welt der Erwachsenen abzulehnen. Dieser Textauszug zeigt seine große Distanz zu den Begebenheiten und Personen dieses Tages; sein sogenannter fremder Blick ermöglicht ihm, hinter die Oberfläche zu schauen.
Erzählt wird aus der Situation des sechsjährigen Oskar, weitgehend zeitdeckend, im Wechsel zwischen Erzählerbericht und Personenrede. Der Leser erlebt die Schulsituation also unmittelbar aus der Sicht des erlebenden Oskar und ist auf dessen Beobachtungen und Wertungen angewiesen. Das Blickfeld ist also begrenzt; andere Figuren werden nur aus dessen Sicht wahrgenommen. Nur gelegentlich deutet sich die Perspektive des erzählenden Dreijährigen an, der aus großem zeitlichen Abstand sagen kann: „Um ganz ehrlich zu sein: Oskar hatte es nicht einmal für nötig befunden, auf Kommendes zu warten“ (Z. 3 f.). Die Sicht ist nicht einheitlich. Sie ist einerseits kindlich und naiv, da Oskar wie ein Kind aus einer Froschperspektive - wertfrei und unverbildet - wahrzunehmen vermag.
Andererseits weitet sich diese Optik stellenweise, und der Erzähler Oskar bezieht eine kritisch-überlegene Position, die wissend und eindeutig wertend größere Zusammenhänge aufdeckt, so wie beim Hinweis auf den „uralten schablonenhaften Volksschullehrerinnenanblick“ (Z. 51 f.).
Im Textauszug werden drei Figurentypen vorgestellt: die Lehrerin, die Schüler und der außerhalb stehende Ich-Erzähler Oskar. Dieser entlarvt, so der Interpretationsansatz, das Schulsystem sowie dessen Repräsentanten als autoritär und auf Rollenzwang hin festgelegt.

B. In der ersten Textsequenz kennzeichnet Oskar seine eigene Situation. Zu den anderen Figuren bzw. Figurengruppen befindet er sich von Anfang an in kritischer Distanz: „... er bedurfte ja keiner Zerstreuung, wartete als nicht“, er hielt seine Trommel fest und „hatte es vergnügt mit den Wolken“ (Z. 5 ff.). Deutlich wird, daß Oskar, für einen Sechsjährigen ungewohnt, völlig gelassen und unbeteiligt zu sein scheint; er betont, daß er nicht auf Kommendes warte (vgl. Z. 3). An der Einschulung liegt ihm nichts, da er schon weiß, was ihn erwartet. Sein Interesse gilt in diesem Moment einerseits seiner Trommel, andererseits den frei ziehenden Wolken, denen er „vergnügt“ zuschaut (Z. 6). Für Oskar bedeuten diese Wolken, die „schulfrei hatten“ (Z. 22) eine positive Gegenwelt zur Schule, wie allein schon das Adjektiv „vergnügt“ signalisiert. Elemente dieser Gegenwelt sind für Oskar Freiheit, Ungebundenheit,

Natürlichkeit. Indem Oskar sich den Wolken zuwendet und ganz auf seine Trommel fixiert ist, zeigt sich schon seine Distanz zur Welt der Schule. Aus dieser Einstellung heraus charakterisiert er die Lehrerin. Schon ihr Äußeres - ein „eckig zugeschnittenes Kostüm", ergänzt „durch den knappsteifen, Halsfalten ziehenden [...] abwaschbaren Hemdkragen" (Z. 8 ff.) verleiht ihr ein „trocken männliches Aussehen" (Z. 8 f.). Mit ihren „flachen Wanderschuhen", ihrer „gelblichen Haut", ihrem „Bubikopf" und dem „männlichen Schlips" wirkt sie unweiblich und auf eine Rolle festgelegt. Das semantische Feld, das dieser Figur zugeordnet wird, kontrastiert zunächst einmal mit dem durch die Wolken und die Trommel repräsentierten semantischen Feld der Freiheit und Natürlichkeit. Das Äußere der Lehrerin verweist darauf, wie wenig diese sie selbst ist - zum Beispiel verdrängt sie ihr Geschlecht - und wie sie sich der Rollenvorstellung anpaßt, daß der Lehrer männlich-autoritär aufzutreten habe. Die leitmotivisch angelegte Nennung der „kurzbeschnittenen" Fingernägel (Z. 48), die sich später zu dem Superlativ „abgehacktesten" (vgl. Seite 65) steigert, verdeutlicht ebenfalls, wie sehr sich die Lehrerin selbst gestutzt, beschnitten hat. Ihr berufliches Rollenverständnis verbietet ihr, natürlich und frei zu sein. Zumindest in den Unterrichtsstunden ist sie eine Verkörperung ihrer Funktion. Oskar bewertet diese Figur direkt, wenn er den „uralten schablonenhaften Volksschullehrerinnenanblick" registriert und von ihrer „vorgeschriebenen Existenzkarikatur" (Z. 35) spricht. Der an dieser Stelle allwissend auftretende Erzähler durchschaut die Lehrerin; er sieht die von der Gesellschaft erwartete und vom einzelnen freiwillig geleistete Rollenanpassung als eine Verformung. Denn eine „Existenzkarikatur" ist ein Zerrbild eines Menschen, der nicht zu seiner Individualität findet, weil er sich zu sehr hat verbiegen lassen. Der Blick des Erzählers reicht aber weiter, und er sieht, daß die Lehrerin „für ein Minütchen" (Z. 33) der Existenzkarikatur „entschlüpft, menschlich wird, das heißt, kindlich, neugierig, vielschichtig, unmoralisch" (Z. 35 f.). Gemeinsam ist diesen Eigenschaften, daß sie frei von Zwang und Anpassungsdruck sind, daß sie ein Ideal des Menschen umschreiben, der sich frei entfalten und verwirklichen kann. Das Adjektiv „unmoralisch" zum Beispiel verweist auf Wünsche, die in jedem schlummern, die aber im Schulsystem - siehe die männliche Kleidung - konsequent geleugnet werden und die von einem starren Moralsystem jener Zeit offenbar unterdrückt werden. Dabei entdeckt Oskar auch im Innern der Lehrerin Spollenhauer „Erzählenswertes genug für drei unmoralische Kapitel" (Z. 53). Aber diese Möglichkeit, menschlich zu sein, besteht in dieser Situation nicht, denn die Lehrerin verfällt wieder „ihrer alten gradlinig dummen, obendrein schlechtbezahlten Rolle" (Z. 38 f.).

Auch der dritte Figurentyp, die Gruppe der Schüler, wird als „Bande" (Z. 18) abgewertet; ihre einzige Äußerungsform ist „Gebrüll" (Z. 14). Die Worte „Gebrüll", „Bande", „durcheinandergröhlen" sowie der Ausdruck „brach die Hölle los" ergeben ein semantisches Feld, das gekennzeichnet ist durch Konnotationen wie Unreife, Bewußtlosigkeit. In der Wortwahl kommt die Abwehr Oskars zum Ausdruck, der sich von den Gleichaltrigen durch sein entwickeltes Bewußtsein abgrenzt. Er erkennt, daß den Mitschülern jedes „Gefühl für den simplen Rhythmus" (Z. 17 f.) fehlt. daß sie weder den Text noch den Einsatz kennen. Der Kontrast zwischen der Lehrerin, die „geziert hoch" (Z. 14 f.) das Lied anstimmt, und den gröhlenden Kindern mit „barbarischen Stimmen" (Z. 29) könnte zum Konflikt führen. Die Schülergruppe weist die dominant gesetzten Merkmale Unwissenheit, Anarchie, Bewußtlosigkeit auf, die Lehrerin, stellvertretend für ihre Gruppe, Merkmale wie Rollenbindung, Disziplin, Schablone. Der Konflikt entlädt sich nicht, weil die kindliche Anarchie leicht zu bändigen ist. Dieser Konflikt, hier verhindert, bahnt sich aber zwischen Oskar und der Lehrerin an. Auslöser ist die Trommel, die im gesamten Roman zentrales Bedeutungselement ist, das für die Haltung des Protestes und der Kritik steht. In dieser Situation trommelt Oskar zunächst den Takt des Liedes mit dem Einverständnis der Lehrerin: „sie nickte mir aufmunternd zu" (Z. 25). Als sein Trommeln sich verselbständigt, reagiert die Lehrerin zunächst pädagogisch und will die Trommel nehmen: „... sie wird müde sein und schlafen wollen" (Z. 45). Oskar sieht dies als „scheinheilige Rede" (Z. 47), und als die Lehrerin sich an der Trommel „zehnmal kurzbeschnitten vergreifen" (Z. 49) will, wehrt er sich, die Trommel fest umklammernd. Er verweigert die Anpassung, und einige Abschnitte weiter (vgl. Seite 65) kommt es zur Gewaltanwendung: die Lehrerin schlägt mit dem Rohrstock, und Oskar „zersingt" ihr die Brillengläser. Dieser Konflikt zeigt die Unvereinbarkeit der Positionen: hier die Vertreterin eines autoritären Schulsystems, deren pädagogisches Verhalten nur vordergründig und vorgetäuscht ist und die Disziplinierung anstreben muß, und dort Oskar, der sich jeder bürgerlichen Ordnung zu entziehen versucht.

C. Diese Konstellation verdeutlicht den Grundkonflikt des Romans: ein außerhalb jeder gesellschaftlichen Ordnung stehender Erzähler trifft hier in der Schule auf Verhältnisse und Strukturen, die den Einzelnen zur Unterordnung, zum Rollenverhalten zwingen, aber keine sinnvollen Ziele und Werte erkennen lassen. Der Einzelne soll in der Schule zum Beispiel zum funktionierenden Mitglied der Gesellschaft geformt werden, dabei stören Werte wie Eigenständigkeit, kritisches Bewußtsein. Fräulein Spollenhauer will, sicherlich nicht bewußt, sondern selbst auch Opfer der gesellschaftlichen Verhältnisse, Oskar dem Rollenzwang unterwerfen, der diese kleinbürgerliche Gesellschaftsschicht dem Nationalsozialismus zuführte.
Die vom Leser erwartete Harmonie eines ersten Schultages wird hier gründlich zerstört, denn unter der harmonischen Oberfläche herrschen Zwänge, und schnell kommt es zur Gewalt. Der Anspruch einer kindgemäßen Pädagogik und kinderfreundlichen Atmosphäre - so die Sprache und das Verhalten der Lehrerin im ersten Teil - wird von Oskar entlarvt. Der Leser, der den gesamten Roman überblickt, wird erkennen, wie sehr dieses Schulsystem, dessen Merkmale sich in anderen gesellschaftlichen Bereichen (Kirche, Elternhaus, Verein) wiederfinden, zu einem sogenannten Sozialcharakter führt, den man als kleinbürgerlich bezeichnen kann und der eine verhängnisvolle Rolle bei der Entwicklung und Ausformung der Hitler-Diktatur gespielt hat.

Übungsbeispiel

Aufgabenstellung:
Analysieren Sie bitte den Textauszug unter besonderer Berücksichtigung der Figurengestaltung und der Konfiguration.

Textgrundlage:
Günter Grass: Die Blechtrommel. S. 53 f.

Text:

„So versetzte ich an meinem vierten Geburtstag, Anfang September achtundzwanzig, die versammelte Geburtstagsgesellschaft, die Eltern, die Bronskis, die Großmutter Koljaiczek, Schefflers und Greffs, die mir alles mögliche geschenkt hatten, Bleisoldaten, ein Segelschiff, ein Feuerwehrauto - nur keine Blechtrommel; sie alle, die da haben wollten, daß ich mich mit Bleisoldaten abgäbe, daß ich den Irrsinn einer Feuerwehr spielenswert fände, die mir meine zerschlagene, aber brave Trommel nicht gönnten, die mir das Blech nehmen und dafür alberne, obendrein unsachgemäß mit Segeln bestückte Schiffchen in die Hände drücken wollten, alle die da Augen hatten, um mich und meine Wünsche zu übersehen, versetzte ich mit einem rundlaufenden, alle vier Glühlampen unserer Hängelampe tötenden Schrei in vorweltliche Finsternis.

Wie nun Erwachsene nun einmal sind: nach den ersten Schreckensrufen, fast inbrünstigem Verlangen nach Wiederkehr des Lichtes, gewöhnten sie sich an die Dunkelheit, und als meine Großmutter Koljaiczek, die als einzige außer dem kleinen Stephan Bronski der Finsternis nichts abgewinnen konnte, mit dem plärrenden Stephan am Rock Talgkerzen aus dem Laden holte und mit brennenden Kerzen, das Zimmer aufhellend, zurückkam, zeigte sich die restliche, stark angetrunkene Geburtstagsgesellschaft in merkwürdiger Paarung. Wie zu erwarten war, hockte Mama mit verrutschter Bluse auf Jan Bronskis Schoß. Unappetitlich war es, den kurzbeinigen Bäckermeister Alexander Scheffler fast in der Greffschen verschwinden zu sehen. Matzerath leckte an Gretchen Schefflers Gold- und Pferdezähnen. Nur Hedwig Bronski saß mit im Kerzenlicht frommen Kuhaugen, die Hände im Schoß haltend, nahe aber nicht zu nahe dem Gemüsehändler Greff, der nichts getrunken hatte und dennoch sang, süß sang, melancholisch, Wehmut mitschleppend sang, Hedwig Bronski zum Mitsingen auffordernd sang. Ein zweistimmig Pfadfinderlied sangen sie, nach dessen Text ein gewisser Rübezahl durchs Riesengebirge zu geistern hatte.

Mich hatte man vergessen. Unter dem Tisch saß Oskar mit dem Fragment seiner Trommel, holte noch etwas Rhythmus aus dem Blech heraus, und es mochte sich ergeben haben, daß die sparsamen, aber gleichmäßigen Trommelgeräusche jenen, die da vertauscht und verzückt im Zimmer lagen oder saßen, nur angenehm sein konnten. Denn wie Firnis verdeckte die Trommelei Schmatz- und Saugtöne, die jenen bei all den fieberhaften und anstrengenden Beweisen ihres Fleißes unterliefen. Ich blieb auch unter dem Tisch, als meine Großmutter kam, mit den Kerzen einem zornigen Erzengel glich, im Kerzenschein Sodom besichtigte, Gomorrha erkannte, mit zitternden Kerzen Krach schlug, das alles eine Sauerei nannte und die Idylle wie Rübezahls Spaziergänge durch das Riesengebirge beendete, indem sie die Kerzen auf Untertassen stellte, Skatkarten vom Büffet langte, auf den Tisch warf und, den immer noch greinenden Stephan tröstend, den zweiten Teil der Geburtstagsfeier ankündigte. Bald schraubte Matzerath neue Glühbirnen in die alten Fassungen unserer Hängelampe, Stühle wurden gerückt,

Bierflaschen schnalzten aufspringend; man begann über mir einen Zehntelpfennigskat zu kloppen."

Lösungshinweise:

A. Erzählhaltung: Überwiegen des Erzählerberichtes, Verzicht auf Personenrede, kritisch-ironischer Abstand des Erzählers;
- (Kotext) Erzähler praktiziert seine Außenseiterrolle, setzt seine phantastischen Mittel (Glaszersingen) ein und entlarvt das Verhalten bei einer Familienfeier;
- (Thema, Intention) Widerspruch zwischen der Fassade bürgerlicher Wohlanständigkeit (Licht) und Triebbestimmtheit (Dunkel); entlarvt werden die Schwierigkeit, Feste zu feiern, und die Doppelmoral.

B.
Zu Oskar:
- Oskar, äußerlich ein Kind, innerlich erwachsen, wird falsch gesehen, er erhält für ihn sinnloses Spielzeug („Irrsinn einer Feuerwehr"), dessen Fehlerhaftigkeit er durchschaut („unsachgemäß mit Segeln besetzt");
- zentrale Rolle der Trommel: Erwachsene verstehen deren Bedeutung nicht; Oskar auf Trommel angewiesen, sie ist Zeichen und Ausdrucksmittel seines Wesens und seiner Einstellung;
- überlegener und emotionsloser Blick auf die Erwachsenen; deren Verhalten wird kühl seziert: nicht Oskar, die Erwachsenen benehmen sich kindisch („wie Erwachsene nun einmal sind"); stellenweise auch ironisch-satirische Wertung („Beweisen ihres Fleißes");
- Glaszersingen als Fähigkeit, sich als „Gnom" wehren zu können;
- Versteck unter dem Tisch als Leitmotiv: Rückzug aus der schlechten Welt der Erwachsenen.

Zu den Erwachsenen:
- unangemessenes Verhalten der Erwachsenen: „Schmatz- und Saugtöne, Matzerath leckte an [...] Gold- und Pferdezähnen, mit ... frommen Kuhaugen, süß sang" etc.; die Elemente des semantischen Feldes wirken satirisch entlarvend; hier mit fremdem Blick gesehen;
- Gruppierungen: erste Gruppe (6 Personen) zeigt Doppelmoral: nach außen hin geordnete Ehe, im Verborgenen Partnerwechsel; zweite Gruppe (Greff, homosexuell, Hedwig B. unattraktiv), vom Partnertausch ausgeschlossen, weicht in Gesang aus; dritte Gruppe (Großmutter, Stephan) unberührt von Sexualität, Großmutter gleicht einem „zornigen Engel", nennt den Sachverhalt beim Namen: „Sauerei".

Zu der Gruppe der Kleinbürger:
- Zusammensein der Kleinbürger charakterisiert durch Alkoholmißbrauch, Alkohol soll enthemmen und aus Rollenzwängen, vom Druck der Konvention befreien;
- kleinbürgerliche Ehe eine Fassade, das Leben in diesem Kreis unausgefüllt, deshalb Suche nach meist sexuellen Erlebnissen, moralische Werte nicht verinnerlicht;

- Unfähigkeit zur Kommunikation, zur sinnvollen Feier, Flucht in den Alkohol und ins Skatspiel; Skatspiel als einzige Möglichkeit geordneten Zusammenseins, als Zeichen der Hilflosigkeit;
- Tischplatte als Trennlinie: Oberhalb der Tischplatte herrscht bürgerliche Ordnung, z. B. von den Regeln des Skatspiels bestimmt, untrerhalb moralische Unordnung, Ausbruch aus der Konvention.

C. Figuren und Figurengruppe gesehen aus fremder Sicht, durch die verfremdende Art der Darstellung (scheinbar unbeteiligt, kalt registrierend);
- Geburtstagsfeier deckt Widersprüche im kleinbürgerlichen Verhalten auf, zeigt die Hilflosigkeit und Doppelmoral der Figuren;
- wie in vielen vergleichbaren Episoden des Romans (siehe erster Schultag) ermöglichen die Perspektive und Darstellungsweise, kritische Distanz zu den Defiziten der bürgerlichen Welt zu gewinnen und das Fehlverhalten der Figuren zu durchschauen.

1.2.5 Erzählerische Mittel (Motive, Symbole, Stilfiguren)

Die in diesem Kapitel angesprochenen Untersuchungsaspekte gelten nicht nur für die Gattung Roman, sondern sind - mit leichten Abwandlungen - auf die anderen Gattungen (Lyrik, Dramatik) zu übertragen. Es muß hier auch vorangeschickt werden, daß wir an dieser Stelle keine vollständige Einführung in die Stilistik leisten können, sondern daß wir nur einige für den Roman typische Phänomene bewußt machen können.
Beginn wir mit dem *Motiv*. In der Kunst und Literatur versteht man unter dem Motiv ein „stofflich-thematisches, situationsgebundenes Element, dessen inhaltliche Grundform schematisiert beschrieben werden kann" (Metzler-Literatur-Lexikon).
Solche inhaltlichen Elemente (z. B. der betrogene Ehemann, die Dreiecksbeziehung, der Eifersuchtsmord) können zum einen durch die kulturelle oder auch nur literarische Tradition vorgegeben sein, so daß jeder Textrezipient, der aus diesem Kulturkreis stammt, sogleich ein ganzes Bündel an Inhaltsmerkmalen aktivieren kann. Daneben gibt es aber auch Motive, die erst durch den Kotext zu solchen werden. Das bedeutet, daß ein bestimmtes Handlungselement, ein Figurentypus, ein bestimmter Ort oder eine bestimmte Zeit wiederholt auf der Längsachse durch den Roman auftritt und so das erzählte Geschehen zusätzlich gliedert oder Erzählsequenzen miteinander verknüpft. Dadurch entsteht eine gewisse Überstrukturiertheit*, indem neue Handlungselemente durch die strukturelle Verknüpfung sogleich interpretiert werden. Durch das Vorkommen eines Motives erfolgt eine semantische Einfärbung des jeweils folgenden Erzählteils. Das bedeutet, daß die kommenden Ereignisse unter einem bestimmten Vorzeichen gesehen werden, etwa des Glücks oder Unglücks.
Der aus der Musik übernommene Begriff des *Leitmotivs* kennzeichnet auffällig wiederkehrende konkrete Bilder, aber auch Handlungselemente, Gesten, Aussprüche usw. Sie sind als Signale für den Leser zu verstehen, und zwar im Sinne von Vorausdeutungen und Vorweginterpretationen des kommenden Geschehens. Beispielsweise sind der Einsatz der Filmkamera und die Benutzung des elektrischen

Rasierapparates in Frischs Roman „Homo faber" solche Leitmotive. Sie sind typische Attribute des von der Technik geprägten Menschen, der gerade in Situationen, die ihn mit der Natur konfrontieren, in diesen Dingen einen gewissen Halt sucht. An diesem Beispiel läßt sich erkennen, daß Leitmotive dann besonders wirkungsvoll sind, wenn sie dem Charakter der Figuren entspringen und nicht bloßes Beiwerk des Erzählers sind.

Etwas anders verhält es sich mit dem *Symbol.* Ein Symbol ist zunächst einmal ein Zeichen, das nicht für sich selbst steht, sondern auf anderes verweist. Im allgemeinen ist die Verweisungsvorschrift, also die Anweisung, einen Bedeutungsbereich mit einem anderen zu verbinden, im Denken des jeweiligen Kulturkreises verankert. Die Rose als Blume der Liebe, das Kreuz als Zeichen für Leiden und Tod, schwarz als die Farbe der Trauer, weiß als die Farbe der Unschuld, das sind Symbole, die von den meisten Menschen in unserer Kultur verstanden werden. Wie für das Motiv gilt auch für das Symbol, daß seine Bedeutung erst durch den Kotext des Romanes erzeugt werden kann. Es sei hier nur erinnert an die symbolische Bedeutung der Blechtrommel in Grass' gleichnamigem Roman. Durch die Trommel entsteht ein enges Verweisungsgeflecht im Roman, das unterschiedliche Erzählsequenzen miteinander verknüpft und deutet.

Motive und Symbole können sich auch zu Motiv- und Symbolkreisen zusammenschließen (z. B. verschiedene Einzelelemente, die alle dem übergeordneten Symbol oder Thema ‚Frühling' zuzuordnen sind). Dadurch wird eine Intensivierung des jeweiligen Konnotationsfeldes erreicht, aber auch eine gewisse Verwässerung in Kauf genommen, da genaue Bedeutungen zugunsten eines allgemeinen Eindrucks aufgegeben werden. So entstehen Stimmungen und Atmosphären in einem Roman.

Schließlich sei hier noch kurz auf *Metaphern* und *Vergleiche* eingegangen. Wie Motive und Symbole dienen diese Stilmittel der semantischen Entfaltung eines Textes. Die Bildlichkeit dieser Stilmittel läßt eine zweite semantische Ebene neben die vordergründige Bedeutungsebene des Textes treten. Konnotationen der Bildebene werden auf die erste Bedeutungsebene übertragen, so daß diese kommentiert und interpretiert wird. Im Text entsteht eine bildhafte Vielschichtigkeit, die die Sinne des Lesers anspricht, indem sie veranschaulicht. Dadurch erlebt der Leser die erzählte Welt und steht ihr nicht mehr distanziert gegenüber. Bei der Analyse ist grundsätzlich zu fragen, welche neuen semantischen Bereiche durch Vergleiche und Metaphern erschlossen werden, wie die eigentliche Aussageebene durch die Verknüpfung mit einem anderen Bereich modifiziert wird.

Wir wollen diesen Einführungsteil mit einigen allgemeinen Bemerkungen zu semantischen und syntaktischen Stilmitteln abschließen. Wir können und wollen diese hier nicht auflisten. Statt dessen möchten wir auf zwei grundlegende Prinzipien verweisen, wie Stilmittel überhaupt erkannt werden können. Die meisten rhetorischen Figuren lassen sich als Figuren der Parallelität (= Äquivalenzbeziehungen*) oder als Figuren der Abweichung* beschreiben. In beiden Fällen hebt sich die Figur von einer als Vergleichsfolie gedachten „Normalsprache" ab. Sie fallen auf, sie treten in den Vordergrund. Aufgabe der Analyse ist es nun, zu begründen, was diese Hevorhebungen bedeuten, wie man durch sie neue Bedeutungsebenen erschließen kann. Insbesondere in der modernen Literatur kann die intendierte Aussage von einzelnen Sätzen häufig erst dadurch erschlossen werden, daß ein eigenes Entschlüsselungssystem entwickelt wird, daß man sich Bedeutungen annähert, ohne jemals das Rätsel der Aussage vollständig aufgelöst zu haben. Wir wollen dies noch einmal an einem Beispiel erläutern.

> „Die Straße war zu leer, ihre Leere langweilte sich und zog mir den Schritt unter den Füßen weg und klappte mit ihm herum, drüben und da, wie mit einem Holzschuh. Die Frau erschrak und hob sich aus sich ab, zu schnell, zu heftig, so daß das Gesicht in den zwei Händen blieb. Ich konnte es darin liegen sehen, seine hohle Form. Es kostete mich unbeschreibliche Anstrengungen, bei diesen Händen zu bleiben und nicht zu schauen, was sich aus ihnen abgerissen hatte. Mir graute, ein Gesicht von innen zu sehen, aber ich fürchtete mich doch noch viel mehr vor dem bloßen wunden Kopf ohne Gesicht." (Rilke: Malte Laurids Brigge. S. 10)

Die oben zitierte Textstellen durchbricht den Rahmen traditionellen Erzählens, da die erzählte Welt sich nicht als wiedererkennbare Welt mit Objektcharakter präsentiert, sondern das Dargestellte bloßer Reflex von Bewußtseinszuständen des Ich-Erzählers ist, dessen Bewußtsein nicht integrierende Instanz ist, sondern von der Objektwelt überlagert wird. Dieses stilistische Phänomen, das für die Epoche des Expressionismus charakteristisch ist, bezeichnet man als Ich-Dissoziation. Das Ich kann seine Befindlichkeit nur dadurch ausdrücken, daß es die Objektwelt sprachlich umgestaltet. Die Begegnung mit dieser verfremdeten Objektwelt im Text ermöglicht es dem Leser, das nachzuvollziehen, was für den Erzähler letztlich nicht mitteilbar war. Um diesen Vorgang intersubjektiv überprüfbar zu machen, bedarf es der stilistischen Analyse. Wir wollen das an dem obigen Abschnitt einmal durchführen, ehe wir dann einen längeren Auszug aus dem Roman „Die Aufzeichnungen des Malte Laurids Brigge" unter der Akzentuierung des stilistischen Aspekts näher untersuchen. Jetzt soll nur die stilistische Untersuchungsmethode als solche vorgestellt werden:

Die Textstelle setzt mit einer normalsprachlichen Beschreibung der Straße ein. Leere und Langeweile sind die sinntragenden semantischen Elemente. Diese normalsprachliche Ebene wird jedoch schnell verlassen, wenn es heißt: „ihre Leere langweilte sich und zog mir den Schritt unter den Füßen weg" (Z. 1 f.). Der subjektive Eindruck der Leere verselbständigt sich zu einer scheinbar objektiven Gegebenheit, indem das Substantiv „Leere" personifiziert wird und zum Subjekt des Verbs „sich langweilen" wird. Im zweiten Teil dieses zusammengezogenen Hauptsatzes wird ein Wechsel von einem reflexiven Verb zu einem transitiven Verb („wegziehen") vollzogen, dessen Zielrichtung sich auf das Ich bzw. einen Teil dieses Ich konzentriert („Schritt"). Die damit angefangene Art des metaphorischen Sprechens, hier verstanden als Verknüpfung semantischer Inkompatibilitäten (Unvereinbarkeiten), wird intensiviert, indem der Schritt, eigentlich eine Tätigkeit des menschlichen Ich, unter die Kontrolle der Leere gerät, die mit ihm zu spielen scheint. Sie „klappte mit ihm herum, drüben und da, wie mit einem Holzschuh" (Z. 2).

Der Vergleich in diesem Satz läßt vermuten, welches objektive Phänomen sich in dem Gesagten widerspiegelt. Es ist der Widerhall der Schritte in einer stillen Großstadtstraße. Doch gleichzeitig vermittelt die Metaphorik dieses Sprechens, daß das Ich nicht mehr Herr seiner Füße ist, daß sich Teile seiner selbst zu verselbständigen scheinen.

Noch eindringlicher wird die Darstellungsform bei der Beschreibung der Frau, die der Ich-Erzähler in dieser Straße sieht. Wieder beginnt er mit einer normalsprachlichen Äußerung („Die Frau erschrak“, Z. 3), die jedoch durch eine ähnliche Metaphorik wie im vorangegangenen Teil sogleich verlassen wird: „... und hob sich aus sich ab, zu schnell, zu heftig, so daß das Gesicht in den zwei Händen blieb“ (Z. 3 f.). Die Frau als Individuum löst sich in der Wahrnehmung des Erzählers auf. Gesicht und Kopf werden zu separaten Dingen, die für das betrachtende Ich des Erzählers zu einer aufwühlenden Erfahrung werden. Die Loslösung der eigenen Schritte vom Ich stellt eine semantische Vorstufe der Loslösung des Gesichtes vom Kopfe dar. Beide Erzählelemente stehen in einer Ähnlichkeitsbeziehung (Äquivalenzbeziehung*), in der die Auflösung des Unteilbaren, die Dissoziation des Individuums, erfahrbar gemacht wird. Die Trennung von Gesicht und Kopf macht das Schmerzhafte dieser Erfahrung faßbar und in seiner vollen Tragweite mitteilbar. Wird das Gesicht damit zur abnehmbaren Maske degradiert, so bleibt nur der „bloße wunde Kopf ohne Gesicht“ (Z. 8) als Symbol des Schmerzes.
Aus den vorangegangenen Ausführungen ist erkennbar, daß Stiluntersuchungen für sich genommen noch recht wenig ergiebig sind. Sie müssen wie die übrigen Untersuchungsaspekte mit anderen kombiniert und bei der Auswertung vom Gesamtverständnis des Romans gesteuert werden. Deshalb wollen wir jetzt eine solche stilistische Untersuchung in eine umfassendere Analyse eines Ausschnitts aus dem Roman „Die Aufzeichnungen des Malte Laurids Brigge“ (entstanden 1904-1910) von R. M. Rilke integrieren.

Inhaltsangabe: In dem in Tagebuchform geschriebenen Roman erzählt der 28jährige Autor Malte Laurids Brigge von seinen Eindrücken in Paris. Die große Häßlichkeit und Unmenschlichkeit dieser Stadt überwältigen den sensiblen jungen dänischen Adligen. Durch eine körperliche Krankheit an den Rand völliger Verzweiflung getrieben, durchlebt er noch einmal die entscheidenden Phasen seiner Kindheit, besonders den Tod seiner Mutter und seines Vaters. Auch andere erinnerte Geschichten führen ihn immer wieder zum Mysterium des Todes. Auch Erinnerungen an geschichtliche Gestalten stellen keine Alternative zur Verzweiflung über die Gegenwart dar. Abelone, die schöne Tante, die ihm nach dem frühen Tod der Mutter herzlich zugetan war, führt die Reihe der Frauengestalten an, die in der Liebe ihre Erfüllung gesucht haben. Diese Versuche werden durch die Umdeutung der biblischen Parabelerzählung vom „Verlorenen Sohn“ (Lk 15) ad absurdum geführt, indem dem heimkehrenden Sohn die Liebe verweigert wird.
Der gesamte Roman ist im wesentlichen assoziativ aufgebaut. Die Gegenwartshandlung mit dem Schicksal Maltes tritt zugunsten erinnerter Passagen aus seinem bisherigen Leben und der Geschichte zurück. Doch auch dieser Rückzug auf Kindheitserinnerungen oder das Heraufbeschwören historischer Gestalten vermögen keine Harmonie oder eine lebensbejahende Haltung in der Hauptfigur oder im Leser zu erzeugen.

Analysebeispiel

Aufgabenstellung:

Analysieren Sie bitte den folgenden Abschnitt aus dem Roman „Die Aufzeichnungen des Malte Laurids Brigge" unter besonderer Berücksichtigung seiner stilistischen Ausgestaltung!

Textgrundlage:

Rainer Maria Rilke: Die Aufzeichnungen des Malte Laurids Brigge. Frankfurt: Suhrkamp 1975. S. 72 f.

Text:

O Nacht ohne Gegenstände. O stumpfes Fenster hinaus, o sorgsam verschlossene Türen; Einrichtungen von alters her, übernommen, beglaubigt, nie ganz verstanden. O Stille im Stiegenhaus, Stille aus den Nebenzimmern, Stille hoch oben an der Decke. O Mutter: o du Einzige, die alle diese Stille verstellt hat, einst in der Kindheit. Die sie auf sich nimmt, sagt: erschrick nicht, ich bin es. Die den Mut hat, ganz in der Nacht diese Stille zu sein für das, was sich fürchtet, was verkommt vor Furcht. Du zündest ein Licht an, und schon das Geräusch bist du. Und du hältst es vor dich und sagst: ich bin es, erschrick nicht. Und du stellst es hin, langsam, und es ist kein Zweifel: du bist es, du bist das Licht um die gewohnten herzlichen Dinge, die ohne Hintersinne da sind, gut, einfältig, eindeutig. Und wenn es unruhigt in der Wand irgendwo, oder einen Schritt macht in den Dielen: so lächelst du nur, lächelst, lächelst durchsichtig auf hellem Grund in das bangsame Gesicht, das an dir forscht, als wärst du eins und unterm Geheimnis mit jedem Halblaut, abgeredet mit ihm und einverstanden. Gleicht eine Macht deiner Macht in der irdischen Herrschaft? Sieh, Könige liegen und starren, und der Geschichtenerzähler kann sie ablenken. An den seligen Brüsten ihrer Lieblingin überkriecht sie das Grauen und macht sie schlottrig und lustlos. Du aber kommst und hältst das Ungeheure hinter dir und bist ganz und gar vor ihm; nicht wie ein Vorhang, den es da und dort aufschlagen kann. Nein, als hättest du es überholt auf den Ruf hin, der dich bedurfte. Als wärest du weit allem zuvorgekommen, was kommen kann, und hättest im Rücken nur dein Hereilen, deinen ewigen Weg, den Flug deiner Liebe.

Ausführung

A. Der junge Dichter Malte Laurids Brigge erinnert sich in dem vorliegenden Textausschnitt an seine Mutter. Es handelt sich dabei um eine jener Passagen, die den Tagebuchcharakter des Romans unterstreichen. Ohne irgendeine gedankliche Verknüpfung schließt sich dieser Text an einen Abschnitt über die „Existenz des Entsetzlichen" an (S. 68), die der Erzähler an konkreten Beobachtungen und Erfahrungen aus der Großstadt Paris festmacht. Dieser Aspekt wird im folgenden auf das eigene Ich ausgedehnt, wenn es heißt: „Dein Herz treibt dich aus dir hinaus, dein Herz ist hinter dir her, und du stehst schon fast außer dir und kannst nicht mehr zurück" (S. 72 f.). Der nun zu untersuchende Abschnitt stellt eine solche Erfahrung des

Entsetzlichen dar, wie der Ich-Erzähler sie aus seiner Kindheit erinnert. Im Gegensatz zur Gegenwartsebene gab es in seiner Kindheit jedoch eine positive Gegenkraft, die durch die Figur der Mutter symbolisiert wird.

B. Der Textausschnitt setzt mit einer Reihe von Apostrophen (feierlichen Anreden) ein, die aus der Interjektion „O“ und entsprechenden Nominalphrasen bestehen, die auf konkrete Erfahrungen des Sprechers in seiner Kindheit verweisen: „Nacht ohne Gegenstände“, „stumpfes Fenster hinaus“, „sorgsam verschlossene Türen“, „Stille hoch oben an der Decke“ (Z. 1 ff.). Schon die Verankerung in der Dimension der Zeit schafft eine Atmosphäre der Bedrohung: Die Wirklichkeit ist aufgelöst, Gegenstände, die eine bekannte Umgebung erst herstellen, sind nicht mehr auszumachen, es bleibt die Fremdheit der Nacht. Auch das Fenster ist nicht mehr die Brücke nach draußen, denn das Adjektivattribut „stumpf“ - andeutend, daß man nichts durch das Fenster sehen kann - negiert die Möglichkeit von Weite und Tiefe, wenngleich angemerkt werden muß, daß dieser Eindruck durch eine Synästhesie, also durch die eigentlich unvereinbare Verknüpfung zweier Wahrnehmungsbereiche, entsteht. Eine Klimax dieser anfänglichen Apostrophen liegt in der Dreiergruppe der Nominalphrasen mit dem Substantiv „Stille“ als Kern vor. In allen drei Fügungen ist dieses Substantiv durch ein adverbiales Attribut des Ortes ergänzt, das in der dritten Form die Sphäre des Realen verläßt, wenn es heißt: „Stille hoch oben an der Decke“. Das abstrakte Substantiv „Stille“ wird hier seines ungegenständlichen Inhalts beraubt und gleichsam mit einem Körper versehen, der diese Stille an der Decke schweben läßt. Damit wird sie für das Kind zu etwas konkret Bedrohlichem, besonders, wenn man bedenkt, daß es in seinem Bett der über ihm schwebenden Stille völlig ausgeliefert ist. Die Interjektion „O“ ist in all diesen Apostrophen Ausdruck der Angst, Ausdruck der Begegnung mit dem Entsetzlichen. Dieser Bedeutung der Interjektion „O“ wird kontrapunktisch eine andere Bedeutung dieses Ausrufs entgegengesetzt. In der Anrede „O Mutter: o du Einzige ...“ (Z. 4) schwingt die Erleichterung, die Bewunderung für die Mutter mit, die dem Entsetzlichen Einhalt gebieten kann. Fast resignierend klingt es, wenn der Erzähler die Temporalbestimmung „einst in der Kindheit“ (Z. 4) nachstellt und ihr damit gleichsam ein absolutes Gewicht verleiht. Sie drückt die Entfernung zu dem Damals, die unendliche Distanz zu dem Zustand der Rettung angesichts des Entsetzlichen aus, mit dem das Ich nur noch durch die Erinnerung verbunden ist. Entsprechend wird die Gestalt der Mutter auch sprachlich aus dem Bereich des Normalen herausgehoben, indem als Mittel sprachlicher Hervorhebung biblische Sprache eingesetzt wird: „ Die sie auf sich nimmt, sagt: erschrick nicht, ich bin es“ (Z. 5). Damit wird die Mutter zum großen Retter stilisiert, der fast christologische Züge annimmt. Wie Christus rettet sie durch den Zuspruch, durch die Kraft des Wortes: „... erschrick nicht, ich bin es“ (Z. 5), das wenige Zeilen später in umgekehrter syntaktischer Reihenfolge noch einmal wiederholt wird: „... ich bin es, erschrick nicht“ (Z. 8). Durch diese Chiasmusstruktur werden die beiden Aufforderungen der Mutter hervorgehoben. Ihre Präsenz allein genügt, um dem Kind die Angst zu nehmen. Eine weitere Aufwertung erfährt die Gestalt der Mutter, wenn sie von dem Ich-Erzähler in der Erinnerung mit dem Licht, das sie entzündet, gleichgesetzt wird: „...du bist es, du bist das Licht um die gewohnten herzlichen Dinge, die ohne Hintersinn da sind, gut, einfältig, eindeutig“ (Z. 9 f.). Auch diese metaphorische

Gleichsetzung mit dem Licht erweckt biblische Assoziationen im Leser: Ich bin das Licht der Welt" (Joh 8,12). Die Mutter als Erlösergestalt schafft es, daß das Kind wieder heimisch wird, sich nicht mehr in einer fremden Umgebung fühlt; die Dinge haben keinen Hintersinn mehr, hinter dem sich das Entsetzliche verbergen könnte. Das Lächeln der Mutter vermag auch dem Ungewohnten seine bedrohende Kraft zu nehmen. Wenn die irrationale Angst eintritt, wie sie durch das konditionale Satzgefüge „Und wenn es unruhigt in der Wand irgendwo, oder einen Schritt macht in den Dielen: so lächelst du nur" (Z. 10 f.) zum Ausdruck kommt, in dem sich das Unbekannte in dem unpersönlichen Subjekt „es" verselbständigt, so tritt diesen bedrohlichen Mächten die Macht des Lächelns der Mutter entgegen, das in dem dreifachen Vorkommen der Verbform „lächelst" in seiner Übermacht erfahrbar gemacht wird.

Im folgenden verläßt der Erzähler die unmittelbare Erinnerungsebene, indem er die Macht der Mutter in einer rhetorischen Frage reflektiert: „Gleicht eine Macht deiner Macht in der irdischen Herrschaft?" Diese Frage ist Ausgangspunkt für einen ausführlichen Vergleich mit der Situation von Königen. Der Satz „An den seligen Brüsten ihrer Lieblingin überkriecht sie das Grauen und macht sie schlottrig und lustlos" (Z. 16) veranschaulicht die Machtlosigkeit der Könige angesichts des Grauens, das sie als Subjekt zu bloßen Objekten werden läßt, und ihre Entmachtung wird veranschaulicht durch die Adjektive „schlottrig" und „lustlos", die mit ihren Anspielungen auf sexuelle Impotenz die Hilflosigkeit der Könige besonders drastisch vor Augen stellen. Demgegenüber wird die Mutter in ihrer Macht vergöttert, wenn der Erzähler den folgenden Satz mit den Worten „Du aber ..." (Z. 17) einleitet. Damit wird die Phase der Apotheose (Vergötterung) der Mutter eingeleitet. Diese Apotheose lebt im wesentlichen durch die Oppositionsstrukturen in den folgenden Sätzen, die wir durch Unterstreichen hervorheben wollen: „Du aber kommst und <u>hältst</u> das Ungeheuere <u>hinter dir</u> und bist ganz und gar <u>vor ihm</u>; <u>nicht wie ein Vorhang</u>, den es da oder dort aufschlagen kann. <u>Nein, als hättest du es überholt</u> auf den Ruf hin, der dich bedurfte. Als wärest du weit allem <u>zuvorgekommen</u>, was <u>kommen kann</u>, und hättest <u>im Rücken</u> nur dein <u>Hereilen</u>, deinen ewigen Weg, den Flug deiner Liebe" (Z. 19 ff.). Durch diese Gegenüberstellungen wird die Macht der Mutter veranschaulicht; sie erstickt das Entsetzliche sozusagen im Keim.

Dieser letzte Teil des Textauszuges läßt die Reflexion des erwachsenen, auf sich selbst gestellten Malte erkennen. Die Mutter ist tot, er ist fern der Heimat. Das Entsetzliche ist geblieben, aber es gibt niemanden mehr, der ihn vor dieser Bedrohung bewahrt, er ist ihr schutzlos ausgeliefert. Die fremde Großstadt Paris mit ihren unheimlichen Seiten, wie sie insbesondere durch die Konfrontation mit Sterbenden auf dem Weg zu den großen Krankenhäusern entsteht, übertrifft die Kindheitserlebnisse in der Nacht um ein Vielfaches, aber es gibt keine Instanz mehr, welche die daraus resultierenden Ängste des Individuums auffangen könnte. Die Geborgenheit der Kindheit, garantiert durch die Gestalt der Mutter, bleibt als bloße Erinnerung existent, was die Vereinsamung der Hauptfigur nur noch intensiver hervortreten läßt.

C. Die untersuchte Erzählsequenz steht zwischen zwei Teilen, die unmittelbar auf Gegenwartserfahrungen des Ich-Erzählers beruhen. Der Tod umgibt ihn inmitten der Großstadt, und dieser Tod droht im folgenden mehr und mehr Einfluß auf ihn zu gewinnen. Nicht nur seine Psyche ist ihm hilflos ausgeliefert, auch sein Körper droht mehr und mehr zu zerfallen, was seine ärztliche Behandlung verdeutlicht. Seele und Körper sind in der Vereinsamung dem Verfall ausgesetzt. Das Individuum erfährt sich nur noch in dieser Grenzsituation als existent. Harmonie, Sinnerfüllung und Geborgenheit gehören einer Zeit an, die ein für allemal verloren ist. Auf sich selbst gestellt, bleibt für das Individuum nur noch die Erfahrung des eigenen Ich in dieser Grenzsituation. Malte ist damit der Repräsentant des modernen Menschen, für den es keine zwischenmenschliche und metaphysische Geborgenheit mehr gibt. Was geblieben ist, ist die Angst vor dem Entsetzlichen, dem das Individuum nicht mehr entfliehen kann. Damit bleibt in diesem Roman nur die Sehnsucht nach dem Anderen gegenwärtig, ohne daß ein Weg erkennbar wäre, wie man diese Sehnsucht stillen könnte. Es wird auch deutlich, daß diese Vereinzelung des Individuums primär ein existentielles Problem ist und nicht vorrangig das Ergebnis einer gesellschaftlichen Entwicklung. Allenfalls kann man sagen, daß die Gesellschaft über keine Angebote in Form von Werten und Sinnvermittlung mehr verfügt, solche Randexistenzen wie Malte Laurids Brigge aufzufangen und ihr Leben mit Sinnhaftigkeit auszustatten.

Übungsbeispiel: Rainer Maria Rilke: Die Aufzeichnungen des Malte Laurids Brigge (Auszug)

Aufgabenstellung:
Analysieren Sie bitte den folgenden Textabschnitt aus dem Roman „Die Aufzeichnungen des Malte Laurids Brigge" unter besonderer Berücksichtigung seiner stilistischen Ausgestaltung!

Textgrundlage:
Rainer Maria Rilke: Die Aufzeichnungen des Malte Laurids Brigge. Frankfurt: Suhrkamp 1975. S. 151 f.

Text:

Seitdem habe ich viel über die Todesfurcht nachgedacht, nicht ohne gewisse eigene Erfahrungen dabei zu berücksichtigen. Ich glaube, ich kann wohl sagen, ich habe sie gefühlt. Sie überfiel mich in der vollen Stadt, mitten unter den Leuten, oft ganz ohne Grund. Oft allerdings häuften sich die Ursachen; wenn zum Beispiel jemand auf einer Bank verging und alle standen herum und sahen ihm zu, und er war schon über das Fürchten hinaus: dann hatte ich seine Furcht. Oder in Neapel damals: da saß diese junge Person mir gegenüber in der Elektrischen Bahn und starb. Erst sah es wie eine Ohnmacht aus, wir fuhren sogar noch eine Weile. Aber dann war kein Zweifel, daß wir stehenbleiben mußten. Und hinter uns standen die Wagen und stauten sich, als ginge es in dieser Richtung nie mehr weiter. Das blasse, dicke Mädchen hätte so, angelehnt an ihre Nachbarin, ruhig sterben können. Aber ihre Mutter gab das nicht zu. Sie bereitete ihr alle möglichen Schwierigkeiten. Sie brachte ihre Kleider in Unordnung und goß ihr etwas in den Mund, der nichts mehr behielt. Sie verrieb auf ihrer Stirn eine Flüssigkeit, die jemand gebracht hatte, und wenn die Augen dann ein wenig verrollten, so begann sie an ihr zu rütteln, damit der Blick wieder nach vorne käme. Sie schrie in diese Augen hinein, die nicht hörten, sie zerrte und zog das Ganze wie eine Puppe hin und her, und schließlich holte sie aus und schlug mit aller Kraft in das dicke Gesicht, damit es nicht stürbe. Damals fürchtete ich mich.

Aber ich fürchtete mich auch schon früher. Zum Beispiel, als mein Hund starb. Derselbe, der mich ein für allemal beschuldigte. Er war sehr krank. Ich kniete bei ihm schon den ganzen Tag, da plötzlich bellte er auf, ruckweise und kurz, wie er zu tun pflegte, wenn ein Fremder ins Zimmer trat. Ein solches Bellen war für diesen Fall zwischen uns gleichsam verabredet worden, und ich sah unwillkürlich nach der Tür. Aber es war schon in ihm. Beunruhigt suchte ich seinen Blick, und auch er suchte den meinen; aber nicht um Abschied zu nehmen. Er sah mich hart und befremdet an. Er warf mir vor, daß ich es hereingelassen hatte. Er war überzeugt, ich hätte es hindern können. Nun zeigte es sich, daß er mich immer überschätzt hatte. Und es war keine Zeit mehr, ihn aufzuklären. Er sah mich befremdet und einsam an, bis es zu Ende war.

Oder ich fürchtete mich, wenn im Herbst nach den ersten Nachtfrösten die Fliegen in die Stuben kamen und sich noch einmal in der Wärme erholten. Sie waren merkwürdig vertrocknet und erschraken bei ihrem eigenen Summen; man konnte sehen, daß sie nicht mehr recht wußten, was sie taten. Sie saßen stundenlang da und ließen sich gehen, bis es ihnen einfiel, daß sie noch lebten; dann warfen sie sich blindlings irgendwohin und begriffen nicht, was sie dort sollten, und man hörte sie weiterhin niederfallen und drüben und anderswo. Und endlich krochen sie überall und bestarben langsam das ganze Zimmer.

Lösungshinweise:

1. Die Erzählsequenz beinhaltet fünf Variationen des Grundmotivs „Todesfurcht". Sie beginnt mit persönlichen Reflexionen des Ich-Erzählers zu diesem Thema, dann folgen vier Erinnerungsblöcke (Rückblenden). Die erste Rückblende ruft das Sterben eines Menschen auf einer Bank in Erinnerung; die zweite handelt von dem Sterben eines Mädchens in Neapel, das durch das Verhalten der Mutter ins Entsetzliche gesteigert wird; die dritte Retrospektive schildert Maltes Gefühle und Gedanken beim Tode seines Hundes; die vierte schließlich hat das Sterben der Fliegen im Herbst zum Gegenstand. Damit erhält die Todesfurcht eine Dimension, die das Sterben aller Kreaturen umfaßt.

2. Es bietet sich das lineare Verfahren der Textanalyse an, das dem unter 1 beschriebenen Textaufbau folgt.
a) Ausgehend von der Grundthematik dieser Erzählsequenz, der Todesfurcht, ist herauszuarbeiten, wie das Sterben in den jeweiligen Abschnitten dargestellt wird, welche stilistischen Merkmale hier zu beobachten sind.
b) Allgemein fällt auf, daß auch dieser Teil, wie die meisten übrigen Rückblenden, relativ „normalsprachlich" gestaltet ist. Die sprachliche Kontrolliertheit (nüchtern-

sachliche Sprache, klare syntaktische Strukturen) deutet auf eine gewisse Distanz zum Erzählten hin (vgl. im Gegensatz dazu die Gegenwartsebene).

3. Zu den Abschnitten im einzelnen:

a) Z. 1 - 3: Reflexion auf der Gegenwartsebene, erkennbar an den präsentischen Tempora (Präsens und Perfekt). Das neutrale Verb „nachdenken über" wird durch das Verb „fühlen" ersetzt. So: Ausdruck der inneren Betroffenheit anstelle der reflektierenden Distanz. Damit wird der Übergang zur ersten Rückblende geschaffen.

b) Z. 3 - 6: Personifikation der Todesfurcht („Sie überfiel mich"), Ich-Erzähler wird zum Objekt; asyndetische Reihung von Adverbialbestimmungen („in der vollen Stadt, mitten unter den Leuten, oft ganz ohne Grund") führt zum Eindruck des Unplausiblen, jede Normalität Sprengenden. Das konzessive Adverb „allerdings" leitet zur Beispielebene über, die die Todesfurcht zu etwas Nachvollziehbarem werden läßt, weil hier „Ursachen" angegeben werden können. Auffällig ist die Verwendung des Verbs „vergehen" in Verbindung mit einem Menschen (Konnotationen!). Unverständlich bleibt dagegen auf den ersten Blick der Satz: „... dann hatte ich seine Furcht." Dahinter verbirgt sich mehr als bloße Identifikation: Es ist das zwanghafte Ausgeliefertsein an diese Furcht, die Wehrlosigkeit gegenüber dieser Furcht (vgl. Anfang dieses Abschnitts: „Sie überfiel mich.").

c) Z. 6 - 19: Nach einer Beschreibung der äußeren Umstände, an der nur die Wahl des Ortes, nämlich einer Straßenbahn, auffällt, wird mit dem Satz „Das blasse, dicke Mädchen hätte so ... ruhig sterben können" erneut zum Entsetzlichen des Sterbens übergeleitet. Der ruhige, natürliche Tod bleibt das Irreale (Konjunktiv II). An seine Stelle tritt das Gewaltsame, wie es in diesem Abschnitt von der Mutter ausgeht (sie ist durchgängig das grammatische Subjekt in allen Hauptsätzen, die sich an die adversative Konjunktion „aber" (Z. 12 - 19) anschließen. Zu berücksichtigen sind die Verben (bzw. Prädikate), die in ihrer Aggressivität gegenüber der Sterbenden zunehmen („Schwierigkeiten bereiten" bis „mit aller Kraft in das dicke Gesicht schlagen").

d) Z. 20 - 30: Die Episode über den Tod des Hundes (im Vergleich zum Tod des Mädchens ein scheinbarer Rückschritt, was die Bedeutung für den Menschen angeht) beginnt nach der Einleitung mit einem scheinbar absurden Satz: „Derselbe, der mich ein für allemal beschuldigte." (Ein Hund kann einen Menschen nicht beschuldigen!) Das Unheimliche dieser Szene wird noch dadurch gesteigert, daß es in einem der folgenden Sätze heißt: „Aber es war schon in ihm." Für das Personalpronomen „es" fehlt jeder grammatische Bezugspunkt, so daß die inhaltliche Füllung dieses Pronomens offenbleibt (Eindruck einer unbekannten, nicht beherrschbaren Macht). Der Satz „Beunruhigt suchte ich seinen Blick, und auch er suchte den meinen" spiegelt durch die Struktur des Chiasmus das bisherige Vertrauensverhältnis zwischen Herrn und Hund wider, das durch den Eintritt des Todes, der sich wohl hinter jenem geheimnisvollen „es" verbirgt, für immer gestört ist. Kennzeichnend für das Ende dieses Abschnitts sind die Adjektive, die den Blick des Hundes charakterisieren: „hart", „befremdet"; „befremdet", „einsam". Dies sind die Gefühle einer sterbenden Kreatur, die den zur Hilflosigkeit verdammten Menschen verklagt.

e) Z. 31 - 39: Dieser Abschnitt stellt erneut eine scheinbare Entschärfung der Todesproblematik dar (Mensch - Hund - Fliege). Diese wird jedoch durch die

Personifikation der Fliegen in diesem Abschnitt voll aufgefangen („erschrecken", „nicht wissen", „sich gehen lassen", „einfallen", „begreifen"). Damit werden sie aus dem Bereich der lästigen Tiere herausgehoben und zu Stellvertretern der leidenden Kreatur. Stilistischer Höhepunkt dieses Abschnitts ist der Schlußsatz. „Und endlich krochen sie überall hin und bestarben langsam das ganze Zimmer." Die Neuschöpfung des Verbs „besterben" deutet das Sterben nicht nur als einen das Individuum betreffenden Vorgang, sondern durch die transitive Form dieses Verbs wird die Umgebung gleichsam mit zum Opfer, wie am Beispiel des empfindsamen jungen Malte gezeigt.

4. Als Ergebnis bleibt das Entsetzliche eines jeden Sterbevorgangs festzuhalten, auf den das betrachtende, mitfühlende Individuum nur mit Todesfurcht reagieren kann, in der das eigene Sterben schon vorwegempfunden wird. Eine solche Todesfurcht verstellt den Blick für alle positiven Seiten des Lebens. Daher der Vorwurf mancher Literaturkritiker an den Autor, daß mit Malte ein morbider (= krankhafter) Charakter zur Hauptfirgur gemacht worden sei. Absage an die Figur des Helden, statt dessen der Anti-Held, der sich nur durch Erleiden auszeichnet.

1.3 Arbeitsschritte und Anlage der Gesamtanalyse

In unserem bisherigen **systematischen Teil** haben wir relevante Untersuchungsaspekte für die Analyse von Romanen relativ isoliert betrachtet, wenngleich in den Beispielanalysen bereits deutlich wurde, daß in der konkreten schriftlichen Analyse von Romantexten immer eine gewisse methodische Komplexität herrschen muß. Wenn wir uns mit der Erzählerfigur oder mit der Raumgestaltung beschäftigen, ist es offensichtlich, daß die konkrete Sprachgebung in Form von semantischen und syntaktischen Strukturen immer mitberücksichtigt werden muß, weil dadurch neue Bedeutungsebenen erschlossen werden können (z. B. Verknüpfung von Textteilen durch syntaktische Parallelisierung). Ebenso müssen aber auch Figuren und Figurenkonstellationen bei der Analyse von Räumen mit in die Überlegungen einbezogen werden, weil sich daraus für das Gesamtverständnis relevante Aspekte ergeben können. Figuren können Teile von Räumen sein oder in einem Spannungsverhältnis zu ihnen stehen. Daraus ergibt sich die zwingende Konsequenz, daß nach einem übergeordneten Prinzip gesucht werden muß, das über die Auswahl und Verknüpfung der einzelnen Untersuchungsebenen entscheidet. Dieses übergeordnete Prinzip ist die *Textintention.*

1.3.1 Die Textintention als organisierendes Prinzip

Die Textintention, so haben wir bereits festgestellt, ist das im Text faßbare Autorbewußtsein, das sich durch Analyse objektiv gegebener Textstrukturen ermitteln läßt. Doch wollen wir an dieser Stelle nicht das generelle hermeneutische (verständnistheoretische) Problem verschweigen. Wenn wir einen Text bewußt lesen, dann haben wir hinterher ein Verständnis von diesem Text, das aufgrund der im Text vorhandenen Textstrukturen zustande gekommen ist. Es bleibt aber festzustellen, daß dieses Textverständnis durch eine bedeutungsproduzierende Aktivität des Lesers zustande gekommen ist, der aus dem Bedeutungsganzen des Textes eine Auswahl trifft, die er für sich in seinem Verständnis realisiert; allerdings muß auch diese Phase nachprüfbar bleiben. Natürlich fließen Vorwissen über den Autor und Kenntnisse über den dargestellten Sachverhalt sowie Voreinstellungen, resultierend aus der eigenen Lebensgeschichte, und unser Gegenwartsinteresse mit in diesen Verstehensprozeß ein. Ein weiterer Bedingungsfaktor ist unsere eigene sprachliche Kompetenz. Von dem so entstandenen Textverständnis gehen wir aus, wenn wir die Textvorlage in ihren Details analysieren. Jede Detailbeobachtung wird anhand des bereits gewonnenen Textverständnisses auf ihre Stimmigkeit hin überprüft oder führt zu einer Modifikation des bisherigen Textverständnisses. Es entsteht also eine Art Regelkreis, der im Idealfall zu einem immer besseren Textverständnis führt, schließlich zu dem, was wir *Textintention* nennen.

Bezogen auf die Analyse von Romanauschnitten, sei hier noch ergänzend angemerkt, daß der oben angesprochene Regelmechanismus noch insofern zu erweitern ist, als das Romanganze als Korrektiv für den einzelnen Abschnitt dient und umgekehrt. Richtungen des Verständnisses sind vorgegeben, so daß Sie als der Analysierende in diesem Gesamtverständnis des Romans eine gewisse Hilfe haben, die Sie bei in sich geschlossenen Einzeltexten, wie einem Gedicht oder einer Kurzprosa, nicht haben. (An dieser Stelle liegt für Sie vielleicht ein Auswahlkriterium, wenn Sie etwa bei Abituraufgaben zwischen unterschiedlichen Analyseaufgaben wählen können.)

Jede Analyse, die immer als Teilschritt in einem umfassenderen Verstehensprozeß anzusehen ist, sollte sich klar in Einleitung, Hauptteil und Schluß gliedern. Damit zwischen diesen drei Teilen eine entsprechende Stimmigkeit besteht, sollten Sie sich zunächst über die *Konzeption des Hauptteils* Klarheit verschaffen. Ausgangspunkt für alle Überlegungen ist dabei die Textintention.

Die Textintention, vorläufig oder bereits relativ abgesichert, ist es nun, welche die einzelnen Arbeitsschritte weiter bestimmt. Dabei müssen wir berücksichtigen, daß bei Auszügen aus Ganzschriften die Intention des Textausschnitts ein Teilelement der Intention des gesamten Werkes sein muß. Sie darf nicht dazu in Widerspruch stehen. Alle methodischen Entscheidungen müssen danach getroffen werden, wie sie die Textintention am besten erkennbar werden lassen. Wir kommen hier an einen wichtigen Punkt aller Analysearbeit überhaupt. Es gilt, immer zu fragen, ob das, was wir tun, eine Funktion erfüllt, die zu einem besseren Textverständnis, zu einer größeren Transparenz unseres eigenen Verständnisses für den Leser beiträgt. Daraus folgt, daß sich Analyse in dem Dreierschnitt Erkennen, Beschreiben, Auswerten vollzieht. Das Erkennen bedarf einer gewissen Schulung, aber auch Begabung, es ist auch nur bedingt lernbar. Die Beschreibung ermöglicht die Mitteilung des Erkannten. Sie muß daher so präzise wie möglich sein. Die Funktionalisierung (oder Auswertung) stellt die höchsten Anforderungen. Hier muß der Analysierende dem Leser der Analyse seinen eigenen Verstehensprozeß erläutern. Hier bringt er sich auch als Person ein und füllt damit den Verstehensspielraum, den der Text zuläßt. Es gibt immer eine gewisse Bandbreite des Verstehens. Damit soll nicht einer willkürlichen Subjektivität das Wort geredet werden, sondern es geht um das abgesicherte, vermittelbare subjektive Verständnis, für das die Textintention zum alleinigen Prüfstein wird.

1.3.2 Die Arbeitsschritte der Analyse

Bitte fangen Sie nicht sofort mit der Niederschrift der Analyse an. Sie sollten es sich zur Gewohnheit machen, zunächst mit Konzeptpapier zu arbeiten. Eine ca. halbstündige Arbeitsphase an einem Konzept (bei einer Gesamtarbeitszeit von drei Unterrichtsstunden) zahlt sich aus, weil Ihre Arbeit dadurch an Klarheit gewinnt. Außerdem schaffen Sie durch diese Phase der Sammlung und Strukturierung eine Voraussetzung für Textdistanz.

Ausgangspunkt für die eigentliche Analysearbeit ist also zunächst einmal eine intensive, wenn nötig mehrmalige *Lektüre des Textabschnitts*. Beim ersten Lesen sollten Sie einen Gesamteindruck des Textes gewinnen, so daß Sie anschließend das Thema oder den Teilaspekt eines größeren thematischen Zusammenhangs zu Papier bringen können. Auch die Textintention sollte - zumindest vorläufig - niedergeschrieben werden. Diese Textintention sollte zu Ihrem Gesamtverständnis des Romans in einem stimmigen Zusammenhang stehen. Andernfalls sollten Sie ihre Formulierung noch einmal überdenken.

Danach beginnen Sie mit dem Durcharbeiten des Textes, indem Sie mit unterschiedlichen Farben Zusammengehörendes kennzeichnen (Inhaltliches oder Formales); kreisen Sie ein; ziehen Sie Pfeile; kurz: entwickeln Sie Ihr eigenes Markierungssystem. Wenn Sie eine durch Leitfragen oder Aspektvorgaben gesteuerte Analyse anfertigen sollen, richten Sie sich zunächst einmal nach den Vorgaben der Aufgabenstellung: eine Markierungsart für einen Aspekt. Handelt es sich um eine allgemeine Arbeitsanweisung, müssen Sie die Aspekte zunächst selbst entwickeln. Dazu können Ihnen die vorangehenden Untersuchungsaspekte des „systematischen Teils" hilfreich sein:

a) Erzähler, Perspektive, Erzählverfahren (u. U. Autor und Leserrolle);
b) die Erzählhandlung, Art der Sequenzbildung;
c) Raum und Zeit als semantische Kategorien;
d) Figur und Konfiguration;
e) erzählerische u. stilistische Mittel.

Die Ergebnisse dieser Markierungen und Verknüpfungen im Text können Sie auch stichpunktartig in Form einer *Stoffsammlung* festhalten. Sie haben damit einen ersten Ansatz zur Versprachlichung geleistet. Außerdem ist dadurch sichergestellt, daß Sie bei der Ausführung keine wesentlichen Aspekte vergessen.

Nachdem Sie die Textvorlage auf diese Weise bearbeitet und eventuell eine Stoffsammlung angelegt haben, sollten Sie sich überlegen, wie Sie Ihre Analyse anlegen wollen. Wir unterscheiden zwei grundsätzliche Möglichkeiten, die *lineare Textanalyse* und *aspektorientierte Analyse*. Da man nicht ein für allemal festlegen kann, welche Analyseart die bessere ist, wollen wir kurz beide Typen charakterisieren; für beide Typen finden Sie auch Beispiele in diesem Buch.

Die lineare Textanalyse

Das Verfahren der linearen Textanalyse beruht darauf, daß Sie in Ihrer Analyse der Chronologie des Textes folgen. Das bedeutet, daß Sie den Text zunächst gliedern müssen. Wenn Sie die einzelnen Erzählsequenzen festlegen, müssen Sie darauf achten, daß Sie eine überschaubare Anzahl von Einheiten erhalten; eine zu starke Ausdifferenzierung an dieser Stelle führt häufig zu wenig zusammenhängenden Analysetexten (Gefahr der Verzettelung). Zudem sollten die Sequenzen deutlich voneinander abzugrenzen sein. Gliederungskriterien sind u. a. Themen-, Raum- und Zeit-, Figurenwechsel, Wechsel in der Erzählsituation und -perspektive, Stilwechsel. Haben Sie auf diese Weise eine Folge von Erzählsequenzen erhalten, haben Sie damit auch schon die Gliederung für Ihre eigene Analyse. Im Hauptteil folgen Sie in Ihren Abschnitten den Erzählsequenzen, nachdem Sie eventuell einen sehr knappen Überblick über Ihre Einteilung gegeben haben, aus dem auch die Gründe für Ihre Einteilung hervorgehen sollten. An dieser Stelle, aber auch in den folgenden Teilen müssen Sie beachten: Die Analyse darf nie zur Textparaphrase werden! Sie können die Textparaphrase vermeiden, wenn Sie distanziert über den Text sprechen, wenn Sie Zitat, Beschreibung des Textphänomens und Auswertung desselben sauber trennen. Eine bloße Aneinanderreihung von Zitaten oder Textzusammenfassungen muß vermieden werden. Eine klare Fachterminologie dient nicht nur einer besseren Verständigung mit Ihrem Leser, sondern markiert auch deutlich die Beschreibungsebene. Die Auswertung oder Funktionalisierung muß folgen, damit erkannt werden kann, daß das von Ihnen herausgegriffene Textphänomen tatsächlich einen Beitrag zum besseren Verständnis des Textes leistet. Das Verfahren bei der Analyse der einzelnen Erzählsequenzen ist relativ offen. Sie können hier einen integrativen Zugriff wählen. Das bedeutet, daß Sie ein bestimmtes Deutungselement (Interpretament), z. B. die Ausweglosigkeit einer bestimmten Situation, durch Beobachtungen auf der Ebene der Erzählerkommentare, aber auch anhand der Konnotationen bestimmter Raumbeschreibungen oder besonderer syntaktischer Strukturen nachweisen. Aber auch der umgekehrte Weg ist denkbar: Sie gehen in einer Art „Suchverfahren" von den Auffälligkeiten im Text aus. Solche Auffälligkeiten sind Elemente der Überstrukturiertheit* und Abweichung*, durch die einzelne Textpassagen oder auch nur Wörter hervorgehoben werden. Sie beschrieben diese Textbefunde und werten sie aus. Dabei müssen Sie bemüht sein, einen in sich zusammenhängenden Text zu erstellen. Selbstverständlich sind auch Querverweise zu anderen Teilen des Textes möglich und erwünscht, weil dadurch die besondere Struktur des Teiltextes erst deutlich wird.

Die aspektorientierte Analyse

Das Verfahren der aspektorientierten Analyse geht dagegen von übergeordneten Deutungsaspekten aus (meist handelt es sich dabei um Deutungshypothesen, die aus dem Vorverständnis des Textes entwickelt werden, z. B. die satirische Entlarvung eines Gesellschaftszustandes, die Entstehung eines Konfliktes zwischen Figuren; aber auch formale Beobachtungen können der Ausgangspunkt solcher Hypothesen sein, z. B. die Widerspiegelung der Befindlichkeit des Individuums in der Darstellung des Raumes, die Funktion der Perspektivenverschiebung). Man nimmt dann jeweils den gesamten vorliegenden Textabschnitt in den Blick. Das Problem, im Vergleich zum linearen Verfahren, liegt darin, daß relevante Deutungsaspekte zunächst gefunden werden müssen. Andererseits hilft Ihnen ein aspektorientiertes Verfahren, ungewünschte Textparaphrasen zu vermeiden, weil Sie aufgrund der Aspektvorgabe unter Umständen nicht der Chronologie des Textes folgen. Zu beachten ist, daß auch beim aspektorientierten Zugriff eine integrative Analyse erfolgen muß, daß also z. B. Formmerkmale bei jedem zu untersuchenden Aspekt mit zu berücksichtigen sind. Wir halten es für wenig sinnvoll, wenn solche formalen Untersuchungen etwa an das Ende oder den Anfang der Analyse gestellt werden. Häufig bleibt dann nur eine bloße Auflistung übrig, und eine Funktionalisierung kann kaum noch geleistet werden.

Ein weiteres Problem entsteht bei der Gliederung der Analyse. Die einzelnen Aspekte müssen so angeordnet sein, daß sich von Aspekt zu Aspekt ein vertiefendes Gesamtverständnis aufbaut. Spätestens an dieser Stelle wird deutlich, daß Sie eine noch intensivere Vorarbeit in der Vorbereitungsphase leisten müssen, wenn Sie sich für das aspektorientierte Verfahren entscheiden. Im übrigen gilt für die eigentliche Textarbeit, daß Sie auch hier dem Dreierschritt Erkennen - Beschreiben - Auswerten folgen müssen.

Es seien hier noch einige allgemeine Gesichtspunkte angeführt, die Sie beim Ausformulieren der Analyse beachten sollten:

1. Das Tempus der Analyse ist das Präsens.
2. Zitate müssen wörtlich sein, und es müssen die Regeln der Zitiertechnik beachtet werden. (Vgl. dazu die Anmerkungen zur „Zitiertechnik“, S. 221 ff. dieses Bandes)
3. Persönlich wertende Stellungnahmen sollten nicht im Analyseteil vorkommen.
4. Textparaphrasen sind in jedem Fall zu vermeiden.
5. Fachterminologie ist kein Selbstzweck, sondern dient der eindeutigen Beschreibung von Textphänomenen und schafft Distanz zum Text.
6. Wenn Sie ein bestimmtes Textphänomen nicht auswerten können, sollten Sie ganz darauf verzichten, dieses zu beschreiben (z. B. keine Auflistung von Metaphern, wenn deren Funktion nicht bestimmt wird).
7. Versuchen Sie, Textphänomene zu bündeln. Fassen Sie z. B. zentrale lexikalische Elemente in Form von semantischen Feldern zusammen; arbeiten Sie bei Metaphernketten die gemeinsamen Konnotationen heraus.
8. Keine Negativaussagen machen (z. B. „Im Text gibt es keinen auktorialen Erzähler“), denn solche Aussagen gibt es in beliebiger Anzahl.
9. Achten Sie auf vollständige Sätze, richtige Satzverknüpfungen und Überleitungen zwischen den Erarbeitungsschritten.
10. Im vierten Kapitel finden Sie Formulierungshilfen, die dazu beitragen können, daß Sie Ihren Stil verbessern.

1.3.3 Der Einleitungs- und Schlußteil der Analyse

Jede Analyse sollte einen Einleitungs- und Schlußteil aufweisen. Beide Teile müssen deutlich vom Hauptteil abgegrenzt werden.

Der *Einleitungsteil* enthält grundsätzliche Informationen zum Text. Hier werden Autor, Titel des Werkes, Entstehungszeit und Thematik des Werkes aufgeführt. Manche Deutschlehrer erwarten im Einleitungsteil auch eine Inhaltsangabe des konkret vorliegenden Textes. Wir sind der Meinung, daß dies nicht die Aufgabe einer Analyse ist. Aber selbstverständlich müssen Sie sich in diesem Punkt nach Ihrem Lehrer richten. Wohl aber ist es sinnvoll, das besondere Teilthema des Textausschnitts bzw. seine besondere Aspektuierung des Rahmenthemas aufzuzeigen. Häufig kann eine solche knappe thematische Charakterisierung unmittelbar in eine Interpretationshypothese einmünden, so daß damit ein eleganter Übergang zum Hauptteil hergestellt ist. Auch eine kurze Einordnung in das Geschehen des Romans ist angezeigt, die aber mehr einen Einblick in die Komposition des Werkes geben soll als eine inhaltliche Zusammenfassung. Insgesamt ist bei der gesamten Analyse davon auszugehen, daß der Leser den Primärtext, also den ganzen Roman, kennt. Die Einleitung könnte mit einer besonderen Aspektuierung der Analyse enden, wodurch die Aufmerksamkeit des Lesers in einer ganz bestimmten Richtung geschärft würde. Die Arbeit wirkt dadurch zielstrebiger.

Der *Schlußteil* der Analyse sollte weder eine Fortsetzung der Analyse noch eine bloße Wiederholung der Ergebnisse des Hauptteils sein. Häufig wird in Lehrbüchern darauf hingewiesen, daß im Schlußteil die Möglichkeit einer wertenden Stellungnahme besteht. Das ist prinzipiell richtig. Doch häufig wirken diese Wertungen platt und oberflächlich. Immerhin sind Sie als Schüler ja auch kein Literaturkritiker. Wir halten es für besser, wenn Sie den Schlußteil dazu benutzen,

a) eine Zusammenfassung der Analyseergebnisse auf einer höheren Abstraktionsebene zu geben, indem Sie bündeln und vorsichtig verallgemeinern;

oder

b) einen Ausblick auf weiterführende Fragestellungen, auf allgemeine Aspekte des Romans zu geben. Denkbar wären hier auch Hinweise auf Parallelstellen oder kontrastive Passagen im Roman, soweit Sie diese Aspekte nicht schon in den Hauptteil Ihrer Analyse eingebaut haben;

oder

c) eine Einordnung der Textstelle und des Romans in den situativen Kontext vornehmen, der Ihnen in aller Regel aus dem Unterricht bekannt ist.

Im folgenden wollen wir eine Analyse zu einem Ausschnitt aus Robert Musils Roman „Die Verwirrungen des Zöglings Törleß" verfassen. Im Gegensatz zu den bisherigen und folgenden Analysen wollen wir diese Analyse fortlaufend kommentieren. Diese Kommentare sind kursiv gedruckt und in Klammern gesetzt.

1.3.4 Analysebeispiel

Damit Sie den Romanausschnitt und die folgende Analyse besser nachvollziehen können, stellen wir dem Textausschnitt eine Inhaltsangabe - wie auch bei anderen Romanen - voran. Sie dient also nur Ihrer Orientierung, hat aber mit der Analyse nichts zu tun.

Inhaltsangabe

Der junge Törleß wird auf eigenen Wunsch Internatsschüler im Konvikt zu W., wo junge Menschen auf den späteren Militär- und Staatsdienst in der k. und k. Monarchie Österreich-Ungarn vorbereitet werden. Nach einer Zeit des Heimwehs, das den Beginn einer geistig-seelischen Lebenskrise ankündigt, von den Eltern und Lehrern jedoch nicht bemerkt, sucht Törleß nach dem Sinn des Lebens. Selbst ungefestigt, schließt er sich Beineberg und Reitling, den beiden extremsten Charakteren unter seinen Kameraden, an. Unter ihrem Einfluß nimmt er an sadistischen Quälereien und homosexuellen Handlungen am Mitschüler Basini teil. Doch entspringen Törleß' Handlungen nicht einer primitiven Triebbefriedigung wie bei Reiting und Beineberg, sondern sie stellen lediglich eine pubertäre Durchgangsphase dar, was durch Törleß' innere Distanz zum Geschehen dokumentiert wird. Schließlich ist es auch Törleß, der den Demütigungen Basinis ein Ende setzt. Dazu kommt noch, daß die innere Erschütterung des Törleß nicht nur durch diese sexuellen Abenteuer hervorgerufen wird, sondern auch durch seine Auseinandersetzung mit philospohischen und mathematischen Denkgebäuden. Auch die moralische Einstellung der Gesellschaft wird radikal problematisiert. Nach all diesen Erfahrungen verläßt Törleß das Konvikt als geistig und seelisch gefestigterer Mensch.

Aufgabenstellung:
Analysieren Sie bitte den folgenden Romanauszug!

Textgrundlage:
Robert Musil: Die Verwirrungen des Zöglings Törleß. Hamburg: Rowohlt Taschenbuch Verlag. S. 118 ff.

Text:

Törleß wurde später, nachdem er die Ereignisse seiner Jugend überwunden hatte, ein junger Mann von sehr feinem und empfindsamem Geiste. Er zählte dann zu jenen ästhetisch-intellektuellen Naturen, welchen die Beachtung der Gesetze und wohl auch teilweise der öffentlichen Moral eine Beruhigung gewährt, weil sie dadurch enthoben sind, über etwas Grobes, von dem feineren seelischen Geschehen Weitabliegendes nachdenken zu müssen, die aber eine gelangweilte Unempfindlichkeit mit dieser großen äußeren, ein wenig ironischen Korrektheit verbinden, sobald man ein persönlicheres Interesse für deren Gegenstände von ihnen verlangt. Denn dieses wirklich sie selbst ergreifende Interesse sammelt sich bei ihnen einzig auf das Wachstum der Seele, des Geistes, oder wie immer man das benennen mag, was hie und da durch einen Gedanken zwischen den Worten eines Buches oder von den verschlossenen Lippen eines Bildes in uns gemehrt wird; was manchmal erwacht, wenn irgendeine einsame, eigenwillige Melodie von uns fortgeht und - ins Ferne schreitend - an dem dünnen, roten Faden zerrt, unseres Blutes, den sie hinter sich herzieht; das aber immer verschwunden ist, wenn wir Akten schreiben, in den Zirkus gehen oder den hundert anderen ähnlichen Beschäftigungen folgen.

Diesen Menschen sind also die Gegenstände, welche ihre moralische Korrektheit herausfordern, höchst gleichgültig. Törleß bereute daher auch nie in seinem späteren Leben das damals Geschehene. Seine Bedürfnisse waren so einseitig schöngeistig zugeschärft, daß es, wenn man ihm etwa eine ganz ähnliche geschichte von den Ausschweifungen eines Wüstlings erzählt hätte, gewiß völlig außerhalb seines Gesichtskreises gelegen wäre, seine Entrüstung gegen das Geschehene zu richten. Er hätte einen solchen Menschen gewissermaßen nicht deswegen verachtet, weil er ein Wüstling, sondern weil er nichts Besseres ist; nicht wegen seiner Ausschweifungen, sondern wegen des Seelenzustandes, der ihn diese begehen läßt; weil er dumm ist oder weil seinem Verstande die seelischen Gegengewichte fehlen ...: immer also nur wegen des traurigen, beraubten Anblicks, den er bietet. Und er hätte ihn gleichweise verachtet, ob nun sein Laster in geschlechtlichen Ausschweifungen oder in zwanghaft entartetem Zigarettenrauchen oder Alkoholgenuß bestünde. Und wie allen dermaßen auf die Steigerung ausschließlich ihrer Geistigkeit konzentrierten Menschen bedeutete auch ihm das bloße Vorhandensein schwüler und exzessiver Regungen noch wenig. Er liebte es, damit zu rechnen, daß die Fähigkeit zu genießen, die künstlerischen Talente, das ganze verfeinerte Seelenleben ein Zierat sei, an dem man sich leicht verletzte. Er betrachtete es als etwas Unumgängliches, daß ein Mensch von reichem und beweglichem Innenleben Augenblicke habe, um die andere nicht wissen dürfen, und Erinnerungen, die er in geheimen Fächern verwahrt. Und er verlangte von ihm nur, daß er nachträglich sich ihrer mit Feinheit zu bedienen verstehe. So daß, als er einmal von jemandem, dem er die Geschichte seiner Jugend erzählt hatte, gefragt wurde, ob diese Erinnerung nicht doch manchmal beschämend sei, er lächelnd folgende Antwort gab: „Ich leugne ganz gewiß nicht, daß es sich hier um eine Erniedrigung handelte. Warum auch nicht? Sie verging. Aber etwas von ihr blieb für immer zurück: jene kleine Menge Giftes, die nötig ist, um der Seele die allzu sichere und beruhigte Gesundheit zu nehmen und ihr dafür eine feinere, zugeschärfte, verstehende zu geben.

Wollten Sie übrigens die Stunden der Erniedrigung zählen, die überhaupt von jeder großen Leidenschaft der Seele eingebrannt werden? Denken Sie nur an die Stunden der absichtlichen Demütigung in der Liebe! Diese entrückten Stunden, zu denen sich Liebende über gewisse tiefe Brunnen neigen oder einander das Ohr ans Herz legen, ob sie nicht drinnen die Krallen der großen unruhigen Katzen ungeduldig an den Kerkerwänden hören? Nur um sich zittern zu fühlen! Nur um über ihr Alleinsein oberhalb dieser dunklen brandmarkenden Tiefe zu erschrecken! Nur um jäh - in der Angst der Einsamkeit mit diesen düsteren Kräften - sich ganz ineinander zu flüchten!

Sehen Sie doch nur jungen Ehepaaren in die Augen. Du glaubst ...? steht darin, aber du ahnst ja gar nicht, wie tief wir versinken können! - In diesen Augen liegt ein heiterer Spott gegen den, der von so vielem nichts weiß, und der zärtliche Spott derer, die miteinander durch alle Höllen gegangen sind.

Und wie diese Liebenden miteinander, so bin ich damals mit mir selbst durch all dies hindurchgegangen."

Da die Arbeitsanweisung keine Aspektvorgabe enthält, müssen wir - nach einer gründlichen Lektüre des Textes, bei der wir alle uns auffallenden Stellen markiert haben - zunächst überlegen, ob wir ein aspektorientiertes und lineares Analyseverfahren anwenden wollen. Entscheiden wir uns für ein lineares Interpretationsverfahren, so bietet sich eine Zweiteilung des Textes an, da einem zusammenfassenden Erzählerbericht eine umfangreiche Figurenrede des Törleß gegenübersteht. Aber auch ein aspektorientiertes Verfahren bietet sich an, da es in diesem Ausschnitt um eine zusammenfassende Charakterisierung der erwachsenen Hauptfigur geht, die zu dem vorangehenden Geschehen in einem gewissen Spannungsverhältnis steht. Aus diesen Überlegungen erkennen wir, daß ein Vergleich dieses Abschnitts mit dem Kotext (also dem umgebenden Romantext) unbedingt notwendig ist (auch bei linearer Textanalyse). Wir entscheiden uns für das Verfahren der linearen Textinterpretation. Damit ergeben sich folgende Gliederungseinheiten:

Gliederung des Hauptteils:

1. Analyse des Erzählerberichts (Z. 1 - 42);
2. Analyse der Figurenrede des Törleß (Z. 42 - 61);
3. das Verhältnis von Erzählerbericht und Figurenrede;
4. das Verhältnis von Textausschnitt und Gesamtroman.

Es bleibt anzumerken, daß die Gliederungspunkte 3 und 4 einen textstrukturalistischen Aspekt (Beziehung von Textteilen zueinander) enthalten, also nicht bloß inhaltlich zu füllen sind. Die Behandlung der beiden Erzählsequenzen soll in einer integrativen Analyse erfolgen, also unter Berücksichtigung unterschiedlicher Fragestellungen, insbesondere auch formaler Aspekte.

Als Einleitung empfiehlt sich eine kurze Einordnung in den Romanzusammenhang (auf einer bloß inhaltlichen Ebene) und eine thematische Zusammenfassung des Textausschnitts.

Ausführung

A. Einleitung: Der vorliegende Ausschnitt aus Robert Musils Roman „Die Verwirrungen des Zöglings Törleß“ (1906) gibt einen Ausblick auf den Charakter des erwachsenen Törleß. Dieser Vorgriff wird an einer Stelle des Romans eingebaut, welche die Verwirrungen der Hauptfigur zu einem Höhepunkt kommen läßt: Törleß ist nicht mehr nur passiver Beobachter der sadistischen Quälereien Basinis, sondern wird selbst zum Initiator solcher Quälereien, als Reitling und Beineberg nicht im Internat sind. Vor diesem Hintergrund kommt der Frage, wie sich Törleß in seinem späteren Leben weiterentwickelte, besondere Bedeutung zu.

B. Hauptteil: Schon bei einer oberflächlichen Lektüre des Textes fällt auf, daß man zwei Erzählsequenzen unterscheiden kann. Zum einen gibt es einen Erzählerbericht als Vorausgriff auf die zukünftige Entwicklung des Törleß, und zum andern kommt es zu einer Figurenrede des erwachsenen Törleß, der in einer Retrospektive über seine damaligen Verwirrungen im Konvikt zu W. und ihre Folgen reflektiert.

1. Im ersten Teil des Textauszuges (Z. 1 - 42) tritt ein autorialer Erzähler auf, der seine Situationsüberlegenheit zunächst dazu benutzt, den Leser aus dem Wirrwarr der Gefühle und Gedanken des jungen Törleß zu reißen. Der schwülen Atmosphäre des Konvikts wird die klare, wertende Mitteilung entgegengesetzt: „Törleß wurde später ... ein junger Mann von sehr feinem und empfindsamem Geiste“ (Z. 1 f.). Das Modaladverb „sehr“ hebt die Hauptfigur zudem noch aus der Masse der anderen feingeistigen Menschen hervor und läßt so die Ereignisse im Konvikt als eine bloße Durchgangsphase erscheinen. Im folgenden führt der Erzähler eine Charakterisierung der „ästhetisch-intellektueller Naturen“ (Z. 3) durch, zu denen auch der erwachsene Törleß gehört. Dem „seelischen Geschehen“ (Z. 5 f.) gehört ihre ganze Aufmerksamkeit. Fragen der „Gesetze“ und der „öffentlichen Moral“ (Z. 3 f.) berühren sie nur am Rande, sie garantieren nur den Freiraum für das eigene geistige Interesse. Die Formulierung „ironische Korrektheit“, mit welcher der Erzähler die Haltung dieser Menschen kennzeichnet (Z. 7), spiegelt die äußere Anpassung und die Bewahrung der inneren Freiheit gegenüber allen bürgerlichen Gesetzen und moralischen Normen wider. Auffallend ist, daß der Erzähler in den Ausführungen, die das „Wachstum der Seele, des Geistes“ betreffen (Z. 10), die distanzierte Perspektive aufgibt und sich und seine Leserschaft mit in die Betrachtungen einbezieht („wir“-Perspektive). Die Beispiele, die hier gegeben werden („Gedanken zwischen den Worten eines Buches“, „die verschlossenen Lippen eines Bildes“, Z. 11 f.) bewegen sich in den Bereichen, die prinzipiell jedem zugänglich sind, aber nur von wenigen in dieser intensiven Form erlebt werden können. Diese Beispielkette findet ihren Höhepunkt in der Darstellung der Vibration des Lebens, „wenn irgendeine einsame, eigenwillige Melodie von uns fortgeht und - ins Ferne schreitend - an dem dünnen roten Faden zerrt, unseres Blutes, den sie hinter sich herzieht“ (Z. 13 ff.). Die dünne, zerbrechliche Verbindung zwischen dem Ereignis (der Melodie) und dem für diese Töne empfänglichen Ich findet ihre syntaktische Entsprechung in dem rhythmisch gegliederten Temporalsatz, bei dem man sich fragt, ob seine feine Struktur bis zum Ende trägt. Diesen feingeistigen Erlebnissen, die in einer fast lyrischen Sprache vorgetragen werden, setzt der Erzähler in Form einer dreigliedrigen Aufzählung jene Beschäftigungen entgegen, die das Leben des Normalbürgers ausmachen („Akten schreiben, in den Zirkus gehen oder den hundert anderen ähnlichen Beschäftigungen folgen“, Z. 16 f.). Weder Arbeit noch oberflächlicher Genuß lassen den Menschen in seiner Seele, seinem Geiste wachsen.

Nachdem der Erzähler den erwachsenen Törleß auf diese Weise als geistig feinsinnigen Menschen charakterisiert hat, nimmt er nun die Ausschweifungen des jungen Törleß in den Blick. Zum einen betont er noch einmal die Gleichgültigkeit solch feingeistiger Menschen gegenüber Abweichungen von den moralischen Normen der Gesellschaft (Z. 18 f.). Damit ist der allgemeine Hintergrund geschaffen für die Feststellung: „Törleß bereute daher auch nie in seinem späteren Leben das damals Geschehene“ (Z. 19 f.). Verachtenswert sind nur die Menschen, die in Zuständen dieser Art steckenbleiben, die sie nicht als Durchgangsstadium zur Verfeinerung der Seele nutzen können. An dieser Stelle wird noch einmal deutlich, daß es bei Musils Roman um die Geschichte einer Erfahrung zur Verfeinerung der geistig-seelischen Empfänglichkeit geht, daß es sich also nicht um eine bloße Pubertätsstudie handelt, sondern daß ein pubertierender junger Mensch als Exempel für eine sich allmählich steigernde Geistigkeit genommen wird, eine Geistigkeit, die sich ihre Autonomie - auch gegenüber Moralvorstellungen - zu erhalten weiß. Diese Einstellung manifestiert sich in dem zusammenfassenden Bericht von Törleß' Lebenseinstellung: „Er betrachtete es als etwas Unumgängliches, daß ein Mensch von reichem und beweglichem Innenleben Augenblicke habe, um die andere nicht wissen dürfen, und Erinnerungen, die er in geheimen Fächern verwahrt" (Z. 35 ff.).

Wenn Sie den obigen Abschnitt noch einmal durchlesen, dann erkennen Sie, wie die Analyse von konkreten Textbeobachtungen zu allgemeinen Aussagen allmählich voranschreitet, daß sich aber an gewissen Textstellen der Analyseprozeß brennpunktartig verdichtet (z. B. beim Bildkomplex der von uns fortgehenden Melodie). Dies geschieht insbesondere dann, wenn diese Stelle gegenüber dem Kotext aus dem Rahmen fällt.

2. Im zweiten Teil des vorliegenden Textausschnitts (Z. 42 - 61) äußert sich Törleß in einer Figurenrede selbst zu den Geschehnissen im Konvikt zu W. Dadurch entsteht in diesem Auszug eine Spannung zwischen dem distanzierteren Bericht des Erzählers und der Beurteilung dieser Ereignisse durch den unmittelbar Betroffenen. Zwar räumt er in einem Gespräch ein, daß es sich bei jenen Ereignissen um eine „Erniedrigung" (Z. 43 f.) gehandelt habe, doch betont er vor allem den bleibenden Wert dieser Erfahrung, die er charakterisiert als „jene kleine Menge Giftes, die nötig ist, um der Seele die allzu sichere und beruhigte Gesundheit zu nehmen und ihr dafür eine feinere, zugeschärfte verstehende zu geben" (Z. 44 ff.). In dem Substantiv „Gift" schwingt als Konnotation noch die moralische Perspektive mit, die das, was im Konvikt geschah, als sexuelle Perversion abstempeln würde. Dennoch ist dieses seelische Gift für Törleß eine Art Katalysator, der ein empfindliches Reagieren auf die verschiedensten Sinneseindrücke erst ermöglicht. Erst das Wissen um die Tiefen der eigenen Seele, wie sie Törleß im Konvikt erfahren hat, läßt ihn in Büchern zwischen den Zeilen lesen und in Bildern trotz verschlossener Lippen Botschaften erkennen und von verklingenden Melodien in seinem Innern angerührt sein, wie der Erzähler es in der vorangehenden Erzählsequenz dargestellt hat.
Eine noch überraschendere Wende nimmt der Text, als Törleß im folgenden die große Leidenschaft der Liebe als Beispiel für die Bedeutung von Erniedrigungen bemüht. Er verwendet eindringliche Bilder wie das von den „Krallen der großen unruhigen Katzen", die Liebende „ungeduldig an den Kerkerwänden" des Herzens hören (Z. 51 f.). Nach bürgerlichen Vorstellungen ist die Liebe geprägt von Sanftmut und Zärtlichkeit. Törleß verdeutlicht hier jedoch, daß im Innersten der Liebenden das wilde, ungezähmte Tier wartet, daß beide Liebenden im einvernehmlichen, aber nicht ausgesprochenen Wissen erzittern läßt (Z. 52), so daß sie sich in diesem Wissen ganz ineinander flüchten können. Hier stellt Törleß die Liebe in einen völlig neuen Zusammenhang. Nicht die bürgerliche Fassade der Ehe zeigt die Zusammengehörigkeit zweier Menschen, sondern das, was sich in ihrem Innersten wie in einer Gemeinschaft Verschworener, verborgen vor allen anderen, abspielt. So sagt er von den jungen

Ehepaaren: „In diesen Augen liegt ein heiterer Spott gegen den, der von so vielem nichts weiß, und der zärtliche Stolz derer, die miteinander durch Höllen gegangen sind“ (Z. 57 ff.). Hier findet sich eine weitere Parallele zu den Ausführungen des Erzählers im ersten Teil des Textes, wenn dort von der „ironischen Korrektheit“ der ästhetisch-intellektuellen Naturen die Rede war (Z. 7).
3. Gegenüber der ersten Erzählsequenz stellt die direkte Rede des Törleß eine Intensivierung dar. Was im ersten Teil allgemein und distanziert dargelegt wurde, geschieht hier in Anbindung an die vorangehende Geschichte des Törleß, zu der der Leser während seiner Lektüre eine bestimmte Position entwickelt hat, es kann sogar sein, daß der Leser angesichts der sexuellen Abartigkeiten mancher Handlungen der Hauptfigur diese vielleicht ablehnt. Insbesondere durch das Beispiel der Liebe zwischen zwei Menschen wird das allgemein zu Vermittelnde auf eine Ebene gestellt, die für die meisten Menschen nachvollziehbar ist, auf der sie sich der Abgründe der eigenen Seele gegenwärtig sind. Damit wird die Erfahrung des Törleß aus dem Bereich des Abartigen herausgehoben und zu etwas prinzipiell Nachvollziehbarem.

Für den Aufbau der Analyse ist es besonders wichtig, immer wieder durch Querverweise zu dem schon Gesagten den inneren Zusammenhang des gesamten Textes deutlich werden zu lassen. Das geschah in dem vorangehenden Abschnitt durch die Herausarbeitung paralleler Aussagestrukturen und des Prinzips der Steigerung zwischen den beiden Abschnitten.

4. An dieser Stelle muß nun noch einmal das Verhältnis des vorliegenden Romanausschnitts zum Romanganzen untersucht werden. Der Leser hat Törleß in einer Situation verlassen, in der dieser in höchstem Maße in seinen „Verwirrungen“ steckte. Sympathie für den jungen Menschen und Abneigung vor dem, worauf er sich eingelassen hat, bestimmen die emotionale Grundhaltung des Lesers. Deshalb ist es wichtig, daß dieser Abschnitt gerade an dieser Stelle des Romans eingebaut wird und nicht etwa, wie chronologisch zu erwarten, am Ende des Romans. Jeder üble Beigeschmack wird aufgefangen, und gleichzeitig wird das Leserinteresse von der vordergründigen Handlung im sexuellen Bereich wieder verlagert auf die rein geistig-seelische Ebene des jungen Mannes, dessen Erlebnisse in immer stärkerem Umfange auf die Ebene des Exemplarischen gehoben werden. Der feinsinnige Mann, der dem Leser in diesem Abschnitt entgegentritt, ist durchaus als Identifikationsangebot des Autors Musil an den Leser gedacht. Der empfindsame Mensch, empfänglich für alle Formen der Kunst, erweist sich als jemand, der die dunklen Tiefen seiner Seele durchwandert hat, ohne in ihnen steckenzubleiben, ohne eine Kehrtwendung zum bloßen Moralisieren vollzogen zu haben. Vielmehr ist es ihm gelungen, gerade jene Formen der Erniedrigung zur Grundlage für alles Feine werden zu lassen.

Wir müssen uns nun überlegen, welcher Schlußteil zu den vorangehenden Ausführungen passen könnte. Denkbar ist hier im Rückgriff auf die sich in diesem Textabschnitt realisierende Textintention eine kurze kritische Auseinandersetzung mit anderen Deutungshypothesen des Romans.

C. Schlußteil: Zusammenfassend läßt sich festhalten, da dieser Textausschnitt deutlich macht, daß es sich bei Robert Musils Roman „Die Verwirrungen des Zöglings Törleß" um die erzählerische Entfaltung des Weges einer Erfahrung handelt. Sensibilität und Offenheit gegenüber allen Eindrücken und die Bereitschaft, die unterschiedlichen Impulse der Umgebung in das Innere vordringen zu lassen, sind wesentliche Sinnelemente dieses Romans. Daher sind Interpretationsversuche, die diesen Roman als Psychogramm eines Pubertierenden verstehen wollen, zu eng in ihrem Ansatz. Der pubertierende Törleß ist Verkörperung des offenen, neugierigen Menschen, der zu einer wahren Weiterbildung des Geistes und der Seele fähig ist. Auch ist der Roman nicht die prophetische Vorwegnahme von Gewalttendenzen, die dann im Dritten Reich ihren schrecklichen Höhepunkt finden. Ein solcher Ansatz vernachlässigt die zentrale Position der Figur des Törleß und macht Nebenfiguren wie Reiting, Beineberg und Basini zu den Hauptpersonen, obwohl ihre Funktion einzig darin besteht, Törleß Erfahrungen zu vermitteln, indem er hinter der sichtbaren Fassade die Tiefen dessen erahnt, was Menschen möglich ist. Vor diesem Hintergrund ist dann auch der Schlußsatz des ganze Romans zu verstehen: „Und er prüfte den leise parfümierten Geruch, der aus der Taille seiner Mutter aufstieg."

2 Die Entwicklung des Romans von der Aufklärung bis zur Gegenwart

2.1 Die Einbeziehung des Kontextes in die Analyse

In Alltagssituationen sagt man gelegentlich „Erzähl doch keine Geschichten!" und meint damit, daß man nichts erfinden, sondern mit der Wahrheit herausrücken soll. Erzählungen sind, daran sei noch einmal erinnert, erfunden. Es besteht ein grundsätzlicher Unterschied, ob wir über die Gesellschaft des Deutschen Kaiserreiches (1871-1918) von einem Geschichtswissenschaftler oder einem Erzähler wie Th. Fontane erfahren. Der Historiker bezieht sich auf eine objektiv gegebene und belegbare Tatsachenwelt; seine Aussagen müssen auf ihre Wahrheit und Richtigkeit hin überprüft werden können. Der Schriftsteller erzählt von einer möglichen, einer gedachten (fiktiven) Wirklichkeit. Allerdings müssen die im Roman geschilderten Lebensverhältnisse in der Regel denen der zeitlich gleichen Tatsachenwelt im Sinne einer Wahrscheinlichkeit und Stimmigkeit entsprechen. Aber es gibt auch Romane, die mit der Tatsachenwelt spielerisch, ironisch, satirisch umgehen, die Illusion einer Wirklichkeitswiedergabe bewußt zerstören (vgl. H. Mann: Der Untertan). Die erzählte Welt weist zwar vielfältige Bezüge zur Tatsachenwelt auf, ist zunächst aber als eigengesetzliche, rein fiktive Welt mit eigenständiger Zeit-, Raum- und Figurengestaltung zu begreifen. Ein literarisches Werk besitzt eine grundsätzlich andere Bezugsebene zur Tatsachenwelt als das Werk eines Historikers.
Wer einen Roman von H. Böll oder G. Grass liest, wird, falls er geschichtlich informiert ist, vielen Aspekten der politischen, kulturellen und sozialen Wirklichkeit der 50er und 60er Jahre in der Bundesrepublik begegnen (vgl. Kapitel 2.6.1). Der Bezug zu dieser Realität ist zwar subjektiv geprägt und perspektivisch gebunden, aber gerade in diesen Romanen deutlich ausgeprägt. Es gibt neben diesen Romanen mit größerem Realitätsgehalt auch solche mit geringerem Realitätsgehalt (vgl. Goethes „Wahlverwandtschaften").
Die Einsicht, daß ein Werk Bezüge zur Realität aufweist, läßt sich erweitern: es ist in einen realhistorischen Kontext eingebettet. Die Bedingungen seines Entstehens sind demnach ebenso wie die gesellschaftliche Bedeutung und Wirkung zu erforschen und für das eigene Verstehen zu nutzen.
Unter dem *Kontext** eines Werkes verstehen wir also das - außertextliche - reale Umfeld bzw. die Situation, in der es geschrieben wurde. Da dieser Begriff „Kontext" auch für innertextliche Bezüge (z. B. ein Wort im Satzzusammenhang, ein Satz in einer Sequenz) genutzt wird, muß der Begriff jeweils näher definiert werden: hier der situative, dort der innertextliche Kontext, den wir als *Kotext** definieren. Unter diesem situativen Kontext verstehen wir also die biographischen, gesellschaftlichen und kulturellen Bedingungen, die das Werk beeinflußt haben. Der Autor eines literarischen Werkes schreibt in einer realen Kommunikationssituation, d. h. er geht von persönlichen Erfahrungen aus, bezieht sich auf reale Leser, kann auf gesellschaftlich

relevante Fragen antworten, auf Defizite und Fehlentwicklungen hinweisen, er kann das Recht des Individuums gegen gesellschaftliche Institutionen und Normen verteidigen. Dies sind nur einige Beispiele. Aber auch wenn ein Autor zeitentrückt zu schreiben scheint, zum Beispiel eine Idylle bzw. Utopie, oder Sprachexperimente gestaltet, ist sein Schreiben nicht völlig isoliert vom Kontext zu verstehen (vgl. die märchenhaften Elemente im „Heinrich von Ofterdingen" von Novalis).

Die im Werk aufspürbaren Elemente des situativen Kontextes sind geprägt durch das subjektiv geprägte Bewußtsein des Autors; d. h. die Realitätselemente werden von ihm gefiltert und perspektivisch geordnet, sie werden in das Bedeutungsganze des Werkes integriert. Nehmen wir Döblins Roman „Berlin Alexanderplatz" als Beispiel. Die zahlreichen Raumangaben (Ortsbeschreibungen, Benennungen und Beschreibungen von Straßen, Bahnlinien, Kneipen, Abrißunternehmungen etc.) sind nachprüfbar real, werden aber vorrangig nicht wegen ihres realen Seins beschrieben, sondern sie verwandeln sich in einen Bedeutungsraum für das Gesamtwerk. Hiermit soll gezeigt werden, wie der einzelne dieser Realität ausgesetzt ist und wie sie sein Bewußtsein prägt.

In das literarische Werk gehen also in unterschiedlicher, schwer zu rekonstruierender Weise Elemente der Realität ein: zum Beispiel politische Daten, Fakten, Figuren, Äußerungen, Ereignisse (vgl. die Angaben zur politischen Situation in der Weimarer Republik), aber auch Elemente der Sprache, der Mentalitäts- und Bewußtseinsstrukturen der Epoche (vgl. die aufkommende Gewalt und den sich ankündigenden Faschismus in Döblins Roman). Diese Elemente können direkt einbezogen, nur angedeutet, verschlüsselt oder verfremdet, umgeformt werden - entsprechend der Erzählkonzeption des Autors. Dabei sollten wir zwischen bewußt, also *intentional*, und unbewußt, also *nichtintentional*, in den Roman einwirkenden Wirklichkeitselementen unterscheiden. Denn viele Kontexteinwirkungen ergeben sich, für den Autor unbewußt, durch seine Zeitgenossenschaft. Bezüge zum Kontext zeigen sich auch im künstlerischen Gestalten, zum Beispiel in der Anordnung der Figurenkonstellation (z. B. Adel - Bürgertum), in der Ausgestaltung der Räume, der Wahl der Motivkomplexe und Symbole.

Auch der realhistorische Leser (vgl. Kapitel 1.2.1) sollte als Bestandteil des Kontextes gesehen werden, denn die Vorstellung von ihm prägt ebenfalls die Sinnstruktur des Werkes. Dieser Leser wird die Bedeutung eines Werkes im Sinne einer Autorintention eher erschließen als der spätere aktuelle Leser, der das historische Kontextsystem nicht kennt. Dieser aktuelle Leser ist mehr darauf angewiesen, mit zusätzlichem Material, z. B. literarischen Texten anderer Autoren, mit Dokumenten zur Sozialgeschichte und zur Biographie des Autors, den Kontext zu erschließen.

Fassen wir zusammen: Es hängt letztlich vom Interpreten ab, von seinem Standpunkt und seiner Interessenlage, ob für ihn mehr die eigengesetzliche, sprachlich entworfene Wirklichkeit des Romans oder die Bezüge zur Wirklichkeit außerhalb des Romans im Mittelpunkt des Interesses stehen. - Ein literarisches Werk ist weder als Ausdruck individueller Erfahrung (biographischer Aspekt, noch als Widerspiegelung* gesellschaftlicher Realität (sozialhistorischer Aspekt) noch als Ausgestaltung einer philosophischen Idee (geisteswissenschaftlicher Aspekt) noch als schöpferische Eigenproduktion des Lesers allein zu verstehen. Das Werk ist zunächst als fiktionales

Wirklichkeitsmodell zu begreifen. Dieses Modell weist vielerlei Entsprechungen zur Realität auf und mischt fiktionale und reale Elemente, wobei die realen Elemente nicht isoliert, sondern als sinntragende Elemente zu begreifen sind.
Die verschiedenen, nun vorzustellenden Verstehensansätze können sich also ergänzen, wenn ein umfassendes, allerdings nur im Idealfall zu erreichendes Gesamtverständnis gelingen soll.

Produktionsorientierte Ansätze

Im ersten Ansatz fragen wir nach den Produktionsbedingungen eines Werkes, insbesonders nach der Rolle des Autors. Gefragt wird erstens nach den *biographischen Bedingungen* des Schreibens, also nach den privaten Lebensumständen (Kindheitserlebnisse, Familienstrukturen, Erziehungsprobleme, persönliche Erlebnisse etc.). Die Psychologie und Psychoanalyse stellen Kategorien zur Verfügung, um private oder kollektiv bestimmte Traumata (Verletzungen, seelische Erschütterungen) zu erkennen. Auch der Autor schreibt nicht in einem isolierten privaten Raum, er ist auch eine gesellschaftliche Person, die auf das sozialhistorische Umfeld reagiert. Gefragt wird daher zweitens nach den *sozialhistorischen Bedingungsfaktoren.* Dazu gehören politische (z. B. innenpolitische Situation, Machtverteilung), soziale (z. B. gesellschaftliche Schichtung bzw. Klassenbildung, Stellung der höheren und niederen Schichten) und wirtschaftliche Faktoren (z. B. Wirtschaftsverfassung und Wirtschaftslage). Der Autor wird drittens geprägt durch *geistig-kulturelle Wertvorstellungen*; dazu gehören Kunst- und Literaturtheorien ebenso wie kollektive Bewußtseinsstrukturen (typische zeitbedingte Auffassungen wie zum Beispiel pazifistische Ideen). Um diese Kontexteinflüsse, die meist schwer unterscheidbar zusammenfließen, nachzuweisen und zu deuten, muß in der Regel zusätzliches Material, z. B. von Historikern, Kulturhistorikern, Sozialwissenschaftlern, Philosophen, hinzugezogen werden.

Werkimmanente Deutungsansätze

Ausgangspunkt ist hierbei die Annahme, dichterische Texte seien aus „sich selbst heraus“ zu verstehen; sie trügen ihre Bedeutung allein in sich, da sie ein in sich geschlossenes Ganzes bildeten und autonom seien. Ein autonomes Kunstwerk habe sich also von seinem Schöpfer und den Entstehungsbedingungen gelöst und seine Bedeutung verweise auf keine außerliterarische Realität. Nach diesem Ansatz sind folglich diese „Sprachkunstwerke“ werkimmanent zu interpretieren, d. h. der Interpret begnügt sich mit textimmanenten Gestaltmerkmalen.

Wirkungsorientierte Deutungsversuche

Autor, Werk und Leser sind die entscheidenden Größen erzählerischer Kommunikation. Wenn die Textstrukturen allerdings alleinige Grundlage der Interpretation sind, kann der Leser bei der werkimmanenten Methode nur das Sinnganze eines Werkes treffen oder verfehlen. Fragt man aber nach der Wirkung eines Werkes beim Leser und nach den Bedingungen seiner Rezeption, so gerät seine eigenständige Rolle in den Blick. Nach dem wirkungsorientierten Deutungsansatz eignet sich der Leser ein Werk produktiv, schöpferisch an, da das Werk eben als keine statische, sondern als eine variable Größe anzusehen ist, d. h. daß die Bedeutung eines Werkes nicht ein für allemal festliegt, sondern sich ändern kann. Der reale Leser trägt nämlich, bestimmt von seinem Erwartungshorizont gegenüber dem Werk, wesentlich dazu bei, die Bedeutung eines Werkes zu realisieren. Dabei helfen ihm die Anweisungsstrukturen für den Leser, die im Werk mitgestaltet sind (vgl. die Rolle des gedachten Lesers, Kapitel 1.2.2), aber entscheidend sind auch seine eigenen Verstehensbedingungen.
Fassen wir zusammen: Eine Analyse eines literarischen Werkes wird zunächst von den „werkimmanenten" Merkmalen, die als einzige zunächst und direkt vorliegen, ausgehen. Dies wird in aller Regel die entscheidende Aufgabe sein, wobei die Deutungsperspektive des Lesers oder Interpretierenden allerdings immer einzubeziehen ist. Die anderen Ansätze, die den Kontext berücksichtigen, vervollständigen, bestätigen oder korrigieren auf entscheidende Weise das Werkverständnis. Von der Beschaffenheit des einzelnen Werkes hängt es ab, welche dieser Ansätze besonders heranzuziehen sind.

2.2 Romane der Aufklärung und des Sturm und Drang

Der Roman, eine verhältnismäßig junge literarische Gattung, findet in Deutschland erst im Laufe des 18. Jahrhunderts breitere Anerkennung. Er entwickelte sich allmählich zur bedeutendsten literarischen Gattung des bürgerlichen Selbstbewußtseins. Das heißt jedoch nicht, daß es nicht schon früher Romane gegeben hätte - erinnert sei hier nur an Grimmelshausens Roman „Simplicissimus" (1668/69), in dem sich schon in der Barockzeit Elemente des Entwicklungsromans mit überkommenen Elementen des Schelmenromans (in Anlehnung an spanische Vorlagen) verbinden.
In der Zeit der *Aufklärung* (bei diesen traditionellen Epochenbegriffen handelt es sich nur um Hilfskonstruktionen) erfüllt der Roman zunächst die Aufgabe, das neue Bildungsbürgertum zu unterhalten. Wesentlich tragen die „moralischen Wochenschriften" in der Mitte des 18. Jahrhunderts zur Verbreitung und Aufwertung dieser literarischen Gattung bei. In Rezensionen wird ein breites Publikum mit Romanen, vor allem aus dem englischen Sprachraum, bekanntgemacht, und dieses Publikum findet seine Wertvorstellungen von Tugend und Moral in diesen Romanen wieder. Wie groß der Einfluß der englischen Literatur zu dieser Zeit ist, mag daran abgelesen werden, daß Gellert in seinem Roman „Das Leben der schwedischen Gräfin G." (1747/48) sentimentale (gefühlvolle, nicht kitschige) Romane des englischen Schriftstellers

Richardson bis in Einzelheiten kopiert. In diesem Zusammenhang ist es für die damaligen deutschen Verhältnisse typisch, daß insbesondere Richardson so große Hochachtung erfährt. Hier zeichnet sich bereits die Tendenz zur Verinnerlichung in Deutschland ab. Die realistischeren englischen Romanschriftsteller, wie Fielding, Sterne und Goldsmith, werden zwar auch ins Deutsche übersetzt, haben aber nicht den Erfolg wie der sentimental schreibende Richardson. Im Vergleich zu anderen europäischen Staaten, insbesondere zu England, ist Deutschland mit seinen Klein- und Mittelstaaten und deren Feudalstruktur politisch-gesellschaftlich zurückgeblieben, was eine fundamentale Gesellschaftskritik in der Literatur bewirken müßte. Statt dessen zeigt sich ganz deutlich, daß die Erneuerungstendenzen in der Aufklärungszeit stärker auf das Individuum in seinen moralischen Entwicklungsmöglichkeiten abheben denn auf konkrete gesellschaftliche Veränderung. Die vorgefundene Gesellschaftsordnung wird oft noch als gottgewollt hingenommen. Wenn dennoch in der deutschen Literatur in der Gattung des Romans größere gesellschaftliche Entwürfe gewagt werden - solche kann man etwa aus den Romanen Wielands ablesen (insbesondere aus den Romanen „Die Geschichte des Agathon“ aus den Jahren 1767/68 und aus „Die Geschichte der Abderiten“, als Buch 1781 erschienen), so muß man feststellen, daß Gesellschaftskritik und utopischer Gesellschaftsentwurf in die Antike projiziert werden, um den absolutistischen Herrschern in Deutschland keine Angriffsfläche zu bieten. Die daraus resultierende philosophische Ausgestaltung der Romane (vgl. „Agathon“) erschwert dem heutigen Leser den Zugang zu diesen Werken.

1774 erscheint Blankenburgs „Versuch über den Roman“. Diese theoretische Schrift ist insofern besonders bedeutend, als die Gattung Roman nicht aus den Poetiken der Antike oder der frühen Aufklärungszeit hergeleitet werden kann, sondern neu begründet werden muß. Bisher hat es nur vereinzelte Äußerungen über die Gattung gegeben, die man insbesondere in den Vorworten zu Romanen finden kann. Nach Blankenburg ist es wichtig, daß der Dichter nicht mehr durch die Nennung moralischer Grundsätze wirkt, sondern durch die Erzeugung von Empfindungen und Vorstellungen im Leser, die den Menschen seiner Vervollkommnung näherbringen. Die Persönlichkeitsbildung der Romanfiguren unter sich verändernden äußeren Bedingungen spielt bei diesem Prozeß eine entscheidende Rolle. Hier erkennt man die theoretischen Wurzeln des Bildungs- und Entwicklungsromans. Gleichzeitig wird hier die positive Einschätzung der Entwicklungsmöglichkeiten des einzelnen und auch der Gesellschaft deutlich, die sich aus vielen vernünftigen Individuen zusammensetzen muß, um zu einer humaneren zu werden.

Damit leistet der Roman einen entscheidenden Beitrag für den „Ausgang des Menschen aus seiner selbstverschuldeten Unmündigkeit“ (Kant). Es bleibt festzuhalten, daß sich das Überwinden der Unmündigkeit zunächst auf die innere Verfassung des einzelnen bezieht, daß in der Aufklärungszeit konkrete gesellschaftliche Probleme im Roman noch nicht angegangen werden, daß dieser aber, gerade aufgrund seiner Breitenwirkung, ein entscheidendes Instrument für die Weiterentwicklung sein kann.

Im *Sturm und Drang*, einer Epoche, die gewöhnlich von der Mitte der 60er Jahre bis zum Ende der 80er Jahre angesetzt wird, verändert sich das Bild der Literatur und damit auch das des Romans. Zunächst sei jedoch noch einmal darauf hingewiesen, daß während dieses Zeitraums die Aufklärungszeit noch weiter verläuft. Der Sturm und

Drang steht zur Aufklärung in einem dialektischen Verhältnis, so daß daraus insgesamt eine Erweiterung der aufklärerischen Ideen entsteht. Die Werke, die dem Sturm und Drang zugerechnet werden können, sind daher im wesentlichen als Antwort auf die Aufklärungszeit zu verstehen. Häufig wird der kühlen Welt des Verstands die leidenschaftliche der Gefühle entgegengesetzt, womit ein zentraler Aspekt des Sturm und Drang umschrieben ist. Dabei handelt es sich aber nicht um eine bloße Innerlichkeit - diese war auch schon in der pietistischen Literatur der Aufklärung anzutreffen -, sondern um Gefühle, die das gewöhnliche Maß weit überschreiten, die Menschen in Extremsituationen geraten lassen, die beim Befolgen dessen, was vernünftig ist, hätten vermieden werden können. Die Sprache des Herzens wird zu einer entscheidenden Kategorie. Herder sieht z. B. in der Stimme des Herzens die ausschlaggebende Grundlage für die vernünftigen Entscheidungen des Menschen, die ihren Ursprung immer in der Empfindung der menschlichen Seele nehmen. Maßgeblichen Einfluß auf ein solches Denken haben die Schriften Rousseaus, der nicht nur das Gefühl über den Verstand (raison) stellt, sondern zugleich die Wurzeln für eine Aufwertung der Natur in ihren mannigfachen Erscheinungsformen legt, von denen eine das menschliche Gefühl ist. Das Eintreten gegen den Rationalismus (absolute Vorherrschaft des Verstandes) geht im Sturm und Drang einher mit dem Kampf gegen den Fortschrittsoptimismus der frühen Aufklärungszeit, in der Wissenschaftsgläubigkeit und Optimismus auf dem Gebiet der gesellschaftlichen Entwicklung allgemein anzutreffen waren, gegen das verflachte Menschenbild, das den Menschen in seiner Idealform nur als vom Verstand bestimmt wissen wollte, und die unnatürliche Gesellschaftsordnung mit ihren Ständeschranken und einer lebensfeindlichen Moral. Es ist verständlich, daß sich diese literarische Epoche hauptsächlich in Dramen manifestiert, die für diese Konflikte konstitutiv sind. Shakespeare gilt als das große Vorbild.

Dennoch hat der Sturm und Drang mit Goethes Roman „Die Leiden des jungen Werther" (1774) einen der bedeutendsten Romane der deutschen Literatur hervorgebracht. Dieser Roman trägt dem Interesse am individuellen Leben Rechnung und verarbeitet zugleich Themen, die für den Sturm und Drang kennzeichnend sind: Naturbegeisterung, Absolutheit des Gefühls, Gesellschaftskritik und Hinwendung zum einfachen Volk. Wie Goethes „Werther" haben auch andere Romane dieser literarischen Strömung autobiographische Aspekte: J. H. Jung: „Heinrich Stillings Jugend" (1777) und K. Ph. Moritz: „Anton Reiser" (1785-90).

Wir wollen Goethes Roman wegen seiner Bedeutung herausgreifen und ihn als typisches Beispiel für die *Sturm und Drang*-Zeit näher betrachten.

2.2.1 Goethe: „Die Leiden des jungen Werther" als Beispiel für die Epoche des Sturm und Drang

Einführung in das Werk

a) Biographische Voraussetzungen: In nur vier Wochen, von Februar bis März 1774, schreibt Goethe den Roman nieder. Diese extrem kurze Arbeitszeit deutet schon darauf hin, daß Goethes Motivation für dieses Werk ungewöhnlich groß gewesen sein muß.

Tatsächlich stellt die Niederschrift dieses Romans für Goethe eine Art Befreiungsakt dar. Seine leidenschaftliche, aber aussichtslose Liebe zu Charlotte Buff (1772), die mit seinem Freund Kestner verlobt ist, und seine Zuneigung zu Maximiliane la Roche, die Anfang des Jahres 1974 einen italienischen Kaufmann heiratet, mit dem es zu Eifersuchtsszenen kommt, sowie der Selbstmord des Juristenkollegen Jerusalem wegen einer hoffnungslosen Liebe zu einer verheirateten Frau liefern den Stoff für Goethes Roman.

b) Inhalt: Werther, nach einer tragischen Liebe in Geschäften seiner Mutter unterwegs, lernt zufällig Lotte, ein ebenso anmutiges wie durch ihr mitmenschliches Engagement bestechendes Mädchen kennen und lieben. Lotte ist jedoch mit Albert verlobt, so daß Werther nach der Rückkehr Alberts keine andere Möglichkeit sieht, als Lotte zu verlassen und seine Selbsterfüllung in einem Verwaltungsamt der adligen Gesellschaft zu suchen. Dort muß er jedoch schon bald feststellen, daß man ihn in adligen Kreisen nicht akzeptiert und er in einer adligen Gesellschaft als Störung empfunden wird. Derart desillusioniert, kehrt er in Lottes Nähe zurück, die inzwischen verheiratet ist. In seiner Verzweiflung versenkt sich Werther in die düstere Welt der Ossian-Dichtung, und in Gesprächen und Selbstreflexionen zeichnet sich ein Selbstmord als einziger Ausweg ab, den er dann kurz vor Weihnachten vollzieht.

c) Werkstruktur: Formal gliedert sich der Roman in zwei Bücher, von denen das erste den Zeitraum bis zu Werthers Abreise von Lotte umfaßt (Mai 1771 bis September 1771), das zweite setzt im Oktober 1771 ein und endet Weihnachten 1772. Während das erste Buch Briefe aus der Frühlings- und Sommerzeit enthält, herrschen im zweiten Buch Briefe aus den dunkleren Jahreszeiten Herbst und Winter vor. Dieser zeitlichen Verankerung des Geschehens entspricht die Grundstimmung in den beiden Büchern. Daseinsfreude, Lebensbejahung, Liebesglück, Aufgehen in der Schönheit der Natur, klare, heitere Lektüre (Homer) bestimmen das erste Buch; Desillusionierung im privaten wie im gesellschaftlichen Bereich, Todessehnsucht, Thematisierung der Selbstmordproblematik, Enttäuschungen im Umgang mit Mitmenschen, Fehlen von Zukunftsperspektiven, Erfahrung der Natur als zerstörerisches Element, Beschäftigung mit den düsteren Werken Ossians sind für das zweite Buch kennzeichnend.

d) Aspekte des Erzählens: Der Roman ist als Briefroman konzipiert (Aufgreifen der Erzähltechnik des Engländers Richardson). Dadurch entsteht eine Monoperspektivität (das gesamte Geschehen wird durch die Brille der Hauptfigur Werther präsentiert; vgl. dazu die Ausführungen zur Ich-Erzählung im Abschnitt 2.1.2 des systematischen Teils). Diese Erzähltechnik bedeutet höchste Subjektivität in der Darstellung (hierin spiegelt sich die Bedeutung des Individuums mit seinen ganz persönlichen Empfindungen wider). Gegenpositionen des Hauptadressaten der Wertherschen Briefe (Wilhelm) werden nur indirekt von Werther in Antwortbriefen aufgegriffen. Im Schlußteil finden sich auch Auszüge aus Briefen von Lotte. Gegen Ende des zweiten Buches, parallel zu Werthers zunehmender Verwirrung, schaltet sich der fiktive Herausgeber der Briefe ein, um faktische Zusammenhänge für den Leser deutlich werden zu lassen. Aus der Spannung zwischen der höchsten Subjektivität in den Briefen Werthers und der nüchtern-sachlichen Sprache des Herausgebers entsteht ein besonderer Reiz in diesem Schlußteil. Relativiert wird die scheinbar unbeteiligte Position des Herausgebers, wenn man das Vorwort des Herausgebers („Was ich von der Geschichte des armen Werthers

nur habe auffinden können, ...") mit heranzieht. Hier erfährt die Figur Werthers eine besondere Aufwertung, indem sie dort als wahrhaft tragische Gestalt gekennzeichnet wird.
e) Erzählerische Mittel: Kennzeichnend für Werthers Briefe ist ihr subjektiver Ton, der unmittelbaren Einblick in die Gemütslage des Helden gestattet. Häufig wird sein emotionales Engagement im Satzbau faßbar: Brüche in der Satzkonstruktion (Anakoluthe), unvollständige Sätze (Ellipsen), Einbau von Empfindungswörtern (Interjektionen), Ausrufe und rhetorische Fragen, Reihungsstil und syntaktische Spannungsbögen (z. B. Hinauszögerung des Hauptsatzes nach einem Konditionalsatz: „wenn ..., dann ..."). Aber auch die Wortwahl unterstützt die Expressivität (Ausdruckskraft) der Sprache: insbesondere ist hier auf die hohe Bildlichkeit zu verweisen, wie sie durch genaue Schilderungen, Vergleiche und Metaphern erreicht wird.
Was dem Analysebeispiel an allgemeinen Aussagen zum Roman vorangestellt worden ist, dürfen Sie noch nicht mit einer Interpretation des Werkes verwechseln. Vielmehr soll hierdurch Ihr Blick für die konkrete Textarbeit geschärft werden. Auch sollten Sie sich als Benutzer des Buches nach der Lektüre des Textausschnittes aus dem „Werther" selbst überprüfen, in welchem Umfang Sie aufgrund dieser Vorinformationen bereits zu Analyseergebnissen gelangen, ehe Sie sich dann mit der nachfolgenden Beispielanalyse beschäftigen.

Analysebeispiel

Aufgabenstellung:
Analysieren Sie bitte den folgenden Brief mit dem Ziel, Werthers Selbst- und Weltverständnis herauszuarbeiten!

Textgrundlage:
Johann Wolfgang Goethe: Die Leiden des jungen Werther. Stuttgart: Reclam Verlag 1977. S. 58 ff.

Text:

„Am 18. August

Mußte denn das so sein, daß das, was des Menschen Glückseligkeit macht, wieder die Quelle seines Elends würde?
Das volle warme Gefühl meines Herzens an der lebendigen Natur, das mich mit so vieler warmer Wonne überströmte, das ringsumher die Welt mir zu einem Paradiese schuf, wird mir jetzt zu einem unerträglichen Peiniger, zu einem quälenden Geist, der mich auf allen Wegen verfolgt. Wenn ich sonst vom Felsen über den Fluß bis zu jenen Hügeln das fruchtbare Tal überschaute und alles um mich her keimen und quellen sah; wenn ich jene Berge, vom Fuße bis zum Gipfel, mit hohen dichten Bäumen bekleidet, jene Täler in ihren mannigfaltigen Krümmungen von den lieblichsten Wäldern beschattet sah, und der sanfte Fluß zwischen den lispelnden Rohren dahin gleitete und die lieben Wolken abspiegelte, die der sanfte Abendwind

am Himmel herüberwiegte, wenn ich dann die Vögel um mich den Wald beleben hörte und die Millionen Mückenschwärme im letzten roten Strahle der Sonne mutig tanzten und ihr letzter zuckender Blick den summenden Käfer aus seinem Grase befreite und das Schwirren und Weben um mich her mich auf den Boden aufmerksam machte und das Moss, das meinem harten Felsen seine Nahrung abzwingt, und das Geniste, das den dürren Sandhügel hinunter wächst, mir das innere, glühende, heilige Leben der Natur eröffnete: wie faßte ich das alles in mein warmes Herz, fühlte mich in der überfließenden Fülle wie vergöttert, und die herrlichen Gestalten der unendlichen Welt bewegten sich allbelebend in meiner Seele. Ungeheure Berge umgaben mich, Abgründe lagen vor mir, und Wetterbäche stürzten herunter, die Flüsse strömten unter mir, und Wald und Gebirg erklang; und ich sah sie wirken und schaffen ineinander in den Tiefen der Erde, alle die unergründlichen Kräfte; und nun über der Erde und unter dem Himmel wimmeln die Geschlechter der mannigfaltigen Geschöpfe. Alles, alles bevölkert mit tausendfachen Gestalten und die Menschen dann sich in ihren Häusern sichern und sich annisten und herrschen in ihrem Sinne über die weite Welt! Armer Tor! der du alles so gering achtest, weil du so klein bist.- Vom unzugänglichen Gebirge über die Einöde, die kein Fuß betrat, bis ans Ende des unbekannten Ozeans weht der Geist des Ewigschaffenden, und freut sich jeden Staubes, der ihn vernimmt und lebt.- Ach damals, wie oft habe ich mich mit Fittichen eines Kranichs, der über mich hinflog, zu dem Ufer des ungemessenen Meeres gesehnt, aus dem schäumenden Becher des Unendlichen jene schwellende Lebenswonne zu trinken und nur einen Augenblick, in der uneingeschränkten Kraft meines Busens, einen Tropfen der Seligkeit des Wesens zu fühlen, das alles in sich und durch sich hervorbringt.

Bruder, nur die Erinnerung jener Stunden macht mir wohl. Selbst diese Anstrengung, jene unsäglichen Gefühle zurückzurufen, wieder auszusprechen, hebt meine Seele über sich selbst, und läßt mich dann das Bange des Zustandes doppelt empfinden, der mich jetzt umgibt.

Es hat sich vor meiner Seele wie ein Vorhang weggezogen, und der Schauplatz des unendlichen Lebens verwandelt sich vor mir in den Abgrund des ewig offenen Grabs. Kannst du sagen: Das ist! da alles vorüber geht? da alles mit der Wetterschnelle vorrüberrollt, so selten die ganze Kraft seines Daseins ausdauert, ach in den Strom fortgerissen, untergetaucht und an Felsen zerschmettert wird? Da ist kein Augenblick, der nicht dich verzehrte und die Deinigen um dich her, kein Augenblick, da du nicht ein Zerstörer bist, sein mußt; der harmloseste Spaziergang kostet tausend armen Würmchen das Leben, es zerrüttet ein Fußtritt die mühseligen Gebäude der Ameisen und stampft eine kleine Welt in ein schmähliches Grab. Ha! nicht die große seltne Not der Welt, diese Fluten, die eure Dörfer wegspülen, diese Erdbebeben, die eure Städte verschlingen, rühren mich; mir untergräbt das Herz die verzehrende Kraft, die in dem All der Natur verborgen liegt, die nichts gebildet hat, das seinen Nachbar nicht sich selbst zerstörte. Und so taumle ich beängstigt, Himmel und Erde und ihre webenden Kräfte um mich her: ich sehe nichts als ein ewig verschlingendes, ewig wiederkäuendes Ungeheuer."

Vorbemerkung: Bei einer ersten Durchsicht des Textauszuges fällt auf, daß etliche der im systematischen Teil dieses Buches erarbeiteten Aspekte für eine Analyse nicht oder nur wenig ergiebig sind. So ist die Kommunikationssituation, also das Verhältnis von Autor, Erzähler (Werther) und Leser, hier nicht besonders aufzugreifen, weil sich die für den gesamten Roman typischen Charakteristika zeigen (Ich-Erzählung in Briefform). Auch die an den Begriff „Handlung“ gekoppelten Kategorien führen zu keinen besonderen Erkenntnissen, weil dieser Textabschnitt keine Handlungselemente aufweist. Da Werther in diesem Brief nur über sein Verhältnis zur Natur reflektiert, steht nur seine Figur im Vordergrund. Insgesamt kann man sagen, daß sich damit in diesem Auszug die auf Subjektivität angelegte Gesamttendenz des Romans widerspiegelt.
Anders sieht es dagegen mit dem Aspekt „Raum“ aus. Obgleich Werther keine Handlung im eigentlichen Sinn erzählt, entwirft er einen Raum, den man als Raum seiner Naturerfahrung bezeichnen kann. Hier wird - zusammen mit der Betrachtung struktureller und stilistischer Merkmale - ein Schwerpunkt der Analyse liegen.
Ein weiterer Hinweis sei noch vorausgeschickt: Wir entscheiden uns an dieser Stelle für eine aspektorientierte Analyse (im Gegensatz zur linearen), um zu zeigen, wie formale Gesichtspunkte in eine problemorientierte Analyse integriert werden können.

Gliederung:

A. Einleitung:
1. Inhaltliche Einordnung in den Romanzusammenhang
2. Thema bzw. Problem des Briefes

B. Hauptteil:
I. Deutungshypothese: Der Brief veranschaulicht die Veränderung in Werthers Gemütslage anhand seines Verständnisses der Natur.
1. Widerspiegelung dieser Veränderung im Textaufbau
2. Untersuchung der Abschnitte unter den Aspekten der Semantik und Syntax (integratives Verfahren)
II. Deutungshypothese: Werthers verändertes Naturverständnis symbolisiert die Wandlung in seiner Beziehung zu Lotte.
1. Verknüpfungen mit seinen bisherigen Erfahrungen mit Lotte
2. Vorausdeutungen auf die weitere Entwicklung dieser Beziehung
III. Deutungshypothese: Werther erweist sich in diesem Brief als eine typische Sturm und Drang-Figur.
1. Die Bedeutung der Gefühlsebene
2. Werthers Selbst- und Weltverständnis

C. Schluß: Die Bedeutung dieses Briefes für den Roman
(kritische Würdigung)

Ausführung

A. Einleitung:

Der Brief vom 18. August stammt aus dem ersten Buch des Goethe-Romans „Die Leiden des jungen Werther". Er datiert aus der Zeit, zu der Albert bereits wieder zurückgekehrt ist und Werther in zunehmendem Maße empfindet, daß seine Liebe zu Lotte keine Erfüllung finden kann. Seitdem ihm durch die Gegenwart Alberts bewußt geworden ist, daß Lotte einen anderen Mann heiraten wird, erlebt er die Liebe zu dieser Frau als Leiden und Krankheit. Andererseits liegt dieser Brief noch vor seinem Entschluß, Lotte und Albert zu verlassen und in einen völlig anderen Lebenskreis einzutauchen.

Thematisch paßt dieser Textauszug zu vielen anderen Briefen, in denen sich Werther Naturschilderungen hingibt und sich selbst in dem wiederfindet, was er in der Natur beobachten kann. Aber beim genaueren Hinsehen erkennt man, daß es nicht mehr die bloße Begeisterung für die Schönheit der Natur ist, sondern daß sich Werthers Einstellung gewandelt hat.

B. Hauptteil:

I. Während in den bisherigen Naturschilderungen das unmittelbare Erleben Werthers im Vordergrund stand, zeichnet sich dieser Brief dadurch aus, daß dieses Erleben nun in der reflektierten Erinnerung vollzogen wird bzw. in einen allgemeineren Gedankengang eingebaut wird. Schon die einleitende Frage „Mußte denn das so sein, daß das, was des Menschen Glückseligkeit macht, wieder die Quellen seines Elendes würde?" verdeutlicht, daß Werther ein und dieselbe Sache unter zwei konträren Aspekten („Glückseligkeit" - „Elend") betrachten will. Das bedeutet also, daß der Kontrast das bestimmende Prinzip dieses Briefes sein wird.

Dementsprechend ist der Brief gegliedert:

1. die einleitende rhetorische Frage in ganz allgemeiner Form (Z. 2 f.);
2. die Erinnerung an das Glücksgefühl, das die Natur zu vermitteln vermochte (Z. 4 - 36);
3. Überleitung (Z. 37 - 40);
4. Darstellung der gegenwärtigen Einschätzung der Natur.

Nach der einleitenden allgemeinen Frage, hinter der sich eine resignierende Erkenntnishaltung verbirgt, die gleichsam einen tragischen Aspekt des Universums enthüllt, nämlich die unabänderliche Verquickung von Glückseligkeit und Elend, leitet Werther auf den Bereich der Natur über. Er überträgt im folgenden die Antithese (Glückseligkeit-Elend) auf den Bereich der Natur. War das Gefühl für die Natur einst mit „viel warmer Wonne" und Vorstellungen des „Paradieses" (Z. 5 f.) verbunden, so ist es jetzt „zu einem unerträglichen Peiniger, zu einem quälenden Geist" (Z. 6) geworden. Damit sind die Weichen für die weitere Darstellung gestellt. Im Rückblick („Wenn ich sonst ..., Z. 7) rollt Werther dann noch einmal seine frühere Naturerfahrung auf. In einer Reihung von Temporalsätzen, eingeleitet durch die Konjunktion „wenn", die hier die Bedeutung von „wann auch immer" hat und damit den Aspekt der Wiederholbarkeit impliziert, baut Werther in dieser Hypotaxe einen Spannungsbogen auf, der nicht in einen normalen Hauptsatz in der Aussageform einmündet, sondern in den folgenden Ausruf: „... wie faßte ich das alles in mein warmes Herz, fühlte mich in der überfließenden Fülle wie vergöttert, und die herrlichen Gestalten der unendlichen Welt bewegten sich allbelebend in meiner Seele" (Z. 19 ff.). Was er in der Natur gesehen hat, ruft in ihm solche Empfindungen hervor, daß er aus ihnen Lebenskraft schöpfen kann, die weit über das normale Maß hinausgeht („wie vergöttert", Z. 20). Fragt man nach den Naturphänomenen, die ihn derart beeindruckt haben, so öffnet sich an dieser Stelle ein semantischer Raum, den man als die Idylle des Lebens kennzeichnen könnte. Landschaft, Tier und Pflanzenwelt und schließlich auch der Mensch leben in einer Sphäre höchster Harmonie. Stellvertretend sei dies einmal für den Bereich der Natur nachgewiesen: „Wenn ... der sanfte Fluß zwischen den lispelnden Rohren dahin gleitete und die lieben Wolken abspiegelte, die der sanfte Abendwind am Himmel herüberwiegte" (Z. 11 ff.). Den Menschen sieht Werther ganz als Teil, wenn auch mit einer Sonderrolle, in dieser Welt: „Alles bevölkert mit tausendfachen Gestalten und die Menschen dann sich in Häuslein zusammen sichern und sich annisten und herrschen in ihrem Sinne über die weite Welt! Armer Tor! der du alles so gering achtest, weil du so klein bist" (Z. 21 ff.). In dem Verb „sich annisten" kommt die Einheit von Natur und Mensch treffend zum Ausdruck. Gleichzeitig zeigt sich an dem obigen Zitat, wie Werther hier die strengen Regeln der Syntax aufgibt, wie sich das Bild dadurch verselbständigt. Dieser erste Teil der Naturdarstellung endet mit einer Erinnerung Werthers an seine eigenen Sehnsüchte angesichts solcher Naturerfahrungen. Es ist die Sehnsucht, die eigene „eingeschränkte Kraft" für „nur einen Augenblick" zu überwinden, um an der Seligkeit des Schöpfers teilzuhaben. An dieser Stelle erkennen wir ein typisches Sturm-und-Drang-Motiv, nämlich den Wunsch, sich zu entgrenzen. Ähnliche Töne schlägt Goethe in seinem Faust-Drama und in einigen Gedichten an. Es muß jedoch festgehalten werden, daß dort diese Sehnsucht nicht immer zum Leiden, nicht immer zu einer Existenzkrise wie bei Werther führt, sondern durchaus auch positiv bewertet wird (vgl. Goethes Gedicht „Ganymed"). Der überleitende Abschnitt (Z. 37 - 40) ist als kurze Selbstreflexion einzuordnen. Glück existiert für Werther nur noch in der Erinnerung. Solche Erinnerung „läßt mich dann das Bange des Zustandes doppelt empfinden, der mich jetzt umgibt," formuliert Werther (Z. 39 f.). Damit ist der Weg frei für die Darstellung seiner jetzigen Empfindungen, die nun immer vor dem Hintergrund des zuvor Geschilderten betrachtet werden müssen. Die bisherige Glückseligkeit wird nun mit dem Elend konstrastiert.

Bereits das einleitende Bild des letzten Abschnitts veranschaulicht diesen beherrschenden Gegensatz: „... und der Schauplatz des unendlichen Lebens verwandelt sich vor mir in den Abgrund des ewig offnen Grabs" (Z. 41 ff.). Im folgenden verwendet Werther wiederum Bilder aus dem Bereich der Natur, um den vollen Konnotationsgehalt des Ausdrucks „offnes Grab" (Z. 42 f.) aufzubauen. An die Stelle des in sich ruhenden Seins, wie es im ersten Hauptteil des Briefes entworfen wurde, tritt nun das Motiv der Vergänglichkeit und Zerstörung. Das, was ist, vergeht mit der „Wetterschnelle" (Z. 43 f.), wird „in den Strom fortgerissen, untergetaucht und an Felsen zerschmettert" (Z.). Aber, was noch schlimmer ist, die zerstörerische Kraft liegt nicht nur außerhalb des Menschen, sondern auch in ihm, und zwar als eine unabänderbare Gegebenheit („... Kein Augenblick, da du nicht ein Zerstörer bist, sein mußt", Z. 47). Hier offenbart sich ein tragisches Welt- und Selbstverständnis, das sich dadurch auszeichnet, daß sich Werther in seiner Sensibilität nur auf die sicherlich vorhandenen negativen Erscheinungen in der Natur stürzt und sich in seiner derzeitigen Gemütslage dadurch bestätigt sieht: „... der harmloseste Spaziergang kostet tausend armen Würmchen das Leben, es zerrüttet ein Fußtritt die mühseligen Gebäude der Ameisen und stampft eine kleine Welt in ein schmähliches Grab" (Z. 42 ff.). Hier zeigen sich Symptome einer Krankheit, die im weiteren Verlauf zu einer Krankheit zum Tode wird. In welchem Stadium sich Werther gegenwärtig befindet, wird am Schlußsatz dieses Briefes deutlich: „Und so taumle ich beängstigt, Himmel und Erde und ihre webenden Kräfte um mich her: ich sehe nichts als ein ewig verschlingendes, ewig wiederkäuendes Ungeheuer" (Z. 53 ff.). In dem Verb „taumeln" wird augenfällig, daß Werther die klare Orientierung verloren hat, daß ihm die neue Erfahrung der zerstörerischen Kräfte in der Natur die Sinne raubt, daß er sich selbst als Zerstörer und Zerstörten zugleich empfindet.

II. Jetzt ergibt sich die Frage, welche Funktion derart allgemeine Betrachtungen über die Natur, die Schöpfung und den Menschen an dieser Stelle im Roman haben. Es ist erstaunlich, daß von der eigentlichen Handlung, also der Liebesbeziehung Werthers zu Lotte, in diesem ganzen Brief nicht die Rede ist. Dennoch handelt es sich bei diesen Ausführungen Werthers nicht nur um eine allgemeine Reflexion über das Leben. Vielmehr sind seine aussichtslose Liebe zu Lotte und sein Verständnis der Natur vielfach aufeinander bezogen. Das zeigt uns schon die logische Struktur dieses Briefes. Die miteinander kontrastierten Naturerfahrungen sind eingebettet in ein Zeitschema, das sich logisch aus den Satzeinleitungen „wenn ich sonst ..." und einem nicht ausformulierten „wenn ich nun ..." ergibt. Inhaltlich wird diese Kontrastierung von Vergangenheit und Gegenwart jedoch klar faßbar, und auch das Erzähltempus hat sich vom Präteritum, das die Erinnerungsphase bestimmt - mit nur einem kurzen Abschnitt im Präsens, in dem die Erinnerungen besonders intensiv ist (Z. 25 - 32) - nun vollkommen auf die Gegenwartsstufe verlagert (einleitender Perfektsatz in Z. 41 und ansonsten Präsens). Das bedeutet demnach, daß sich Werthers Wandel in der Zeit vollzogen hat. Es fällt nun nicht sehr schwer, diesen Wandel mit einem Ereignis in Verbindung zu bringen, nämlich der Rückkehr Alberts (Brief vom 30. Julius). Damit wird Werthers gesamte Lebensphilosophie mit seiner Liebe zu Lotte, ihrer Erfüllung und Behinderung, verknüpft. Alles, was Werther im ersten Teil seines Briefes über die Harmonie in der Natur geschrieben hat, war Ausfluß der Harmonie, die er selbst in seiner Beziehung zu Lotte gefunden hat, solange Albert noch abwesend war. Die Erfahrung der eigenen Liebe und die Zeichen liebevoller Zuwendung bei Lotte führten zu einer positiven Welt- und Selbstinterpretation. Bilder des Lebens und der Fruchtbarkeit spiegeln die Möglichkeit von Zukunft wider; die Sanftheit der beschriebenen Bewegungen verweist auf ähnliche Beschreibungen, die Werther sonst von Lotte gegeben hat; das „innere, glühende, heilige Leben der Natur" (Z. 18 f.) stellt eine Parallele zur Ausstrahlung Lottes dar.

Doch auch das Negative, das Werther in der Natur sieht, nachdem Albert zurückgekommen ist, kann als Reflex der Liebesbeziehung gesehen werden. Die in diesem Teil durchscheinende Tragik ist kennzeichnend für Werthers Einschätzung der Situation nach der Rückkehr Alberts. Setzt er seine Liebesbeziehung weiter fort, so wird er zum Zerstörer des Glücks zwischen Lotte und Albert, so, wie diese zu Zerstörern an ihm werden, indem sie weiterhin der geplanten gemeinsamen Zukunft entgegensehen und damit Werther die Möglichkeit von Zukunft nehmen. Für ihn bleibt subjektiv nur der „Abgrund des ewig offnen Grabs" (Z. 42 f.). Wenn Werther formuliert: „... mir untergräbt das Herz die verzehrende Kraft, die in dem All der Natur verborgen liegt, die nichts gebildet hat, das nicht seinen Nachbar, nicht sich selbst zerstörte" (Z. 51 ff.), dann ist dies ein Hinweis darauf, daß für ihn die Liebe eine solche Kraft ist. An dieser Stelle wird noch einmal die Funktion der besonderen Form des Erzählens deutlich. Briefform und Ich-Erzählung sind die für die zu vermittelnde Subjektivität formalen Voraussetzungen. Werthers Selbst- und Weltdeutung wird keine andere Position entgegengesetzt. Sie scheint die einzig mögliche, weil sie dem erzählenden Ich plausibel ist. Die Innenperspektive ermöglicht es dem Leser, Werther als eine in sich stimmige, ernstzunehmende Persönlichkeit kennenzulernen. Damit wird auch die von Werther empfundene Tragik seines Schicksals zu einer vom Leser ernstgenommenen Tragik, obgleich - objektiv betrachtet - eine unglückliche Liebe noch nicht zu einer geschlossen tragischen Weltdeutung führen sollte.

III. Aus den bisherigen Analyseergebnissen wird schon deutlich, daß Werther eine typische Figur der Sturm-und-Drang-Literatur ist. Wir wollen diesen Aspekt nun noch etwas genauer untersuchen. Es ergeben sich zwei Gesichtspunkte, die zu verfolgen sind: 1. Werthers Gefühlswelt und 2. Werthers Selbst- und Weltverständnis.

Bei einer detaillierteren Betrachtung von Werthers Gefühlswert bleibt zunächst einmal festzuhalten, daß Gefühle an sich schon etwas Wertvolles darstellen. Werthers Menschsein realisiert sich zu einem großen Teil in seiner Fähigkeit, Gefühle zu haben, diese Gefühle zu bejahen und diese Gefühle auch aussprechen zu können. Der Leser erlebt Werther während des gesamten Romans als gefühlvollen Menschen. Das gilt nicht nur für seine Liebe zu Lotte, sondern auch immer wieder für seine Begegnung mit der Natur - der analysierte Abschnitt ist nur ein Beispiel dafür - und schließlich auch generell für seinen Umgang mit Menschen. Damit repräsentiert Werther die Empfindsamkeit, jene Bewegung, die wir als einen Teil des Sturm und Drang auffassen wollen, weil der Mensch in seiner Fähigkeit, empfindsam zu sein, eine Möglichkeit hat, zu seiner wahren Größe zu gelangen. Unabhängig davon, ob es der Überschwang des Glücks ist oder die aufzehrende Fähigkeit zu leiden und mitzuleiden, in den damit verbundenen Gefühlen erfährt er seine Individualität, die seinem gewachsenen Selbstbewußtsein entspricht. Aber auch der Leser erlebt im Identifikationsprozeß mit der Hauptfigur deren Gefühle mit und wird ermutigt, wie Werther zu den eigenen Gefühlen des Glücks und des Leidens zu stehen.

Ähnliche bestätigende Tendenzen lassen sich auch nachweisen, wenn man Werthers Selbst- und Weltverständnis, wie es in dem analysierten Abschnitt erkennbar wird, mit den gängigen Strömungen seiner Zeit vergleicht. Im ersten Teil des Briefes erleben wir Werther, wie er sich als Teil der Natur sieht, wie er in dieser Natur die göttlichen Kräfte wirken sieht, sich danach sehnt, in diesem wirkenden Schaffen aufzugehen, an den göttlichen Kräften teilzuhaben. Auch diese Einstellung, daß Gott in der Natur faßbar wird, ist typisch für die Epoche Werthers; das traditionelle Christentum verliert an Einfluß.

Aber auch der zweite Teil des Briefes mit seiner fundamentalen Verzweiflung für das Individuum Werther ist kennzeichnend für die Epoche des Sturm und Drang. Mit dem

Infragestellen religiöser Grundprinzipien geht gleichzeitig die metaphysische Geborgenheit verloren. Der Mensch weiß sich nicht mehr in einen großen Sinnzusammenhang eingebettet und beginnt Fragen zu stellen, die an den Grundlagen seiner individuellen Existenz rütteln. In einer solchen Phase befindet sich Werther. Das persönliche Glück der Liebe scheint ihm verwehrt. Aus dieser besonderen Erfahrung heraus stellt er den Sinn der gesamten Schöpfung in Frage und gelangt zu der geschlossen tragischen Weltdeutung, die vorher beschrieben wurde. So ist das Schlußbild dieses Briefes vom 18. August das Bild von dem angsterfüllten, taumelnden Individuum die Abbildung des modernen Menschen ohne metaphysischen Halt.

C. Schluß:
Abschließend kann festgehalten werden, daß dieser Textauszug, obwohl er scheinbar wenig mit der eigentlichen Handlung zu tun hat, Werthers verzweifelte Lage durch Naturschilderungen und Naturinterpretationen recht deutlich werden läßt. Der Aussagegehalt dieses Briefes ist der Handlung um einiges voraus. Werther hat hier einen Entwicklungspunkt erreicht, der seinen Tod, sein physisches Ende bereits erahnen läßt. Den Zwiespalt, den er im Wesen der Natur erkannt zu haben glaubt, bestimmt alle Bereiche, auch den noch vor ihm liegenden Aufbruch in das tätige Leben im Dienste des Adels. Für einen Menschen seiner Sensibilität gibt es nur den Weg in die individuelle Katastrophe des Selbstmordes, in dem sich - und das ist neu für den Sturm und Drang - eine Form der Selbstbestimmung realisiert.

2.2.2 Einbettung des Romans in die Epoche

Bei unserer vorangehenden Analyse haben wir die Empfindsamkeit Werthers, die sich sowohl im Textauszug wie auch im ganzen Roman widerspiegelt, in den Vordergrund gestellt. Eine solche Interpretation setzt dann den Roman im wesentlichen in Opposition zum Rationalismus der Aufklärung. Aber hier muß noch einmal betont werden, daß eine solche Ausweitung der menschlichen Persönlichkeit auf den Gefühlsbereich nicht nur als Gegensatz zur Aufklärung verstanden werden darf, sondern auch als ihre notwendige Ergänzung. Der Aufklärungsdramatiker Lessing hat mit seiner Tragödie „Emilia Galotti“ bereits deutlich Akzente gesetzt, daß der Mensch nicht nur aus Ratio besteht, sondern auch aus Sinnlichkeit. So ist es denn auch kein Zufall, daß Werther in der Nacht seines Selbstmordes gerade die letzten Seiten des Lessingschen Dramas aufschlägt und sich damit in die Geistestradition dieses Dramas stellt. Anders ausgedrückt: Von dem traditionell als Aufklärer eingestuften Lessing zum jungen Goethe gibt es ein Kontinuum.
Es ist nun an der Zeit, das Verständnis von Goethes Roman in eine andere Richtung hin auszuweiten. Der Werther-Roman ist auch als Reflex auf die Zeit seiner Entstehung zu sehen. In diesem Zusammenhang ist an die Unzufriedenheit mit den politisch-gesellschaftlichen Zuständen ebenso zu denken wie im Bereich der Literatur an die Ablehnung der Regelpoetik sowie an das allgemeine Vertrauen, das man in die Jugend setzt. Auch der Geniekult spielt eine bedeutende Rolle. Es sei nur daran erinnert, daß auch Werther gern ein bedeutender Künstler wäre (vgl. den Brief vom 10. Mai). Wir erkennen also, daß der Roman auf vielfältige Weise mit dem

Kontextsystem verflochten ist. Dies wird besonders deutlich an einem weiteren Hauptstrang des Romans. Neben der Innerlichkeit und der von Empfindsamkeit geprägten Liebesbeziehung zu Lotte gibt es noch die Linie der Gesellschaftskritik. Diese läßt sich hauptsächlich an zwei Bereichen festmachen, zum einen an der Liebesbeziehung zu Lotte, zum andern an Werthers Begegnung mit der Adelswelt. Wenden wir uns zunächst noch einmal der Liebesbeziehung zwischen Lotte und Werther unter solchen soziologischen Aspekten zu. Werther und Lotte sind beide Vertreter des Bürgertums und als solche auch den Beschränkungen dieses Standes unterworfen. Für den Leser werden diese Beschränkungen vor allem im Bereich der geltenden bzw. übernommenen moralischen Vorstellungen faßbar. Die Liebe Werthers zu Lotte findet schon bald einen gewissen Widerhall, so daß aufgrund dieser gefühlsmäßigen Übereinstimmung einer Verbindung der beiden Liebenden nichts im Wege gestanden hätte. Was sie jedoch daran hindert, ist der soziale Kontext, in dem sie aufgewachsen sind. Hier ist zu denken an traditionelle Vorstellungen von Liebe, Verlobung und Ehe sowie die restriktive Einstellung der Kirche zur Sexualität. So ist es für Lotte als verlobte (später verheiratete) Frau nicht denkbar, sich ernsthaft mit einem anderen Mann einzulassen, und auch Werther ist es unmöglich, unter allem Einsatz um Lotte zu kämpfen (vgl. Brief vom 8. August). Das individuelle Glück wird also den gesellschaftlichen Konventionen untergeordnet, und hierin liegt ein entscheidender Grund für Werthers Selbstmord. Allerdings wird durch Goethes Darstellung dieses Konfliktes erkennbar, daß dieser nicht mehr durch die Verdammung der einen Möglichkeit (Durchsetzen der eigenen Interessen), aber auch nicht durch die Empfehlung des anderen Wegs (Verzicht) zu lösen ist, so daß angesichts des tragischen Ausgangs eine Ratlosigkeit bestehen bleibt, die auf überindividuelle, allgemeine Widersprüche verweist. Eine Gesellschaftsordnung, die es Individuen wie Lotte und Werther verweigert, das individuelle Glück zu realisieren, kann letztlich nicht human sein. Hier Zusammenhänge zwischen dem tragischen Schicksal der Hauptfigur(en) und deren wirtschaftlichen Hintergrund sehen zu wollen, geht jedoch am Text vorbei. An keiner Stelle wird deutlich, daß Lotte oder Werther finanziell abhängige Bürger wären; andererseits muß jedoch zugegeben werden, daß die Familie, die hier auch als Wirtschaftsgemeinschaft zu verstehen ist, vielleicht der größte gesellschaftsstabilisierende Faktor ist, wie sich dies auch in vielen Lustspielen der Zeit widerspiegelt. Die Konflikte münden dort in eine Ehe ein, die symbolisch den Zustand dauerhaften Glücks repräsentiert (Zukunftsperspektive in der Möglichkeit der Nachkommenschaft enthalten).

Eng verbunden mit den Moralvorstellungen von Liebe und Partnerschaft ist auch die Frage des Selbstmordes. Nach christlicher Lehre ist der Selbstmord ein Akt gegen die göttliche Ordnung und als solcher anstößig. In Goethes „Werther" jedoch steht der Selbstmord der Hauptfigur am Ende der Geschichte, jedoch ohne daß Werther deshalb verdammt würde. Es ist ein Selbstmord, der vom Erzähler (Herausgeber) und vom Leser akzeptiert wird, dessen Notwendigkeit angesichts der bestehenden Verhältnisse akzeptiert wird. An dieser Stelle erweist sich Goethes Roman als wahrhaft revolutionär. Dem Individuum wird die unbegrenzte Selbstbestimmung über sein eigenes Leben zugestanden. Als Grundlage sei hier auf den Brief vom 12. August verwiesen. Die Revolution gegen die öffentliche Moral ist für Goethe in diesem Roman noch kein

Thema. Soweit jedoch der einzelne betroffen ist, wird diesem ein hohes Maß an Selbstbestimmung zugesprochen, und zwar bis hin zur Entscheidung über das eigene Leben. Damit wird die Hauptfigur zu einem Helden, dessen Größe darin liegt, daß er Freiheit in der Bestimmung über sein eigenes Leben antizipiert, obgleich ihm diese Freiheit im gesellschaftlich-politischen Raum noch nicht gewährt wird.

Neben diesen bisher besprochenen Aspekten gibt es noch einen anderen vordergründigen Ansatz der Gesellschaftskritik. Werther, von der Aussichtslosigkeit seiner Liebe zu Lotte an den Rand der Verzweiflung getrieben, versucht in der Übernahme politisch-gesellschaftlicher Verpflichtungen im Dienst des Adels eine andere Form der Selbstverwirklichung zu finden. Als er erkennt, daß seine Beziehung zu Lotte keine Zukunft hat, versucht er in der Übernahme politischer Verantwortung im Dienste des Adels seinem Leben einen neuen Sinn zu geben. Dieser Versuch ist insofern wichtig, als der Leser bisher den Eindruck haben konnte, als sei Werther zu einem aktiven Leben im Dienst der Gesellschaft unfähig. Zwar ist es richtig, daß Werthers Entscheidung, den Dienst für den Adel aufzunehmen, auf der einen Seite eine Flucht vor den privaten Schwierigkeiten mit Albert und Lotte ist, aber auf der anderen Seite muß festgehalten werden, daß in dem gesellschaftlichen Engagement Werthers eine neue Möglichkeit der Selbstfindung und Selbstverwirklichung gelegen hätte. An dieser Stelle verläßt also der Roman die individuelle Ebene und öffnet sich deutlich zur gesellschaftlichen Ebene hin. Formal wird dieser Neuanfang durch den Beginn des zweiten Buches markiert. Auf die individuelle Enttäuschung einer nicht erfüllbaren Liebe folgt nun die Enttäuschung durch eine feudale Gesellschaftsschicht, die sich durch die Ablehnung Werthers selbst disqualifiziert (vgl. besonders Briefe vom 15. und 16. März). An keiner Stelle im Roman schlägt Werther als Erzähler (Briefschreiber) einen derart ironisch-satirischen Ton an, so daß schon die stilistische Veränderung die kritische Intention dieser Passagen vermittelt. Diese Textstellen erhalten dadurch noch ein besonderes Gewicht, daß hier die einzige Öffnung des Romans zu einem anderen Ort vorliegt. Spielt sich die Liebesbeziehung zu Lotte in der fast idyllischen Abgeschlossenheit eines Tals ab, so öffnet sich hier die Geschichte zur allgemeinen gesellschaftlichen Wirklichkeit, jedoch nur mit dem Ziel, Werther zu zeigen, daß er sich in diesem Raum nicht verwirklichen kann.

Damit ist die Katastrophe für Werther eine doppelte: Zum einen findet er kein privates Glück in der Liebesbeziehung zu Lotte; zum andern schlägt auch der andere Weg, jener der Selbstverwirklichung im öffentlichen Leben, fehl. Damit ist die Katastrophe für das Individuum total. Denkt man diesen Ansatz zu Ende, so wird deutlich, daß die Ständeordnung zusammen mit den bürgerlichen Moralvorstellungen, geprägt von christlicher Orthodoxie, am Scheitern Werthers schuld ist, da sowohl im privaten Bereich wie im öffentlichen die bestehenden Ordnungen dem einzelnen keine Chance einräumen.

Eine Sturm-und-Drang-Figur bleibt Werther dann insofern, als er in seinem Leiden eine Größe zeigt, die der vergleichbar ist, die andere Figuren der Sturm-und-Drang-Literatur in der Auflehnung und aktiven Auseinandersetzung mit den überkommenen Ordnungen zeigen. Liegt die Größe anderer Figuren (vor allem in der dramatischen Literatur) in der Auflehnung gegen das Beschränkende und Einengende, so zeigt

Werther seine wahre Größe im Leiden, das genau aus jenen unmenschlichen Ordnungen entspringt, gegen die andere Figuren der Literatur sich auflehnen.

Zusammenfassung:

1. Die Literatur des Sturm und Drang ist angesiedelt zwischen Empfindsamkeit auf der einen und gesellschaftskritischer Auflehnung auf der anderen Seite.
2. Die Empfindsamkeit entspringt der veränderten Wertschätzung des Individuums mit all seinen Empfindungen (und Trieben), und sie führt damit Tendenzen der Aufklärung weiter, hebt sich aber durch ihre Abkehr vom bloßen Rationalismus gleichzeitig von ihr ab.
3. Auf der Rezeptionsebene entspricht der Tendenz zur Verinnerlichung im Erzählen die Identifikation mit der Hauptfigur.
4. Traditionelle philosophische und religiöse Gebäude geraten ins Wanken und verursachen eine metaphysische Haltlosigkeit.
5. Der Mensch versteht sich mehr denn je als Teil der Natur und entdeckt zugleich in der Natur göttliches Wirken.
6. Das revolutionäre Potential des Sturm und Drang entlädt sich nicht im politischen Aufruhr, sondern zunächst im Bereich des Denkens und der Literatur.
7. Politisch-soziale Ungerechtigkeiten werden erkannt und häufig in satirisch-ironischer Form dargestellt.

Übungsbeispiel

Aufgabenstellung:
Analysieren Sie bitte den Brief vom 12. Dezember. Achten Sie dabei besonders auf jene Merkmale, die für die Literatur des Sturm und Drang typisch sind!

Textgrundlage:
Johann Wolfgang Goethe: Die Leiden des jungen Werther. Stuttgart: Reclam Verlag 1977. S. 116 ff.

Text:

„Am 12. Dezember

Lieber Wilhelm, ich bin in einem Zustande, in dem jene Unglücklichen gewesen sein müssen, von denen man glaubte, sie würden von einem bösen Geist umhergetrieben. Manchmal ergreift mich's; es ist nicht Angst, nicht Begier - es ist ein inneres unbekanntes Toben, das meine Brust zu zerreißen droht, das mir die Gurgel zupreßt! Wehe, wehe! Und dann schweife ich umher in den furchtbaren nächtlichen Szenen dieser menschenfeindlichen Jahreszeit.

Gestern abend mußte ich hinaus. Es war plötzlich Tauwetter eingefallen; ich hatte gehört, der Fluß sei übergetreten, alle Bäche geschwollen und von Wahlheim hinunter mein liebes Tal überschwemmt! Nachts nach Eilfe rannte ich hinaus. Ein fürchterliches Schauspiel, vom Fels herunter die wühlenden Fluten in dem Mondlicht wirbeln zu sehen, über Äcker und Wiesen und alles, und das weite Tal hinauf und hinab eine stürmende See im Sausen des Windes! Und wenn dann der Mond wieder hervortrat und über der schwarzen Wolke ruhte und vor mir hinaus die Flut in fürchterlich herrlichem Widerschein rollte und klang: da überfiel mich ein Schauer und wieder ein Sehnen! Ach mit offenen Armen stand ich gegen den Abgrund und atmete hinab! hinab! und verlor mich in der Wonne, meine Qualen, mein Leiden da hinabzustürmen! dahinzubrausen wie die Wellen! Oh! - und den Fuß vom Boden zu heben vermochtest du nicht, und alle Qualen zu enden! - Meine Uhr ist noch nicht ausgelaufen, ich fühle es! O Wilhelm! wie gern hätte ich mein Menschsein drum gegeben, mit jenem Sturmwinde die Wolken zu zerreißen, die Fluten zu fassen! Ha! und wird nicht vielleicht dem Eingekerkerten einmal diese Wonne zuteil?

Und wie ich wehmütig hinabsah auf ein Plätzchen, wo ich mit Lotten unter einer Weide geruht, auf einem heißen Spaziergange, - das war auch überschwemmt, und kaum daß ich die Weide erkannte, Wilhelm! Und ihre Wiesen, dachte ich, die Gegend um ihr Jagdhaus! wie verstört jetzt vom reißenden Strome unsere Laube! dacht' ich. Und der Vergangenheit Sonnenstrahl blickte herein, wie einem Gefangenen ein Traum von Herden, Wiesen und Ehrenämtern! Ich stand! - Ich schelte mich nicht, denn ich habe Mut zu sterben. - Ich hätte - Nun sitze ich hier wie ein altes Weib, das ihr Holz von Zäunen stoppelt und ihr Brot an den Türen, um ihr hinsterbendes freudeloses Dasein noch einen Augenblick zu verlängern und zu erleichtern.

Anmerkung:
Bitte beachten Sie, daß Aufgabenstellungen dieser Art immer auch von Ihnen eine umfassende Analyse des Textes verlangen. Beschränken Sie sich also nicht nur auf den zweiten Teilaspekt (Merkmale des Sturm und Drang). Am besten ist es, die Bemerkungen zur Epoche in die übrigen Ausführungen zu integrieren.

Mögliche Aspekte der Analyse:

- Einordnung: Auszug stammt aus der letzten Phase vor dem Selbstmord Werthers.
- Aufbau: einleitende Selbstreflexion (Aspekt der Krankheit); Schilderung des überschwemmten Tales; Schilderung eines Begegnungsplatzes mit Lotte.
- Leitaspekte für die Analyse: Raum- und Zeitgestaltung:

a) Naturschilderung des Tals, das von Wahlheim zu Lotte führt; Verknüpfung der persönlichen Ebene mit dem momentanen Naturereignis des Unwetters; es dominiert der Aspekt der Zerstörung; Zerstörung wird diesmal nicht allgemein reflektiert, sondern als konkrete Gegenwartserfahrung; individuelle Reaktion auf diesen Zustand: Wunsch nach der Vereinigung mit den zerstörerischen Kräften (Todeswunsch);
b) im dritten Abschnitt unmittelbare Verknüpfung von Plätzen der Erinnerung (an Begegnungen mit Lotte) mit dem zerstörerischen Unwetter.

- im zweiten und dritten Abschnitt befindet sich am Ende jeweils eine Passage, in der Werther mit dem Gedanken des Selbstmordes spielt; der Text verdeutlicht, daß ein Selbstmord als reale Möglichkeit stärker in Werthers Bewußtsein gerückt ist.
- Emotionale Sprache mit Interjektionen, Satzbrüchen, Ausrufen, direkten Anreden an seinen Freund Wilhelm.
- Parallelität im Naturerleben zu anderen Briefen. Die der Natur innewohnende Möglichkeit der Zerstörung wird von Werther als eine neue Identifikationsmöglichkeit empfunden.
- In der Möglichkeit zum Selbstmord erfährt Werther eine neue Möglichkeit von Größe. Vgl. dazu den Schlußsatz des Briefes, der in Opposition zu den vorangegangenen Möglichkeiten des Selbstmordes steht.
- Vorausdeutende Perspektive: Die Position des erbärmlichen alten Weibes muß überwunden werden.
- Untersuchung des Aspekts „Krankheit zum Tode“: Das Toben in Werthers Brust geht dem aktuellen Sturm voraus; dieser Sturm ist nur eine glückliche Koinzidenz; Nachweis von Symptomen an der Sprache: im ersten Abschnitt tritt Werther nicht als handelndes Subjekt auf, sondern es geschieht etwas mit ihm („Manchmal ergreift mich's“, „Toben, das meine Brust zu zerreißen droht, das mir die Gurgel zupreßt“).
- Interpretation der einseitigen Kommunikation im Brief als Zeichen der existentiellen Isolation.

Überprüfen Sie, zu welchen Analyseergebnissen Sie gekommen sind und wo Ihre Schwierigkeiten liegen.

2.3 Romane der Klassik und Romantik

Romane der Klassik

Der Roman in der Epoche der Klassik gilt, obschon viel gelesen, als Gattung minderen Ranges (vgl. Kapitel 3.1); er kann sich erst allmählich aus seiner Randexistenz gegenüber dem hoch gelobten, zum Ideal erhobenen Epos befreien. Goethes Romane, die den klassischen Kunstprinzipien entsprechen, wie sie im folgenden dargestellt werden, tragen wesentlich dazu bei, dem Roman Ansehen zu verschaffen und ihn dem Drama und dem Epos gegenüber ebenbürtig erscheinen zu lassen. Zu erwähnen sind als Vorläufer klassischer Romane Ch. M. Wielands „Agathon“ (1767), K. Ph. Moritz „Anton Reiser“ (1790) und Goethes Werther (vgl. Kapitel 2.2.1); es folgen in der beginnenden klassischen Epoche Goethes „Wilhelm Meisters Lehrjahre“ (1796) und J. Pauls „Titan“ (1803). Mit Goethes „Wilhelm Meister“ beginnt der Siegeszug dieses neuen Romantyps; sein Gegenstand ist die Entwicklung eines Individuums, das - in zum Teil konfliktreicher Auseinandersetzung mit der Realität - zur Selbstfindung gelangt. In der klassischen Literaturauffassung spielt dieser Konflikt des Individuums mit der Realität zunächst eine geringe Rolle. Denn die äußere Spannung (vgl. z. B.

Handlungselemente wie die Intrige oder Figuren wie den Bösewicht) verlagert sich in das Innere der Figuren; es sind Empfindungen und Gesinnungen, die der Selbstfindung dienen oder ihr auch im Weg stehen. Geht ein Mensch zugrunde, ist sein Tod wie der Ottilies oder Eduards in den „Wahlverwandtschaften" aus ihrem Inneren heraus unvermeidlich. Der Roman dieser Zeit, der Bildungs- oder Entwicklungsroman, ist eine deutsche Eigentümlichkeit, denn in England und Frankreich geht die Tendenz zum Gesellschaftsroman. Daß dieser „individualistische" Bildungsroman in Deutschland entstand, dürfte auch, wenngleich dies nicht der einzige Grund ist, mit den zurückgebliebenen deutschen politischen, gesellschaftlichen und wirtschaftlichen Verhältnissen zu tun haben. Die Vielzahl engräumiger, meist rückständiger Territorialstaaten erlaubt im öffentlichen Raum kaum die Entfaltung des bürgerlichen Individuums, sondern verweist bürgerliche Emanzipationsbestrebungen auf künstlerische oder philosophische Bereiche. Hier läßt sich das Ideal eines freien, sich selbst bestimmenden Individuums immerhin darstellen.

2.3.1 Goethe: Die Wahlverwandtschaften. Ein Beispiel für einen Roman der Klassik

Einführung in das Werk

Goethe, heute fast nur noch als Schriftsteller bekannt, beschäftigte sich - neben seiner künstlerischen Tätigkeit - als Minister mit Staatsgeschäften im Herzogtum Sachsen-Weimar-Eisenach sowie mit naturwissenschaftlichen Studien. Von diesen Studien inspiriert, wählte er als Titel und als zentrales Gleichnis seines Romans das aus der Chemie bekannte Phänomen der Wahlverwandtschaften: chemische Elemente gehen miteinander verschiedene Verbindungen ein, die sie zugunsten anderer aber wieder auflösen. Genauer: Wenn eine Verbindung aus A und B mit einer Verbindung aus C und D zusammentrifft und zwischen A und D einerseits und B und C andererseits eine stärkere Anziehungskraft besteht, dann wird sich A mit D und B mit C binden. Im Roman ordnet Goethe die Situation der vier Hauptpersonen so an, daß sie den Bedingungen solch chemischer Substanzen zu entsprechen scheinen. Dieses chemische Phänomen der Wahlverwandtschaft mit den Gesetzmäßigkeiten von Annäherung und Abstoßung wird von den Romanfiguren selbst erörtert (vgl. das vierte Kapitel). Das Ehepaar, Charlotte und Eduard (die Verbindung A und B), hat sich, nachdem deren bisherige Ehepartner gestorben sind, zu einer späten Heirat zusammengefunden. Beide kannten und liebten sich zwar von Jugend an, aber diese späte Heirat ist leidenschaftslos; beide genießen ihr stilles Glück auf dem Landgut Eduards, bis jeder von ihnen eine nahestehende Person auf dieses Landgut holt. Charlotte holt Ottilie, ihre Nichte und Pflegetochter, Eduard seinen Freund, den Hauptmann. Somit sind die vier Personen im Sinne des Experimentes beisammen; denn der Hauptmann und Ottilie entsprechen den Elementen bzw. Buchstaben C und D.
Ein zentrales Thema des Romans ist nun, wie dieses der Chemie nachempfundene Experiment zwischen den vier Figuren abläuft. Auch im menschlichen Bereich trennen sich die Elemente, das Ehepaar Charlotte und Eduard, und neue, Charlotte und der

Hauptmann sowie Eduard und Ottilie, entstehen. Diese Überkreuz-Beziehung scheint sich unaufhaltsam im Sinne der Naturgesetzlichkeit zu entwickeln, und es kommt zu einem verhängnisvollen doppelten „Ehebruch“ (vgl. unser Übungsbeispiel). Eduard und Charlotte, die vordergründig die Ehe legal vollziehen, brechen sie aber geistig, weil jeder im anderen nicht den Ehepartner, sondern den wahlverwandten Partner liebt. Das in dieser Nacht gezeugte Kind zeigt bei der Geburt die Augen Ottilies und die Gesichtszüge des Hauptmanns; es ist also ein Zeichen der Schuld Charlottes und Eduards, die sich ihrer naturhaften Leidenschaft überlassen haben. Das erste Paar, Charlotte und der Hauptmann, wehrt sich gegen die naturgesetzlich erscheinende Entwicklung und besinnt sich auf die Möglichkeit, sich in freier Entscheidung zur Sittlichkeit und damit zur unauflöslichen Ehe zu bekennen (vgl. unsere Beispielanalyse). Eduard aber verweigert sich der Entsagung und ist nicht zum Verzicht auf Ottilie bereit; er verläßt aber das Schloß.

Im zweiten Buch konzentriert sich das Geschehen auf Ottilie. Sie liebt Eduard uneingeschränkt, willigt schließlich, obschon das Kind zwischen ihnen steht, in eine Verbindung mit Eduard ein, und auch Charlotte und der Hauptmann wollen eine Verbindung eingehen. Aber als das Kind durch Ottilies Schuld ertrinkt, offenbart sich das Verhängnis. Die Figuren haben sich zu sehr den elementaren Leidenschaften, also den Naturgesetzlichkeiten überlassen, statt sich von sittlich bestimmter Vernunft leiten zu lassen und die Ehe als Sinnbild sittlicher Ordnung anzuerkennen. Gerade` Ottilie anerkennt nun diese sittliche Ordnung, ohne von ihrer Liebe zu lassen. Aus dem Dilemma gibt es für sie nur einen Ausweg; Ottilie schweigt von nun an, verweigert die Nahrung und stirbt bald. Eduard folgt ihr im Tode nach. Ottilies Tod wird zwar legendenhaft verklärt, zeigt aber die Ausweglosigkeit zweier Lebensprinzipien, die für Goethe gleichrangig sind. Auf der einen Seite die unbedingte Liebe, die höchstes Glück und Erfüllung verheißt, aber von Naturkräften bestimmt wird und zerstörerisch wirken kann, auf der anderen Seite die Idee einer in freier Entscheidung anzuerkennenden sittlichen Ordnung, ohne die der Mensch ebenfalls den zerstörerischen Kräften verfallen kann.

Diese Einführung akzentuiert nur eine der Interpretationsmöglichkeiten. Der Roman ist vieldeutig und stellenweise auch schwer ausdeutbar, so daß es auch andere Deutungen gibt. Andere Interpreten betonen zum Beispiel das Wirken des Dämonischen.

Analysebeispiel

Aufgabenstellung:

Analysieren Sie bitte den Romanauszug mit dem Ziel, - unter Berücksichtigung von Erzählhaltung und Erzählweise - insbesondere die Merkmale und Konstellationen der Figuren sowie die Raumgestaltung zu erarbeiten.

Textgrundlage:

Johann Wolfgang Goethe: Die Wahlverwandtschaften. Stuttgart: Reclam (7835) 1991. S. 88 ff.

Text:

Als Eduard ans Ufer springend den Kahn vom Lande stieß, Gattin und Freund dem schwankenden Element selbst überantwortete, sah nunmehr Charlotte den Mann, um den sie im stillen schon so viel gelitten hatte, in der Dämmerung vor sich sitzen und durch die Führung zweier Ruder das Fahrzeug in beliebige Richtung fortbewegen. Sie empfand eine tiefe, selten gefühlte Traurigkeit. Das Kreisen des Kahns, das Plätschern der Ruder, der über den Wasserspiegel hinschauernde Windhauch, das Säuseln der Rohre, das letzte Schweben der Vögel, das Blinken und Widerblinken der ersten Sterne, alles hatte etwas Geisterhaftes in dieser allgemeinen Stille. Es schien ihr, der Freund führe sie weit weg, um sie auszusetzen, sie allein zu lassen. Eine wunderbare Bewegung war in ihrem Innern, und sie konnte nicht weinen.

Der Hauptmann beschrieb ihr unterdessen, wie nach seiner Absicht die Anlagen werden sollten. Er rühmte die guten Eigenschaften des Kahns, daß er sich leicht mit zwei Rudern von einer Person bewegen und regieren lasse. Sie werde das selbst lernen, es sei eine angenehme Empfindung manchmal allein auf dem Wasser hinauszuschwimmen und sein eigner Fähr- und Steuermann zu sein.

Bei diesen Worten fiel der Freundin die bevorstehende Trennung aufs Herz. Sagt er das mit Vorsatz? dachte sie bei sich selbst: Weiß er schon davon? vermutet er's? oder sagt er es zufällig, so daß er mir bewußtlos sein Schicksal vorausverkündigt? Es ergriff sie eine große Wehmut, eine Ungeduld; sie bat ihn, baldmöglichst zu landen und mit ihr nach dem Schloß zurückzukehren.

Es war das erstemal, daß der Hauptmann die Teiche befuhr, und ob er gleich im allgemeinen ihre Tiefe untersucht hatte, so waren ihm doch die einzelnen Stellen unbekannt. Dunkel fing es an zu werden, er richtete seinen Lauf dahin, wo er einen bequemen Ort zum Aussteigen vermutete und den Fußpfad nicht entfernt wußte, der nach dem Schlosse führte. Aber auch von dieser Bahn wurde er einigermaßen abgelenkt, als Charlotte mit einer Art von Ängstlichkeit den Wunsch wiederholte, bald an Land zu sein. Er näherte sich mit erneuter Anstrengung dem Ufer, aber leider fühlte er sich in einiger Entfernung davon angehalten; er hatte sich festgefahren und seine Bemühungen wieder los zu kommen waren vergebens. Was war zu tun? Ihm blieb nichts übrig, als in das Wasser zu steigen, das seicht genug war, und die Freundin an das Land zu tragen. Glücklich brachte er die liebe Bürde hinüber, stark genug um nicht zu schwanken oder ihr einige Sorge zu geben, aber doch hatte sie ängstlich ihre Arme um seinen Hals geschlungen. Er hielt sie fest und drückte sie an sich. Erst auf einem Rasenabhang ließ er sie nieder, nicht ohne Bewegung und Verwirrung. Sie lag noch an seinem Halse; er schloß sie aufs neue in seine Arme und drückte einen lebhaften Kuß auf ihre Lippen; aber auch im Augenblick lag er zu ihren Füßen drückte seinen Mund auf ihre Hand und rief: Charlotte, werden Sie mir vergeben?

Der Kuß, den der Freund gewagt, den sie ihm beinahe zurückgegeben, brachte Charlotten wieder zu sich selbst. Sie drückte seine Hand, aber die hob ihn nicht auf. Doch indem sie sich zu ihm hinunterneigte und eine Hand auf seine Schulter legte, rief sie aus: Daß dieser Augenblick in unserem Leben Epoche mache, können wir nicht verhindern; aber daß sie unser wert sei, hängt von uns ab. Sie müssen scheiden, lieber Freund, und Sie werden scheiden. Der Graf macht Anstalt Ihr Schicksal zu verbessern; es freut und schmerzt mich. Ich wollte es verschweigen, bis es gewiß wäre; der Augenblick nötigt mich dies Geheimnis zu entdecken. Nur insofern kann ich Ihnen, kann ich mir verzeihen, wenn wir den Mut haben unsre Lage zu ändern, da es von uns nicht abhängt unsre Gesinnung zu ändern. Sie hub ihn auf und ergriff seinen Arm, um sich darauf zu stützen, und so kamen sie stillschweigend nach dem Schlosse.

Nun aber stand sie in ihrem Schlafzimmer, wo sie sich als Gattin Eduards empfinden und betrachten mußte. Ihr kam bei diesen Widersprüchen ihr tüchtiger und durchs Leben mannigfaltig geübter Charakter zu Hülfe. Immer gewohnt sich ihrer selbst bewußt zu sein, sich selbst zu gebieten, ward es ihr auch jetzt nicht schwer, durch ernste Betrachtung sich dem erwünschten Gleichgewicht zu nähern; ja sie mußte über sich selbst lächeln, indem sie des wunderlichen Nachtbesuches gedachte. Doch schnell ergriff sie eine seltsame Ahnung, ein freudig bängliches Erzittern, das in fromme Wünsche und Hoffnungen sich auflöste. Gerührt kniete sie nieder, sie wiederholte den Schwur, den sie Eduarden vor dem Altar getan. Freundschaft, Neigung, Entsagen gingen vor ihr in heitern Bildern vorüber. Sie fühlte sich innerlich wieder hergestellt. Bald ergreift sie eine süße Müdigkeit und ruhig schläft sie ein.

Vorbemerkung: Dieser Auszug, eine der Schlüsselstellen des Romans, erzählt von einer Entscheidungssituation zwischen Charlotte und dem Hauptmann; sie lassen sich in dieser ungewöhnlichen Situation von der Liebe für einen Moment überwältigen, aber beschließen, einander zu entsagen. Bemerkenswert an dieser Stelle ist, daß die Liebes- und Trennungsszene am Abend auf dem See bzw. am Seeufer spielt. Die Umgebung, der semantische Raum (vgl. Kapitel 1.2.3), gewinnt hier zeichenhafte Bedeutung und muß in die Analyse einbezogen werden. Bei dieser chronologisch aufgebauten Episode bietet sich das lineare Verfahren der Interpretation an.

Ausführung

A. Nach der Nacht des „doppelten Ehebruchs" zwischen Eduard und Charlotte erklären sich beide wahlverwandtschaftlich verbundenen „Paare", allerdings in charakteristisch unterschiedlicher Weise, ihre Liebe, und es scheint zu neuen Verbindungen im Sinne der Wahlverwandtschaft zu kommen. Eduard erkennt, daß Ottilie ihn liebt, spricht dieses auch direkt aus, und für ihn ist die „Welt nicht mehr, was sie gewesen" (S. 88, Z. 10 f.). Diesem Bekenntnis zur Liebe beim ersten Paar entspricht der Verzicht beim zweiten Paar, bei Charlotte und dem Hauptmann. Dieses Paar wird sich ebenfalls der gegenseitigen Liebe bewußt, aber auch der verhängnisvoll zerstörerischen Leidenschaft, so daß es zu einer vernunft- und moralbestimmten Entsagung kommt.

B. I. Diese Episode wird nicht direkt und unmittelbar wiedergegeben, sondern aus der Erinnerung Charlottes, nachdem sie sich in ihr Schlafzimmer zurückgezogen hat.

Durch dieses Erzählverfahren wird die Perspektive weitgehend der Figur der Charlotte angenähert, und der Leser erfährt das Geschehene aus ihrem Blickwinkel (vgl. Z. 17 f.). Allerdings tritt der Erzähler nicht grundsätzlich zurück, und der Fluchtpunkt liegt außerhalb der Romanfiguren, so daß eine Distanz bleibt und für Objektivität sorgt, die dem Leser Überblick und Urteil ermöglicht. Dies verdeutlicht zum Beispiel ein Satz wie: „Ihr kam bei diesen Widersprüchen ihr tüchtiger und durchs Leben mannigfaltig geübter Charakter zu Hülfe." (Z. 53 f.). Personal angelegte Erzählphasen - vgl. die Gedanken- und Redewiedergabe der Figuren - sind abhängig von der auktorial bestimmten Erzählhaltung. Es herrscht also ein Erzählerbericht vor, ergänzt durch knappe szenisch erzählte Passagen; der Leser erfährt zwar kaum etwas, was nicht auch Charlotte hätte wahrnehmen und denken können, aber oft reicht die Erzählersicht über ihr Bewußtsein hinaus.

II. In der ersten Textsequenz (Z. 1 - 21) wird vordergründig von einer Bootsfahrt des zweiten Paares erzählt, aber zentrale Darstellungsabsicht ist die Verdeutlichung der inneren Situation Charlottes sowie die Beziehung der beiden zueinander. Charlottes Rückerinnerung beginnt damit, daß Eduard „an Land springend den Kahn vom Lande stieß" (Z. 1). Eduard überläßt das Paar, von dessen tiefer Zuneigung er weiß, bedenkenlos sich selbst und eilt zu Ottilie. Sein Verhalten zeigt, wie sehr sich Eduard und Charlotte entfremdet haben; beide orientieren sich zu ihrem neuen Partner, wobei allerdings Eduard die aktivere Rolle übernimmt. Hier überantwortet er, wie der Erzähler doppeldeutig anmerkt, die beiden dem „schwankenden Element selbst" (Z. 2). In diesem Naturraum am See mit den spezifischen Koordinaten wie Ungebundenheit, Weite, Abhängigkeit des Menschen vom Elementaren brechen bislang zurückgedrängte naturhafte Elemente im Menschen hervor. Dem Wasser der Teiche kommt zum Beispiel hier, wie an anderen Stellen im Roman, symbolhafte Bedeutung zu. Das Wasser verdeutlicht das Unsichere und Abgründige in der Natur und im Menschen. Auch dieses Paar gerät auf dem Wasser in die Gefahr, von unbeherrschter Leidenschaft erfaßt zu werden. Bezeichnend ist, daß gerade Charlotte diese Gefahr spürt und auf den sicheren Boden, genauer gesagt: zum Schloß, zurückstrebt.

Die Bootsfahrt nimmt einen eigenartigen, ebenfalls bezeichnenden Verlauf: es fehlen das Ziel und die bewußte Steuerung, wie die Ausdrücke „beliebige Richtung", „Kreisen" (Z. 4 f.) und „von der Bahn [...] abgelenkt" und „festgefahren" (Z. 27 ff.) verdeutlichen. Die Kreisbewegung und Ziellosigkeit zeigen, verbunden mit der besonderen Atmosphäre der Umgebung, die Konfliktsituation der beiden: sie lieben sich, ohne sich diese Liebe einzugestehen, sie schwanken zwischen ihrer Bindung an Vernunft und Moral und einem Nachgeben gegenüber ihrer Liebe. Die Kahnfahrt auf dem „schwankenden Element", allein, in beginnender Dämmerung, signalisiert, daß bisherige Gewißheiten unsicher geworden sind. Die Entscheidung des Erzählers, die Handlung in die Zeit der Dämmerung zu verlegen, verdeutlicht die innere Situation, denn die Konturen beginnen sich in der Natur ebenso aufzulösen wie im Innern der Personen. Auffällig ist ein semantisches Feld - „hinschauernde(r) Windhauch", „Säuseln der Rohre", „letzte(s) Schweben der Vögel", Blinken (...) der Sterne" (Z. 6 ff.) -, womit das Innehalten jeder Bewegung und damit die Stille, aber auch der Abschied thematisiert werden. Die gehäuft auftretenden Nominalphrasen bestimmen die Satzaussage und unterstützen den Eindruck der Bewegungslosigkeit. Aber dieser

Stille kommt aus Charlottes Sicht „etwas Geisterhaftes“ (Z. 8) zu, denn diese Stille kontrastiert mit ihrer inneren Spannung, so daß sie sich nicht in die Ruhe der Natur einfügen kann. Sie nimmt das Abschiedsmotiv in der Natur auf, denn eine „tiefe, selten gefühlte Traurigkeit“ (Z. 5) durchdringt sie. Aber offensichtlich hält ihr Gefühl ebenso die Schwebe wie die Natur - einerseits das Gefühl der Liebe, anderseits der Trennungsschmerz -; es ist für sie auch eine „wunderbare Bewegung“ (Z. 10).
Das Verhalten des Hauptmanns scheint aus ihrer Sicht ihrer Gefühlslage zu entsprechen; sie glaubt, er „führe sie weit weg, um sie auszusetzen“ (Z. 9 f.). Die im Redebericht wiedergegebenen Aussagen des Hauptmanns wirken in diesem Kontext doppeldeutig, wenn er ihr empfiehlt, ihr „eigner Fähr- und Steuermann“ (Z. 16) zu werden. Da aus dem Blickwinkel Charlottes erzählt wird, erfährt der Leser über die eigentlichen Empfindungen des Hauptmanns nichts, dafür aber etwas über die Wirkung seiner Worte, die für Charlotte „mit Vorsatz“ (Z. 18) gesprochen sein könnten und ihre Melancholie verstärken. Aus dieser Verwirrung der Gefühle möchte sie sich, da diese ihrem Wesen recht fremd ist, befreien und zum Schloß zurückkehren.
In der zweiten Textsequenz (Z. 22 - 51) wird nun über das Festfahren des Bootes und die Liebesszene erzählt. Durch eine „Art von Ängstlichkeit“ (Z. 27) bei Charlotte wird der Hauptmann von seiner „Bahn [...] abgelenkt“ (Z. 27) und fährt fest. Eine gefährliche Situation ist da. Denn beide werden bei der Rettungsaktion auch körperlich zusammengeführt. Charlotte bleibt länger als notwendig „an seinem Halse“ (Z. 36); daraufhin schließt er sie „aufs neue in seine Arme“ und „drückt einen lebhaften Kuß auf ihre Lippen“ (Z. 37). Diese Liebesszene zeigt, wie auch dieses wahlverwandtschaftlich verbundene Paar sich für einen Moment unter dem Eindruck der Einflüsse von Raum und Zeit von seiner Liebe überwältigen läßt. Diese Episode führt in die Sinnmitte des Romans, und zwar verdeutlicht sie den unaufhebbaren Widerspruch zwischen leidenschaftlicher Liebe, die an keine Ordnung gebunden und von elementarer Gewalt ist, und vernünftigem Handeln, das auf einer sittlich verantworteten Entscheidung beruht. Das Paar überläßt sich für einen Augenblick naturbestimmter Gewalt, aber dann gewinnen Vernunft und Sittlichkeit wieder die Oberhand, und beide anerkennen in freier Entscheidung das Ordnungsprinzip der gültigen Ehe. So fällt der Hauptmann vor Charlotte nieder; diese kommt ebenfalls „wieder zu sich“, drückt ihm die Hand, und, statt ihn aufzuheben, legt sie ihre „Hand auf seine Schultern“ (Z. 42). Diese Gebärden signalisieren die tiefe Bewegung der beiden, aber zeigen auch ihr Dilemma. Einerseits verzichten sie auf die Verwirklichung ihrer Liebe und bleiben in einer gewissen Distanz, andererseits bleiben beide durch diese Gebärden aufeinander bezogen. Ihre Körperhaltung veranschaulicht den Konflikt zwischen ihrer Liebe und ihrem Gewissen. Charlotte drückt aus, was beide empfinden: „Daß dieser Augenblick in unserem Leben Epoche mache, können wir nicht verhindern; aber daß sie unser wert sei, hängt von uns ab“ (Z. 43 f.). Auch sie anerkennt die Gewalt der Liebe, die sie nicht „verhindern“ können, aber das Adjektiv „wert“ verweist auf den hohen sittlichen Anspruch, dem sie in freier Entscheidung folgen. Als Konsequenz fordert sie: „Sie müssen scheiden, lieber Freund, und sie werden scheiden“ (Z. 44 f.). Das Modalverb „müssen“ sowie die Wiederholung des Satzes in futurischer Bestimmtheit lassen eine Alternative zum Verzicht nicht zu. Charlotte macht die Möglichkeit einer Vergebung geradezu davon abhängig, daß sie sich trennen, weil sie weiß, daß es von ihnen „nicht

abhängt", ihre „Gesinnung zu ändern" (Z. 49 f.). Erst nach diesem Entschluß läßt sie den Hauptmann aufstehen, und sie kehren nach dem Schloß zurück, also in einen anderen semantischen Raum.
Mit der letzten Erzählsequenz (Z. 52 - 63) ist der Rückblick beendet, und die Handlung setzt wieder da ein, wo sie unterbrochen wurde: im Schlafzimmer Charlottes. Dies ist der Raum der gültigen Ehe, der gesetzlichen Ordnung, es ist ein Raum der Begrenzung und des Rückzuges. Charlottes „tüchtiger und durchs Leben mannigfaltig geübter Charakter", nämlich vernunftbestimmt und kontrolliert, findet also aus den „Widersprüchen" (Z. 53) heraus zu der Lösung der Entsagung. Aber das „erwünschte Gleichgewicht" (S. 91, Z. 1) ist nicht nur die Folge dieses Verzichtes, sondern auch Resultat einer überraschend auftretenden Zukunftshoffnung. Der Erzähler kennzeichnet diese Hoffnung als „fromme Wünsche und Hoffnungen" (Z. 59); offensichtlich erinnert sich Charlotte an diesem Ort des „wunderlichen Nachtbesuches" (Z. 57) Eduards, der zu dem geistigen Ehebruch führte, nicht mehr in Reue und Scham, sondern sieht ihn als Hoffnungszeichen zur Rettung ihrer Ehe. Aus dieser Grundstimmung heraus kniet sie nieder und erneuert den Eheschwur. Damit hat sie für sich den Konflikt überwunden und ihre innere Harmonie wiedergefunden. Der Erzähler wechselt sodann ins Präsens: „Bald ergreift sie eine süße Müdigkeit und ruhig schläft sie ein" (Z. 62 f.). Dieser Tempuswechsel veranschaulicht die Rückkehr aus der gefährlichen Leidenschaft in Selbstkontrolle und Harmonie. Reflektiert wird von Charlotte nicht, ob diese von Vernunft und Sittlichkeit bestimmte Entsagung die wahlverwandtschaftlich bestimmten Beziehungen bei allen vier Personen regeln und die Katastrophe vermieden werden kann.

C. Die Bedeutung dieser Textstelle liegt darin, daß hier eine Variante des wahlverwandtschaftlichen Experimentes ihren vorläufigen Abschluß findet. Dem einen Paar, Charlotte und dem Hauptmann, gelingt es, sich der Naturgesetzlichkeit ihrer Leidenschaft zu widersetzen - freiwillig und in autonomer Vernunft. Es ist ein Sieg moralischer Prinzipien, und die Ehe wird als „Grund aller sittlichen Gemeinschaft" - so Mittler - gegen das Chaos unkontrollierter Elemente nachdrücklich bestätigt. Aber im Kontext des Romans wird auch deutlich, daß mit der Entsagung auf individuelles Glück verzichtet wird. Und gerade dieses Glück sucht das andere Paar, Ottilie und Eduard, für sich in unbedingter Weise anzustreben und endet tragisch.

Einbettung des Romans in die Epoche

Der Roman als Spätwerk

Dieser Roman ragt ein wenig aus der im engeren Sinne „klassischen Kunstepoche" heraus, die mit Schillers Tod 1805 endet. Aber die Einteilung in Literaturepochen ist nur ein Behelf und soll hier nicht erörtert werden. Der Roman „Die Wahlverwandtschaften", 1809 erschienen, entspricht nicht mehr im vollen Sinne dem sogenannten Idealitätskonzept der Klassik, das Goethe und Schiller zwischen 1794 und 1805 gemeinsam entwickelt haben und das unten vorgestellt wird. Denn der Roman enthält auch Elemente der Resignation und des Pessimismus. Die am Ende aufscheinende Idee der Versöhnung, z. B. die Verklärung des Todes (Ottilie), wird ironisch-distanziert dargestellt und die Legendenbildung, die sich um Ottilies Tod rankt, verweist eher auf romantische Impulse.

Zuordnung zur klassischen Epoche

Was ist aber klassisch an diesem Roman? Um diesen Roman in die Epoche einordnen zu können, soll die klassische Kunstepoche in ihren Voraussetzungen, Kunstprinzipien und Einseitigkeiten vorgestellt werden. Unbestritten ist, daß diese Klassik eine Sonderstellung in der deutschen Kultur- und Geistesgeschichte einnimmt.

1. Allgemeine Voraussetzungen
Die Klassik kann verstanden werden als ein Antwortmodell auf die drängenden Fragen jener Zeit, die im politischen Bereich nicht beantwortet werden konnten.
a) Die Auflösung des traditionell christlichen Weltbildes durch die Aufklärung (vgl. die Diesseitigkeit des Menschen statt Jenseitigkeit) läßt keine absoluten Wahrheiten mehr zu, nur noch relative.
b) Der durch die beginnende Industrialisierung sowie die politische Revolutionen ausgelöste Modernisierungsschub zerstört traditionelle Ordnungen (dörfliche Gemeinschaft, Beruf, Familie); das „Maschinenwesen“ und Fabriksystem führen zur Entwurzelung; das neue kapitalistische Wirtschaftsverhalten orientiert die Menschen stärker auf den Nutzen und die Rationalität.
c) In der Schreckensphase der Französischen Revolution erkannte man den Durchbruch der tierischen, triebhaften Natur des Menschen, eine Verwilderung der Massen. Allerdings sah insbesondere Schiller in dieser Revolution auch das Ziel, eine Gemeinschaft der Vernunft und Freiheit zu schaffen.
d) Im absolutistischen Staat zeigten sich bereits bürokratische Reglementierungen und Einschränkungen, in der Ständegesellschaft Schranken und Hemmnisse; beides schränkte den Handlungsspielraum des Einzelnen stark ein.
Diese Entwicklungen werden von den Intellektuellen und Schriftstellern als bedrohliche Krise empfunden; sie suchen nach Möglichkeiten, dem Ziel einer freien und vernünftigen Gesellschaft auf anderen Wegen als denen der Revolution näherzukommen. Sie glauben, daß Veränderungen des Bewußtseins auf die Welt der Tatsachen zurückwirken können.

2. Die Kunst als Führerin auf dem Wege zu einer „wahren Verbesserung der menschlichen Gesellschaft“ (Schiller)
Im folgenden werden vorrangig Schillers Ideen dargelegt, der eher als Goethe das Idealitätskonzept der Klassik in einen Theoriezusammenhang gebracht hat; Goethe hält sich demgegenüber mehr an die Natur. Beide nehmen keinen direkten Bezug auf die politisch-gesellschaftlichen Rahmenbedingungen, distanzieren sich grundsätzlich vom „Kampf politischer Meinungen und Interessen“, da dadurch der einzelne „eingeengt und unterjocht wird; sie wollen sich dem „Ideale veredelter Menschheit, welches durch die Vernunft aufgegeben“ (Schiller, Ankündigung der Monatsschrift „Die Horen“), in ihrer Kunst widmen. Wie aber kann die Kunst das leisten? Schillers Begründung dafür wird in den folgenden Punkten vorgestellt.

a) Es gibt - dies ist die Prämisse - das Wahre; gemeint ist zum Beispiel der ganzheitliche, harmonische Mensch, die humane, vollkommene Menschheit, die ideale Seinsordnung; diesem Ziel kann man sich immer mehr nähern, ohne es jemals ganz zu erreichen.
In der Tatsachenwelt, in seiner Alltagswirklichkeit also, wird der Mensch zerrissen vom Widerstreit zwischen Vernunft und Sinnlichkeit; er wird von niederen Interessen (z. B. Egoismus) und Trieben (z. B. Leidenschaften) gefangen. In dieser Tatsachenwelt kann das Wahre nicht rein erscheinen, sondern es ist vermischt mit dem Falschen, Zufälligen, Willkürlichen, das durch den Zivilisationsprozeß hervorgerufen wird. Aber in der Kunst, die fiktiv ist und eine Welt des „schönen Seins" gestaltet, kann das Wahre sinnlich vergegenwärtigt werden. In diesem „sinnlichen Erscheinen der Idee" (Hegel) sind die Widersprüche der Tatsachenwelt versöhnt. Denn die Kunst ist von dieser Tatsachenwelt grundsätzlich getrennt. Sie allein unterliegt keinem Zweck, hat weder moralisch zu belehren noch politisch zu wirken; von daher ist sie frei. In den Kunstwerken der Antike fanden Goethe und Schiller ihr Schönheitsideal, da hier die Harmonisierung des sonst Getrennten beispielhaft gelungen sei, da hier das Zufällige und Willkürliche fehle, da in dem „reinen Ausdruck des Notwendigen [...] der große Stil" liege (Schiller, Über Matthissons Gedichte, 1794). Die Schönheit der Kunst ist für Schiller anschauliche (letztlich unerklärbare) Vergegenwärtigung von Freiheit und Moralität. Aufgrund der künstlerischen Form (vgl. Stil, Bauform, Gesetzmäßigkeit und Harmonie) spricht diese Kunst das ästhetische Vermögen im Menschen an. Dieses Vermögen - Schiller nennt es auch Spieltrieb - kann zwischen dem Stofftrieb (triebbestimmt) und dem Formtrieb (vernunftbestimmt) vermitteln, kann den Menschen in den ästhetischen Zustand versetzen, als eine Bedingung der Möglichkeit, frei zu handeln. Auf diese Weise soll die zerstörte Einheit wiederhergestellt werden, die Einheit von Verstand und Sinnlichkeit, von individueller Entfaltung und Einordnung in die Gemeinschaft. Einschränkungen durch Konventionen, Ständegegensätze, egoistische Interessen, Begierden werden überwunden.
b) Zwischen der Kunst und der Tatsachenwelt muß allerdings eine Beziehung hergestellt werden. Schiller meint, wie oben schon gesagt, daß, wenn „das beschränkte Interesse der Gegenwart die Gemüter in Spannung setzt, einengt und unterjocht", die Kunst die Menschen wieder „in Freiheit setzen" und so das Menschliche wecken kann (Schiller, Ankündigung, a. a. O.). Schiller schlägt also, nachdem man auf der politischen Ebene (vgl. Französische Revolution) gescheitert ist, entschlossen den Weg ein, erst den Menschen zu verändern, ehe man an die Umgestaltung der Gesellschaft denken könne. Mit seinen Worten: „Politische und bürgerliche Freiheit bleibt immer und ewig das heiligste aller Güter, das würdigste Ziel aller Anstrengungen und das große Centrum aller Kultur - aber man wird diesen herrlichen Bau nur auf dem festen Grund eines veredelten Karakters aufführen, man wird damit anfangen müssen, für die Verfassung Bürger zu erschaffen, ehe man den Bürgern eine Verfassung geben kann." (Brief vom 13. Juli an den Herzog von Augustenburg).
c) Der Künstler kann diese Kunst hervorbringen, weil er nicht in das Reglement der Gesellschaft, in die Mechanismen der Arbeitswelt, nicht in die Zwänge des Alltagslebens eingespannt ist. Er trägt - aufgrund seiner Begabung - den Stoff und die dem Stoff entsprechende Form in sich und kann den Stoff durch die Form überwinden.

d) Goethe geht zwar mehr von der Natur aus, aber seine Ideen und Konzepte kommen denen Schillers sehr nahe. Für Goethe ist charakteristisch, daß Kunst und Natur zunächst als gleichgeordnete Phänomene behandelt werden. Er will die Natur nicht abbilden, sondern er erforscht die Grundwahrheiten und Gesetzlichkeiten der Natur, aber auch des Menschen (die Urphänomene). Für ihn ist Naturerkenntnis Voraussetzung, damit ein Kunstwerk ein „lebendiges Ganzes" werde. Auch er sieht die Antike als Vorbild: „Diese hohen Kunstwerke sind zugleich als die höchsten Naturwerke von Menschen nach wahren und natürlichen Gesetzen hervorgebracht worden. Alles Willkürliche, Eingebildete fällt zusammen, da ist Notwendigkeit, da ist Gott" (Goethe, Italienische Reise, HA 11, S. 395). Es sind die Kriterien, mit denen auch Schiller die wahre Kunst definierte. Goethe gestaltet diese Gesetzlichkeiten im Symbol. Symbolische Darstellung verbindet die zufällige, empirische Erfahrung mit der Erkenntnis eines allgemeinen Gesetzes (vgl. die chemischen Gesetze in den „Wahlverwandtschaften").

Kritik am Idealitätskonzept

Schon in der klassischen Epoche wird dieser Rückzug aus dem gesellschaftlichen Raum in den Bereich der Kunst, der allein noch Sinn erzeugen und Wahrheit geben kann, kritisiert; an der realen Misere ändere diese Kunst nichts. Vielmehr eröffne sie einen Fluchtraum für Ideale, die nicht zu verwirklichen seien. Es besteht die große Gefahr, daß auf diese Weise der Bereich des schönen Scheins und die Tatsachenwelt getrennt werden. Indem der einzelne in zwei Bereichen leben kann, ist die Kunst nur ein Alibi, und sie bleibt folgenlos für diese Tatsachenwelt.

Was ist klassisch an Goethes Roman?

Auch dieser Roman aus der eigentlich schon nachklassischen Zeit verweist in vielfältiger Weise auf das Konzept der Klassik. Nicht nur, daß das Thema des Widerspruches zwischen naturhafter Sinnlichkeit und vernunftorientierter Sittlichkeit auch hier zentrales Motiv ist, sondern diese Widersprüche können vermittelt und versöhnt werden. Das tragische Ende ist zwar unvermeidlich, erscheint aber im Licht der Versöhnung. Im einzelnen:

1. Die eingefügte Novelle „Die wunderlichen Nachbarskinder" zeigt, wie Gegensätze versöhnt und ein idealer Glückszustand erreicht werden kann.
2. Das in der Gleichnisrede über die Eigenschaften chemischer Elemente beschriebene Kräftespiel von Anziehung und Abstoßung wird auf die menschlichen Verhältnisse übertragen. Hierbei wird deutlich, daß der Mensch nicht den Naturnotwendigkeiten unterworfen ist, daß er sich aus den Zwängen der Naturgesetze in freier und sittlicher Entscheidung befreien kann. So gewinnt der Mensch die geistige Freiheit, die das Idealitätskonzept intendiert.
3. Zwar ist der im Roman dargestellte Konflikt zwischen der Notwendigkeit einer sittlichen Ordnung, für welche die Ehe steht, und elementaren Leidenschaften, denen sich Eduard überläßt, nicht lösbar, aber der legendenhafte Schluß deutet immerhin eine utopische Möglichkeit an.

4. Am Beispiel der Figur des Architekten (vgl. seinen Einfluß auf Ottilie) deuten sich Möglichkeiten an, in der Kunst ein Mittel zu finden, innere Spannungen auszugleichen.
5. In der Privatgeschichte des Romans verdeutlicht der Autor ebenfalls in symbolhafter Form „Urphänomene" gesellschaftlicher (z. B. die Ehe als Sinnbild menschlicher Ordnung; die Leidenschaft als Ausdruck naturhafter Elemente), aber auch politischer Verhältnisse (vgl. hier die Zerstreuung und der Müßiggang als Lebensprinzip, aber auch das zielgerichtet Handeln dort).
6. Ein beherrschendes Formprinzip des Romans ist also die erwähnte Symbolstruktur sowie das dichte Netz von Beziehungen, die sich entsprechen oder widersprechen (zwischen Menschen etc.). Diese strenge Bezüglichkeit der Teile aufeinander sowie die Begrenzung des Raumes, die Raffung der Zeit, die Konzentration auf wenige Personen entsprechen dem klassischen Kunstideal: wie in der griechischen Kunst sollen die Elemente auf einfachste und notwendigste Weise miteinander verbunden sein.

Übungsbeispiel

Aufgabenstellung:
Analysieren Sie bitte den Romanauszug mit dem Ziel, Merkmale und Konstellationen der Figuren zu erarbeiten. Klären Sie bitte anschließend die Bedeutung dieser Szene für den Gesamtroman.

Textgrundlage:
Johann Wolfgang Goethe: Die Wahlverwandtschaften. S. 83 f.

Text:

Eduard hörte mit Entzücken, daß Ottilie noch schreibe. Sie beschäftigt sich für mich! dachte er triumphierend. Durch die Finsternis ganz in sich selbst geengt sah er sie sitzen, schreiben; er glaubte zu ihr zu treten, sie zu sehen, wie sie sich nach ihm umkehrte; er fühlte ein unüberwindliches Verlangen ihr noch einmal nahe zu sein. Von hier aber war kein Weg in das Halbgeschoß, wo sie wohnte. Nun fand er sich unmittelbar an seiner Frauen Türe, eine sonderbare Verwechselung ging in seiner Seele vor, er suchte die Tür aufzudrehen, er fand sie verschlossen, er pochte leise an, Charlotte hörte nicht. Sie ging in dem größeren Nebenzimmer lebhaft auf und ab. Sie wiederholte sich aber und abermals, was sie seit jenem unerwarteten Vorschlag des Grafen oft genug bei sich um und um gewendet hatte. Der Hauptmann schien vor ihr zu stehen. Er füllte noch das Haus, er belebte noch die Spaziergänge und er sollte fort, das alles sollte leer werden. Sie sagte sich alles, was man sich sagen kann, ja sie antizipierte, wie man gewöhnlich pflegt, den leidigen Trost, daß auch solche Schmerzen durch die Zeit gelindert werden. Sie verwünschte die Zeit, die es brauchte, um sie zu lindern; sie verwünschte die totenhafte Zeit, wo sie würden gelindert sein.
Da war denn zuletzt die Zuflucht zu den Tränen um so willkommener, als sie bei ihr selten stattfand. Sie warf sich auf den Sofa und überließ sich ganz ihrem Schmerz. Eduard seinerseits konnte von der Türe nicht weg; er pochte nochmals,

und zum drittenmal etwas stärker, so daß Charlotte durch die Nachtstille es ganz deutlich vernahm und erschreckt auffuhr. Der erste Gedanke war: es könne, es müsse der Hauptmann sein; der zweite: das sei unmöglich! Sie hielt es für Täuschung; aber sie hatte es gehört, sie wünschte, sie fürchtete es gehört zu haben. Sie ging ins Schlafzimmer, trat leise zu der verriegelten Tapetentür. Sie schalt sich über die Furcht: Wie leicht kann die Baronesse etwas bedürfen! sagte sie zu sich selbst und rief gefaßt und gesetzt: Ist jemand da? Eine leise Stimme antwortete: Ich bin's. Wer? entgegnete Charlotte, die den Ton nicht unterscheiden konnte. Ihr stand des Hauptmanns Gestalt vor der Tür. Etwas lauter klang es ihr entgegen: Eduard! Sie öffnete und ihr Gemahl stand vor ihr. Er begrüßte sie mit einem Scherz. Es ward ihr möglich in diesem Ton fortzufahren. Er verwickelte den rätselhaften Besuch in rätselhafte Erklärungen. Warum ich denn aber eigentlich komme, sagte er zuletzt, muß ich dir nur gestehen. Ich habe ein Gelübde getan, heute abend noch deinen Schuh zu küssen.

Das ist dir lange nicht eingefallen, sagte Charlotte. Desto schlimmer, versetzte Eduard, und desto besser! Sie hatte sich in einen Sessel gesetzt, um ihre leichte Nachtkleidung seinen Blicken zu entziehen. Er warf sich vor ihr nieder und sie konnte sich nicht erwehren, daß er nicht ihren Schuh küßte, und daß, als dieser ihm in der Hand blieb, er den Fuß ergriff und ihn zärtlich an seine Brust drückte.

Charlotte war eine von den Frauen, die, von Natur mäßig, im Ehestand ohne Vorsatz und Anstrengung die Art und Weise der Liebhaberinnen fortführen. Niemals reizte sie den Mann, ja seinem Verlangen kam sie kaum entgegen; aber ohne Kälte und abstoßende Strenge glich sie immer einer liebevollen Braut, die selbst vor dem Erlaubten noch innige Scheu trägt. Und so fand sie Eduard diesen Abend in doppeltem Sinne. Wie sehnlich wünschte sie den Gatten weg: denn die Luftgestalt des Freundes schien ihr Vorwürfe zu machen. Aber das, was Eduarden hätte entfernen sollen, zog ihn nur mehr an. Eine gewisse Bewegung war an ihr sichtbar. Sie hatte geweint, und wenn weiche Personen dadurch meist an Anmut verlieren, so gewinnen diejenigen dadurch unendlich, die wir gewöhnlich als stark und gefaßt kennen. Eduard war so liebenswürdig, so freundlich, so dringend; er bat sie, bei ihr bleiben zu dürfen, er forderte nicht, bald ernst bald scherzhaft suchte er sie zu bereden, er dachte nicht daran, daß er Rechte habe und löschte zuletzt mutwillig die Kerze aus.

In der Lampendämmerung sogleich behauptete die innre Neigung, behauptete die Einbildungskraft ihre Rechte über das Wirkliche. Eduard hielt nur Ottilien in seinen Armen, Charlotten schwebte der Hauptmann näher oder ferner vor der Seele, und so verwebten, wundersam genug, sich Abwesendes und Gegenwärtiges reizend und wonnevoll durcheinander.

Und doch läßt sich die Gegenwart ihr ungeheures Recht nicht rauben. Sie brachten einen Teil der Nacht unter allerlei Gesprächen und Scherzen zu, die um desto freier waren, als das Herz leider keinen Teil daran nahm. Aber als Eduard des andern Morgens an dem Busen seiner Frau erwachte, schien ihm der Tag ahnungsvoll hereinzublicken, die Sonne schien ihm ein Verbrechen zu beleuchten; er schlich sich leise von ihrer Seite, und sie fand sich, seltsam genug, allein, als sie erwachte.

Mögliche Aspekte der Analyse

1. (Einleitung) Die Atmosphäre wird durch die Ankunft des unverheirateten Paares (Baron und Baronesse) freier (vgl. auch die mitternächtliche Szenerie mit geheimen Treppen, Lauschen, Tapetentüren); Die Ordnungsprinzipien treten in den Hintergrund. Die bevorstehende Abreise des Hauptmanns beeinflußt ebenfalls die Stimmung. Verdeutlicht wird in dieser Szene das Fehlverhalten des Ehepaares (Charlotte und Eduard), das ungewollt zueinanderfindet, sich liebt und ein Kind zeugt, während doch jeder der beiden an den abwesenden Partner denkt.
2. Im Erzählerbericht, ergänzt durch Rede- und Gedankenwiedergabe, wird die Begegnung zunächst annähernd zeitdeckend, dann (ab Zeile 52) raffend dargestellt. Zunächst ist die Perspektive weitgehend auf die Figuren begrenzt, dann, insbesondere ab Zeile 39, herrscht die überlegen wertende Sicht des auktorial auftretenden Erzählers vor.
3. In der ersten Sequenz (Z. 1 - 16) wird deutlich, wie Charlotte und Eduard, wenngleich in unterschiedlicher Intensität, auf den wahlverwandten Partner fixiert sind: Eduard („dachte er triumphierend"; „unüberwindliches Verlangen", Z. 2 ff.) voller Leidenschaft; Charlotte resignativ („antizipierte [...] den leidgen Trost"; „verwünschte die Zeit", Z. 13 f.) und ohne Hoffnung.
4. Das in der zweiten Sequenz (Z. 17 - 38) erzählte Aufeinandertreffen des Ehepaares, widersprüchlich und spannungsvoll, da beide einen anderen begehren, beruht auf einer sonderbaren „Verwechselung" (Z. 6) und Gefühlsverwirrung (vgl. die Modalverben „es könne, es müsse", Z. 21 f.) die parataktisch aneinandergereihten knappen Sätze, die Widersprüche „sie wünschte, sie fürchtete", Z. 23). Die Begegnung, zunächst auf der Ebene des Scherzes und des Spiels gehalten, wechselt bald zur Ebene des Erotischen (vgl. Schuh und Fuß als pars pro toto, Z. 37 f.) über.
5. Aus Erzählersicht werden in der dritten Sequenz (Z. 39 - 52) zunächst Charlottes Wesen und Verhalten kommentiert („von Natur mäßig", „vor Erlaubtem innige Scheu", Z. 39 ff.) sowie ihre innere Konfliktsituation („aber das, was Eduarden hätte entfernen müssen, zog ihn nur mehr an", Z. 45 f.), während Eduard, davon frei, unbedenklich und leidenschaftlich agiert („löschte [...] mutwillig die Kerze aus", Z. 51 f.).
6. In der vierten Sequenz (Z. 53 - 57) wird im stark raffenden Erzählerbericht die Liebesszene nur angedeutet. In der Dunkelheit siegt die Vorstellungskraft über das Wirkliche, und beide glauben, den abwesenden Partner zu lieben; so vermischen sich „Abwesendes und Gegenwärtiges reizend und wonnevoll durcheinander" (Z. 56 f.).
7. In der letzten Sequenz (Z. 58 ff.) wird diesen Freiheiten der Nacht ein „ungeheures Recht" (Z. 58) der Gegenwart gegenübergestellt (vgl. die Verknüpfung durch die adversative Konjunktionen „doch" und „aber"). Im hellen Licht des Tages erwacht das Bewußtsein des Unrechtes zumindest in der Ahnung Eduards (vgl. die Wiederholung der Verbform „schien", Z. 61 f.). Dieses Unrecht, so erkennt der Leser, liegt im Gewährenlassen der Leidenschaften und in dem begangenen Ehebruch begründet.
8. (Schluß) Mit diesem doppelten Ehebruch beginnt die schicksalhaft tragische Entwicklung; alle Versuche, das Geschehen zu wenden, erweisen sich als vergeblich. Das in dieser Nacht gezeugte Kind zeigt eine immer auffälliger werdende Ähnlichkeit mit dem Hauptmann und Ottilie und ist somit ein Zeichen und Beweis der Schuld.

Denn im Unterschied zur zwanghaften Reaktion im chemischen Experiment besitzen Menschen die Freiheit der Entscheidung.

Romane der (Früh-)Romantik

Neben der Lyrik, den Märchen, kürzeren Erzählungen und Novellen spielt der Roman als literarische Gattung in der Romantik eine entscheidende Rolle, obgleich festgehalten werden muß, daß der heutige Leser oft Schwierigkeiten hat, einen Einstieg in die Welt der romantischen Romane zu finden. Diese Sperren der heutigen Leserschaft sind z. T. darin begründet, daß die erzählte Welt in den romantischen Romanen nur geringe Berührungspunkte mit unseren Vorstellungen von Realität aufweist. Es ist nicht nur die historische Distanz von fast zweihundert Jahren zu den Autoren und ihrer Kultur und ihrem Lebensgefühl, sondern die prinzipielle Andersartigkeit der dargestellten Welt. So begegnen wir in Tiecks Roman „Franz Sternbalds Wanderungen“ (1798) und in Novalis’ Romanfragment „Heinrich von Ofterdingen“ (1802) einem Künstler bzw. einem Dichter jeweils als Hauptfigur in einer mittelalterlichen Umgebung. Ihr Aufgehen in der Kunst und Poesie wird als wahrhaft anzustrebender Lebensinhalt erkennbar. Diese beiden und andere Romane der Romantik müssen in der Tradition des Goetheschen „Wilhelm Meister“ verstanden werden. Zum einen sind sie formal als *Bildungsroman** bzw. *Entwicklungsroman** einzuordnen. Zum andern entwickeln sie ihre Eigentümlichkeit gerade auch durch die Variation des im „Wilhelm Meister“ vorgegebenen Musters. Während Goethe seinen Helden letztlich zu einem aktiven Leben in der Gesellschaft führt, geht es Tieck in erster Linie um die Frage des rechten Künstlertums, das in der Verehrung der frommen Kunst des Mittelalters gipfelt, und Novalis um die Entfaltung der Subjektivität seines Helden in der Begegnung mit der Poesie, die sowohl das grundlegende Prinzip für die Persönlichkeitsentfaltung wie der Weg zur wahren Selbst- und Welterkenntnis ist. Tendenzen des Sturm und Drang (Innerlichkeit und Naturerleben) werden fortgeführt oder erneut aufgegriffen. Außerdem ist die Frühromantik, der auch Novalis mit seinem „Heinrich von Ofterdingen“ zuzurechnen ist, als eine Weiterentwicklung des deutschen Idealismus zu sehen. Der Idealismus sieht das Geistige „als eine Zentralkraft, die das organisch gedachte Weltsystem in einer harmonischen Einheit zusammenhält“ (Gero v. Wilpert: Sachwörterbuch der Literatur). Damit ist der Vorrang des Geistigen vor allem Materiellen als Inbegriff des Lebendigen, Natürlichen gemeint. Das Manifest der romantischen Poesie formuliert Friedrich Schlegel im 116. Athenaeum-Fragment: „Die romantische Poesie ist eine progressive Universalpoesie.“ Sie „allein ist unendlich, wie sie allein frei ist, und erkennt als erstes Gesetz an, daß die Willkür des Dichters kein Gesetz über sich leide.“ Die dichterische Phantasie durchdringt alle Bereiche und versucht, sich selbst und den Menschen dabei zu entgrenzen. Sie strebt nach dem Unendlichen, nach dem Elementaren; sie versucht Geist und Natur einander anzugleichen, Vergangenheit und Gegenwart als vom gleichen Geist durchseelt darzustellen. Die dichterische Freiheit manifestiert sich zum Beispiel im Umgang mit dem Mittelalter. Die Dichter setzen sich über die konkreten Fakten, z. B. gesellschaftliche Strukturen, großzügig hinweg und verwenden den zeitlichen Rahmen dieser

Epoche nur, weil ihnen in ihrer idealisierenden Betrachtung hier ein zeitlicher Hintergrund gegeben zu sein scheint, für den das Streben ins Metaphysische, Religiöse charakteristisch ist. Das Geschaffene, z. B. die Natur, hat zugleich Verweisungscharakter auf das Göttliche, auf die allumfassende Harmonie, die nicht durch analytisches Zergliedern, sondern durch Einfühlen und Mitschwingen erfaßt werden kann. Neben dieser Freiheit im Umgang mit geschichtlichen und gesellschaftlichen Gegebenheiten zeigt sich diese Freiheit auch im Umgang mit überkommenen Moralvorstellungen. Friedrich Schlegels Roman „Lucinde“ (1799) setzt an die Stelle der Institution Ehe die Gemeinschaft von Mann und Frau als vollkommene Beziehung von zwei Menschen, die aus der gegenseitigen Ergänzung resultiert und das vollkommene Sinnenglück jenseits aller falschen Scham mit einschließt.
Eine konkrete Auseinandersetzung mit gesellschaftlichen Verhältnissen ist in den romantischen Romanen der Frühzeit jedoch nicht zu finden. Das ändert sich in späteren Jahren z. B. mit dem Werk E.T.A. Hoffmanns. In den frühen Romanen wird weder eine massive Kritik an den feudal-absolutistischen Herrschaftsstrukturen geübt, noch sind konkrete Reflexe auf Ereignisse wie die Französische Revolution von 1789 feststellbar. Insofern gerät die romantische Literatur immer wieder in Verruf, reaktionär und weltfremd zu sein und ins Irrationale zu flüchten. Doch kann man aus der Aussparung der gesellschaftlichen Realität der damaligen Zeit auch den Schluß ziehen, daß sich in dieser radikalen Form der Verweigerung gerade höchste Kritik an diesen Zuständen realisiert, daß etwa die Flucht ins Märchenhafte einer idealen Welt den Mangel in der Realität um so stärker widerspiegelt. So sieht etwa der Philosoph Bloch gerade im Märchen das utopische Moment von Kunst verkörpert. In die Ausgestaltung der Idylle des Märchens fließt die mangelhafte Wirklichkeit als stets präsentes Gegenbild im Bewußtsein des Dichters und des Lesers mit ein. Das meint Adorno, wenn er sagt: „Keine Kunst, die nicht negiert als Moment in sich enthält, wovon sie sich abstößt“ (Adorno: Ästhetische Theorie. S. 24). Das bedeutet, daß selbst in Texten, die völlig realitätsfern zu sein scheinen, die Wirklichkeit noch mitgedacht ist, und sei es in der Form, daß die Kunst ganz anders als diese Wirklichkeit sein will.
Wir haben uns in der bisherigen Darstellung im wesentlichen auf die Zeit der Frühromantik beschränkt, weil aus dieser Periode auch der im folgenden näher zu besprechende Roman „Heinrich von Ofterdingen“ stammt. Es würde den Rahmen dieser Arbeit sprengen, wenn wir uns auch nur annähernd um Vollständigkeit bemühen wollten.

2.3.2 Novalis: Heinrich von Ofterdingen

Einführung in das Werk

a) Biographische Voraussetzungen:

Der erste Teil des Romans, „Die Erwartung“, entstand in den Wintermonaten 1799/1800 und lag bei Novalis’ Tod (1801) vollständig vor. Der zweite Teil, „Die Erfüllung“, blieb unvollendet. Novalis hinterließ einen fragmentarischen Anfang, einige Gedichte und skizzenhafte Notizen für die geplante Vollendung des Gesamtromans, die

Ludwig Tieck mit seinen Erinnerungen an Gespräche mit Novalis über den Roman zu einem Bericht über die geplante Fortsetzung verband. Nach Tiecks Aufzeichnungen sollte der „Heinrich von Ofterdingen" der erste Band eines auf sieben Werke konzipierten Romankorpus werden, in denen Novalis seine Anschauungen über alle wichtigen Lebensfragen und ihre philosophischen Grundlagen zum Ausdruck bringen wollte. Der erste Roman, „Heinrich von Ofterdingen", sollte sich mit der Bedeutung der Poesie auseinandersetzen. Eine „Düringische Chronik" aus dem Jahre 1434, die von den mittelalterlichen Dichtern Heinrich von Afterdingen und Klingsohr beim Sängerwettstreit auf der Wartburg erzählt, war Novalis' Hauptquelle. Insgesamt ist der Roman als Novalis' Antwort auf Goethes „Wilhelm Meister" anzusehen. Ausgehend von seinen eigenen Anschauungen, setzt Novalis dem von Goethe entworfenen Bild des Menschen ein neues, romantisches Bild entgegen, das seine eigene Ablösung von der Begeisterung Friedrich Schlegels für den Goethe-Roman widerspiegelt. Überspitzt kann man die Kritik des Novalis am „Wilhelm Meister" als Goethes Verrat an der Poesie zugunsten der bloß menschlichen Dinge zusammenfassen. Novalis schreibt über den „Wilhelm Meister": „Ich sehe so deutlich die große Kunst, mit der die Poesie durch sie selbst im Meister vernichtet wird - und während sie im Hintergrund scheitert, die Oeconomie sicher auf festen Grund und Boden mit ihren Freunden sich gütlich thut" (Quelle: Ursula Ritzendorff: Erläuterungen und Dokumente zu Novalis: Heinrich von Ofterdingen. Stuttgart: Reclam Verlag 1988. S. 142.). Vor diesem Hintergrund muß der „Heinrich von Ofterdingen" als der romantische Gegenentwurf des Dichters zu Goethes Roman verstanden werden.

b) Der Inhalt:

Die Romanhandlung spielt in der stark idealisierten Zeit des Hochmittelalters. Die Hauptfigur, der zwanzigjährige Heinrich von Ofterdingen, hat einen Traum von einer blauen Blume (Symbol der romantischen Poesie), in deren Kelch sich das Antlitz eines Mädchens zeigt. Dies ist der Anfang einer Entwicklung, die der junge Gelehrte zum Dichter durchläuft. Sein Vater hat diese Veranlagung zur Poesie seinerzeit verkümmern lassen und statt dessen den Weg des angesehen Handwerkers in Eisenach gewählt. Zusammen mit seiner Mutter, der Tochter eines angesehenen Patriziers, begibt sich Heinrich in der Gesellschaft von Kaufleuten zu seinem Großvater nach Augsburg. Die Reisegespräche bringen Heinrich die Dichtung näher. Ihre Wirkung auf den jungen Mann wird durch zwei eingebaute Erzählungen belegt: Die erste ist eine Nacherzählung der Arionsage (ein Dichter kann mit Hilfe seiner Kunst den Anschlägen von Seeräubern entgehen); in der zweiten Erzählung gelingt es einem Sänger, durch seine Sangeskunst die Liebe der Königstochter und die Thronfolge im sagenhaften Atlantis zu gewinnen. Durch Gespräche auf einer Ritterburg lernt Heinrich das Kreuzzugsgeschehen durch den Burgherrn und die gefangene Araberin Zulima aus zwei Perspektiven kennen. In einem Dorfgasthof erzählt ein alter Bergmann von Erzbergbau und den Geheimnissen des Erdinneren. Er führt die Gesellschaft in ein Höhlenlabyrinth, wo sie auf einen Einsiedler, einen Grafen von Hohenzollern, stößt, der Heinrich von seiner Freude an historischer und schöngeistiger Literatur erzählt. Ein Traum in dieser Höhle bringt Heinrich einen Schritt weiter auf dem Weg zum Dichter. In Augsburg angekommen, geraten Heinrich und seine Reisegesellschaft in ein Fest, das

sein Großvater gerade veranstaltet. Auf diesem Fest lernt Heinrich den Dichter Klingsohr kennen und verliebt sich sogleich in dessen Tochter Mathilde, die dem Mädchen aus der blauen Blume gleicht. Seine Liebe zu ihr erweckt in ihm die dichterische Kraft, und von Klingsohr erhält er die notwendige Unterweisung, damit diese Dichtkunst eine solide Grundlage bekommt. Der erste Teil des Romans endet mit einem vom Klingsohr erzählten romantischen Kunstmärchen.
Im unvollendeten zweiten Teil des Romans zieht Heinrich als unglücklicher Pilger durchs Gebirge. Das Mädchen Cyane macht ihn mit dem Arzt und Gärtner Silvester bekannt, der auch Heinrichs Vater kennt. In einem tiefsinnigen Gespräch bricht der von Novalis ausformulierte zweite Teil des Romans ab. Im weiteren Verlauf des Romans sollte Heinrichs Weg ihn durch das Reich der Toten (Kloster) in die verschiedenen Erdteile und historisch wichtigen Epochen führen. In einer Wunderwelt sollte er dann Mathilde in der blauen Blume wiederfinden und durch die Macht der Poesie alle Widersprüche der Welt auflösen.

c) Die Werkstruktur:

Geht man von der Struktur des geplanten Gesamtwerks aus, so ist zunächst auf die Rahmenstruktur zu verweisen, beginnend mit dem Traum von der blauen Blume und endend mit der Erlösung der Welt durch die Poesie, wie sie die blaue Blume symbolisiert. In dieser zyklischen Form kommt die Harmonie als bestimmendes Grundelement des Romans zum Ausdruck. Eine neue, wunderbare Realität vollendet, was der Traum am Anfang des Romans als Sehnsucht versprach. Der vorliegende erste Teil („Die Erwartung“) zeichnet sich strukturell dadurch aus, daß die eigentliche Handlung (Reise nach Augsburg; Begegnung mit dem Dichter Klingsohr und Mathilde) nur dürftig ausgestaltet ist. Der Hauptakzent liegt auf den mannigfachen Gesprächen, Erzählungen und Traumwiedergaben, die in diesen Teil eingebaut sind. Sie offenbaren das Wesen der Poesie und die in jedem Menschen schlummernden poetische Kraft. Analysen von Textausschnitten werden sich demnach vorwiegend auf diese Träume und Erzähleinlagen beziehen. Klausuren und Abituraufgaben aus diesem Roman sind also relativ vorhersehbar.

d) Aspekte des Erzählens:

Der Roman wird durchweg von einem auktorialen Erzähler erzählt, der sich mit eigenen Mutmaßungen in das Geschehen einschaltet. Seine Sympathie ruht ganz bei der Hauptfigur. Naturschilderungen wechseln mit philosophischen Betrachtungen (meist in Gesprächen) und den schon erwähnten Erzähleinlagen. Eine besondere Rolle spielen die lyrischen Einlagen, die nicht nur in die Romanhandlung passen (Heinrich möchte die Dichtkunst erlernen), sondern zugleich den Geist der Poesie vertreten, der durch das Gesamtwerk verbreitet werden sollen.

Analysebeispiel zu Novalis: Heinrich von Ofterdingen

Aufgabenstellung:
Analysieren Sie bitte den folgenden Romanausschnitt!

Textgrundlage:
Novalis: Heinrich von Ofterdingen. Stuttgart: Reclam Verlag. S. 28 ff.

Text:

In alten Zeiten muß die ganze Natur lebendiger und sinnvoller gewesen sein, als heutzutage. Wirkungen, die jetzt kaum noch die Tiere zu bemerken scheinen, und die Menschen eigentlich allein noch empfinden und genießen, bewegten damals leblose Körper; und so war es möglich, daß kunstreiche Menschen allein Dinge möglich machten und Erscheinungen hervorbrachten, die uns jetzt völlig unglaublich und fabelhaft dünken. So sollen vor uralten Zeiten in den Ländern des jetzigen griechischen Kaisertums, wie uns Reisende berichtet, die diese Sagen noch dort unter dem gemeinen Volk angetroffen haben, Dichter gewesen sein, die durch den seltsamen Klang wunderbarer Werkzeuge das geheime Leben der Wälder, die in den Stämmen verborgenen Geister aufgeweckt, in wüsten, verödeten Gegenden den toten Pflanzensamen erregt, und blühende Gärten hervorgerufen, grausame Tiere gezähmt und verwilderte Menschen zu Ordnung und Sitte gewöhnt, sanfte Neigungen und Künste des Friedens in ihnen rege gemacht, reißende Flüsse in milde Gewässer verwandelt, und selbst die totesten Gesteine in regelmäßige tanzende Bewegungen hingerissen haben. Sie sollen zugleich Wahrsager und Priester, Gesetzgeber und Ärzte gewesen sein, indem selbst die höhern Wesen durch ihre zauberische Kunst herabgezogen worden sind, und sie in den Geheimnissen der Zukunft unterrichtet, das Ebenmaß und die natürliche Einrichtung aller Dinge, auch die innern Tugenden und Heilkräfte der Zahlen, Gewächse und aller Kreaturen ihnen offenbart. Seitdem sollen, wie die Sage lautet, erst die mannigfaltigen Töne und die sonderbaren Sympathien und Ordnungen in die Natur gekommen sein, indem vorher alles wild, unordentlich und feindselig gewesen ist. Seltsam ist nur hiebei, daß zwar diese schönen Spuren, zum Andenken der Gegenwart jener wohltätigen Menschen, geblieben sind, aber entweder ihre Kunst, oder jene zarte Gefühligkeit der Natur verloren gegangen ist. In diesen Zeiten hat es sich unter andern einmal zugetragen, daß einer jener sonderbaren Dichter oder mehr Tonkünstler - wiewohl die Musik und Poesie wohl ziemlich eins sein mögen und vielleicht ebenso zusammen gehören, wie Mund und Ohr, da der erste nur ein bewegliches und antwortendes Ohr ist - daß also dieser Tonkünstler übers Meer in ein fremdes Land reisen wollte. Er war reich an schönen Kleinodien und köstlichen Dingen, die ihm aus Dankbarkeit verehrt worden waren. Er fand ein Schiff am Ufer, und die Leute darin schienen bereitwillig, ihn für den verheißenen Lohn nach der verlangten Gegend zu fahren. Der Glanz und die Zierlichkeit seiner Schätze reizten aber bald ihre Habsucht so sehr, daß sie untereinander verabredeten, sich seiner zu bemächtigen, ihn ins Meer zu werfen, und nachher seine Habe untereinander zu verteilen. Wie sie also mitten im Meer waren, fielen sie über ihn her, und sagten ihm, daß er sterben müsse, weil sie beschlossen hätten, ihn ins Meer zu werfen. Er bat sie auf die rührendste Weise um sein Leben, bot ihnen seine Schätze zum Lösegeld an, und prophezeite ihnen großes Unglück, wenn sie ihren Vorsatz ausführen würden. Aber weder das eine, noch das andere konnte sie bewegen: denn sie fürchteten sich, daß er ihre bösliche Tat einmal verraten möchte. Da er sie nun einmal so fest entschlossen sah, bat er sie ihm wenigstens zu erlauben, daß er noch vor seinem Ende seinen Schwanengesang spielen dürfe, dann wolle er mit seinem schlichten hölzernen Instrumente, vor ihren Augen freiwillig ins Meer springen. Sie wußten recht wohl, daß wenn sie seinen Zaubergesang hörten, ihre Herzen erweicht, und sie von Reue ergriffen werden würden; daher nahmen sie sich vor, ihm zwar diese Bitte zu gewähren, während des Gesangs aber sich die Ohren fest zu verstopfen, daß sie nichts davon vernähmen, und bei ihrem Vorhaben bleiben könnten. Dies geschah. Der Sänger stimmte einen herrlichen, unendlich rührenden Gesang an. Das ganze Schiff tönte mit, die Wellen klangen, die Sonne und die Gestirne erschienen zugleich am Himmel und aus den grünen Fluten tauchten tanzende Scharen von Fischen und Meerungeheuern hervor. Die Schiffer standen feindselig allein mit festverstopften Ohren, und warteten voll Ungeduld auf das Ende des Liedes. Bald war es vorüber. Da sprang der Sänger mit heitrer Stirn in den dunklen Abgrund hin, sein wundertätiges Werkzeug im Arm. Er hatte kaum die glänzenden Wogen berührt, so hob sich der breite Rücken eines dankbaren Untiers unter ihm hervor, und es schwamm schnell mit dem erstaunten Sänger davon. Nach kurzer Zeit hatte es mit ihm die Küste erreicht, nach der er hingewollt hatte, und setzte ihn sanft im Schilfe nieder. Der Dichter sang seinem Retter ein frohes Lied, und ging dankbar von dannen. Nach einiger Zeit ging er einmal am Ufer des Meeres allein, und klagte in süßen Tönen über seine verlorenen Kleinode, die ihm als Erinnerungen glücklicherer Stunden und als Zeichen der Liebe und Dankbarkeit so wert gewesen waren. Indem er so sang, kam plötzlich sein alter Freund im Meere fröhlich daher gerauscht, und ließ aus seinem Rachen die geraubten Schätze auf den Sand fallen. Die Schiffer hatten, nach des Sängers Sprunge, sich sogleich in seine Hinterlassenschaft zu teilen angefangen. Bei dieser Teilung war Streit unter ihnen entstanden, und hatte sich in einen mörderischen Kampf geendigt, der den meisten das Leben gekostet; die wenigen, die übrig geblieben, hatten allein das Schiff nicht regieren können, und es war bald auf den Strand geraten, wo es scheiterte und unterging. Sie brachten mit genauer Not das Leben davon, und kamen mit leeren Händen und zerrissenen Kleidern ans Land, und so kehrten durch die Hülfe des dankbaren Meertiers, das die Schätze im Meere aufsuchte, dieselben in die Hände ihres alten Besitzers zurück.

Ausführung

A. Ein wesentliches Strukturmerkmal des ersten Teils des Novalis-Romans „Heinrich von Ofterdingen“ sind die relativ selbständigen Erzähleinlagen, die für Heinrichs geistige und seelische Entwicklung von großer Bedeutung sind. Der vorliegende Romanausschnitt enthält eine solche Erzählsequenz, die von Heinrichs Mitreisenden auf dem Weg von Eisenach nach Augsburg erzählt wird. Sie setzt sich aus zwei größeren Kompositionsheinheiten zusammen, von denen die erste allgemeines philosophische Reflexion über die „alten Zeiten“ (Z. 1 - 25) enthält, in denen noch paradiesische Zustände herrschten; die zweite enthält eine Bearbeitung eines griechischen Sagenstoffes, der Arion-Sage. Dieser zweite Teil des Romanausschnittes kann als Exemplifikation der vorangegangenen allgemeinen Betrachtungen angesehen werden.

B. Die philosophischen Ausführungen des ersten Teils beginnen mit der umfassenden spekulativen These: „In alten Zeiten muß die ganze Natur lebendiger und sinnvoller gewesen sein, als heutzutage“ (Z. 1 f.). Damit wird das im folgenden entworfene Bild eines goldenen Zeitalters stets im Kontrast zur Gegenwart des Erzählers, aber auch zur jeweiligen Situation des Lesers verstanden. Der utopische Entwurf der beschriebenen paradiesischen Zustände stellt sich damit einer als mangelhaft empfundenen Wirklichkeit entgegen. Allein der Mensch vermag noch etwas von der Wirkung des ehemaligen Zustandes zu spüren (Z. 3). Was zeichnet nun diesen paradiesähnlichen Zustand ältester Zeiten aus? Zusammenfassend kann man sagen, daß es die Allmacht des Menschen zur Schaffung des Guten ist, geboren aus dem Geist der Poesie. Dieser Gedanke wird im Rückgriff auf griechische Sagen erläutert. Daß diese Sagen noch „unter dem gemeinen Volk angetroffen“ werden (Z. 8), spricht für ihre Glaubhaftigkeit und dokumentiert zugleich das Vertrauen der romantischen Dichter auf das Volkhafte, Naive und Unreflektierte. Durch die Verwendung des modalen Hilfsverbs „sollen“ (Z. 6) bauen die mit Heinrich reisenden Erzähler zwar eine gewisse Distanz zu dem Berichteten auf, doch signalisiert der Schlußsatz dieser Passage, daß das zuvor Dargestellte zumindest als Wunschbild, als Sehnsucht für die Erzähler fortbesteht: „Seltsam ist nur dabei, daß zwar die schönen Spuren zum Andenken an die Gegenwart dieser wohltätigen Menschen geblieben sind, aber entweder ihre Kunst, oder jene zarte Gefühligkeit der Natur verloren gegangen ist“ (Z. 22 ff.). Schaut man auf die Inhalte jener Beschreibung der ältesten Zeit, so fällt auf, daß Novalis hier gleichsam einen neuen Schöpfungsbericht gestaltet. Es waren die Dichter, die „das geheime Leben der Wälder“ aufgeweckt haben (Z. 9 f.), sie haben „den toten Pflanzensamen erregt, und blühende Gärten hervorgerufen“ (Z. 11). An diesem Beispiel zeigt sich die belebende Kraft des Gesanges der Dichter. In den folgenden Bildern von den „grausamen Tieren“, den „verwilderten Menschen“, „den reißenden Flüssen“ (Z. 12 ff.) kommt die besänftigende, kultivierende Kraft der dichterischen Gesänge zum Ausdruck. In der Tendenz zur Mäßigung, zum Ausgleich von Gegensätzen liegt ein entscheidendes Element des Poetischen. Darüber hinaus transzendiert die poetische Kraft des Menschen die uns normalerweise gesetzten Grenzen: „Sie (die Dichter) sollen zugleich Wahrsager und Priester, Gesetzgeber und Ärzte gewesen sein, indem selbst die höheren Wesen durch ihre zauberische Kunst herabgezogen worden sind“ (Z. 15 ff.). Hier wird deutlich, daß die Kunst, die Poesie, die wahre und einzige Möglichkeit des Menschen ist, über die ihm gesetzten Grenzen hinauszuschreiten, teilzuhaben am Göttlichen. Damit kristallisiert sich hier die romantische Antwort auf die Fragen „Wo liegt die Bedeutung des Menschen, was ist sein eigentliches Ziel?“ heraus. Die Utopie des Menschen, also das, wozu er im Idealfall fähig wäre, wird erahnbar in diesem Rückblick, in dem der Mensch als poetischer Mensch dargestellt wird. „Seitdem sollen [...] erst die mannigfaltigen Töne und die sonderbaren Sympathien und Ordnung in

der Natur gekommen sein, indem vorher alles wild, unordentlich und feindselig gewesen ist" (Z. 20 ff.). Die Substantive „Sympathien" und „Ordnungen" sind in diesem Zusammenhang zentrale Begriffe. In ihrem Konnotationsbereich spiegelt sich die Vorstellung vom Kosmos im Gegensatz zum Chaos wider. Damit erreichen die Ausführungen in diesem ersten Teil des Romanauszuges einen gewissen Höhepunkt: Was wir gewöhnlich als das Göttliche, das Ordnung-Schaffende bezeichnen, wird hier als die poetische Kraft erkannt, an welcher der Mensch partizipieren kann. Vielleicht liegt darin - nach der romantischen Interpretation - gerade die Ebenbildlichkeit des Menschen mit Gott, von der der Schöpfungsbericht (Gen 1) erzählt.
Der zweite Teil des Romanauszuges (ab Z. 25) stellt sich als eine in sich abgeschlossene Erzählsequenz dar. Ihre Fabel hat das Schicksal eines jener alten Dichter zum Gegenstand, von denen im vorangehenden allgemeinen Teil die Rede war. Die Temporalbestimmung „In diesen Zeiten" (Z. 25) verbindet die beiden Teile des Textauszuges, indem der Leser die allgemeine Beschreibung aus dem ersten Teil im Hinterkopf hat, wenn er nun von dem besonderen Schicksal dieses einzelnen Dichters liest. Die Struktur der nun näher zu untersuchenden Erzählung greift auf die Komposition von Volksmärchen zurück. Sie setzt ein mit einer kurzen Charakterisierung des Ordnungsgefüges, das sich durch einen harmonischen Urzustand auszeichnet. Von dem Dichter heißt es: „Er war reich an schönen Kleinodien und köstlichen Dingen, die ihm aus Dankbarkeit verehrt worden waren" (Z. 30 f.). Hier bedient sich der Erzähler des Märchenmusters, um den sittlichen Wert dieses Mannes (er ist ein Dichter, wie er im vorangehenden Teil beschrieben wurde) augenfällig werden zu lassen. Auch der nächste Teil dieser Erzählung lehnt sich an das Muster des Volksmärchens an. Es folgt nämlich die vorübergehende Störung der anfänglichen Ordnung. In dieser Erzählsequenz geschieht das durch die Habgier der Seeleute, die den Dichter in äußerste Gefahr bringen. Wenn im folgenden durch wunderbare Rettung der Zustand harmonischer Ordnung wiederhergestellt wird, indem der Dichter durch Tiere sicher an Land gebracht wird und die Bösen bestraft werden, so folgt Novalis auch hier dem Märchenschema. Mit dieser Übernahme von Strukturen des Voksmärchens sind der Sinn und die Funktion dieses Abschnitts jedoch noch nicht erklärt. Hierin spiegelt sich lediglich die romantische Vorliebe für einfache Formen, die ein Meilenstein auf dem Weg zur poetischen Wahrheit sind.
Wichtig ist auch, in welchen Punkten sich die Erzählung vom traditionellen Volksmärchen unterscheidet. Hier ist vor allem auf zwei Punkte zu verweisen. Zum einen fällt die psychologische Ausgestaltung des Verbrechens der Seeleute auf, zum andern die sehr intensive Beschreibung der Wirkungen des Gesangs. In beiden Fällen geht es um eine Charakterisierung der Wirkung der Poesie. Wenn es von den Seeleuten heißt: „Sie wußten recht wohl, daß wenn sie seinen Zaubergesang hörten, ihre Herzen erweicht, und sie von Reue ergriffen würden" (Z. 45 f.), so wird dadurch die Kraft der Poesie besonders intensiv zum Ausdruck gebracht. Selbst die Feinde des Dichters wissen, daß sie sich letztlich der Macht der Dichtung nicht entziehen können, so daß an dieser Stelle auf anschauliche Weise untermauert wird, was zuvor allgemein über die Poesie gesagt wurde: Sie würde sich auch hier als das Ordnung stiftende Element erweisen, das im Sieg über die chaotischen Kräfte des Bösen den Kosmos schafft, wenn sich diese nicht durch einen Trick ihrer Wirkung entzögen. Daß die Bösen um

diese Macht der Poesie wissen und ihren Einfluß fürchten, unterstreicht den Wahrheitsgehalt der zu vermittelnden Aussage. Die zweite Abweichung ist zu erkennen, wenn die tatsächliche Wirkung des Gesanges des Dichters beschrieben wird. Zwar können sich die Seeleute durch ihren Trick vor dem Einfluß der Poesie bewahren, doch zeigen die folgenden Darstellungen um so deutlicher, wie mächtig die Wirkung der Poesie ist. Es folgt eine Aufzählung von unmittelbaren Auswirkungen des Gesanges auf die belebte und unbelebte Natur: „Das ganze Schiff tönte mit, die Wellen klangen, die Sonne und die Gestirne erschienen zugleich am Himmel, und aus den grünen Fluten tauchten tanzende Scharen von Fischen und Meerungeheuern hervor" (Z. 50 ff.). Hier zeigt sich deutlich, welch ordnende Kraft von der Poesie ausgeht. Alle Bereiche der Welt vereinen sich in dem harmonischen Bereich der Poesie. Selbst die Meerungeheuer sind nicht ausgenommen von dieser allumfassenden Harmonie. Wie selbstverständlich verlieren sie alles Bedrohliche und werden zu Wesen, die letztlich nur dem Guten dienen, die ihr böses Wesen ablegen, wenn sie mit der poetischen Kraft konfrontiert werden. Eine weitere Aufwertung erfährt die Poesie dadurch, daß der gerettete Dichter „seinem Retter ein frohes Lied" sang (Z. 59 f.). Damit wird die Poesie über alles andere gestellt, sie animiert nicht nur zur Rettung, sondern stellt auch den angemessenen Lohn für erbrachte Leistung dar.

Ein weiterer Aspekt ist, daß der Dichter voll und ganz auf die Kraft seiner Dichtkunst vertraut, daß er sich in die Fluten stürzt, ohne Angst zu zeigen, ohne Anklage zu erheben. Wenn es heißt: „Da sprang der Sänger mit heitrer Stirn in den dunklen Abgrund hin" (Z. 54 f.), signalisiert die paradoxe Formulierung, wie sie in den Adjektiven „heiter" und „dunkel" zum Ausdruck kommt, daß die Poesie unendliche Kräfte freisetzt, durch die alle irdische Not überwunden werden kann. Am Schicksal des Individuums zeigt sich die Macht der Poesie besonders eindrucksvoll. Selbst der Tod kann überwunden werden, wenn man der Poesie vertraut.

Innerhalb des gesamten Romans stellt die Bearbeitung des alten griechischen Sagenstoffes ein Glied in der Entfaltung der Idee des Poetischen dar. Was in den Träumen Heinrichs und seines Vaters angedeutet wurde, findet in dieser Erzählung der Mitreisenden eine erste Bestätigung. Wird hier die Bedeutung der Poesie als solche hervorgehoben und am Schicksal eines Dichters gezeigt, was sie zu leisten vermag, so greift die Erzählung aus dem dritten Kapitel die innige Verbindung von Poesie und Liebe auf, die als Vorwegnahme des Zustandes angesehen werden kann, den Heinrich erst noch erreichen muß. Seine eigene Entwicklung und die noch folgenden weiteren Erzähleinlagen sind stets aufs engste miteinander verwoben. Das Klingsohr-Märchen stellt den ersten Höhepunkt dieser Gesamtkonzeption des Romans dar, bevor dann im zweiten, unvollendet gebliebenen Teil, in der „Erfüllung", die poetische Kraft in Heinrichs Leben selbst übernommen wird und damit aufzeigt, wie ein Leben aus dieser Kraft heraus gestaltet werden kann.

C. Im vorangehenden Teil haben wir die Sage über den alten griechischen Dichter aus sich selbst heraus zu verstehen versucht. Interessant wäre nun ein Vergleich der Novalis-Bearbeitung mit der ursprünglichen Fassung des Arion-Stoffes von Herodot. Ein solcher Textvergleich könnte die besonderen Akzente der romantischen Bearbeitung veranschaulichen. Es würde deutlich werden, daß Novalis den Stoff gerade an den Stellen umgestaltet und erweitert hat, wo es um die Bedeutung der Poesie geht.

Einbettung des Romans in die Epoche

Wir haben bei der vorangehenden Textanalyse gesehen, daß die Poesie ein zentrales Thema des Romans „Heinrich von Ofterdingen" ist. Vielfältige Variationen dieses Themas bestimmen die Struktur des Romans. In Heinrichs Traum am Anfang bleibt die Bedeutung der blauen Blume als Symbol für die Poesie noch schemenhaft; erste Konturen gewinnt sie in der Erinnerung seines Vaters an einen ähnlichen Traum, in dem dieser eine Vision von den Fähigkeiten seines künftigen Sohnes hatte. Dann folgen zwei Einschübe von Erzählungen der Mitreisenden. Sowohl die Bearbeitung der Arionsage (= Gegenstand der Beispielanalyse) wie auch das Märchen von der Prinzessin und dem Jüngling thematisieren die Kraft der Poesie, allerdings ohne zu reflektieren, was das Wesen der Poesie ausmacht. Auch die Erzählungen der Ritter und Zulimas über das Kreuzzugsgeschehen gehören im weitesten Sinn zu diesem Themenkreis, denn die Kraft der Erzählungen vermag Heinrich zu begeistern, aber auch seine anfängliche Begeisterung für die Kreuzzüge zu relativieren, so daß hier erkennbar wird, wie auf der eigentlichen Handlungsebene des Romans eine reinigende und moralisch sensibilisierende Kraft von der Dichtung ausgeht. Wichtig ist in diesem Zusammenhang, daß diese Reinigung bei Heinrich nicht erst durch die den ritterlichen Schwärmereien entgegengesetzte Erzählung Zulimas einsetzt, sondern daß seine Empfänglichkeit für Dichtung gleichsam einen Selbstreinigungsprozeß in ihm auslöst: „Das kriegerische Getümmel verlor sich, und es blieb nur eine klare bilderreiche Sehnsucht zurück. Er fühlte, daß ihm eine Laute mangelte, so wenig er auch wußte, wie sie eigentlich gebaut sei, und welche Wirkungen sie hervorbringe" (S. 55). Die Erzählungen und Bücher des Einsiedlers rufen in Heinrich eine Stimmung hervor, die ihn in einem Tagtraum in diese poetische Welt als handelnde Figur eintreten läßt. Wichtiger jedoch, auch im Blick auf eine Bestimmung des Stellenwertes dieses Romans innerhalb der romantischen Epoche, ist Heinrichs Begegnung mit dem Dichter Klingsohr, der als Autorität Heinrich gezielt in die Dichtkunst einführt. Diese Einführung enthält zugleich ein Konzept der romantischen Dichtungstheorie, das manche gängige Vorstellung von Romantik korrigieren kann. Romantische Dichtung ist nicht das „spontane Überfließen mächtiger Gefühle", wie der Engländer William Wordsworth im Jahre 1800 geschrieben hat, sondern sie ist eingebunden in Reflexionsprozesse. Klingsohr postuliert: „Ein reines offenes Gemüt, Gewandtheit im Nachdenken und Betrachten, und Geschicklichkeit, all seine Fähigkeit in eine gegenseitig belebende Tätigkeit zu versetzen, das sind die Erfordernisse unserer Kunst" (S. 111). Damit ist die poetische Kunst aus dem Bereich des Naiven herausgehoben. Beispiel für solch reflektierte Kunst ist das allegorische Märchen Klingsohrs. Es ist nicht die platte Nachahmung des Volksmärchenmusters, sondern hier werden Märchenstrukturen in den Dienst einer spezifischen Intention gestellt, die den Frieden (Freya), vermählt mit der Liebe (Eros), zum Schlußbild werden läßt, das erst durch das Eingreifen der Poesie (Fabel) möglich wurde. Der Höhepunkt dieses thematischen Stranges in unserem Roman sollte dann der poetische Lebenslauf Heinrichs im unvollendet gebliebenen zweiten Teil des Romans darstellen. Aus den von Novalis hinterlassenen Skizzen und Bemerkungen läßt sich rekonstruieren, daß mit Heinrich die poetische Kraft als das organisierende Prinzip für alles menschliche Zusammenleben und für die Beziehung

zur Natur eingeführt werden sollte, so daß schließlich alle Gegensätze und Widerwärtigkeiten überwunden werden sollten und selbst dem Tod seine Macht genommen werden sollte, indem Heinrich mit der früh verstorbenen Mathilde wiedervereint werden sollte. Hier ist der Übergang von der wirklichen Welt in die geheime, überirdische vollzogen, in der sich die romantisch-idealistische Philosophie widerspiegelt.
Noch in einer anderen Hinsicht ist das Bild von der Romantik zu relativieren, wenn man vom „Heinrich von Ofterdingen" ausgeht. Während bei vielen romantischen Dichtern eine Hinwendung zum Katholizismus zu beobachten ist, kann man im Novalis-Roman solche Tendenzen nicht finden. Vielmehr verwendet der Autor christliche Motive in einem anderen Zusammenhang. So tritt in dem Traum des Vaters der Sohn in einer solch verklärten Gestalt auf, daß man hier von einer Christusfiguration sprechen könnte. Auch alttestamentliche Motive wie die Schöpfungsgeschichten werden im Sinne der neuen Philosophie uminterpretiert, so daß man an keiner Stelle von einer christlich-orthodoxen Grundhaltung sprechen kann.
Selbst die auf den ersten Blick als typisch romantisch gewertete Verankerung des Geschehens in der mittelaterlichen Welt erfolgt bei Novalis nicht unreflektiert. So wird ein bestimmendes Ereignis jener Zeit, die Kreuzzüge, durch Romanstruktur und durch die konkrete Reaktion des Helden in Frage gestellt. Die Erzählungen über die Kreuzzüge werden durch die Perspektive eines Opfers relativiert (Zulima), und auch Heinrich selbst gelangt zu einer kritischen Einschätzung derselben. Überhaupt läßt sich sagen, daß das durch den Roman vermittelte Geschichtsbild nicht unreflektiert ist. Zwar verzichtet Novalis darauf, konkrete geschichtliche Ereignisse aufzuarbeiten, mit Ausnahme der Kreuzüge, doch vermittelt er eine grobe Bewertung des Verlaufs der Welt- und Menschheitsgeschichte, wenn er z. B. den Gesang des Jünglings in dem eingeschobenen Märchen der Kaufleute charakterisiert: „Er handelte von dem Ursprunge der Welt, ... von der uralten goldenen Zeit und ihren Beherrscherinnen, der Liebe und Poesie, von der Erscheinung des Hasses und der Barbarei und ihren Kämpfen mit jenen wohltätigen Göttinnen, und endlich von dem zukünftigen Triumph der letztern ... und der Wiederkehr eines ewigen goldenen Zeitalters" (S. 45). Hier ist eine Dreiteilung der geschichtlichen Entwicklung erkennbar: am Anfang stand das goldene Zeitalter, gegenwärtig liegen Haß und Barbarei mit den guten Kräften im Widerstreit, und am Ende wird alles wieder in ein goldenes Zeitalter einmünden. Hinter dieser zyklischen Struktur verbirgt sich ein Zukunftsoptimismus, der auf dem Sieg der positiven Kräfte Liebe und Poesie beruht. Diesen Kräften vertraut er, diesen Kräften soll auch sein Roman zum baldigen Sieg verhelfen. Sein Geschichtsbild mündet also mehr in eine philosophische Utopie denn in eine politische oder soziale.
In anderen Punkten entspricht der Roman stärker den allgemeinen Tendenzen seiner Entstehungszeit. Friedrich Schlegel fordert für den Roman, daß er eine „Enzyklopädie des ganzen geistigen Lebens eines genialischen Individuums" sein soll. Als ein solches genialisches Individuum ist Heinrich in seiner Bestimmung zum Dichter anzusehen. Sein geistiges Leben spiegelt sich in der Verarbeitung der vor allem geistigen Impulse durch Erzählungen wider. Darin unterscheidet sich die Hauptfigur von Wilhelm Meister, dem Helden des Goethe-Romans. Novalis gestaltet den konsequenten Weg Heinrichs zum Dichter, während für Wilhelm Meister die Begegnungen mit dem

Theater nur eine Durchgangsphase auf dem Weg zu einem aktiven gesellschaftlichen Leben sind. Bei Heinrichs Weg handelt es sich um eine typisch romantische Ausgestaltung der Idee „des unendlichen Progresses" (Fichte). Unendliches Voranschreiten bedeutet für Novalis und seinen Helden Heinrich ein Überschreiten der dem Menschen scheinbar gesetzten Grenzen in Richtung Transzendenz, die nur der von der Idee einer allumfassenden Poesie beseelte Mensch erreichen kann.

Übungsbeispiel: Auszug aus Novalis: Heinrich von Ofterdingen

Aufgabenstellung:
Analysieren Sie bitte den folgenden Text!

Textgrundlage:
Novalis: Heinrich von Ofterdingen. Stuttgart: Reclam Verlag 1987. S. 106 f.

Text:

Heinrich war erhitzt, und nur spät gegen Morgen schlief er ein. In wunderliche Träume flossen die Gedanken seiner Seele zusammen. Ein tiefer blauer Strom schimmerte aus der grünen Ebene herauf. Auf der glatten Fläche schwamm ein Kahn. Mathilde saß und ruderte. Sie war mit Kränzen geschmückt, sang ein einfaches Lied, und sah nach ihm mit süßer Wehmut herüber. Seine Brust war beklommen. Er wußte nicht warum. Der Himmel war heiter, die Flut ruhig. Ihr himmlisches Gesicht spiegelte sich in den Wellen. Auf einmal fing der Kahn an, sich umzudrehen. Er rief ihr ängstlich zu. Sie lächelte und legte das Ruder in den Kahn, der sich immerwährend drehte. Eine ungeheure Bangigkeit ergriff ihn. Er stürzte sich in den Strom; aber er konnte nicht fort, das Wasser trug ihn. Sie winkte, sie schien ihm etwas sagen zu wollen, der Kahn schöpfte schon Wasser; doch lächelte sie mit einer unsäglichen Innigkeit, und sah heiter in den Wirbel hinein. Auf einmal zog es sie hinunter. Eine leise Luft strich über den Strom, der ebenso ruhig und glänzend floß, wie vorher. Die entsetzliche Angst raubte ihm das Bewußtsein. Das Herz schlug nicht mehr. Er kam erst zu sich, als er sich auf trockenem Boden fühlte. Er mochte weit geschwommen sein. Es war eine fremde Gegend. Er wußte nicht wie ihm geschehen war. Sein Gemüt war verschwunden. Gedankenlos ging er tiefer ins Land. Entsetzlich matt fühlte er sich. Eine kleine Quelle kam aus einem Hügel, sie tönte wie lauter Glocken. Mit der Hand schöpfte er einige Tropfen und netzte seine dürren Lippen. Wie ein banger Traum lag die entsetzliche Begebenheit hinter ihm. Immer weiter und weiter ging er, Blumen und Bäume redeten ihn an. Ihm wurde so wohl und heimatlich zu Sinne. Da hörte er jenes einfache Lied wieder. Er lief den Tönen nach. Auf einmal hielt ihn jemand am Gewande zurück. „Lieber Heinrich", rief eine bekannte Stimme. Er sah sich um, und Mathilde schloß ihn in seine Arme. „Warum liefst du vor mir, liebes Herz?" sagte sie tiefatmend. „Kaum konnte ich dich einholen." Heinrich weinte. Er drückte sie an sich. - „Wo ist der Strom?" rief er mit Tränen. „Siehst du nicht seine blauen Wellen über uns?" Er sah hinauf, und der blaue Strom floß leise über ihrem Haupte. „Wo sind wir, liebe

Mathilde?" „Bei unsern Eltern." „Bleiben wir zusammen?" „Ewig", versetzte sie, indem sie ihre Lippen an die seinigen drückte, und ihn so umschloß, daß sie nicht wieder von ihm konnte. Sie sagte ihm ein wunderbares geheimes Wort in den Mund, was sein ganzes Wesen durchklang. Er wollte es wiederholen, als sein Großvater rief, und er erwachte. Er hätte sein Leben darum geben mögen, das Wort noch zu wissen.

Lösungshinweise:

1. Die Textstelle steht in Zusammenhang mit den anderen Träumen Heinrichs, deren prophetischer Charakter sich mittlerweile erwiesen hat (Bedeutung der Poesie; Verbindung von Liebe und Poesie).
2. Somit ist die Textstelle als Vorausdeutung auf Heinrichs weiteres Schicksal zu interpretieren. Er wird seine Frau Mathilde durch den Tod verlieren, um sie dann auf ewig wiederzufinden. Daraus entsteht der Handlungsrahmen für den zweiten Teil des Romans: Heinrich muß mit Mathilde wiedervereint werden, und die Macht des Todes muß auf ewig überwunden sein.
3. Formal ist der Text in zwei Teile zu gliedern: Im ersten Teil liegt eine rein narrative Erzählsequenz vor, in der die Umstände, die zum Verlust der Geliebten führen, in kurzen Hauptsätzen geschildert werden. Der zweite Teil, der das Wiederfinden Mathildes enthält, ist dagegen durch den Dialog geprägt (szenische Darstellung). Formal wird er dadurch hervorgehoben.
4. Auf die Frage, wie lange ihre neue Vereinigung dauern werde, wird die Ewigkeitsperspektive eröffnet. Bezeichnend ist in diesem Zusammenhang, daß dieser Satz durch einen Kuß untermauert wird, aus dem sich Mathilde und Heinrich nicht wieder lösen können. Damit wird die Liebe als das Bindeglied zur Ewigkeit dargestellt.
5. Durch die Wiedervereinigung von Heinrich und Mathilde wird deutlich, daß der Tod überwunden werden kann, daß er keine endgültige Grenze zwischen den Lebenden und den Toten darstellt. (Auch im Klingsohr-Märchen wird der Tod aufgehoben).
6. In Übereinstimmung mit anderen Passagen des Romans (z. B. Bearbeitung der Arion-Sage) wird dem Tod seine vernichtende Kraft genommen. Mathilde geht ohne Bitternis in den Tod.
7. Das Bindeglied zwischen der alten und der neuen Welt ist die Poesie. In ihrer Todesstunde singt Mathilde ein einfaches Lied, dessen Melodie Heinrich in der neuen Welt vor der Wiedervereinigung erneut vernimmt.
8. Daß die neue Welt vom Geist der Poesie bestimmt ist, wird auch daran erkennbar, daß Heinrich von Blumen und Bäumen angeredet wird (Z. 21), was auf den ursprünglich poetischen Weltzustand zurückweist.
9. Das geheimnisvolle Wort Mathildes bleibt ihm nicht in Erinnerung. Das ist ein Indiz dafür, daß seine Entwicklung noch nicht abgeschlossen ist; es bedarf noch eines langen Prozesses, der im zweiten Teil des Romans erst abgeschlossen wird. Die Tatsache, daß ihm ein Wort fehlt, deutet darauf hin, daß sich die poetische Kraft (= Macht des Wortes) noch nicht voll in ihm entfaltet hat.

10. Andererseits verdeutlicht der Traum, daß eine Einheit mit der Natur (Bäumen und Blumen) wiederhergestellt ist. Damit hat Heinrich im Traum die Trennung des Menschen von den anderen Bereichen der Schöpfung überwunden.

Literaturhinweise:

Ursula Ritzenhoff: Novalis: Heinrich von Ofterdingen. Erläuterungen und Dokumente. Stuttgart: Reclam Verlag 1988
(enthält vor allem gute Hinweise zur Deutung des schwierigen Klingsohr-Märchens)

2.4 Romane des Realismus und Naturalismus

2.4.1 Übersicht

Realismus im Bereich der Kunst und Literatur ist ein vieldeutiger Begriff; die Kunst- und Literaturepoche des Realismus ist noch schwieriger ein- und abzugrenzen als andere Epochen. Die Versuche, diesen Epochenbegriff durch Adjektive wie „bürgerlich" oder häufiger noch: „poetisch", genauer zu definieren, führen nicht viel weiter. Noch stehen Künstler und Schriftsteller im Bannkreis der Goethezeit. Die Kunst- und Literaturauffassung jener Zeit gilt lange noch als überzeitlich-gültige Norm, ohne nach ihrer historischen Bedingtheit zu fragen. Erst im Naturalismus und dann, noch radikaler, in der sogenannten Moderne (Expressionismus, Dadaismus, Kubismus) wird der Traditionsbruch endgültig vollzogen.
Was verstehen wir unter Realismus im Bereich der Kunst und Literatur?
Realismus heißt Lebenstreue, Wirklichkeitsnähe. Unter literarischem Realismus verstehen wir die möglichst weitgehende Übereinstimmung zwischen der vom Dichter dargestellten Wirklichkeit und der Wirklichkeit, die wir im Leben erfahren. Aber die Wirklichkeit wird nicht abgebildet, sondern poetisch verklärt. B. Brecht erläutert: „Realistisches Schreiben kann man vom nicht realistischen nur dadurch unterscheiden, daß man es mit der Realität selbst konfrontiert, die es behandelt." Mit diesem Definitionsversuch sind nicht alle Probleme gelöst, es bleiben Ungewißheiten. Es hängt zum Beispiel von der Wirklichkeitserfahrung des Lesers ab, ob er ein Werk als realistisch einordnet. Zudem ist Wirklichkeit nichts eindeutig Feststehendes, sie wandelt sich unaufhörlich. Immer jedoch bedeutet ein Abbilden von Wirklichkeit im Kunstwerk, daß Wirklichkeit nicht objektiv reproduziert wird, sondern durch das subjektive Bewußtsein des Künstlers widergespiegelt wird.
Wie läßt sich die realistische Epoche einteilen? Die gescheiterte bürgerliche Revolution von 1848/49, ein gesamteuropäisches Phänomen, markiert im 19. Jahrhundert einen bedeutsamen Wendepunkt. Die literarische Phase vor dieser Revolution, vom Wiener Kongreß 1815 bis 1848 oder nur von 1830 bis 1848, wird vielfach als „Vormärz" bezeichnet (gemeint ist die Epoche vor dem revolutionären März 1848). In diesem „Vormärz" beginnt bereits die Hinwendung der Literatur und Kunst zur gesellschaftlich-politischen Wirklichkeit (vgl. Heine, Büchner). Die Zeit von 1849 bis 1895

gilt als die eigentliche Epoche des Realismus, in welcher der Roman zur bestimmenden Form wird (vgl. die Werke von Th. Storm, G. Keller, W. Raabe, H. Gotthelf). Denn die Gattung Roman kam den Bestrebungen nach Wirklichkeitsnähe, nach psychologischen und soziologischen Fragestellungen, nach Zeit- und Gesellschaftskritik entgegen. Diese Öffnung der Kunst gegenüber der zeitgenössischen Wirklichkeit ist ein gesamteuropäisches Ereignis (in Frankreich: Balzac, Flaubert, Zola; in Rußland: Puschkin, Turgenjew, Dostojewski; in England: Dickens, H. James). Die bekanntesten Romanschriftsteller in Deutschland grenzen sich jedoch von der analytisch-wissenschaftlichen Methode der Wirklichkeitsbeobachtung französischer Schriftsteller ab und betonen die Eigenständigkeit eines poetischen Weltverständnisses. Fontane meint zum Beispiel, daß bei den russischen und französischen Romanciers das Häßliche der Realität übertrieben werde und das Poetische bei der wissenschaftlich orientierten Prosa verlorengehe. Ein „nacktes Wiedergeben alltäglichen Lebens", das sich zudem auf das Elend konzentriere, sei „Reportertum". Aufgabe des Schriftstellers sei es, durch „humoristische Verklärung" die Wirklichkeit in einen sinnvollen Zusammenhang zu bringen und im Lichte der Poesie darzustellen.
Naturalistische Romankunst, von der sich Fontane unmißverständlich abgrenzt, obschon er einzelne Naturalisten unterstützt, orientiert sich dagegen an einer Verbindlichkeit der Wissenschaften (vgl. z. B. die Erkenntnisse der Milieutheorie, der Evolutionstheorie Darwins, der Vererbungslehre). Von 1882 bis 1895 bestimmt diese naturalistische Kunstauffassung die literarische Diskussion. Ein naturalistischer Roman zeigt das Leben der Leute von nebenan in seiner trostlosen Dürftigkeit und Abhängigkeit von Milieu und Psyche. In diesen „Studien", die vom Geist „vorurteilslosen Forschens" bestimmt sind, verzichtet der Autor - zumindest prinzipiell - auf künstlerische Gestaltung. Im Streben nach weistestgehender Wirklichkeitstreue verzichten die Autoren auf alles Poetische wie zum Beispiel auf ästhetische Mittel und auf die Ausgestaltung der Erzählerrolle; statt dessen strebt man eine exakte Reproduktion der Alltagssprache (Dialekt, Stammeln) an. Abschließend sei noch einmal Fontane zitiert, um den Unterschied zwischen realistischem und naturalistischem Schreiben zu verdeutlichen; für ihn hört „alle Kunst auf und der Polizeibericht wird der Weisheit letzter Schluß", beschränkt man sich auf naturalistisches Erzählen.

2.4.2 Th. Fontane: Effi Briest. Ein Beispiel für den Realismus

Einführung in das Werk

Die diesem Roman zugrundeliegende Fabel ist eine Ehebruchsgeschichte, die ein wenig an Goethes Roman „Die Wahlverwandtschaften" erinnert. Fontane gestaltet allerdings eine Dreiecksbeziehung: eine Frau zwischen zwei sehr unterschiedlichen Männern. Die noch kindlich-unbekümmerte Effi Briest heiratet, veranlaßt von ihren Eltern, einen Jugendfreund der Mutter, den Baron von Innstetten. Das ernste und pflichtbewußte Wesen des 38jährigen Barons paßt wenig zu der lebenslustigen und auch leichtsinnigen Effi. Die Heirat mit dem Baron reißt sie unvermittelt aus dem Paradies ihrer Kindheit, dem elterlichen Gutshof Hohen Cremmen, heraus, und sie zieht mit ihrem Mann in das

abgelegene und ihr fremd erscheinende pommersche Landstädtchen Kessin. Als Frau Landrat findet sie sich in der fremd und bedrückend auf sie wirkenden Umgebung schlecht zurecht. Sie wird in ihrem „Spukhaus“ von Ängsten geplagt, ohne bei ihrem Mann Verständnis zu finden. Dieser widmet sich mehr seiner Karriere, nimmt Effis Probleme kaum wahr, ja nutzt ihre Ängstlichkeit in dem „Spukhaus“ sogar aus (vgl. den „Angstapparat aus Kalkül“). So läßt sie sich, nicht aus Leidenschaft, sondern aus dem Gefühl des Verlassenseins und des Unbefriedigtseins heraus, in eine Affaire mit dem „Damenmann“ Major von Crampas hineinziehen. Zwar ist diese Affaire bald vorüber, und sie lebt, nachdem sie von Kessin nach Berlin ziehen konnte, in zufriedener Eintracht mit ihrem Mann und ihrer Tochter, aber ihr Mann findet nach sieben Jahren die belastenden Briefe. Innstetten glaubt, im Sinne der gesellschaftlichen Norm, den Major von Crampas zum Duell fordern und Effi verstoßen zu müssen. Der Major stirbt beim Duell, und Effi, deren Lebenskraft gebrochen ist, wird zwar von den Eltern zu Hause aufgenommen, lebt aber nicht mehr lange.
Diese Ehebruchsgeschichte, 1895 veröffentlicht, wirft Fragen auf, die vorrangig das Verhältnis des einzelnen zur Gesellschaft betreffen. Wie kann es geschehen, daß Effi einen 20 Jahre älteren Mann, den sie kaum kennt, heiratet, daß sie dann einen Ehebruch begeht, ohne daß Liebe oder Leidenschaft im Spiel sind? Wie kann diese Schuld nach sieben Jahren ungestörter Ehe in Berlin zu solch zerstörerischen Konsequenzen führen? Wie kann die gesellschaftliche Norm solch bestimmende Gewalt über den einzelnen erhalten?

Analysebeispiel

Aufgabenstellung:
Analysieren Sie bitte den Romanauszug. Gehen Sie dabei insbesondere auf die Mermale und Beziehungen der Figuren ein.

Textgrundlage:
Theodor Fontane: Effi Biest. Stuttgart: Reclam (6961) 1983, S. 143 f.

Text:

Alle waren erregt, und Crampas phantasierte von Robbenjagd, und daß man das nächste Mal die Büchse mitnehmen müsse, „denn die Dinger haben ein festes Fell".

„Geht nicht", sagte Innstetten; „Hafenpolizei."

„Wenn ich so was höre", lachte der Major. „Hafenpolizei! Die drei Behörden, die wir hier haben, werden doch wohl untereinander die Augen zudrücken können. Muß denn alles so furchtbar gesetzlich sein? Alle Gesetzlichkeiten sind langweilig."

Effi klatschte in die Hände.

„Ja, Crampas, Sie kleidet das, und Effi, wie Sie sehen, klatscht Ihnen Beifall. Natürlich; die Weiber schreien sofort nach einem Schutzmann, aber von Gesetz wollen sie nichts wissen."

„Das ist so Frauenrecht von alter Zeit her, und wir werden's nicht ändern, Innstetten."

„Nein", lachte dieser, „und ich will es auch nicht. Auf Mohrenwäsche lasse ich mich nicht ein. Aber einer wie Sie, Crampas, der unter der Fahne der Disziplin groß geworden ist und recht gut weiß, daß es ohne Zucht und Ordnung nicht geht, ein Mann wie Sie, der sollte doch eigentlich so was nicht reden, auch nicht einmal im Spaß. Indessen, ich weiß schon, Sie haben einen himmlischen Kehrmichnichtdran und denken, der Himmel wird nicht gleich einstürzen. Nein, gleich nicht. Aber mal kommt es."

Crampas wurde einen Augenblick verlegen, weil er glaubte, das alles sei mit einer gewissen Absicht gesprochen, was aber nicht der Fall war. Innstetten hielt nur einen seiner kleinen moralischen Vorträge, zu denen er überhaupt hinneigte. „Da lob ich mir Gieshübler", sagte er einlenkend, „immer Kavalier und dabei doch Grundsätze."

Der Major hatte sich mittlerweile wieder zurechtgefunden und sagte in seinem alten Ton: „Ja, Gieshübler; der beste Kerl von der Welt und, wenn möglich, noch bessere Grundsätze. Aber am Ende woher? warum? Weil er einen ‚Verdruß' hat. Wer gerade gewachsen ist, ist für Leichtsinn. Überhaupt ohne Leichtsinn ist das ganze Leben keinen Schuß Pulver wert."

Nun hören Sie, Crampas, gerade so viel kommt mitunter dabei heraus." Und dabei sah er auf des Majors linken, etwas verkürzten Arm.

Effi hatte von diesem Gespräch wenig gehört. Sie war dicht an die Stelle getreten, wo die Robbe gelegen, und Rollo stand neben ihr. Dann sahen beide von dem Stein weg auf das Meer und warteten, ob die ‚Seejungfrau' noch einmal sichtbar werden würde.

Vorbemerkung: Schon beim ersten Lesen fällt auf, daß in diesem Gespräch die Figuren durch ihre eigenen Aussagen bzw. durch die des Gesprächspartners charakterisiert werden. Der Erzähler greift nur ansatzweise von einer höheren Warte ein, so daß die Leser zu einer eigenen Bewertung der Aussagen aufgerufen werden. Die Analyse wird sich also im Sinne der Aufgabe auf die Merkmale und Beziehung der Figuren sowie ihre Redeweise konzentrieren können; andere Faktoren (vgl. Raum, Zeit, Handlung, Erzähler) spielen nur eine untergeordnete Rolle. Es empfiehlt sich das lineare Verfahren der Analyse, da auf diese Weise die Struktur und Entwicklung des Gespräches am ehesten berücksichtigt werden können. Zu bedenken ist, daß sich - nicht nur bei Fontane - hinter der Oberflächenstruktur eines Gespräches Tiefenstrukturen verbergen, daß zum Beispiel das Gemeinte über das wörtlich Gesagte hinausgeht. In dem vorliegenden Gespräch spiegelt sich zum Beispiel das zentrale Thema des Romanes. Da linear interpretiert wird, verzichten wir auf eine Gliederungsübersicht.

Ausführung

A. Dieser Romanauszug charakterisiert die Figuren und ihre Dreiecksbeziehung. Das Eintreffen von Major von Crampas, als „Landwehrbezirkskommandeur" (S. 115) nach Kessin versetzt, verspricht, den „gesellschaftlichen Notstand" (S. 115) zu mildern. Er gilt als „Damenmann" (S. 116) und bietet der einsamen und unausgefüllten Effi Abwechslung. Zunächst unternehmen die drei gemeinsame Ausritte. Bei einem dieser Ausritte kommt es zu diesem Gespräch. Der Erzähler läßt, bis auf geringfügige Einmischungen, die Personen selbst sprechen; die neutrale Erzählsituation überwiegt. Die Bedeutung dieses Gespräches, in dem vieles nur angedeutet wird, liegt vornehmlich darin, daß die tiefgreifenden Wesensunterschiede der beiden Männer herausgestellt werden: hier Crampas, der sich von persönlichen Neigungen leiten läßt, dort der vom Gesetz- und Ordnungsdenken bestimmte Innstetten. Effi, die am Gespräch nicht teilnimmt, neigt in ihrer spontanen Art eher Crampas zu (vgl. Z. 9).

B. Das Erscheinen einer Robbe - und um die Robbenjagd geht es im ersten Teil des Gespräches - veranlaßt Crampas zu dem Vorschlag, eine rechtswidrige Jagd zu organisieren. Als Innstetten auf die „Hafenpolizei" (Z. 4) hinweist, reagiert der Major mit einem Lachen. Geschickt wechselt er die Ebene des Sprechens und weicht ins Unernste aus: „,Wenn ich so was höre", lachte der Major" (Z. 5). Seine Aussagen, daß die Behörden doch „die Augen zudrücken können", daß „Gesetzlichkeiten" „langweilig" seien (Z. 6 f.), zeigen ebenso wie seine Frage, ob alles „so furchtbar gesetzlich" (Z. 7) sein müsse, seinen leichtsinnigen, bedenkenlosen Charakter. Zwar wird diese Aussage durch den spöttischen Ton gemildert, verdeutlicht aber, wie andere Belegstellen bestätigen, wie sehr der Major seine persönlichen Neigungen staatlichen Gesetzen überzuordnen bereit ist. Indem Effi Beifall klatscht, zeigt sich, daß sie nur spontan und nicht bewußt-sprachlich zustimmt. Aber gerade durch diese Spontaneität ihrer Zustimmung verrät sich ihr Wesen, das Crampas zuneigt (vgl.das Motiv der Schaukel). An dem folgenden ernster werdenden Gespräch nimmt sie nicht teil, da sie sich mit ihrem Hund und der Robbe beschäftigt (vgl. Z. 33 f.).
Innstetten registriert diese Übereinstimmung, distanziert sich auch von Crampas, verläßt aber die Ebene des „Plauderns" nicht, wenn er das widersprüchliche Verhalten der „Weiber" ironisiert. Am im Beiläufigen der Bemerkung erscheint das Grundthema des Romans, das Spannungsverhältnis zwischen notwendigem Gesetz und einer Freiheit, die den natürlichen Neigungen des einzelnen entspricht und die ohne Schranken auszukommen scheint. Bezeichnenderweise verteidigt Crampas dies Verhalten der Weiber, und Innstetten scheint ihm Recht zu geben.
In der nächsten Gesprächsphase (Z. 15 - 25) aber wechselt Innstetten bald die Ebene des Gespräches, erkennbar an der adversativen Konjunktion „aber". Er hält jetzt einen „seiner kleinen moralischen Vorträge" (Z. 23), tritt auch gegenüber Crampas als der Erzieher auf, als den ihn Effi kennt. Er spricht Crampas als Offizier an, der von Wertvorstellungen wie „Zucht und Ordnung" (Z. 16) geprägt sein müßte, da er „unter der Fahne der Disziplin groß geworden ist" (Z. 15 f.). Innstetten glaubt, seine eigenen Wertvorstellungen, die auch die der konservativen Elite (höhere Beamte, Adel) sind (vgl. S. 172), bei einem Major insbesondere voraussetzen zu können. Die preußische Führungsschicht ist überzeugt, daß es ohne diese Werte zu „Auflehnung, Trotz,

Indisziplin" (Roman, S. 130) kommen und die gesellschaftliche Ordnung zusammenbrechen werde. Die launig geäußerten Bemerkungen des Majors sind für Innstetten entlarvend und kennzeichnen dessen Wesen: „Indessen, ich weiß schon, Sie haben einen himmlischen Kehrmichnichtdran und denken, der Himmel wird nicht gleich einstürzen." (Z. 18 ff.) Innstetten greift hier den Charakter und die Einstellung des Majors direkt an. Mit dem Ausdruck „himmlischer Kehrmichnichtdran", der allein schon durch seine Herkunft aus der Umgangssprache die innere Distanz des Sprechers verdeutlicht, kennzeichnet Innstetten den Leichtsinn und die Verantwortungslosigkeit eines Menschen, der nur sich selbst sieht und dem die Konsequenzen seines Tuns völlig gleichgültig sind. Mit seiner Prophezeihung „Aber mal kommt es" weist er darauf hin, daß der „Himmel" durchaus „einstürzen" kann, daß eine Katastrophe kommen wird, wenn die eine Gesellschaft stützenden Werte negiert werden. Diese Aussage erhält so für den Leser eine Verweisung auf den weiteren Fortgang der Handlung. Das Gespräch wird an dieser Stelle durch einen Erzählerbericht unterbrochen, in dem die Verlegenheit des Majors beschrieben und der Vortrag und die Einstellung Innstettens - aus überlegener, leicht ironischer Sicht - gewertet werden, so daß der Leser nicht nur zu Crampas, sondern auch zu der Erzieherrolle Innstettens in kritische Distanz gebracht wird. Dieser Hinweis auf den von Grundsätzen bestimmten Erzieher verknüpft diese Gesprächsphase mit anderen Schlüsselstellen des Romans, die zum Beispiel Innstettens Verhältnis zu seiner Frau beinhalten.

Vieles wird in diesem Gespräch nur angedeutet, wie auch in der nächsten Gesprächsphase (Z. 26 - 32), in welcher, um der Konfrontation auszuweichen, Gieshübler ins Gespräch gebracht wird. Aber Innstetten sucht in der Person des Apothekers - „immer Kavalier und dabei doch Grundsätze" (Z. 24 f.) - auch einen Verbündeten. Dieser vereinigt in seiner Person die Vorzüge der beiden Kontrahenten. Er hat Grundsätze wie Innstetten und ist Kavalier wie Crampas. Die Konnotationen des Begriffs „Kavalier" sind im Kotext: Eingehen auf die Frau, ja sogar Huldigung und Verehrung. Crampas gilt auch als Kavalier und „Damenmann", aber ohne die erwähnten Grundsätze ist er ein Kavalier, dessen Huldigungen an die Frau einen egoistischen Zweck verfolgen. Bezeichnenderweise grenzt er sich auch von Gieshübler ab, und sein Lob (der „beste Kerl", „noch bessere Grundsätze") wird entscheidend relativiert. Er sieht die Grundsätze Gieshüblers in dessen „Verdruß" (Z. 28), also in dessen Mißgestalt, begründet. Er sagt: „Wer gerade gewachsen ist, ist für Leichtsinn. Überhaupt ohne Leichtsinn ist das ganze Leben keinen Schuß Pulver wert" (Z. 28 f.). Seine Fragen „woher? warum?" (Z. 28), die sich auf die Grundsätze Gieshüblers beziehen, stellen diese in Frage. Denn sie sind nur das Resultat des Verkrüppeltseins; nur schwache Menschen benötigen die moralischen Grundsätze als Schutz. Die Gesunden, oder, wie er sagt, die gerade Gewachsenen besitzen ein Recht des Stärkeren, d. h. sie können sich über Grundsätze, zum Beispiel die Ehe, hinwegsetzen. Dieses Hinwegsetzen über moralische Prinzipien gilt als Leichtsinn, der das Leben erst lebenswert macht. Der Begriff Leichtsinn umschreibt eine Lebenseinstellung, die Crampas mit Effi verbindet, allerdings in unterschiedlicher Ausprägung. Innstetten antwortet auf diese Äußerung nur mit einer Anspielung auf die im Duell erfolgte Verwundung des Majors, wobei sein Blick auf den Arm das Gesagte erst verdeutlicht: „... gerade so viel kommt mitunter dabei heraus" (Z. 31). Mit dieser Aussage wird,

auf der Ebene der Figuren eine Warnung ausgesprochen, auf der Ebene des Erzählers und Lesers wird auf den Ausgang des Geschehens verwiesen.
Im letzten Abschnitt wird Effi, die dieses Gespräch indirekt auch betraf, erwähnt. Sie steht zwar zwischen den beiden so unterschiedlichen Männern, bleibt aber bezeichnenderweise abseits. Dies ist als Hinweis zu verstehen, daß sie sich nicht bewußt mit ihrer Rolle und ihrem Charakter auseinandersetzt und sich eher treiben läßt.

C. Fontane stellt in diesem Gespräch zwei Männer gegenüber, die zwei gegensätzliche Lebensbereiche und Prinzipien repräsentieren. Auf der einen Seite steht Innstetten für den unbedingten Vorrang der moralischen Ordnung, deren Moralität zunächst nicht hinterfragt wird, die aber den einzelnen reglementiert und einengt. Auf der anderen Seite repräsentiert Crampas den Vorrang der privaten Neigung, für den Ordnungsprinzipien nicht gelten. Effi neigt, ohne dies zu reflektieren, von ihrer Veranlagung eher dem Lebensprinzip des Crampas zu. Mit diesem Gespräch wird das zentrale Thema des Romans, der Gegensatz von Ordnung und Natur, aufgegriffen und variiert. Auch in dieser Gesprächsszene läßt der Erzähler die Personen zu Wort kommen, bietet auf diese Weise verschiedene Perspektiven, die sich gegenseitig relativieren und begrenzen, so daß der Leser selbst die unterschiedlichen Auffassungen vergleichen und sich ein Urteil bilden muß.

Einbettung des Romans in die Epoche

1. Die Epoche

Th. Fontane schreibt am Ende eines Jahrhunderts, das insbesondere im letzten Drittel in außerordentlich tiefgreifender Weise alle Lebensverhältnisse veränderte. Zwar ist es entschieden zu einfach, wie in 2.1 dargelegt, davon auszugehen, im Roman „Effi Briest“ gesellschaftliche Wirklichkeit oder Bewußtseinsstrukturen sozialer Gruppen direkt widergespiegelt zu finden, aber es gibt durchaus vielfältige Entsprechungen und Bezüge. Ein Blick auf die historische Realität dient einem besseren Verständnis. Unter dem Eindruck der sich um die Mitte des Jahrhunderts verstärkenden Industrialisierung und aus Enttäuschung über die gescheiterte Revolution von 1848/49 verbündeten sich große Teile des national gesinnten Bürgertums mit dem preußischen Machtstaat. Dieser konnte die auch wirtschaftlich gewünschte deutsche Einigung (1871) durchsetzen. Aber dieses Deutsche Reich war im politisch-gesellschaftlichen Bereich von konservativ-rückwärtsgewandten Strukturen geprägt (vgl. die Vormachtstellung des Kaisers, die Führungsrolle des Adels). In einer Gegenbewegung zu dieser konservativen politischen Ausrichtung des Staates veränderte die Industrialisierung alle Lebensbereiche (vgl. die Verstädterung, den Ausbau des Verkehrsnetzes, das Bevökerungswachstum, die Massenproduktion in Fabriken, die Entstehung einer lohnabhängigen Arbeiterschicht, aber auch den allmählich steigenden Wohlstand für große Teile der Bevölkerung). Dieser umfassende Modernisierungsschub stand in merkwürdigem Kontrast zu den politischen Strukturen des Kaiserreiches; die politische und gesellschaftliche Liberalität, die dieser Modernisierung entsprochen hätte, konnte sich, wie auch Fontanes Roman zeigt, nicht durchsetzen.

Der Siegeszug der Technik und Naturwissenwissenschaft drängte mit dem ihm eigenen ungebrochenen Fortschrittsoptimismus und ausgeprägter Wissenschaftsgläubigkeit Kunst und Literatur in die Defensive; sie mußten sich fragen lassen, welchen Beitrag sie zur Welterkenntnis beisteuern könnte. Viele Naturalisten waren bereit, die Eigenständigkeit der Kunst aufzugeben und sich an den modernen Wissenschaften auszurichten.

Mit den Lebensverhältnissen änderten sich auch die Mentalitäts- und Bewußtseinsstrukturen der Menschen (vgl. z. B. das Verhältnis der Geschlechter und Generationen zueinander); es änderten sich die Wertvorstellungen (vgl. den schwindenden Einfluß der Religion und traditioneller Wertvorstellungen, die Auflösung vertrauter Strukturen des Dorfes, der Zunft). Ein Teil der Menschen, vornehmlich aus dem Bürgertum und Adel, fürchtete, in einen Abgrund von Revolution und Chaos zu stürzen, und versuchte mit aller Kraft, das Bewährte zu sichern, und klammerte sich an traditionelle Werte wie Zucht, Ordnung, Disziplin, Pflicht, Autorität und bekämpfte das Neue. Guten Einblick in die Elemente konservativen Denkens bietet zum Beispiel ein Gespräch im Roman „Effi Briest"; dort heißt es: „,Geist der Zeit!' sagte Sidonie. ,Kommen Sie mir nicht damit. Das kann ich nicht hören, das ist Ausdruck höchster Schwäche, Bankrotterklärung"' (S. 129). Diesen neuen „Geist der Zeit" vertraten die fortschrittlichen Liberalen, die Sozialdemokraten, viele Künstler und Schriftsteller. Sie forderten das Recht des Einzelnen gegenüber dem Obrigkeitsstaat (Liberale), sie erstrebten soziale Gerechtigkeit (Sozialdemokraten) und vertraten ein neues Welt- und Menschenbild (Künstler). Die bisherigen Wertvorstellungen galten ihnen als sinnentleerte Konventionen, welche die Errichtung einer freien und gerechten Gesellschaft blockierten. Ihre Bestrebungen verstärkten hinwiederum den Widerstand der Konservativen. Im Jahre 1894, als „Effi Briest" erschien, riefen die Konservativen zum „Kampf für Religion, für Sitte und Ordnung, gegen die Parteien des Umsturzes" auf.

Zu fragen ist, ob und in welcher Weise diese Spannungen die Literatur beeinflußt haben. Wir unterscheiden allerdings zwischen der Frage, was von den objektiven Gegebenheiten im Roman zu finden ist, und der Frage, wie diese Gegebenheiten, vermittelt durch das Bewußtsein des Schriftstellers, in den Roman integriert werden und Ausdruck finden. Fest steht nur, daß sich die Literatur des 19. Jahrhunderts, und insbesondere der Roman, dieser objektiven Wirklichkeit nähern und das Individuum im Spannungsfeld gesellschaftlicher und politischer Kräfte sehen will.

Allein schon das Gedankenspiel, wie die im Roman „Effi Briest" dargestellte Ehebruchsgeschichte 100 Jahre später ausgegangen wäre, führt uns schnell vor Augen, welch bestimmenden Einfluß die Zeitumstände haben. Fontane greift allerdings in seinen Romanen die oben gekennzeichneten geschichtsbestimmenden ökonomischen, politischen, gesellschaftlichen und weltanschaulichen Kräfte und Prozesse nicht direkt auf. Sein Blick richtet sich auf Nebensächlichkeiten und Nebenschauplätze. Fontanes Thema ist nicht die Gesellschaftsanalyse, nicht die Kritik des Obrigkeitsstaates oder des Kapitalismus. Er versucht darzustellen, wie sich diese Kräfte und Prozesse im einzelnen Menschen spiegeln.

2. Fontanes schriftstellerische Position

Fontane äußert sich zum realistischen Roman in bezeichnender Weise:

> „Das wird der beste Roman sein, dessen Gestalten sich in die Gestalten des wirklichen Lebens einreihen, so daß wir in Erinnerung an eine bestimmte Lebensepoche nicht mehr genau wissen, ob es erlebte oder gelesene Figuren waren, ähnlich wie manche Träume sich unserer mit gleicher Gewalt bemächtigen, wie die Wirklichkeit. [...] darauf kommt es an, daß wir in den Stunden, die wir einem Buch widmen, das Gefühl haben, unser wirkliches Leben fortzusetzen und daß zwischen dem erlebten und dem erdichteten Leben kein Unterschied ist, als jener der Intensität, Klarheit, Übersichtlichkeit und Abrundung, die die verklärende Aufgabe der Kunst ist."

Fontane spricht hier wichtige künstlerische Positionen des Realismus an. Erstens soll der Roman realitätsbezogen sein, d. h. die dargestellte Wirklichkeit soll der des realen Lesers entsprechen. Zweitens ist es der Leser, der die fiktionale Welt des Romans mit seiner wirklichen Welt in Beziehung setzt. Drittens wird in dem Zitat angesprochen, daß die fiktive Welt sich von der realen durch ihre „Intensität, Klarheit, Übersichtlichkeit und Abrundung" unterscheidet. Der Roman entwirft also ein übersichtliches, sinnvoll geordnetes Weltmodell, das die Wirklichkeit nicht photographisch exakt ablichtet, sondern verklärt. Mit dem Ausdruck „verklärende Aufgabe der Kunst" grenzt sich Fontane einerseits vom Naturalismus ab, andererseits betont er den eigenständigen Charakter des Romans, der die Wirklichkeit nicht widerspiegelt, sondern ein Modell von Wirklichkeit ist, das jedoch der Wirklichkeit analog (entsprechend) ist. Der Künstler muß also auswählen und eine neue Wirklichkeit schaffen, die nicht zusammenhanglos wie die Tatsachenwelt, sondern eine in sich geschlossene Welt ist. Der „nackte, prosaische Realismus", so Fontane, ist nur trostlos und häßlich. Wenn der Künstler das Wahre darstellen wolle, dürfe er die Realität nicht reproduzieren, denn „Berichterstattung" sei nicht „Sinn der Kunst". Das Wahre findet der Schriftsteller also nicht auf der Straße, nicht im alltäglichen Leben, sondern im Innern des Menschen. Der Roman Fontanes, darin dem der anderen deutschen Realisten vergleichbar, bevorzugt statt der Abbildung einer zusammenhanglosen und auch häßlichen äußeren Tatsachenwelt mehr die Darstellung des Individuellen, des Inneren des Menschen, weil hier noch Idealität zu finden ist, zum Beispiel Glück, Menschlichkeit, das Schöne. Zu dieser Kunstauffassung gehört es, daß Fontane in seinen Romanen eine Perspektive einnimmt, die allen Figuren und Lebenseinstellungen gerecht zu werden sucht. Von einer skeptisch-humorvollen Position aus vermeidet er Parteinahme und spitzt die Konflikte zwischen Individuum und Gesellschaft nicht zu. Er läßt seine Geschichte versöhnlich-resignativ enden - aus der Position eines verstehenden Zur-Kenntnis-Nehmens. Zwar tyrannisieren die gesellschaftlichen Zwänge den einzelnen - Crampas und Effi sterben, und Innstetten führt ein glück- und trostloses Leben -, aber Fontane greift ihren Zwangscharakter nicht direkt an. Vielmehr versucht er, das Prinzip der Ordnung (wer die Ehe angreift, greift den Staat an) ebenso zu verstehen wie das Recht der Natur (der einzelne hat ein individuelles Lebens- und Liebesrecht). Effis Einsicht in ihre Schuld und ihr mit der Welt versöhntes Sterben erinnert an den Tod Ottilies in Goethes „Wahlverwandtschaften“.

3. Fontanes Erzählkunst

Die Kunst und der Reiz Fontaneschen Erzählens liegen in einer Gestaltung, die im zeichenhaft zu verstehenden Detail umfassende Bedeutungen, zum Beispiel über das Menschliche seiner Figuren oder über gesellschaftliche Zusammenhänge, erschließt. Zu erinnern ist an zentrale Motive (vgl. das Bild der Schaukel, des Schloons, des Spukes). Als Beispiel dieser Motivgestaltung soll das Bild des Schloons erläutert werden. Im Winter unterspült aufgestautes Wasser den Sand, so daß Schlitten und Pferde darin, ohne daß die Gefahr erkennbar ist, zu versinken drohen. Dieses Naturphänomen - „alles geht nämlich unterirdisch vor sich, und der ganze Sandstrand ist dann bis tief hinunter mit Wasser durchsetzt“ (S. 179) - zeigt bildhaft, wie Effis moralische Vorstellungen durch innere Kräfte (Triebbewegungen) unterhöhlt werden. Diese Bewegungen spielen sich „unterirdisch“, d. h. unbemerkbar, ab, also außerhalb der Kontrolle des Bewußtseins. Die entscheidenden inneren, aber auch äußeren Vorgänge wie der Ehebruch werden nur angedeutet oder, wie in unserem Beispiel, bildhaft veranschaulicht. Ein weiteres charakteristisches Merkmal Fontaneschen Erzählens zeigt sich auch in dem Netz an Verweisungen und Beziehungen, die zu Vorzeichen des Kommenden werden. Dazu gehören zum Beispiel wiederkehrende und sinntragende Worte (vgl. den Ruf „Effi komm“, den Ausdruck „Musterehe“), Gedichte (vgl. „König von Thule“, „Gottesmauer“) und Raumelemente (vgl. die Friedhöfe und Züge). Aus realen, scheinbar nebensächlichen Details werden, durch die Kunst der Gestaltung und Verknüpfung, symbolhafte Arrangements wie der Garten der Familie Briest mit den Elementen der Sonnenuhr, dem Rondell, dem Heliotrop, den Plantanen. In der kunstvollen Art, Gespräche zu entwickeln, gelingt es dem Autor, die Figurenbeziehungen zu veranschaulichen und das Verhältnis von einzelnem, Gesellschaft und Zeithintergrund zu gestalten. In diesen Gesprächen tritt die äußere Realität zurück; diese Realität spiegelt sich in der Perspektive der Figuren. Im Gespräch werden verschiedene Ansichten, Vorurteile, Ideologien der Figuren zusammengefügt und ergeben in ihrer Mehrstimmigkeit ein Bild der Zeit. Die unterschiedlichen Gesprächspositionen und Perspektiven fordern den Leser, insbesondere den zeitgenössischen Leser, heraus, damit sein eigenes Wirklichkeitsverständnis kritisch in Beziehung zu setzen und zu überprüfen.

4. Realitätserfahrung im Roman

Zu fragen ist sodann, welche Kontexteinflüsse sich im Roman niedergeschlagen haben. Bezeichnend für den Gesellschaftsbezug des Romans ist zunächst, daß Fontane die Vorlage für seinen Roman der Wirklichkeit entnahm; 1886 machte die Ehebruchsaffaire (von Ardenne) Schlagzeilen. Aber auch im Roman selbst lassen sich vielfältige Bezüge zur Wirklichkeit nachweisen, so daß der Roman mit einigem Recht als Gesellschaftsroman bezeichnet wird. Zu denken ist einmal an Effis Hinnahme der standesgemäßen, von den Eltern arrangierten Ehe und überhaupt an den weitgehend öffentlichen Charakter der Eheschließung. Zu denken ist zum anderen an das

zeittypische Pflicht- und Karrieredenken sowie die Bismarck-Verehrung Innstettens sowie die gesellschaftliche Ächtung der geschiedenen Frau. Aber auch die politischen und weltanschaulichen Gesprächsthemen des pommerschen Landadels sowie vorherrschenden Wertvorstellungen und Normen, welche das Handeln und Denken der Personen bestimmen, entsprechen den realen Gegebenheiten, wie sie auch ein Sozialhistoriker nachweisen könnte. Die Ehebruchsgeschichte entwickelt sich vornehmlich in den Kapiteln 27 - 29 zu einem Gesellschaftsroman; gesellschaftliche Normen engen den Spielraum der Figuren sehr ein. Als Innstetten sieben Jahre nach dem Ehebruch die belastenden Briefe zufällig entdeckt, hat er nur scheinbar die Freiheit, sie zu verschweigen. Zu sehr ist er, zumal als hoher preußischer Beamter, in das Normensystem der Zeit eingebunden. Seine Vorstellungen von Ehre, Pflicht und Moral gebieten ihm, Effi zu verstoßen und Crampas zum Duell zu fordern.
Ein Blick auf zeittypische Äußerungen (A. von Boguslawski: Die Ehre und das Duell) verdeutlicht die Kontextgebundenheit der Figuren. Im Duellrecht der Zeit unterschied man zwischen der juristischen und der moralischen Reaktion auf den Ehebruch. Die moralische galt als höher und begründete das Duell als einzig wirksame Form, Genugtuung zu bekommen. Eine menschlich-verstehende Reaktion auf den Ehebruch wird als „falsche Humanität" diffamiert, da sie von dem Gedanken des Heldentums, dem wahren kriegerischen Geist, den Idealen unserer Vorfahren" wegführe. Adelige wie Instetten und Wüllersdorf stehen in der Tradition dieser Auffassungen. Sie erkennen in ihren Gesprächen, daß dieses Normensystem nicht objektiv notwendig, sondern gesellschaftlich bedingt ist. Innstetten wertet auf der einen Seite diese Art von Norm als das „tyrannisierende Gesellschafts-Etwas" (S. 268), distanziert sich von diesem „Krimskrams" (S. 328), also von einer Ehr- und Pflichtauffassung, die veräußerlicht und nur gesellschaftlich bedingt ist. Aber er und Wüllersdorf wissen auch, daß sich gesellschaftliche Ordnung ohne diese „Hilfskonstruktionen" (S. 329) nicht regeln läßt. Bezeichnend sind die Worte Wüllersdorfs: „Unser Ehrenkultus ist ein Götzendienst, aber wir müssen uns ihm unterwerfen, solange der Götze gilt" (S. 269). Da Ordnungsvorstellungen sein müssen und keine neuen akzeptiert werden können, unterwirft man sich den überkommenen. Auch Effi als eigentlich Leidtragende unterwirft sich am Ende ihres Lebens diesen Vorstellungen und versteht das Verhalten Innstettens; ihr wird klar, daß „er in allem recht gehandelt hat" (S. 335).
Dieses Einerseits-Andererseits, dieses Relativieren der Auffassungen, ohne daß Partei ergriffen wird, charakterisiert den Fontaneschen Roman. Es wird von Kritikern einerseits als „Halbheit" und „Unentschiedenheit" kritisiert, andererseits auch als Ausdruck weiser Skepsis und verstehenden Humors gewürdigt. Humor ist in diesem Zusammenhang als ein Darstellungsprinzip zu verstehen, das alle Positionen relativiert, das dem Erzähler ein versöhnliches Lächeln gegenüber seinen Figuren und dem Leser Abstand und eigene Urteilsbildung ermöglicht.
Ein Vergleich zu Goethes „Wahlverwandtschaften" kann das Gesagte noch verdeutlichen. Bei Fontane beeinflußt die Tatsachenwelt, wie dargelegt, in ungleich deutlicherer Weise das Handeln und Denken der Figuren. Das Verhängnis, das im Goethe-Roman ebenso zerstörerisch wie erklärbar einbricht, läßt sich bei Fontane psychologisch und sozial erklären, so daß die Tragik abgeflacht erscheint. Sittliche

Prinzipien sind nicht mehr von vornherein ewig gültig und unbefragt wie bei Goethe, sondern können zeit- und standesgebunden sein und ihren inneren Sinn verloren haben.

Fassen wir zusammen: Fontane bietet zwar keine exakte gesellschaftliche Analyse seiner Zeit, aber er lenkt auch nicht von den gesellschaftlichen Konfliktfeldern ab. Sein Thema ist das Wechselverhältnis zwischen den natürlichen Bedürfnissen des einzelnen und den Zwängen, z. B. dem Normensystem, der Gesellschaft. Seine kritische Grundposition wird dabei nur indirekt und zurückhaltend bemerkbar. Denn wenn der einzelne auf sein privates Glück verzichten muß, erweist sich diese Gesellschaftsordnung als erstarrt und überholt. Nur bleibt offen, ob etwas Neues zu einer humaneren Gesellschaft führen kann. Der Individualismus zum Beispiel kann es für Fontane nicht sein. Anläßlich der Aufführung eines Theaterstückes von Ibsen sagt er: „Die größte aller Revolutionen würde es sein, wenn die Welt, wie Ibsens Evangelium es predigt, übereinkäme, an Stelle der alten, scheinbar prosaischen Ordnungsmächte die freie Herzenbestimmung zu setzen. Das wäre der Anfang vom Ende. Denn so groß und stark das menschliche Herz ist, eins ist noch größer: seine Gebrechlichkeit und seine wetterwendische Schwäche."
Gesehen und dargestellt wird das Geschehen mit einem Humor, der eindeutiges Urteilen scheut und alles gelten lassen möchte, was ein Element Wahrheit enthält. Fontanes Grunderfahrung ist die des „perspektivischen Charakters des Daseins". Objektivität bedeutet in diesem Sinne, alle Positionen zu Wort kommen zu lassen und das historisch Bedingte und damit Unvollkommene dieser Positionen aufzuzeigen. Der Erzähler muß sich folglich weitgehend zurückziehen und eine Perspektivenvielfalt - zum Beispiel in den Gesprächen - zu Wort kommen lassen. Das erzählte Geschehen bleibt also meist an die Seh- und Erlebnisweisen der Figuren gebunden.

Übungsbeispiel

Aufgabenstellung:
Analysieren Sie bitte den Romanauszug. Gehen Sie bitte dabei insbesondere auf die Merkmale und Beziehungen der Figuren ein.

Textgrundlage:
Th. Fontane: Effi Briest, a. a. O., S. 275 f.

Text:

Am Abend desselben Tages traf Instetten wieder in Berlin ein. Er war mit dem Wagen, den er innerhalb der Dünen an dem Querwege zurückgelassen hatte, direkt nach der Bahnstation gefahren, ohne Kessin noch einmal zu berühren, dabei den beiden Sekundanten die Meldung an die Behörden überlassend. Unterwegs (er war allein im Coupe) hing er, alles noch mal überdenkend, dem Geschehen nach; es waren dieselben Gedanken wie zwei Tage vorher, nur daß sie jetzt den umgekehrten Gang gingen und mit der Überzeugtheit von seinem Recht und seiner Pflicht anfingen, um mit Zweifeln daran aufzuhören. „Schuld, wenn sie überhaupt was ist,

ist nicht an Ort und Stunde gebunden und kann nicht hinfällig werden von heute auf morgen, Schuld verlangt Sühne; das hat einen Sinn. Aber Verjährung ist was Halbes, etwas Schwächliches, zum mindesten was Prosaisches." Und er richtete sich an dieser Vorstellung auf und wiederholte sich's, daß es gekommen sei, wie's habe kommen müssen. Aber im selben Augenblicke, wo dies für ihn feststand, warf er's auch wieder um. „Es muß eine Verjährung geben, Verjährung ist das einzig Vernünftige; ob es nebenher auch prosaisch ist, ist gleichgültig; das Vernünftige ist meist prosaisch. Ich bin jetzt fünfundvierzig. Wenn ich die Briefe fünfundzwanzig Jahre später gefunden hätte, so wäre ich siebzig. Dann hätte Wüllersdorf gesagt: „Innstetten, seien Sie kein Narr." Und wenn es Wüllersdorf nicht gesagt hätte, so hätt' es Buddenbrook gesagt, und wenn auch der nicht, so ich selbst. Dies ist mir klar.

Treibt man etwas auf die Spitze, so übertreibt man und hat die Lächerlichkeit. Kein Zweifel. Aber wo fängt es an? Wo liegt die Grenze? Zehn Jahre verlangen noch ein Duell, und da heißt es Ehre, und nach elf Jahren oder vielleicht schon bei zehneinhalb heißt es Unsinn. Die Grenze, die Grenze. Wo ist sie? War sie da? War sie schon überschritten? Wenn ich mir seinen letzten Blick vergegenwärtige, resigniert und in seinem Elend doch noch ein Lächeln, so hieß der Blick: „Innstetten, Prinzipienreiterei ... Sie konnten es mir ersparen und sich selber auch." Und er hatte vielleicht recht. Mir klingt so was in der Seele. Ja, wenn ich voll tödlichem Haß gewesen wäre, wenn mir hier ein tiefes Rachegefühl gesessen hätte ... Rache ist nichts Schönes, aber was Menschliches und hat ein natürlich menschliches Recht. So aber war alles einer Vorstellung, einem Begriff zuliebe, war eine gemachte Geschichte, halbe Komödie. Und diese Komödie muß ich nun fortsetzen und muß Effi wegschicken und sie ruinieren und mich mit ... Ich mußte die Briefe verbrennen, und die Welt durfte nie davon erfahren. Und wenn sie dann kam, ahnungslos, so mußt' ich ihr sagen: ‚Da ist dein Platz', und mußte mich innerlich von ihr scheiden. Nicht vor der Welt. Es gibt so viele Leben, die keine sind, und so viele Ehen, die keine sind. ... dann war das Glück hin, aber ich hätte das Auge mit seinem Frageblicke und mit seiner stummen, leisen Anklage nicht vor mir."

Mögliche Aspekte der Analyse

1. Thema des Auszuges sind Reflexionen Innstettens über das Duell; er hat am Morgen des gleichen Tages Crampas im Duell getötet und denkt jetzt im Zug über die Schuldfrage, die Rolle und Gültigkeit von Prinzipien und deren mögliche Relativierung durch eine Verjährung nach. Deutlich wird, wie sehr er schrittweise Abstand vom überholten Ritual des Duells und von überholten gesellschaftlichen Konventionen gewinnt und wie er alternative Verhaltensweisen und Einstellungen bedenkt.
2. Nach einer knappen Situierung (Zeit, Ort und Anlaß des Selbstgespräches) im auktorial angelegten Erzählerbericht (Z. 1 ff.) zieht sich der Erzähler allmählich zurück und gibt die Gedanken weitgehend in direkter Rede, gelegentlich von indirekter Rede und Erzählerbericht unterbrochen, wieder. Die Sprache ist emotional bewegt (vgl. kurze Sätze, Fragesätze, Unterbrechungen, Ellipsen). Auf diese Weise wird der Leser

in das Bewußtseinszentrum versetzt und kann unmittelbar am Prozeß der Erkenntnisgewinnung teilnehmen.
3. Innstetten wählt, wie der Erzähler kommentiert, zu Beginn seiner Reflexion (Z. 8 f.) einen anderen Ausgangspunkt als zwei Tage zuvor. Er geht von der Gültigkeit seines Handelns (vgl. „Recht, Pflicht") in Übereinstimmung mit der gesellschaftlichen Norm aus. Er sieht objektiv gegebene moralische Schuld bei den Ehebrechern, die „nicht an Ort und Stunde" (Z. 9), nicht an Verjährung gebunden ist. Gegenargumente (z. B. „Verjährung") werden als „etwas Halbes, etwas Schwächliches, zum mindesten Prosaisches" (Z. 10 f.) verworfen. Auch nach sieben Jahren muß das Prinzip also gelten, alles andere ist Schwäche. Diese Übereinstimmung mit der Norm richtet ihn, wie der Erzähler berichtet, wieder auf.
4. Aber Innstettens Charakter ist differenziert gezeichnet. In der nächsten Sequenz (Z. 13 ff.) bezieht er selbst Gegenposition und sieht die Verjährung zwar als „prosaisch", aber als das „einzig Vernünftige" (Z. 14 f.) an. Indem er im Prosaischen, gemeint ist die alltägliche Lebenspraxis, das Vernünftige erkennt, wendet er sich von den abstrakten Prinzipien ab und den Bedürfnissen (Verzeihen, Toleranz) und Fehlern des einzelnen zu. Hier gewinnt er eine innere Freiheit gegenüber der Norm. Gerade der Zeitfaktor veranschaulicht ihm die Relativität der Norm: nach 10 Jahren verlangt die „Ehre" das Duell, nach 11 Jahren kann es schon Unsinn sein. Prinzipien, die in dieser Weise zeitabängig sind, sind veräußerlicht und keine absolut zu setzende Norm. Er sieht sein Verhalten jetzt mit den Augen des sterbenden Crampas als „Prinzipienreiterei" (Z. 27).
5. Diese Skepsis gegenüber Prinzipien erörtert er in der nächsten Sequenz (Z. 28 ff.) weiter. Haß und Rache als etwas tief Menschliches ließe er als Motiv gelten, da es aus dem Inneren komme und einem wahren Gefühl entspreche. Diesem Menschlichen setzt er die Worte „Vorstellung" und „Begriff" (Z. 31) gegenüber, deren Konnotationen (z. B. unmenschlich, leer, sinnlos) die Tiefe seiner Erkenntnis zeigen. Verdeutlicht wird seine Einsicht auch durch die Ausdrücke „gemachte Geschichte, halbe Komödie" (Z. 32), die ebenfalls auf das im menschlichen Verständnis sinnlose Tun verweisen. Der Ausdruck „halbe Komödie" zeigt zum Beispiel, daß Innstetten nach eigener Meinung eher eine Marionette gesellschaftlicher Zwänge ist, daß er für die Gesellschaft die Komödie zu spielen hat. Aber es ist für ihn nur eine „halbe" Komödie, weil es auch eine halbe Tragödie ist, da Menschen, wenn auch ohne innere Notwendigkeit, vernichtet werden. Nach dem Duell sieht er keinen Handlungsspielraum mehr und glaubt, seine Rolle nur noch weiterspielen zu können und Effi als nächstes verstoßen zu müssen.
6. Abschließend (Z. 33 ff.) bedenkt er die versäumte Alternative des Handelns. Hätte er die Briefe verbrannt und die Affaire verschwiegen, hätte er die Ehe mit Effi weiterführen können, und er hätte Crampas nicht töten müssen. Deutlich wird (vgl. die Aussage: „Da ist dein Platz"), daß das Eheglück allemal zerstört gewesen wäre.
7. Die Selbstzweifel verdeutlichen zwar die Einsichtsfähigkeit, aber es fehlt ihm nicht nur die Konsequenz, das Verhängnis noch aufzuhalten, sondern auch die Liebe, die zum wirklichen Verzeihen geführt hätte. So bleibt Innstetten trotz tiefer Einsichten innerhalb seiner Grenzen, die von Charakter und Normgebundenheit gezogen sind.

Literaturhinweise:

1. Informationen zum Kontextsystem und zur Rezeption dieses Romanes finden sich in: Th. Fontane: Effi Briest. Erläuterungen und Dokumete, hg. von *W. Schafarschik.* Stuttgart: Reclam (8119) 1972. S. 155 ff.

2.5 Die Romane der „klassischen Moderne" - von der Jahrhundertwende bis zum Zweiten Weltkrieg

Wie wir in den folgenden Kapiteln sehen werden, gerät das Erzählen, so wie wir es aus dem 19. Jahrhundert kennen, in den Jahrzehnten vor und nach der Jahrhundertwende (ca. 1890 - 1910) in eine fundamentale Krise. Die Dichter und Künstler dieser Epoche suchen einen radikalen Neubeginn, den wir mit dem Sammelbegriff ‚Moderne' bezeichnen. Gemeinsam ist den verschiedenen Stilrichtungen der Moderne, daß die Kunst - insbesondere gegenüber dem Naturalismus - aus Abhängigkeiten (z. B. von den Wissenschaften) gelöst und ihr ästhetischer Eigenwert stärker betont wird. Die ästhetische Form soll neue Wahrnehmungsweisen ermöglichen, um zu einer tieferen Erkenntnis der immer komplexer werdenden Wirklichkeit zu gelangen, deren Wesen, nicht deren Oberflächenphänomen man darstellen wollte. Aus der Sicht dieser Künstler kann eine Wiedergabe im realistischen oder naturalistischen Sinne keine Wahrheit erfassen.

Zur Verdeutlichung dieser Kunst- und Stilepoche dient ein Blick auf den Expressionismus, der besonders deutlich neue Formen und Inhalte durchzusetzen versuchte. Getragen und angespornt von einer radikal gesellschaftskritischen, insbesondere antibürgerlichen Grundeinstellung, wenden sich die zumeist aus bürgerlichen Elternhäusern stammenden Literaturrevolutionäre gegen die zur Konvention erstarrte Kultur, die mit ihrem Lebensgefühl nichts gemein hat. Sie verwerfen bisherige Wahrheiten (z. B. die der Religion, Philosophie und Geschichte) und Wertvorstellungen (z. B. der Moral) und sehen die Welt der Väter als zum Untergang bestimmt bzw. verkünden die Utopie eines neuen Menschen. In ihrem Kunstverständnis wenden sie sich demonstrativ von einer Wiedergabe der äußeren Realität ab, gestalten das subjektiv bestimmte innere Erlebnis und suchen die innere Wahrheit hinter der Oberfläche. An die Stelle des traditionellen Schönheitsbegriffes setzen sie die Kraft und das Pathos ihres Ausdrucks; sie suchen sich von der Regelhaftigkeit der Formensprache und den syntaktisch-logischen Zwängen der Sprache zu befreien, um den neuen Wahrnehmungs- und Bewußtseinsformen mit einer neuen Formensprache zu begegnen. Zentrale Gestaltungsprinzipien sind jetzt also die Formauflösung, die Provokation, die Verfremdung, die Montage. Der zeitgenössische Leser sollte diese Texte als Destruktion seiner Vorerwartungen lesen.

Die Krise des Erzählens kann also zunächst als Abkehr vom realistischen bzw. naturalistischen Kunstverständnis definiert werden. Wir erinnern uns: Der Naturalismus erstrebt, über den Realismus hinausgehend, eine möglichst weitgehende Übereinstimmung des im Roman Dargestellten mit der äußeren Realität; in wissenschaftlicher Exaktheit soll ein Realitätsbereich so abgebildet werden, daß der Leser ihn wieder-

erkennen und zu verallgemeinernden Einsichten - vergleichbar wissenschaftlichen Gesetzen - gelangen kann. Die Schriftsteller der Moderne erkennen jedoch, daß hier nur Realität reproduziert wird und die der Kunst eigenen Möglichkeiten, die Wahrheit hinter der vordergründigen Realität zu erfassen, verfehlt werden.
Die neuen Formen des Romans, die zum Beispiel von J. Joyce, F. Kafka, A. Döblin entwickelt werden, sind wesentlich als Antwort auf die Krisenerscheinungen der Moderne zu sehen. Wie im jeweiligen Kapitel zum Kontext (vgl. H. Mann, F. Kafka) nachzulesen, haben sich durch Industrialisierung und Technisierung, die rasante Entwicklung der Natur-, aber auch der Geisteswissenschaften sowie durch den Schock des Ersten Weltkrieges die Voraussetzungen für die Kunst geändert. Die Auffassung, die Entwicklung führe auf geradem Weg zu einer immer fortschrittlicheren Welt und dem menschlichen Erkenntnisvermögen sei keine Grenze gesetzt, erweist sich als trügerisch.
Auch das Modell des traditionellen Bildungs- und Erziehungsromans - ein Individuum durchläuft einen sinnvollen Entwicklungsprozeß zur selbstverantwortlichen Person - kann nicht beibehalten werden. Die Ziele und Inhalte der Entwicklung eines D. Heßling zum Beispiel (H. Mann: „Der Untertan") sind eine krasse Negation und Umkehrung bisheriger Vorstellungen von einem geglückten und sinnvollen Leben. Moderne Romane gestalten die Existenzkrise des Individuums, das, einer anonymen, bedrohlichen und undurchschaubaren Welt ausgesetzt, häufig die Orientierung verliert (F. Kafka), sich blindlings unterwirft (H. Mann) oder die Persönlichkeit gegenüber dem Kollektiven kaum behaupten kann (A. Döblin). Das linear angelegte, chronologische Erzählen aus der Sicht eines wissenden Erzählers, das durch psychologische Wahrscheinlichkeit und Realitätstreue die Illusion des Lesers bewirkt, wird als Täuschung des Lesers, als Illusionskunst empfunden.
Folgende Übersicht soll in vereinfachender Weise vorherrschende Merkmale des modernen Erzählens nennen.
a) Die weitgehend übergeordnete und einheitliche Perspektive wird oft tief ins Bewußtsein der Romanfigur verlagert, von deren Standpunkt aus der Leser die dargestellte Wirklichkeit wahrnimmt; oft wird die einheitliche Perspektive aufgesplittert, es wird mehrsinnig erzählt. Es überwiegen also Formen des personalen Erzählens.
b) Der herkömmliche Handlungsroman mit geordneter, kausal verknüpfter Sukzession wird in der Regel abgelöst durch Formen der Bewußtseinsprosa. Der äußere Handlungszusammenhang wird häufig eingeschränkt, fragmentarisiert (vgl. die Montagetechnik), wenn die innere Wirklichkeit der Figuren (vgl. erlebte Rede, innerer Monolog) ins Zentrum rückt. Diese Tendenz bezeichnet man auch als Entfabelung.
c) Da das Werk nicht mehr unreflektiert Wirklichkeit abbildet, neigt der Erzähler dazu, über seinen Entwurf einer fiktionalen Welt zu reflektieren und die Illusion dem Leser zu verweigern. Dadurch läßt er den Leser an der Entstehung des Werkes teilhaben und lenkt seine Aufmerksamkeit auf das Wie des Erzählens.
d) Die Darstellungs- und Erzählweise ist häufig gekennzeichnet durch die Mittel der Ironie, der Satire, der Stilbrüche und Verfremdung; diese zielen auf Distanz des Lesers, der an einer Identifikation gehindert und zum aktiven Lesen angehalten wird.
e) Den Figuren fehlt zumeist die Einheitlichkeit und Eindeutigkeit des Charakters; es sind oft Außenseiter wie der Zwerg O. Matzerath („Die Blechtrommel") oder der

Clown Hans Schnier („Ansichten eines Clowns"), oder sie werden typisiert wie D. Heßling („der Untertan") oder befinden sich in einer tiefen Identitätskrise wie die Figuren bei M. Frisch. Zusammenfassend könnte man bei der Figurengestaltung von Entpersönlichung sprechen.

2.5.1 Heinrich Mann: Der Untertan. Ein Beispiel für die Auseinandersetzung mit dem wilhelminischen Zeitalter

Einführung in das Werk

Dieser Roman hat eine bezeichnende Geschichte. Heinrich Mann schrieb diesen Roman im Zeitraum von 1906 bis 1914 und überließ die ersten Kapitel der Münchner satirischen Zeitschrift „Simplicissimus". Eine andere Münchner Zeitschrift, „Zeit im Bild", wollte 1914 den gesamten Roman in Fortsetzungen drucken, mußte dies Unternehmen aber abbrechen, als im gleichen Jahr der Erste Weltkireg ausbrach. Die Begründung der Zeitschrift lautete: „Im gegenwärtigen Augenblick kann ein großes öffentliches Organ nicht in satirischer Weise an deutschen Verhältnissen Kritik üben." Die erste Buchausgabe erschien 1916 in Rußland. Erst nach dem Ende des Krieges und des Kaiserreiches (1918) erschien der Roman mit großem Erfolg in Deutschland.
Wie der ursprünglich vorgesehene, dann fallengelassene Untertitel „Geschichte der öffentlichen Seele unter Wilhelm II" signalisiert, möchte H. Mann mit diesem Roman eine umfassende kritische Analyse dieser Epochen mit den Mitteln der Kunst vorlegen. Der Roman bietet einen Querschnitt durch diese wilhelminische Gesellschaft vor 1914: alle Schichten, ob Adelige, Bürger oder Arbeiter, ob Offiziere, Geistliche, Politiker oder Arbeiterführer, werden in repräsentativ gezeichneten Figuren vorgestellt. Im Mittelpunkt des Romans steht Diederich Heßling, mit dessen Kindheit (offensichtlich zur Zeit der Reichsgründung 1871 geboren) der Roman beginnt. Der Roman endet im Jahre 1897, als zum hundertsten Geburtstag des Kaisers Wilhelm I ein Denkmal errichtet wird, dessen Einweihung der ersehnte Höhepunkt in der Karriere Heßlings werden soll.
Im ersten Kapitel erfahren wir in geraffter Form über die Kindheit, über Schul-, Studenten- und Militärzeit; das zweite Kapitel erzählt von der Liebesbeziehung zu Agnes Göbel, und das dritte bis sechste Kapitel stellt den Aufstieg Heßlings in seiner Heimatstadt Netzig dar. Als Kind identifiziert er sich, obschon in seiner Weichheit der Mutter verwandt, mit dem Vater, der Macht, Ordnung und Härte verkörpert. Er unterwirft sich der väterlichen, dann der schulischen Ordnung in einer Mischung aus Feigheit und Unterwerfungsbereitschaft einerseits und dem Willen andererseits, an der Macht teilzuhaben. Am Beispiel Heßlings zeigt der Autor, wie eine Persönlichkeit, die sich der Autorität unterwirft und sein Trieb- und Gefühlsleben unterdrücken muß, verformt wird. Der Autor zeigt am Beispiel Heßlings, wie in der wilhelminischen Gesellschaft Charaktere geformt werden, die typische Merkmale gemeinsam haben und somit einen Typus darstellen. Dieser Typus wird durch die Organisationen der Gesellschaft wie Familie, Schule, Studentenverbindung, Militär geprägt. Die schlagende Verbindung „Neuteutonia" bietet Heßling einerseits die Möglichkeit, völlig

in dieser Gruppe aufzugehen und sein Ich zu verstecken, andererseits vermittelt ihm die Verbindung ideologische Ziele (Nationalismus) und Wertvorstellungen (Zucht, Sitte, Ordnung, Unterordnung). Die Episode beim Militär zeigt, wie fragwürdig seine Wertvorstellungen sind; er drückt sich vor dem Militärdienst, obgleich er das Militär idealisiert, vertuscht dies aber geschickt und gibt vor, daß er gern „dabeigeblieben" wäre.

Am Endes des ersten Kapitels ist die Entwicklung zum Untertan weitgehend abgeschlossen, wie die Begegnung mit dem Kaiser zeigt (vgl. die Beispielanalyse). Das zweite Kapitel verdeutlicht, daß ein solcher Charakter Gefühle als Schwäche empfinden muß. Er trennt sich von Agnes Göbel, weil sie seiner Karriere im Weg steht, und er ist stolz, daß er gelernt hat, Gefühle zu unterdrücken und Härte gegenüber Schwächeren zu zeigen.

In den weiteren vier Kapiteln erfährt der Leser vom unaufhaltsamen Aufstieg Heßlings in Netzig, unaufhaltsam, weil er sich in skrupelloser Weise mit den herrschenden Mächten (Bürgermeister, Regierungspräsident, Kriegerverein, Presse) verbindet und keine Intrige scheut, um politisch und beruflich aufzusteigen. Er paktiert sogar mit seinem politischen Feind, dem Arbeiterführer Napoleon Fischer, um seine Macht auszubauen. Sein skrupelloses Verhalten, das im Widerspruch zu seinen lauthals verkündeten Idealen von Zucht und Sitte steht, führt ihn ans Ziel: aus dem sich duckenden Spießer ist ein kapitalistischer Wirtschaftsführer, ein Generaldirektor, geworden, der zudem eine führende Rolle in der Kaiserpartei spielt. Aber der Autor läßt den Roman nicht mit diesem Karrierehöhepunkt enden, sondern mit einer grotesk wirkenden Szene. Bei einer Denkmalseinweihung, die Heßling auf dem Höhepunkt seiner Macht zeigen soll - das Kaiserdenkmal ist sein politisches Ziel und wird mit einem Kaiserorden vergolten - treibt ein Gewitter die Festgesellschaft auseinander; alle Textindizien deuten darauf hin, daß hier auf symbolischer Ebene auf den kommenden Untergang der wilhelminischen Gesellschaft verwiesen wird.

Analysebeispiel

Aufgabenstellung:

Analysieren Sie bitte die Episode. Berücksichtigen Sie dabei insbesondere die Erzähleinstellung sowie die Merkmale und Konstellation der Figuren.

Textgrundlage:

Heinrich Mann: Der Untertan. München: Deutscher Taschenbuchverlag (256/57) 1964. S. 45 ff.

Text:

Ein junger Mensch mit einem Künstlerhut ging neben Diederich, er sagte: „Kennen wir, Napoleon in Moskau, wie er sich solo unter die Bevölkerung mischt."

„Das ist doch großartig!" behauptete Diederich, und die Stimme versagte ihm. Der andere zuckte die Achseln. „Theater, und nicht mal gut." Diederich sah ihn an, er versuchte zu blitzen wie der Kaiser. „Sie sind wohl auch so einer."

Er hätte nicht sagen können, was für einer. Er fühlte nur, daß er hier, zum ersten Mal im Leben, die gute Sache zu vertreten habe gegen feindliche Bemängelungen. Trotz seiner Aufregung sah er sich noch die Schultern des Menschen an: sie waren nicht breit. Auch äußerte die Umgebung sich mißbilligend. Da ging Diederich vor. Mit seinem Bauch drängte er den Feind gegen die Mauer und schlug auf den Künstlerhut ein. Andere knufften mit. Der Hut lag schon am Boden und bald auch der Mensch. Im Weitergehen bemerkte Diederich zu seinen Mitkämpfern: „Der hat sicher nicht gedient! Schmisse hat er auch keine!"

Der alte Herr mit Bartkoteletten und Eisernem Kreuz war auch wieder da, er drückte Diederich die Hand.

„Brav, junger Mann, brav!"

„Soll man da nicht wütend werden?" erklärte Diederich, noch keuchend. „Wenn der Mensch uns den historischen Moment verekeln will?"

„Sie haben gedient?" fragte der alte Herr.

„Ich wäre am liebsten ganz dabeigeblieben", sagte Diederich.

„Na ja, Sedan ist nicht alle Tage" - der alte Herr betupfte sein Eisernes Kreuz. „Das waren wir!"

Diederich reckte sich, er zeigte auf das bezwungene Volk und den Kaiser.

„Das ist doch geradesogut wie Sedan!"

„Na ja", sagte der alte Herr.

„Gestatten Sie mal, sehr geehrter Herr", rief jemand und schwenkte sein Notizbuch. „Wir müssen das bringen. Stimmungsbild, verstehnse? Sie haben wohl einen Genossen verwalkt?"

„Kleinigkeit" - Diederich keuchte noch immer.

„Meinetwegen könnte es jetzt gleich losgehen gegen den inneren Feind. Unsern Kaiser haben wir mit."

„Fein", sagte der Reporter und schrieb: „In der wildbewegten Menge hörte man Leute aller Stände der treuesten Anhänglichkeit und dem unerschütterlichen Vertrauen zu der Allerhöchsten Person Ausdruck geben."

„Hurra!" schrie Diederich, denn alle schrien es; und inmitten eines mächtigen Stoßes von Menschen, der schrie, gelangte er jäh bis unter das Brandenburger Tor. Zwei Schritte vor ihm ritt der Kaiser hindurch. Diederich konnte ihm ins Gesicht sehen, in den steinernen Ernst und das Blitzen; aber ihm verschwamm es vor den Augen, so sehr schrie er. Ein Rausch, höher und herrlicher als der, den das Bier vermittelt, hob ihn auf die Fußspitzen, trug ihn durch die Luft. Er schwenkte den Hut hoch über allen Köpfen, in einer Sphäre der begeisterten Raserei, durch einen Himmel, wo unsere äußersten Gefühle kreisen. Auf dem Pferd dort, unter dem Tor der siegreichen Einmärsche, und mit Zügen steinern und blitzend, ritt die Macht! Die Macht, die über uns hingeht und deren Hufe wir küssen! Die über Hunger, Trotz und Hohn hingeht! Gegen die wir nichts können, weil wir alle sie lieben! Die wir im Blut haben, weil wir die Unterwerfung darin haben! Ein Atom sind wir von ihr, ein verschwindendes Molekül von etwas, das sie ausgespuckt hat! Jeder einzelne ein Nichts, steigen wir in gegliederten Massen als Neuteutonen, als Militär, Beamtentum, Kirche und Wissenschaft, als Wirtschaftsorganisation und Machtverbände kegelförmig hinan, bis dort oben, wo sie selbst steht, steinern und blitzend!

Leben in ihr, haben teil an ihr, unerbittlich gegen die, die ihr ferner sind, und triumphierend, noch wenn sie uns zerschmettert: denn so rechtfertigt sie unsere Liebe!

... Einer von den Schutzleuten, deren Kette das Tor absperrte, stieß Diederich vor die Brust, daß ihm der Atem ausblieb; er aber hatte die Augen so voll Siegestaumel, als reite er selbst über alle diese Elenden hinweg, die gebändigt ihren Hunger verschluckten. Ihm nach! Dem Kaiser nach! Alle fühlten wie Diederich. Eine Schutzmannskette war zu schwach gegen so viel Gefühl; man durchbrach sie. Drüben stand eine zweite. Man mußte abbiegen, auf Umwegen den Tiergarten erreichen, einen Durchschlupf finden. Wenige fanden ihn; Diederich war allein, als er auf den Reitweg hinausstürzte, dem Kaiser entgegen, der auch allein war. Ein Mensch im gefährlichsten Zustand des Fanatismus, beschmutzt, zerrissen, die Augen wie ein Wilder: der Kaiser, vom Pferd herunter, blitzte ihn an, er durchbohrte ihn. Diederich riß den Hut ab, sein Mantel stand weit offen, aber der Schrei kam nicht. Da er zu plötzlich anhielt, glitt er aus und setzte sich mit Wucht in einen Tümpel, die Beine in der Luft, umspritzt von Schmutzwasser. Da lachte der Kaiser. Der Mensch war ein Monarchist, ein treuer Untertan! Der Kaiser wandte sich nach seinen Begleitern um, schlug sich auf die Schenkel und lachte.

Diederich aus seinem Tümpel sah ihm nach, den Mund noch offen.

Vorbemerkung: Der Schluß dieses ersten Kapitels ist einer der erzählerischen Höhepunkte des Romans: Heßling begegnet seinem Idol. Sein Charakter ist zu diesem Zeitpunkt schon weitgehend durch Familie, Schule, Studentenverbindung und Militär geformt, besser gesagt: verformt worden; von dieser Begegnung an versucht er sich mit dem Idol immer stärker zu identifizieren. Es fällt auf, daß alle sechs Kapitelschlüsse insbesondere diese Rollenübernahme zeigen und von zentraler Bedeutung sind. Die Aufgabe verlangt, daß alle textrelevanten Aspekte (vgl. Erzähleinstellung, Perspektive, Darstellungweise, Merkmale und Beziehung der Figuren), insbesondere aber das Verfahren der satirischen Entlarvung der ‚Macht' und des Verhältnisses des Untertans zur Macht erarbeitet werden. Diese Episode kann linear oder aspektorientiert interpretiert werden. Hier soll das aspektorientierte Vorgehen gewählt werden, um auf diese Weise die thematischen Schwerpunkte besser abgrenzen und im einzelnen klären zu können.

Gliederung:

A. Einleitung: Einordnung in den Kontext, Thema und Stellenwert der Episode
B. Hauptteil:
1. Die Erzähleinstellung (Perspektive, Blickwinkel, Erzählsituation)
2. Heßling und die Menge
3. Die Begegnung mit dem Kaiser
4. Das Leitmotiv der ‚Macht'
C. Schluß: Zusammenfassung und Vertiefung

Ausführung

A. Diese Episode bezieht sich auf ein realhistorisches Ereignis, die Februarunruhen des Jahres 1892, ausgelöst durch Arbeitslosigkeit und Verelendung der unteren Volksschichten, die „Brot und Arbeit" (S. 44) fordern. Im Roman wird aber von diesen Unruhen nur erzählt, was Heßling, der als Zuschauer anwesend ist, wahrnehmen kann. Nachdem die Demonstration von der Polizei mit Gewalt aufgelöst wurde, erscheint der Kaiser mit seinem Gefolge auf der „wie für einen Triumphzug" (S. 44) gesäuberten Straße. Er geht auf die Forderungen der Arbeiter nicht ein, sondern stellt seine Macht zur Schau. Diesem Auftreten sowie den Reaktionen der Zuschauer gilt das Erzählerinteresse. Diese Episode soll die Unterwerfung der Bürger ebenso verdeutlichen bzw. satirisch entlarven wie die Erscheinungsform der Macht.

B. Zunächst soll genauer nach der Erzähleinstellung gefragt werden. Die Perspektive ist auf den ersten Blick begrenzt und auf den Wahrnehmungsbereich Heßlings festgelegt und somit der personalen Erzählsituation angenähert. Die Episode ist weitgehend szenisch erzählt, d. h., wörtliche Rede (vgl. Z. 3) und spezifische Formen des inneren Monologs (vgl. Z. 57) herrschen vor; daneben findet sich der Erzählerbericht (vgl. Z. 65). Wie zu zeigen sein wird, wechselt die Perspektive, um zu verhindern, daß sich der Leser die Sicht der Hauptfigur zu eigen macht. Insbesondere der innere Monolog weist Stilbrüche und Übersteigerungen auf, so daß der Leser merkt, daß diese Sicht nicht mehr die Heßlings sein kann. Es entsteht eine zweite, eine auktoriale Ebene des Erzählers, der eine kritische Gegenperspektive bezieht. Mit Hilfe dieser Doppelperspektive wird das falsche Bewußtsein der Hauptfigur entlarvt. Dieses Fluktuieren zwischen personalem und auktorialem Erzählen, dieses mehrperspektivische Sehen ist Kennzeichnen des satirisch-entlarvenden Stils.
Im zweiten Untersuchungsschritt soll die Beziehung der Hauptfigur zu der ihn umgebenden Menge untersucht werden. Heßling weiß von vornherein, daß die Menge kaisertreu wie er ist (vgl. S. 44 f.) und geht gegen vereinzelte Andersdenkende rücksichtslos vor. „Ein junger Mensch mit einem Künstlerhut" (Z. 1), der den historischen Moment als „Theater, und nicht mal gut" (Z. 4) abwertet, wird zusammengeschlagen. Diese Szene am Rande des Geschehens verdeutlicht Heßlings Charakter. Erstens zeigt sich eine angesichts der Situation - der junge Mann geht friedlich neben diesem her und spricht ihn an - unangemessene Aggressionsbereitschaft gegenüber einzelnen, die sich von der Menge durch das Äußere und ihre Einstellung unterscheiden. Sein Vorurteil bestätigt sich, als der Mann am Boden liegt und er erkennt: „Der hat sicher nicht gedient! Schmisse hat er auch keine!" Ein abgeleisteter Militärdienst und Mitgliedschaft in einer schlagenden Verbindung gehören zum Bild eines idealen Deutschen, und Diederich ist froh, als er die Frage des älteren Mannes, ob er auch „gedient" habe, bejahen kann: „Ich wäre am liebsten ganz dabeigeblieben" (Z. 20). Wenn der einzelne dem Bilde nicht zu entsprechen scheint (Künstlerhut, keine Schmisse, abweichende Meinung), wird er instinktiv als „Feind" abgestempelt. Heßlings Aussage „Sie sind wohl auch so einer" (Z. 5) wird mit den Worten kommentiert: „Er hätte nicht sagen können, was für einer" (Z. 6). Zweitens verdeutlicht diese Szene, wie Heßling „trotz seiner Aufregung" (Z. 8) nur handelt, wenn die Schultern des Gegenübers „nicht breit" (Z. 9) sind. Drittens gehört zur

Gewaltbereitschaft die erwähnte eindeutige Zustimmung der anderen, die sogar zu seinen „Mitkämpfern“ (Z. 12) werden und ihn anerkennen. Viertens wird erkennbar, daß er sich mit dem Kaiser identifiziert und versucht, „zu blitzen wie der Kaiser“ (Z. 5). Wenn es heißt, daß Heßling sich „reckt“ und „auf das bezwungene Volk und den Kaiser“ zeigt, wird deutlich, daß er glaubt, durch seine Tat und durch seine Identifikation mit dem Kaiser Macht gewonnen zu haben. In diesem Glauben wird er bestärkt durch die Zustimmung der Menge sowie durch das Verhalten des Reporters. Heßling hat in dieser Szene die erste Stufe der Rollenidentität mit dem Kaiser erreicht. Indem er die Einstellung und das Verhalten der Menge radikalisiert, wird er in gewisser Weise zum respektierten Anführer der Menge und gewinnt Macht. Auch in Netzig wird er so gegen Außenseiter vorgehen und, gestützt auf die gleichdenkende Mehrheit, durch blinde Identifizierung mit dem Kaiser seine Machtstellung ausbauen. Als nächster Aspekt soll nun Heßlings Beziehung zum Kaiser näher erarbeitet werden. Es wurde schon gezeigt, wie dieser sich durch die Versuche, zu „blitzen“ wie der Kaiser, und seine Einstellung - „er zeigte auf das bezwungene Volk und den Kaiser“ - mit dem Kaiser gleichzusetzen versucht. Der Erzähler gibt einerseits die Einstellung Heßlings, in der er seine Tat mit der des Kaisers gleichsetzt, wieder, aber andererseits so, daß allein schon durch die Übertreibung „das bezwungene Volk“ die Gegenperspektive deutlich wird. Daß Heßling sich in die Rolle des Kaisers hineinversetzt, zeigt auch sein Ausruf: „Meinetwegen könnte es gleich losgehen gegen den inneren Feind. Unseren Kaiser haben wir mit“ (Z. 30 f.). Dieser Textauszug gibt keinen direkten Hinweis auf die tieferen Zusammenhänge, die Heßling zu dieser Rollenübernahme veranlassen. Allerdings wird in dieser Episode deutlich, daß der Kaiser oberste und glänzendste Instanz der Macht ist. Wenn Heßling also vom Machterleiden und von der Erniedrigung zur Macht und zu einem Selbstwertgefühl gelangen will, muß er sich an dieses Machtzentrum annähern. Der Erzähler stellt dieses Machtzentrum allerdings satirisch dar. Der Kaiser spielt selbst auch, wie die Textindizien nahelegen, nur eine Rolle. In einer aufschlußreichen Textstelle vor unserem Auszug heißt es: „Die Herren, die dem Kaiser folgten, blickten mit äußerster Entschlossenheit darein, ihre Pferde aber lenkten sie durch das Volk, als seien alle die Leute nur zum Statieren (gemeint ist: als Statist tätig sein, d. Verf.) bei einer Allerhöchsten Aufführung befohlen“ (S. 45). Die Szenerie (prächtige Uniformen, das Gehabe wie bei einem Triumphzug, die Kulisse des Volkes) sowie die kaiserliche Mimik - „steinerner Ernst und das Blitzen“ (Z. 38) - signalisieren, daß der Zuschauer „Theater“ erlebt, es nur nicht, bis auf den jungen Mann, merkt. Offensichtlich ist die Macht, die eine so außerordentliche Wirkung bei den Untertanen auslöst, keine wirkliche Macht, sondern sie beruht auf dem glänzenden Schein. Auch der Kaiser spielt also eine Rolle, wie Wolfgang Buck als Sprachrohr des Erzählers immer wieder nachweist (vgl. 181 ff.). Der Kaiser und sein Untertan D. Heßling sind also nur verschiedene Ausprägungen des gleichen Grundtypus; indem sie ihre Rolle gestalten, leben sie an der Realität vorbei. Wenn es auf die glänzende Fassade ankommt, wird die Realität (vgl. die Forderungen nach Brot und Arbeit) verschleiert. Diese „Allerhöchste Aufführung“ versetzt Heßling in eine Art Raserei. Die zweite Begegnung an diesem Tage, jetzt eindeutig aus Erzählersicht dargestellt, gibt diesen Zustand der Raserei der Lächerlichkeit preis. Der Monarch, hoch zu Roß, trifft seinen Untertan und nutzt wieder seine theatralischen Mittel: „er blitzt(e) ihn an und durchbohrt(e) ihn“ (Z. 63 f.). Der Untertan jedoch - „beschmutzt, zerrissen, die Augen wie ein Wilder“ (Z. 62 f.) - setzt sich „mit Wucht in einen Tümpel, die Beine in der Luft, verspritzt von Schmutzwasser“ (Z. 65 f.). Dieses Bild steht in scharfem Kontrast zu der rauschhaften Begeisterung und veranschaulicht und entlarvt den Fanatismus als politisches Phänomen. Der Untertan erniedrigt sich und bietet, im Tümpel auf dem Rücken liegend und mit den Beinen strampelnd, einen erbärmlichen Anblick. Aber auch der Kaiser, für den dieser verdreckte Mensch sein „treuer Untertan“ (Z. 67) ist, verliert an Glanz und Majestät, so daß diese Begegnung einer Verspottung des politischen Systems gleichkommt.

Abschließend soll das den Roman bestimmende Leitmotiv, das der ‚Macht‘, in diesem Textauszug untersucht werden. Wie schon dargelegt, versetzt das Erscheinen der ‚Macht‘ den Untertan in einen „Rausch, höher und herrlicher als der, den das Bier vermittelt“, und dieser Rausch trägt ihn „durch die Luft“, versetzt ihn in einen Himmel, in dem die „äußersten Gefühle kreisen“ (Z. 39 ff.). Die Hyperbolik in dieser Aussage (vgl. den Ausdruck „durch die Luft“) ebenso wie die Konnotationen der Schlüsselbegriffe „Rausch“ und „Raserei“ entlarven diese Begeisterung als Anzeichen eines Wahns, bei dem alle Kontrollmechanismen der Vernunft ausgeschaltet werden. Der Erzähler stellt diesen Wahn in einer Weise dar, daß der Leser die Gegenperspektive erkennt und tiefe Einsichten in die Elemente des Fanatismus gewinnt.

Der Kaiser mit seinem Gefolge wird - scheinbar aus der Sicht Heßlings - erhöht zu der „Macht, die über uns hingeht und deren Hufe wir küssen“ (Z. 44). Der Kaiser erscheint als Allegorie (Sinnbild) der Macht; er wird entpersonalisiert, gleichzeitig aber auch dämonisiert. Diese ‚Macht‘ ist unmenschlich, denn sie geht „über Hunger, Trotz und Hohn“ (Z. 44 f.) kalt hinweg. Es erscheint paradox, daß dieser ‚Macht‘ die fanatische Liebe der Untertanen gilt, die, wie durch das Personalpronomen „uns“ verallgemeinernd betont wird, die untersten Zipfel der Macht, die Pferdehufe küssen. Die zugespitzte Antithetik in den Bildelementen „küssen“ und „Hufe“ verdeutlicht, wie zutiefst unwürdig diese Erniedrigung ist. Die Antithetik wird noch weiter zugespitzt, denn es heißt, daß die ‚Macht‘, auch wenn sie den einzelnen „zerschmettert“ (Z. 52), geliebt wird und daß sie diese „Liebe“ „rechtfertigt“ (Z. 52). Die groteske, ja widersinnige Überzeichnung soll auf das Widersinnige der blinden Unterwerfung unter die ‚Macht‘ aufmerksam machen. Diese Unterwerfung, die, wie es heißt, alle „im Blut haben“ (Z. 46), ist zentrales Charaktermerkmal des Untertans, der nur durch diese blinde Unterwerfung zu einer akzeptablen Rolle finden kann. Denn jede Entwicklung zu einer eigenen Persönlichkeit ist in dieser autoritär geprägten Gesellschaft verhindert worden. So gewinnt der Untertan seine Identität durch Unterwerfung unter die ‚Macht‘, indem er sich als „Atom“ sieht, als ein „verschwindendes Molekül von etwas, das sie ausgespuckt hat“ (Z. 47). Wenn der einzelne sich angesichts der ‚Macht‘ als ein „Nichts“ (Z. 48) empfindet, folgt daraus nämlich, daß er nur durch das Einordnen in die „gegliederten Massen“, in die „kegelförmig“ (Z. 50) ansteigende Machtpyramide Ersatz für die vollständige Preisgabe seiner Eigenständigkeit und Autonomie finden kann. Entschädigt wird der Untertan damit, daß er seinerseits gegen Schwächere, die der Macht „ferner sind“, „unerbittlich“ (Z. 51) vorgehen und Macht ausüben kann. In diesem Auszug, der, scheinbar aus der Sicht Heßlings, die Unterwerfung unter die ‚Macht‘ zu preisen scheint, wird durch die grotesk übertreibende Darstellungsweise die

Gegenperspektive klar erkennbar, so daß der Leser den deformierten Charakter des Typus eines Untertans zu durchschauen vermag.

C. Diese Episode zeigt also zentrale Merkmale des Typus eines Untertan: er erniedrigt sich bis zur Selbstaufgabe vor der ‚Macht', verhält sich aber andererseits aggressiv gegenüber Schwächeren und Außenseitern, um so einen Ausgleich für seine Erniedrigung zu finden. Einen Ausgleich findet er auch, indem sich der Untertan mit dem Kaiser, der Verkörperung höchster ‚Macht', identifiziert. Heßling spielt - vgl. die leitmotivisch genannten Attribute der ‚Macht' wie „blitzen und blenden" sowie die Kaiserzitate in seinen Reden - dessen Rolle, um seine Rolle besser spielen zu können. Dabei wird der kritische Leser erkennen, daß ja bereits der Kaiser nur eine Rolle spielt und daß sich dies Rollenspiel nun auf unterster Ebene fortsetzt. Da das Ganze der Gesellschaft, in dem der einzelne ein „Nichts", ein „verschwindendes Molekül" ist, sich aus diesen einzelnen zusammensetzt, kann auch das Ganze nur hohl bzw. eine glänzende Fassade ohne substantiellen Kern sein. Aber obschon dieses politische System im Grunde nur auf einer glänzenden Fassade beruht, wirkt die ‚Macht', aus der Sicht der Untertanen, sehr real und absolut, und zwar solange, bis ihr Wesen durchschaut ist.

Einbettung des Romans in die Epoche

1. Die Epoche und die Realitätserfahrung im Roman

„Ein Zeitalter wird besichtigt" - so heißt zwar der Titel einer Autobiographie H. Manns, aber dieser Titel könnte die Überschrift zu einem Teil der Romane dieses Autors sein, insbesondere zu seinem „Untertan". In dieser Autobiographie schreibt er:

> „Den Roman des bürgerlichen Deutschen unter der Regierung Wilhelms des Zweiten dokumentiere ich seit 1906. Beendet habe ich die Handschrift 1914, zwei Monate vor Ausbruch des Krieges - der in dem Buche nahe und unausweichlich erscheint. Auch die deutsche Niederlage. Der Faschismus gleichfalls schon: wenn man die Gestalt des ‚Untertan' nachträglich betrachtet. Als ich sie aufstellte, fehlte mir von dem ungeborenen Faschismus der Begriff, und nur die Anschauung nicht."

Diese Äußerung aus dem Jahre 1946 erläutert einerseits die Entstehungsgeschichte, andererseits wird die Verfasserabsicht ebenso wie der klar ausgesprochene Kontextbezug deutlich ausgesprochen. Viel umfassender und konsequenter als ein Autor des poetischen Realismus (vgl. Th. Fontane) bezieht sich H. Mann auf die politischen und gesellschaftlichen Strukturen des Kaiserreiches. Nur wenige Beispiele für die Verknüpfung von Kontext und Roman seien genannt. Die Reden Heßlings sind durchsetzt mit originalen Zitaten aus Kaiserreden; die von der Hauptfigur erlebten Krawalle (vgl. S. 43 ff.) sind die historischen Februarunruhen von 1892; die Italienreise Heßlings bezieht sich auf den real geschehenen Italienbesuch des Kaisers; das am Romanende eingeweihte Denkmal gilt dem 100. Geburtstag Wilhelms I. H. Mann will die Geschichte eines „bürgerlichen Deutschen" jener Epoche erzählen.

Dieser Begriff verdeutlicht, daß Mann weniger das Individuelle (Glück, Liebe, Ehe des einzelnen) als vielmehr einen Typus, also einen Menschen, darstellen will, der typische Charaktereigenschaften, durch die sozialen Bedingungen der Zeit geprägt, aufweist. Diese gesellschaftlichen Eigenschaften überlagern und verformen die individuellen, wie wir es, allerdings weniger deutlich, in Fontanes Roman „Effi Briest" gesehen hatten. H. Manns Äußerung verdeutlicht, daß dieser Typus in der Herausbildung des Faschismus eine sehr verhängnisvolle Rolle in der deutschen Geschichte gespielt hat. Manns erklärte Absicht war es, die Menschen des Kaiserreiches aufzuklären und vor diesem Typus eines Untertans zu warnen, indem er bloßgestellt und als Produkt sozialer Verhältnisse verstehbar werden sollte. Das Deutsche Kaiserreich (1871 - 1918) hatte, wie in Kapitel 2.4 schon dargestellt, einen rasanten wirtschaftlichen und technologischen Aufstieg erlebt. Das sogenannte Wirtschaftsbürgertum konnte sich, wie das Beispiel D. Heßlings zeigt, höchst erfolgreich betätigen. Das Bürgertum als einheitliche Gesellschaftsschicht gibt es in dieser Epoche nicht mehr. Große Teile hatten sich von einer bürgerlich-liberalen Politik abgewandt, sich mit dem kaiserlichen Machtstaat arrangiert und waren wirtschaftlich erfolgreich. Im Roman repräsentieren Vater und Sohn Buck zwar noch das vom Geist und von Idealen der 48er-Revolution geprägte Bildungsbürgertum, das sich eine kritische und wertebewußte Einstellung bewahrt hat, aber in der Lebenspraxis können sie sich nicht der Mehrheit der national denkenden und wirtschaftlich erfolgreichen Bürgerlichen erwehren. Der alte Buck bewahrt noch etwas vom Glanz und den Ideen von 1848, bleibt in einem satirefreien Raum, aber sein Vorbild und seine Ideale bleiben einfluß- und folgenlos, erinnern nur von fern an die versäumte Möglichkeit einer gerechten und freien Gesellschaft.
Die Mehrheit der Bürger, seien es Unternehmer wie Lauer und Klüsing oder Juristen, Redakteure, Professoren oder Pastoren, unterscheiden sich nicht sehr von der Hauptfigur, und sie erweisen sich als Variationen des bürgerlichen Sozialcharakters. Für sie gilt mit Modifikationen die Einstellung Heßlings, für den Deutschland als Land der Dichter und Denker nur eine Vorstufe gewesen sei, jetzt sei Deutschland das Land der Industrie und Technik. Jetzt gehe es „zuerst" um das „eigene Wohl", und „gerecht" sei die „Sache, die Erfolg" habe (S. 327), zudem sei vor einer „falschen Humanität" (S. 295) zu warnen. Zwar werden bürgerliche Wertvorstellungen immer wieder genannt, aber es sind nur Phrasen, um egoistische Interessen zu verschleiern.
Dieses Bürgertum, gesellschaftlich eingeordnet zwischen einem erstarkenden Proletariat und dem tonangebenden Adel, grenzt sich nach unten eindeutig ab und paßt sich nach oben den Verhaltensmustern und Wertvorstellungen des Adels an. Die Ideale der Dichter und Denker, die bürgerlichen Wertvorstellungen (Humanismus, Toleranz, Freiheit des einzelnen, Demokratie) verblassen und werden von der neuen nationalen und konservativen Ideologie überlagert. Zum Panorama der wilhelminischen Gesellschaft gehören außerdem der Adel und die Unterschicht. Der Adel gilt, im Roman wie auch in der historischen Realität, als die bewunderte und unbefragt akzeptierte Elite, der die Führungspositionen in Verwaltung, Justiz, Militär und Politik zustehen. Insbesondere gilt das Militär, vom Adel geprägt, als „Schule der Nation" und als staatstragender und normprägender Stand (vgl. nationale, hierarchisch-autoritäre Denk- und Verhaltensmuster). Demokratische Institutionen wie der Reichstag und Organisationen wie die Parteien bleiben im Vorhof der Macht, die Verfassung und

Verfassungswirklichkeit ihnen vorschrieben, und richten sich in diesem Vorhof fast widerspruchslos ein und machen dem Adel die Eliterolle und der Monarchie die Führungsrolle nicht streitig. Zu dieser bürgerlichen Anpassungsbereitschaft trägt auch das Grundgefühl der Krise und einer drohenden Gefahr bei, das auch, aber keineswegs allein, von dem Anwachsen und der Organisation der unteren Volksschichten (SPD, Gewerkschaften) gespeist wird. Das Elend dieser unteren Volksschichten, insbesondere des Proletariats, wird im vorliegenden Roman auch dargestellt, aber wichtiger ist H. Mann das politische Verhalten der organisierten Arbeiterschaft. Am Beispiel Napoleon Fischers, eines Meisters in Heßlings Papierfabrik und eines späteren Reichstagsabgeordneten der SPD, zeigt er, wie, entgegen der verbreiteten „Umsturzfurcht", viele Sozialdemokraten bereits verbürgerlicht, d. h. angepaßt und karrierebetont, sind und sich vom Bürger kaum noch unterscheiden. Wie der Vertreter des Bürgertums, D. Heßling, einen Pakt mit dem Repräsentanten des Adels, dem Regierungspräsidenten v. Wulckow, schließt, so paktiert der Arbeiterführer mit dem Kapitalisten Heßling. Diese wilhelminische Gesellschaft ist aus der Sicht H. Manns insgesamt moralisch verwüstet und verdorben; eine Alternative, die Besserung verspricht, ist nicht in Sicht. Nicht nur diese intrigenhaften Pakte zwischen den Repräsentanten der Klassen, sondern auch der Gesamtcharakter dieser wilhelminischen Gesellschaft verweisen darauf, daß diese Gesellschaft auf der Lüge, der Täuschung aufgebaut ist. Für H. Mann gilt das Theatralische als die Signatur der Zeit. Gemeint ist, daß eine glänzende Fassade aufgebaut wird, welche die eigentlichen wirtschaftlichen und machtpolitischen Interessen verdecken soll. Wie unsere Beispielanalyse schon zeigte, spielen die Verantwortlichen Theater, spielen eine öffentliche Rolle, die auf Lüge beruht, denn hinter ihrer Rolle stehen sie nicht als Person, sondern sie spielen die Rolle für das Volk. Der größte Schauspieler dieser Epoche ist für H. Mann der Kaiser, der es liebt, im militärischen Kostüm, in theatralischen Posen aufzutreten, der durch „Blitzen und Blenden" wirken will. Wolfgang Buck wird zum Sprachrohr des Autors, wenn er das öffentliche Leben mit einem „schlechten Komödiantentum" vergleicht und sagt: „Die Gesinnung trägt Kostüm, Reden fallen wie von Kreuzrittern, indes man Blech erzeugt oder Papier" (S. 181).

Für H. Mann ist D. Heßling ein typisches Produkt dieser Gesllschaft. Ein solcher Untertan kann sich nicht zu einem seiner selbst bewußten Individuum entwickeln, sondern muß Sicherheit und Selbstwertgefühl in einer Rolle suchen. Mit diesem im Roman dargestellten Verfall eines Charakters zu einem funktionierenden Typus hat H. Mann eine Charakterstudie vorgelegt, die von der Geschichte auf erstaunliche Weise (vgl. den Faschismus) bestätigt worden ist und die wiederholt nach 1945 in einen Theoriezusammenhang (vgl. den Typus des „autoritären Charakters") gebracht worden ist (Adorno). Dieser sozialkritische Roman deckt schonungslos Fehlentwicklungen der wilhelminischen Epoche auf, die auch von Historikern erarbeitet worden sind; nur überzeichnet der Dichter im Vergleich zum Historiker. Ein Historiker beschränkt sich nicht auf die Negation, sieht im Untertan nicht die allein vorherrschende Figur und registriert auch positive Entwicklungen.

2. Heinrich Manns künstlerische Position

H. Mann schätzt zwar die Romankunst eines Th. Fontane, orientiert sich aber mehr an dem naturalistischen Autor Zola, dessen Romane Fontane als „Reportertum" (vgl. 2.4.3) ablehnte. Mann sieht die Leistung der Naturalisten darin, daß sie aus der Welt der Kunst und einem sich selbst genügenden Ästhetizismus, dem er in seinen Anfängen auch nahegestanden hat, heraustreten und politisches und soziales Engagement zeigen. Denn Ästhetizismus bedeutet, die Kunst von dem Leben und der Wirklichkeit zu trennen und den Künstler zum Außenseiter und die Kunst zur Unverbindlichkeit abzustempeln. Für H. Mann soll Kunst aber aufklären.

Er schreibt den „Untertan" in einer Epoche, es sind die Jahrzehnte vor und nach der Jahrhundertwende, die gekennzeichnet ist von einer Vielfalt und schnellen Abfolge einzelner Kunstrichtungen (Naturalismus, Symbolismus, Impressionismus, Jugendstil, Expressionismus) und deren gemeinsames Thema, vereinfacht gesagt, die Untergangsstimmung, das Bewußtsein des „Fin de siècle" (Ende des Jahrhunderts) ist. H. Mann ist einer einzelnen Kunstrichtung nicht zuzuordnen; er sucht seinen eigenen Weg. So betont er gegenüber einer naturalistischen Darstellungstechnik, der es um wissenschaftsvergleichbare Richtigkeit, um Reproduktion von Realität geht, die Notwendigkeit neuer künstlerischer Ausdrucksmöglichkeiten. Er findet sie zum Beispiel im Traditionsbruch und Umkehrung tradierter Romanvorlagen (vgl. den Bildungs- und Entwicklungsroman), in dem Stilbruch und der satirischen Darstellungstechnik. Gestalteten frühere Romane den Entwicklungsprozeß eines Individuums, das lernt, zu sich selbst zu finden, so zeigt Mann im vorliegenden Roman, wie seine Hauptfigur sich selbst verliert. Zu diesem Romankonzept führen ihn grundlegende Einsichten. Einmal sieht er den einzelnen zunehmend eingebunden in immer komplexer und anonymer werdenden Organisationsformen der modernen Industriegesellschaft, die dem Individuellen kaum Raum lassen. Zum andern leidet er unter den gravierenden Mängeln der ihn umgebenden Realität: der Widerspruch zwischen dem Sein (vgl. die wilhelminische Gesellschaft) und dem Sollen (vgl. die bürgerlichen Ideale wie das der Selbstbestimmung) scheint unüberwindbar. Vornehmlich bietet ihm die Satire eine Antwort auf die Krise der Gesellschaft und damit des traditionellen Romans. Der satirische Roman will nicht die Wirklichkeit abbilden, sondern eine zweite, „überrealistische" Wirklichkeit schaffen. Dem Zeichenstift eines Karikaturisten vergleichbar, wird die Wirklichkeit überzeichnet, um zum Beispiel bestimmte Züge deutlicher hervorzuheben. Unter Satire verstehen wir, mit der Ironie zunächst vergleichbar, eine Form der uneigentlichen Aussage, in welcher die Gegenperspektive bereits erkennbar enthalten ist. Die Satire verzerrt und übertreibt, um zu verdeutlichen; sie will, mit den Worten Schillers, „die Wirklichkeit als Mangel" dem „Ideal als der höchsten Realität" gegenüberstellen.

Das satirische Verfahren soll an einigen Beispielen des Romans verdeutlicht werden. Als erstes ist an Episoden zu erinnern, die sich aufeinander beziehen. So entspricht das Gespräch zwischen Herrn Göppel und Heßling (vgl. S. 72 f.) - dieser verweigert brutal die Heirat der Tochter Agnes - dem zwischen Heßling und dem Leutnant von Brietzen, der dessen Schwester heiraten soll (vgl. S. 304 f.). Durch die Parallelität der Episoden, der Leutnant verhält sich ebenso brutal wie Heßling, wird die Rücksichtslosigkeit gegenüber Schwächeren als Charaktermerkmal aufgezeigt. Weiter spiegelt sich die

Szene, in der Heßling ein Arbeiterpaar in einem Lumpenhaufen entdeckt und wegen öffentlicher Unzucht hinauswirft (vgl. S. 84 ff.), in der Szene, in der Heßling am gleichen Ort sich mit Guste Daimchen sexuell einläßt. Diese aufeinander bezogenen Szenen oder Dialogteile entlarven Widersprüche ebenso wie ein zweites satirisches Mittel, das der Perspektivenverzerrung. Heßling zum Beispiel wird grotesk „vergrößert", durch seine Identifikation mit dem Kaiser lächerlich gemacht. Wenn er kaiserliche Worte zitiert, wirkt allein schon der Widerspruch zwischen dem geliehenen Pathos der Rede („Ich führe euch herrlichen Tagen entgegen") und der banalen Wirklichkeit einer Fabrikhalle entlarvend. Vielfach genügt diese Kontrastierung von unangemessen pathetischem Anspruch und Wirklichkeit (Heßling im Tümpel vor seinem verehrten Kaiser, S. 47; unter dem Rednerpult versteckt, S. 360; bei von Wulckow den Hunden ausgeliefert, S. 252 ff.), um den Charakter zu demaskieren. Diese Selbstentlarvung der Worte durch die Taten (vgl. den Aspekt der Moral) ist noch wirkungsvoller dadurch, daß dies häufig Kaiserworte sind und in einem den Kaiser imitierenden Sprachstil vorgetragen werden. Drittens sind die leitmotivischen Wiederholungen zu nennen, die durch ihre Wiederholung und ihre Überzeichnung (vgl. „blitzen", „steinerner Ernst", „Hufe der Macht") einerseits die Vertreter der Macht in eine kritische Sicht rücken, andererseits auf die Mentalitäts- und Bewußtseinselemente der Untertanen (vgl. „Haben Sie gedient?") aufmerksam machen. Viertens wird im Erzählerkommentar sowie in den Aussagen Wolfgang Bucks Systemkritik (vgl. die Aussagen „die Macht, die über uns hingeht", S. 47) der Untertan als Imitator des „gekrönten Künstlers" (S. 184) auf direkte Weise vorgetragen.
Fassen wir zusammen:
H. Mann kehrt den traditionellen Roman um: in Heßlings Werdegang werden die Möglichkeiten einer Persönlichkeitsentwicklung zerstört, er lernt statt dessen, seine Rolle als Untertan immer besser zu spielen, und wird mit Erfolg belohnt. Aus einem kleinen, unsicheren Spießer wird ein moderner Wirtschaftsführer. Auf satirische Weise entlarvt H. Mann die wilhelminische Gesellschaft als zutiefst korrupt, verlogen und dem Untergang geweiht.

Übungsbeispiel

Aufgabenstellung:
Analysieren Sie bitte die Rede D. Heßlings. Gehen Sie zunächst auf die Zusammensetzung und die Reaktionen des Publikums ein, und analysieren Sie die Rede unter Berücksichtigung ihres ideologisch-rhetorischen Charakters.

Textgrundlage:
H. Mann: Der Untertan. S. 293 ff.

Text:

Diederich wartete lange, bevor das Meer der nationalen Empörung sich beruhigte. Dann begann er: „Meine Herren!" „Bravo!" schrien die Lieferanten, und Diederich mußte weiter warten in der Atmosphäre gleichgestimmter Gemüter, worin das

Atmen ihm leicht war. Als sie ihn reden ließen, gab er der allgemeinen Empörung Worte, daß der Vorredner es habe wagen können, die Versammlung in ihrer nationalen Gesinnung zu verdächtigen. „Unerhört!" riefen die Lieferanten. „Das beweist uns nur", rief Diederich, „wie zeitgemäß die Gründung der ‚Partei des Kaisers' war! Der Kaiser selbst hat befohlen, daß alle diejenigen sich zusammenschließen, die, ob edel oder unfrei, ihn vor der Pest des Umsturzes befreien wollen. Das wollen wir, und darum steht unsere nationale und kaisertreue Gesinnung hoch über den Verdächtigungen derer, die selbst bloß die Vorfrucht des Umsturzes sind!" Noch bevor der Beifall losbrechen wollte, sagte Heuteufel sehr deutlich: „Abwarten! Stichwahl!" Und obwohl die Lieferanten alles weitere im Getöse ihrer Hände erstickten, fand Diederich doch schon in diesen zwei Worten so gefährliche Andeutungen versteckt, daß er schnell ablenkte. Das Säuglingsheim war ein weniger verfängliches Gebiet. Wie? Eine Sache des sozialen Gewissens sollte es sein? Ein Ausfluß des Lasters war es! „Wir Deutschen überlassen so was den Franzosen, die ein sterbendes Volk sind!" Diederich brauchte nur Artikel aus der ‚Netziger Zeitung' herzusagen. Der von Pastor Zillich geleitete Jünglingsverein sowie die christlichen Handlungshilfen klatschten bei jedem Wort. „Der Germane ist keusch!" rief Diederich, „darum haben wir im Jahre siebzig gesiegt!" Jetzt war die Reihe am Kriegerverein, von Begeisterung zu dröhnen. Hinter dem Tisch des Vorstandes sprang Kühnchen auf, schwenkte seine Zigarre und kreischte: „Nu verklobben mer se bald noch emal!"

Diederich hob sich auf die Zehen. „Meine Herren!" schrie er angestrengt in die nationalen Wogen, „das Kaiser-Wilhelm-Denkmal soll eine Huldigung für den erhabenen Großvater sein, den wir, ich darf es sagen, alle fast wie einen Heiligen verehren, und zugleich ein Versprechen an den erhabenen Enkel, unseren herrlichen jungen Kaiser, daß wir so bleiben wollen, wie wir sind, nämlich keusch, freiheitsliebend, wahrhaftig, treu und tapfer!"

Hier waren wieder die Lieferanten nicht mehr zu halten. Sebstvergessen schwelgten sie im Idealen - und auch Diederich war sich keiner weltlichen Hintergedanken mehr bewußt, nicht seines Paktes mit Wulckow, nicht seiner Verschwörung mit Napoleon Fischer, noch seiner dunklen Absichten für die Stichwahl. Reine Begeisterung entführte seine Seele auf einen Flug, von dem ihr schwindelte. Erst nach einer Weile konnte er wieder schreien. „Abzuweisen und mit aller Schärfe hinter die ihnen gebührenden Schranken zurückzudämmen sind daher die Anwürfe derer, die weiter nichts wollen, als uns verweichlichen mit ihrer falschen Humanität!" „Wo haben Sie Ihre echte sitzen?" fragte die Stimme Heuteufels und stachelte dadurch die nationale Gesinnung der Versammelten so hoch auf, daß Diederich nur noch stellenweise zu hören war. Man verstand, er wolle keinen ewigen Frieden, denn das war ein Traum und nicht einmal ein schöner. Dagegen wollte er eine spartanische Zucht der Rasse. Blödsinnige und Sittlichkeitsverbrecher waren durch einen chirurgischen Eingriff an der Fortpflanzung zu verhindern. Bei diesem Punkt verließ Heuteufel mit den Seinen das Lokal. Von der Tür rief er noch: „Den Umsturz kastrieren Sie auch!" Diederich antwortete: „Machen wir, wenn Sie noch lange nörgeln!" „Machen wir!" tönte es von allen Seiten. Alle waren plötzlich auf den Füßen, prosteten, jauchzten und vermischten ihre Hochgefühle. Diederich, umbraust von Huldigungen, wankend unter dem Ansturm treudeutscher Hände, die die seinen schütteln wollten, und nationaler Biergläser, die mit ihm anstießen, sah von seiner Bühne in den Saal hinaus, der seinem durch Rauch getrübten Blick weiter und höher schien. Aus den höchsten Tabakwolken glühten ihn mystisch die Gebote seines Herrn an: „Der Wille des Königs!" „Mein Feind!" „Mein Kurs!" Er wollte sie in das brausende Volk hineinschreien - aber er griff sich an die Kehle, kein Ton kam mehr: Diederich war stockheiser. Da sah er sich voll Sorge nach Heuteufel um, der leider fort war. ‚Ich hätte ihn nicht so reizen sollen. Jetzt Gnade mir Gott, wenn er mich pinselt.'

Mögliche Aspekte der Analyse

1. (Einleitung) Heßling hält diese Rede anläßlich einer Wahlversammlung der „Partei des Kaisers". Der Leser weiß (vgl. S. 285 ff.), daß Heßling (vgl. den Pakt mit Wulckow und Fischer) manipuliert hat, um in dem mehrheitlich liberal wählenden Netzig seinen Kandidaten durchzubringen. Bezeichnenderweise gehört zum Wahlkampfversprechen der Kaiserpartei das Denkmal, zu dem der Liberalen das Säuglingsheim. Vor Heßlings Rede hat der Liberale Dr. Heuteufel für das Säuglingsheim geworben. Heßlings Gegenrede weist wesentliche Elemente einer nationalen und reaktionären Propagandarede auf. Der Auszug hat, im Blick auf den Leser, die Funktion, Redestrategie und ideologische Inhalte - weitgehend durch Selbstentlarvung - durchschaubar zu machen.

2. Die Rede sowie die Redepausen werden, bis auf die indirekte Wiedergabe zu Beginn, weitgehend zeitdeckend, also szenisch wiedergegeben. Im ersten Teil des Auszuges zieht sich der Erzähler zurück; der Leser blickt aus der Sicht Heßlings (vgl. direkte Rede, aber auch innerer Monolog, (Z. 15 f.). Im zweiten Teil schaltet sich der auktoriale Erzähler ein, zeigt z. B. dem Redner nicht bewußte „Hintergedanken" (Z. 32). Insgesamt zeigt sich z. B. in den Überspitzungen und Widersprüchen der Rede und der Zwischenrufe auf indirekte, in den Zwischenrufen Dr. Heuteufels und in den Erzählereinmischungen auf direkte Weise die kritische Gegenperspektive.

3. Heßling spricht in einer „Atmosphäre gleichgestimmter Gemüter" (Z. 3), in einer emotional aufgeladenen und durch Alkohol weiter aufgeheizten Stimmung. Neben wenigen Oppositionellen besteht die Zuhörerschaft aus „national zuverlässigen" Männern, aus Mitgliedern nationaler Gruppen (christlicher Jünglingsverein, christliche Handlungsgehilfen, Kriegerverein) - christliche Gruppen haben sich voll integriert - und aus den am Profit interessierten „Lieferanten". Es wird deutlich, wie sich am Denkmal die Geister scheiden (vgl. Freund-Feind-Prinzip) und wie die Nationalen darin ein Propagandainstrument und Integrationsmittel sehen.

4. Die Rede enthält wesentliche Elemente nationaler Propaganda, entlarvt die Untertanengesinnung:

a) Die Gesellschaft wird nach dem Freund-Feind-Prinzip, hier die Kaisertreuen, dort die „Pest des Umsturzes" (SPD), „Vorfrucht des Umsturzes" (Liberale) (Z. 9 ff.), unterschieden, der Gegner diffamiert.

b) Die Propaganda von der moralischen Überlegenheit der Deutschen („der Germane ist keusch", Z. 20 f.) gegenüber moralischer Verkommenheit des französischen

Erbfeindes, das Säuglingsheim als „Ausfluß des Lasters“ (Z. 17) entlarvt sich selbst, ebenso wie die widersinnige Verknüpfung von „Keuschheit“ und dem militärischen Sieg. Der aufmerksame Leser weiß, daß Moral und Keuschheit geheuchelt werden, daß Lüge und Intrige vorherrschen, daß die hier propagierte moralische Überlegenheit Aggressionsbereitschaft mobilisiert: „Nu verklobben mer se“ (Z. 23 f.).

c) Deutlich wird der ins Religiöse gesteigerte Kaiserkult („fast wie ein Heiliger“, „erhabener Enkel“, Z. 27 f.), deutlich wird die Funktion der Propagierung deutscher Tugenden („keusch, freiheitsliebend, wahrhaftig, treu und tapfer“, Z. 29 f.), die, öffentlich als verpflichtende Norm verkündet, vom einzelnen jederzeit mißachtet werden; sie dienen erkennbar der Systemstabilisierung.

d) Es wird zwischen „wahrer“ und „falscher“ Humanität, die „verweichlicht“ (Z. 38), unterschieden; „wahre“ Humanität sind für einen Nationalisten Kriegsbereitschaft, „spartanische Zucht“, Eingriffe in die Fortpflanzungsfähigkeit (vgl. Z. 43 ff.). Der Humanitätsgedanke pervertiert hier völlig und nähert sich einem nationalsozialistischen Rassismus; die Begriffe wie „Humanität“ und „Moral“ werden aber beibehalten, dienen der Rechtfertigung für unmoralisches Handeln.

e) Die Wirkung der Propagandarede ist enorm: die Zuhörerschaft, aber auch der Redner selbst werden in einen Rauschzustand versetzt, der Aggressionen und Ressentiments freisetzt und völlig unkontrolliert bleibt. Der Erzähler entlarvt allein schon durch die Wortwahl („umbraust“, „jauchzten“, „treudeutsche Hände“, „nationale Biergläser“, Z. 50), verspottet durch Überzeichnung die Kaiservision in den „Tabakwolken“, die Heßling „mystisch“ anglühenden „Gebote seines Herrn“: „Mein Feind“, „Mein Kurs“ (Z. 53); die Kaiserworte werden auf diese Weise banalisiert und lächerlich gemacht.

5. (Schluß): Dieser Auszug verdeutlicht erstens wesentliche ideologische Elemente der Kaiserpartei, ihren rassisch geprägten Nationalismus, ihre Aggressionsbereitschaft und die Pervertierung bislang allgemeingültiger Ideale (Humanismus, Moral); diese werden nicht nur als Deckmantel egoistischer Interessen mißbraucht, sondern regelrecht umgedeutet.

Zweitens zeigt sich, wie verlogen nationalistische Phrasen sind, aber wie die Zuhörerschaft und der Redner für den Moment selbst daran glauben und sich selbst täuschen können.

Drittens wird deutlich, wie in dieser Atmosphäre und mit dieser Rhetorik das Denken ausgeschaltet, Emotionen freigesetzt und aggressive Handlungsbereitschaft gegen Andersdenkende (SPD, Liberale) und den Feind geweckt werden.

Literaturhinweise:

Th. W. Adorno: Studien zum autoritären Charakter. [...], Frankfurt 1980.
Wolfgang Emmerich: Heinrich Manns „Der Untertan“. München: W. Fink Verlag 1980.
M. Hummelt-Wittke: H. Mann, Der Untertan. Interpretationen für die Schule. München: Oldenbourg 1987.

2.5.2 Franz Kafka: Der Prozeß (Ein Beispiel für die Bewußtseinskrise der Moderne)

Einführung in das Werk

Wohl kaum ein anderer Dichter in unserem Jahrhundert hat wie Franz Kafka die Literaturwissenschaftler immer wieder zu neuen Interpretationsversuchen herausgefordert, ohne daß man dabei das Gefühl hätte, das Werk sei nun endgültig interpretiert. Stärker als bei anderen Romanen und Erzählungen empfindet man die hermetische Abgeschlossenheit der Werke, ihr Rätselcharakter im Adornoschen Sinn tritt besonders stark hervor: Sie verschweigen die Antwort auf der vordergründigen Inhaltsebene und erzwingen sie gleichzeitig durch ihre Struktur. Die Konfrontation des Lesers mit einer rätselhaften, unheimlichen Welt läßt ihn immer wieder nach Sinn und Ordnung dieser Welt suchen, die in der immanenten Logik der Romanstruktur gegeben zu sein scheint, aber nie inhaltlich faßbar wird. In dieser Wechselbeziehung liegt der besondere Reiz des Kafkaschen Werkes.

Wir wollen zunächst einige grundsätzliche Informationen zu Kafkas Roman „Der Prozeß" vorausschicken:

a) **Biographische Voraussetzungen**: Der Roman „der Prozeß" ist in den Jahren 1914/15 entstanden, erschien aber erst 1925 nach dem Tod Kafkas entgegen seinem ausdrücklichen Willen. In vielfältiger Hinsicht spiegelt dieser Roman Kafkas eigene Erfahrungen wider. Von seinem Leiden unter dem Druck seines leistungsorientierten Elternhauses, aber insbesondere seines Vaters, zeugt nicht nur dieser Roman. Durch seine Arbeit zunächst in einer privaten, dann in einer halbstaatlichen Versicherungsanstalt gewann Franz Kafka sowohl Einblick in bürokratische Strukturen wie in die gesellschaftliche Wirklichkeit der Arbeiter in Prag, weil er zu versichernde Industriebetriebe in Gefahrenklassen einteilen mußte.

b) **Inhalt**: Josef K., der Prokurist einer Bank, wird an seinem dreißigjährigen Geburtstag ohne einen plausiblen Grund verhaftet. Zwar darf Josef K. zunächst sein gewohntes Leben weiterführen, obwohl er sich gelegentlichen Verhören unterziehen muß, doch beunruhigt ihn die Art des Prozesses zusehends. Niemand kennt die Art des für ihn eingesetzten Sondergerichtes noch seine Gesetze. Die Kanzleien des Gerichtes befinden sich in einer unübersehbaren Zahl von Dachböden der Mietskasernen. Im gesamten Verfahren teilt man dem Angeklagten nicht mit, wessen er beschuldigt wird. Obwohl Josef K. den willkürlichen Charakter des Verfahrens durchschaut, kann er sich innerlich nicht von dem angeblichen Grund seines Vergehens befreien und stellt sein bisheriges Leben in allen Punkten in Frage. Seine Versuche, bei anderen Menschen Hilfe zu finden, schlagen fehl. Dies führt zur Einsamkeit und sozialen Isolation, und schließlich scheint sich seine gesamte Umwelt in Instanzen des Gerichts zu verwandeln, das den Prozeß über ihn führt. In einer dumpfen Ahnung, sein Leben verfehlt zu haben, wird er am Vorabend seines 31. Geburtstag hingerichtet.

c) **Werkstruktur**: Die Struktur von Kafkas Erzählungen läßt sich weniger durch eine Beschreibung von Erzählsequenzen erfassen als durch das innere Gefüge, das für diese Sequenzen und auch für die ganzen Texte kennzeichnend ist. Für den Roman „Der Prozeß" gilt, daß die Unterscheidung von abgebildeter Realität und neu geschaffener fiktiver Welt aufgegeben wird, und zwar in einem umfassenderen Sinn, als wir dies von anderen fiktionalen Texten kennen. Gewöhnlich treten wir mit der Lektüre eines Textes in eine erzählte Welt ein, auf die wir uns einlassen können, die wir als eine Welt auf Zeit akzeptieren, selbst wenn sie märchenhafte Züge trägt. Kafkas Romanwelt enthält zwar eine Fülle von Details, die wir aus unserer Welt- und Wirklichkeitserfahrung kennen, die aber in dem Wirklichkeitsentwurf des Romans einen völlig neuen Stellenwert bekommen. Dadurch geht der Leser auf Distanz, vergleicht die ihm vorgestellte Welt permanent mit seiner eigenen, um die unendliche Verschiedenheit dieser Welten zu konstatieren. Das Gericht in Kafkas Roman trägt zwar den Namen der uns bekannten Institution, ist aber nicht mit den uns bekannten Erscheinungsformen oder Definitionen dieser Institution identisch, so daß dieses unser Vorwissen kontinuierlich mitgedacht wird und so zum Mittel der Distanzierung und Verfremdung wird, während die Erzählweise gerade auf Identifikation hin angelegt ist. Der Leser kann nicht umhin, der erzählten Welt ebenso verstört zu begegnen wie die Hauptfigur Josef K.

d) **Aspekte des Erzählens**: Zwar wird in Kafkas Roman „Der Prozeß" in der Er-Form erzählt, doch zeigt der Erzähler keine Distanz zur erzählten Figur und zur erzählten Welt. Von daher könnte man von der „Kongruenz von Erzähler und Held" (M. Walser) sprechen. Dennoch ist der Erzähler immer wieder auch faßbar, zum Beispiel im einleitenden Satz des Romans: „Jemand mußte Josef K. verleumdet haben, denn ohne daß er etwas Böses getan hätte, wurde er eines Morgens verhaftet." Die Vorwegnahme des erst noch zu Erzählenden deutet auf den außerhalb des Geschehens stehenden Erzähler hin, der in seiner Denkweise jedoch die Positionen der Hauptfigur übernimmt, wie sich dies am modalen Hilfsverb und der Konjunktivform festmachen läßt. Damit überläßt der Erzähler den Leser nicht einfach der Hauptfigur, sondern der Leser weiß sich mit der Perspektivfigur Josef K. und dem Erzähler angesichts der fremden Welt, mit der die Figur plötzlich konfrontiert wird, in seinem Denken und Empfinden eins. Beißner spricht in diesem Zusammenhang von einem „einsinnigen Erzählen", das ganz vom Bewußtsein der Hauptfigur geprägt wird, ohne daß der Erzähler dazu auf Distanz ginge, er nimmt das Innenleben seiner Figur ernst, indem er es für sich und den Leser übernimmt, und vermeidet es, mit der Optik eines Psychoanalytikers an seine Figur heranzugehen.

Mittlerweile ist die zu Kafkas Roman „Der Prozeß" erschienene Sekundärliteratur schier unübersehbar geworden, was zum einen den hohen Stellenwert dieses Romans widerspiegelt, zum andern aber auf die Vielschichtigkeit des Werkes hindeutet. Daher bietet es sich an, an dieser Stelle noch einmal den hermeneutischen Ansatz einer Analyse zu reflektieren (vgl. Kap. 3).

Der *geisteswissenschaftliche Ansatz* sieht in Kafkas Roman ein Beispiel existentialistischer Philosophie, das seiner Zeit weit voraus war. Die Handlung des Romans wird als eine narrative Entfaltung (d. h. in Form einer Erzählung) der bohrenden Frage nach der Selbstverwirklichung gesehen. Der Hauptfigur Josef K. wird durch die Konfrontation mit jenem undurchschaubaren Prozeß die belastende, unerträglich werdende Widersprüchlichkeit der eigenen Existenz bewußt, wie sie sich in der immer größer werdenden, aber ungewollten Verstrickung in den Prozeß widerspiegelt. Das Ereignis der Verhaftung bekommt dann einen symbolischen Stellenwert, insofern es das

Verhaftetsein des Menschen in eben dieser Widersprüchlichkeit erzählerisch umsetzt. Solche Deutungsversuche werden von W. Emrich aufgegriffen, wenn er in dem Roman „die Nötigung an den Menschen, zur Selbst- und Weltverantwortlichkeit zu gelangen", sieht. Was von Josef K. nur negativ, d. h. als Abwesendes erfahren wird, formuliert Emrich in einen Appell um. Diesem Ansatz folgend, wird das Gericht als „Selbstgericht K.'s" verstanden, das gleichzeitig „die gesamte Lebenswirklichkeit repräsentiert."

Verwandt damit, aber dennoch unterschiedliche Intentionen verfolgend, sind die *theologischen Deutungsentwürfe*. Insbesondere die Bedeutung des Gerichtes wird in diesem Zusammenhang betont. Das Gericht wird als Gericht Gottes verstanden, vor dem sich der Mensch zu verantworten hat. Ein solcher Ansatz scheint nahezuliegen, wenn man Kafkas jüdische Abstammung bedenkt. So spielt das Gesetz, die Einhaltung der göttlichen Gebote, im Judentum die entscheidende Rolle, weil das Gesetz dem Menschen den Zugang zu Gott verschaffen kann. Eine solche Deutung wird durch die an zentraler Stelle stehende Parabel „Vor dem Gesetz" auf den ersten Blick unterstützt (dieser Text wird häufig als Kurzprosa, isoliert vom Roman, behandelt). Berücksichtigt man jedoch den Kontext* des Romans, so scheint es fragwürdig, das Gericht als göttliche Instanz zu deuten, begegnet es doch der Hauptfigur immer nur in Form willkürlicher Akte, und seine Repräsentanten sind durch Korruption gekennzeichnet. Gerade von einer solchen Beobachtung ausgehend, kann man den Roman auch *sozialhistorisch* erklären. Bei einem solchen Ansatz sieht man in der Fabel dieses Romans keinen Mythos, sondern die Entlarvung einer mangelhaften Wirklichkeit. Das Individuum vermag gegen die Mühlen der Institutionen nicht anzukommen, für die der undurchschaubare, aufgeblähte Apparat der Justiz stellvertretend steht. Psychisch und physisch wird der einzelne zugrunde gerichtet, was in der schließlichen Hinrichtung der Hauptfigur Josef K. seinen Höhepunkt findet. Folgt man einem solchen Ansatz, so ist der Roman als ein in höchstem Grade realistischer zu interpretieren (solche Ansätze findet man schon bei W. Benjamin 1934). Das Dunkle, Mystische des Werkes ist dann nichts anderes als die für Kafka typische Verfremdungstechnik, die uns Bekanntes erst als Fragwürdiges zu erkennen hilft. Im Extremfall führt ein solcher Ansatz dazu, ganze Passagen des Romans als Satire zu verstehen. Es muß hier offenbleiben, ob sich solche Überlegungen mit dem doch letztlich tragischen Schicksal der Hauptfigur in Einklang bringen lassen.

Auch ein *biographischer Ansatz* führt zu bedenkenswerten Erkenntnissen. Schon die Hauptfigur deutet mit ihrem abgekürzten Nachnamen auf den Autor Kafka hin. Andeutung und Verschlüsselung (Offenheit) stehen schon in diesem Detail in einem Wechselspiel, wie es für den gesamten Roman typisch ist. Josefs Beruf als Bankangestellter ist dem Kafkas in einer Versicherungsanstalt durchaus vergleichbar. Selbst das Lebensalter der Hauptfigur - die Handlung umfaßt das 31. Lebensjahr - deckt sich mit dem des Autors zur Entstehungszeit des Romans. Im Manuskript verwendet Kafka die Abkürzung F. B. für die Romanfigur Fräulein Bürstner; Kafkas Verlobte, Felice Bauer, hatte die gleichen Initialen. Mit solchen Übereinstimmungen ist natürlich noch nicht die Romanhandlung interpretiert, und diese läßt sich auch nicht ohne weiteres auf das reale Leben des Autors zurückführen, obgleich hier noch einmal die Umsetzung von Wirklichkeitselementen in die fiktive Welt des Romans erkennbar ist. Denkt man einen solchen biographischen Ansatz zu Ende, gelangt man, bedingt durch die besondere Ausgestaltung der erzählten Welt, in den Bereich einer *psychoanalytischen Deutung* des Romans. Man versteht das Romangeschehen dann als die Darstellung einer Traumhandlung, in der sich die Krise des Bewußtseins widerspiegelt. In diesem Zusammenhang versteht man den Roman als Strafvision bzw. -phantasie, die unterschiedliche Wurzeln haben kann. Zum einen kann man den Roman als Reflex auf Kafkas problematisches Verhältnis zu seinem Vater sehen, der den sensiblen Charakter seines Sohnes durch konkrete Forderungen überstrapazierte, so daß der Prozeß in Wahrheit die Traumverarbeitung der vom Vater erwarteten Bestrafung für nicht erfüllte Leistungen ist. Bezeichnend ist in einem solchen Zusammenhang, daß die bestrafende Instanz durchaus ambivalent gesehen wird. Die Macht des Vaters erweist sich als moralisch fragwürdig, obgleich sich das Ich dieser Macht durch einen entsprechenden konsequenten Trennungsakt nicht zu entziehen vermag und schließlich daran sogar zugrunde geht. Auch die Verknüpfung von Sexualität und Herrschaftsstrukturen (vgl. die „pornographischen“ Gesetzestexte und die „Prügelszene“) verweisen auf Kategorien der Freudschen Psychoanalyse. Damit ist auch der Raum geöffnet für einen umfassenderen psychoanalytischen Ansatz, in dem sich der Kampf des Ich mit dem durch die Gesetze verkörperten Über-Ich widerspiegelt. Dieses Über-Ich ist dabei durchaus nicht auf die Vaterfigur zu begrenzen, sondern es deutet auf gesellschaftliche und institutionelle Zwänge ebenso hin wie auf die privaten, wie sie innerhalb der Familie erfahrbar sind.

Zusammenfassend kann man sagen, daß die oben skizzierten Interpretationsansätze wichtige Teilthemen des Romans betreffen, daß sie aber insgesamt hinter einer die Rätsel dieses Romans auflösenden Deutung zurückbleiben und den Leser immer wieder fragen lassen, was das Ganze dieses Werks bedeutet. Es ist ein wesentliches Strukturelement dieses Romans, daß durch die Erzählweise, die noch näher zu charakterisieren sein wird, selbst Nebensächlichkeiten ein solches Gewicht erhalten, daß man permanent meint: Hier muß noch etwas erklärt werden, hier gibt es Zusammenhänge, die ich noch nicht verstanden habe. Aber bei allen Erklärungsversuchen bleibt letztlich die Erkenntnis, daß das Leben unerklärbar bleibt, was durch die parabolische Grundstruktur des Textes zum Ausdruck kommt. Darin liegt der besondere Reiz dieses Kafka-Romans.

Analysebeispiel eines Abschnitts aus Kafkas Roman „Der Prozeß“

Aufgabenstellung:

Analysieren Sie bitte den folgenden Romanauszug.

Textgrundlage:

Franz Kafka: Der Prozeß. Frankfurt: Fischer Bücherei 1964. S. 84 ff.

Text:

Der Gedanke an den Prozeß verließ ihn nicht mehr. Öfters schon hatte er überlegt, ob es nicht gute wäre, eine Verteidigungsschrift auszuarbeiten und bei Gericht einzureichen. Er wollte darin eine kurze Lebensbeschreibung vorlegen und bei jedem irgendwie wichtigeren Ereignis erklären, aus welchen Gründen er so gehandelt hatte, ob diese Handlungsweise nach seinem gegenwärtigen Urteil zu verwerfen oder zu billigen war und welche Gründe er für dieses oder jenes anführen konnte. Die Vorteile einer solchen Verteidigungsschrift gegenüber der bloßen Verteidigung durch den übrigens auch sonst nicht einwandfreien Advokaten waren zweifellos. K. wußte já gar nicht, was der Advokat unternahm; viel war es jedenfalls nicht, schon einen Monat hatte er ihn nicht mehr zu sich berufen, und auch bei keiner der früheren Besprechungen hatte K. den Eindruck gehabt, daß dieser Mann viel für ihn erreichen könne. Vor allem hatte er ihn fast gar nicht ausgefragt. Und hier war doch so viel zu fragen. Fragen war die Hauptsache. K. hatte das Gefühl, als ob er selbst alle hier nötigen Fragen stellen könnte. Der Advokat dagegen, statt zu fragen, erzählte selbst oder saß ihm stumm gegenüber, beugte sich, wahrscheinlich wegen seines schwachen Gehörs, ein wenig über den Schreibtisch vor, zog an einem Bartstrahn innerhalb seines Bartes und blickte auf den Teppich nieder, vielleicht gerade auf die Stelle, wo K. mit Leni gelegen war. Hier und da gab er K. einige leere Ermahnungen, wie man sie Kindern gibt. Ebenso nutzlose wie langweilige Reden, die K. in der Schlußabrechnung mit keinem Heller zu bezahlen gedachte. Nachdem der Advokat ihn genügend gedemütigt zu haben glaubte, fing er gewöhnlich an, ihn wieder ein wenig aufzumuntern. Er habe schon, erzählte er dann, viele ähnliche Prozesse ganz oder teilweise gewonnen. Prozesse, die, wenn auch in Wirklichkeit vielleicht nicht so schwierig wie dieser, äußerlich noch hoffnungsloser waren. Ein Verzeichnis dieser Prozesse habe er hier in der Schublade - hierbei klopfte er an irgendeine Lade des Tisches -, die Schriften könne er leider nicht zeigen, da es sich um Amtsgeheimnisse handle. Trotzdem komme jetzt natürlich die große Erfahrung, die er durch all diese Prozesse erworben habe, K. zugute. Er habe natürlich sofort zu arbeiten begonnen, und die erste Eingabe sei schon fast fertiggestellt. Sie sei sehr wichtig, weil der erste Eindruck, den die Verteidigung mache, oft die ganze Richtung des Verfahrens bestimme. Leider, darauf müsse er K. allerdings aufmerksam machen, geschehe es manchmal, daß die ersten Eingaben bei Gericht gar nicht gelesen würden. Man lege sie einfach zu den Akten und weise darauf hin, daß vorläufig die Einvernahme und Beobachtung des Angeklagten wichtiger sei als alles Geschriebene. Man fügt, wenn der Petent dringlich wird, hinzu, daß man vor der Entscheidung, sobald alles Material gesammelt ist, im Zusammenhang natürlich, alle Akten, also auch diese erste Eingabe, überprüfen wird. Leider sei aber auch dies meistens nicht richtig, die erste Eingabe werde gewöhnlich verlegt oder gehe gänzlich verloren, und selbst wenn sie bis zum Ende erhalten bleibt, werde sie, wie der Advokat allerdings nur gerüchtweise erfahren hat, kaum gelesen. Das alles sei bedauerlich, aber nicht ganz ohne Berechtigung. K. möge doch nicht außer acht lassen, daß das Verfahren nicht öffentlich sei, es kann, wenn das Gericht es für nötig hält, öffentlich werden, das Gesetz aber schreibt Öffentlichkeit nicht vor. Infolgedessen sind auch die Schriften des Gerichts, vor allem die Anklageschrift, dem Angeklagten und seiner Verteidigung unzugänglich, man weiß daher im allgemeinen nicht oder wenigstens nicht genau, wogegen sich die erste Eingabe zu richten hat, sie kann daher eigentlich nur zufälligerweise etwas enthalten, was für die Sache von Bedeutung ist. Wirklich zutreffende und beweisführende Eingaben kann man erst später ausarbeiten, wenn im Laufe der Einvernahmen des Angeklagten die einzelnen Anklagepunkte und ihre Begründung deutlicher hervortreten oder erraten werden können. Unter diesen Verhältnissen ist natürlich die Verteidigung in einer sehr ungünstigen und schwierigen Lage. Aber auch das ist beabsichtigt. Die Verteidigung ist nämlich durch das Gesetz nicht eigentlich gestattet, sondern nur geduldet, und selbst darüber, ob aus der entsprechenden Gesetzesstelle wenigstens Duldung herausgelesen werden soll, besteht Streit. Es gibt strenggenommen gar keine vom Gericht anerkannten Advokaten, alle, die vor diesem Gericht als Advokaten auftreten, sind im Grunde genommen nur Winkeladvokaten. Das wirkt natürlich auf den ganzen Stand sehr entwürdigend ein, und wenn K. nächstens einmal in die Gerichtskanzleien gehen werde, könne er sich ja, um auch das einmal gesehen zu haben, das Advokatenzimmer ansehen. Er werde vor der Gesellschaft, die dort beisammen sei, vermutlich erschrecken. Schon die ihnen zugewiesene, enge, niedrige Kammer zeige die Verachtung, die das Gericht für diese Leute hat. Licht bekommt die Kammer nur durch eine kleine Luke, die so hochgelegen ist, daß man, wenn man hinausschauen will, wo einem übrigens der Rauch eines knapp davor gelegenen Kamins in die Nase fährt und das Gesicht schwärzt, erst einen Kollegen suchen muß, der einen auf den Rücken nimmt. Im Fußboden dieser Kammer - um nur noch ein Beispiel für diese Zustände anzuführen - ist nun schon seit mehr als einem Jahr ein Loch, nicht so groß, daß ein Mensch durchfallen könnte, aber groß genug, daß man mit einem Bein ganz einsinkt. Das Advokatenzimmer liegt auf dem zweiten Dachboden; sinkt also einer ein, so hängt das Bein in den ersten Dachboden hinunter, und zwar gerade in den Gang, wo die Parteien warten. Es ist nicht zuviel gesagt, wenn man in Advokatenkreisen solche Verhältnisse schändlich nennt. Beschwerden an die Verwaltung haben nicht den geringsten Erfolg, wohl aber ist es den Advokaten auf das strengste verboten, irgend etwas in dem Zimmer auf eigene Kosten ändern zu lassen. Aber auch diese Behandlung der Advokaten hat ihre Begründung. Man will die Verteidigung möglichst ausschalten, alles soll auf den Angeklagten selbst gestellt sein. Kein schlechter Standpunkt im Grunde, nichts wäre aber verfehlter, als daraus zu folgern, daß bei diesem Gericht die Advokaten für den Angeklagten unnötig sind. Im Gegenteil, bei keinem anderen Gericht sind sie so notwendig wie bei diesem.

Vorbemerkung: Da in der Aufgabenstellung kein Untersuchungsaspekt vorgegeben ist, muß zunächst überlegt werden, ob das aspektorientierte oder lineare Analyseverfahren angewandt werden soll. Der Text enthält keine klaren Gliederungsvorgaben, es handelt sich insgesamt um eine Wiedergabe von Bewußtseinsinhalten der Hauptfigur, in die eine Wiedergabe von Redeinhalten des Advokaten integriert ist. Wir folgen den inhaltlichen Blöcken des Gedankenganges, stellen diese aber gleich in größere Zusammenhänge, so daß sich das Analyseverfahren dem aspektorientierten annähert.

Gliederung:

A. Kurze Einordnung der Textstelle in den Romanzusammenhang.
B. I. K.'s Reflexion über seinen Prozeß als Ansatz für eine existentiale Deutung.
   II. K.'s ambivalentes Verhältnis zu seinen Mitmenschen, gezeigt an seiner Beziehung zum Advokaten.
   III. Die Bedeutung der Erzählsituation im Blick auf die Redeinhalte des Advokaten.
   IV. Die Welt des Advokaten als Parallele zu K.'s eigenen Erfahrungen mit dem Gericht.
C. Deutungsprobleme des Romans als Ergebnis der Textstruktur.

Ausführung

A. Der Ausschnitt aus dem siebten Kapitel „Advokat - Fabrikant - Maler" gehört zum zweiten Teil des Romans „Der Prozeß", der sich dadurch vom ersten unterscheidet, daß die Hauptfigur Josef K. in zunehmendem Maße Hilfe bei anderen Menschen sucht. Eine dieser Figuren ist der Advokat, an den er durch die Vermittlung seines Onkels geraten ist. Er scheint die erste kompetente Perosn zu sein, die K. in seinem Prozeß weiterhelfen kann. Dennoch ist auf diesen Mann im vorangegangenen Kapitel bereits in mehrfacher Hinsicht ein zweifelhaftes Licht geworfen worden. Sein Verhältnis zu seinem Dienstmädchen Leni hat dazu ebenso beigetragen wie K.'s erster Eindruck von seinen juristischen Qualitäten. Vor diesem Hintergrund sind seine Reflexionen über den Prozeß und seinen Anwalt zu sehen. Diese beiden Themenkomplexe stehen im Mittelpunkt des zu analysierenden Abschnitts.

B. Der Textabschnitt wird durch einen Erzählerbericht eröffnet, aus dem hervorgeht, daß der Prozeß im Mittelpunkt aller Gedanken der Hauptfigur steht. Damit wird angedeutet, daß ein Ereignis, für das es bis zum gegenwärtigen Zeitpunkt keine rationale Erklärung gibt, zum bestimmenden Element in K.'s Handeln geworden ist. Der Beruf, sein Privatleben sind Nebensache geworden; seine Gedanken kreisen um jenen Prozeß, dessen Anlaß und Verlauf im Bereich des Rätselhaften verbleiben. Im folgenden baut der Erzähler seine Distanz zur Hauptfigur völlig ab, indem er dessen Gedanken gleichsam als objektive Fakten wiedergibt. Der Konjunktiv der indirekten Rede, die hier eigentlich zu erwarten gewesen wäre, wird zugunsten des Indikativs aufgegeben, wodurch die Kongruenz von Hauptfigur und Erzähler an dieser Stelle hergestellt wird. Inhaltlich fällt auf, daß K. zu diesem Zeitpunkt den Prozeß nicht mehr in Frage stellt, sondern ihn als Faktum akzeptiert hat und sich selbst in der Rolle dessen sieht, der sich verteidigen und rechtfertigen muß. Allerdings glaubt er immer noch, daß er selbst derjeneige sei, der am ehesten die gesamte Angelegenheit regeln könne, eine Einschätzung, die im Verlaufe des Romans immer mehr abnimmt. Dabei wird der Prozeß für ihn immer bedeutender: Ausgehend von einer kurzen Lebensbeschreibung will K. „bei jedem irgendwie wichtigeren Ereignis erklären, aus welchen Gründen er so gehandelt hatte, ob diese Handlungsweise nach seinem gegenwärtigen Urteil zu verwerfen oder zu billigen war und welche Gründe er für dieses oder jenes anführen konnte“ (Z. 3 ff.). Damit räumt K. ein, daß sein ganzes bisheriges Leben hinterfragt werden darf, daß also mit diesem Prozeß seine ganze Existenz fragwürdig geworden ist. Dem Gericht, das diesen Prozeß führt, wird eine Entscheidungsbefugnis zugestanden, die alle Kompetenzen normaler Gerichte weit übersteigt. Der Leser vergleicht an dieser Stelle seine Vorstellungen von einem Gericht mit denen, die aus den Gedankengängen der Hauptfigur deutlich werden, um dabei festzustellen, daß diese Institutionen nicht identisch sein können. Ein Gericht, das über alle Entscheidungen und Ereignisse eines Lebens befinden kann, transzendiert alle Kompetenzen einer juristischen Institution. Hier geht es ganz offensichtlich nicht mehr um Recht oder Unrecht im Sinne schriftlich fixierter Vorschriften, sondern um eine Beurteilung des Lebens in seiner Gesamtheit, wie sie nur von einer über allem schwebenden Instanz vorgenommen werden kann. Es liegt nahe, hier eine Forderung nach einer göttlichen Rechtsprechung aufzustellen, die jüdischem und christlichem Denken durchaus entsprechen würde, doch muß andererseits festgestellt werden, daß diese Einschätzung der Kompetenzen des Gerichts nur auf den Gedankengängen der Hauptfigur beruht, die vom Erzähler undistanziert übernommen werden. Man muß sich an dieser Stelle in Erinnerung rufen, daß alle objektiven Informationen über das Gericht und die Art der Durchführung des Prozesses ein gegenteiliges Bild entwerfen. Das Gericht und seine Repräsentanten sind korrupt; sie verwirken durch ihr Verhalten jeglichen Anspruch, eine objektive Instanz zu verkörpern, deren Urteil man sich beugen könnte. Geht man von dieser Prämisse aus, dann beruht die Bedeutung des Gerichtes nicht auf objektiven Gegebenheiten, sondern nur auf der subjektiven Beurteilung durch die Hauptfigur, obgleich zugestanden werden muß, daß sich in der Verhaftung K.'s und in seiner schließlichen Hinrichtung die Macht dieses Gerichtes konkretisiert. K.'s Wunsch, eine Verteidigungsschrift aufzusetzen, entspricht seiner Enttäuschung über den Advokaten, den er auf Anraten seines Onkels mit der Verteidigung für diesen Prozeß betraut hat. Er ist damit neben anderen Figuren, dem Fabrikanten, dem Maler, dem Geistlichen, insbesondere aber auch Leni, eine Person, der K. auf der einen Seite ein gewisses Vertrauen entgegenbringt. Auf der anderen Seite muß er sich fragen, ob dieses Vertrauen überhaupt zu rechtfertigen ist oder ob er seiner Sache dadurch vielleicht nur schadet. Der Advokat verfügt nach eigenen Auskünften über Verbindungen zu den Beamten des Gerichts; K. weiß aber nicht, in welchem Sinne er diese Verbindungen nutzt. Damit ergibt sich eine für den Roman typische Figurenkonstellation: Auf der einen Seite steht Josef K., der Hilfe braucht und sich nach Hilfe sehnt, wenngleich er das nicht eingesteht, und auf der anderen Seite steht ihm eine Figur gegenüber, die ihm Hilfe verspricht und von der man aufgrund objektiver Anzeichen vermuten könnte, daß sie tatsächlich helfen könnte, deren wirklicher Einfluß und Charakter dann sofort wieder relativiert werden. Dadurch wird die an sie geknüpfte Hoffnung ad absurdum geführt, wie wir das an diesem Textabschnitt noch genauer zeigen werden. Diese ambivalente Einschätzung aller Mitmenschen ist typisch für K.'s Bewußtsein. Damit können die anderen keine wirklich stützende Funktion für ihn haben, sondern sie verweisen das Individuum immer wieder auf sich selbst, lassen es dadurch seine Einsamkeit nur noch stärker empfinden. Es ist ein durchgängiges Kennzeichen aller personaler Beziehungen im „Prozeß“, daß niemals vertraute Zweisamkeit entsteht, daß K. auch in der Zweierbeziehung einsam bleibt.

Bei seinen Reflexionen über den Advokaten fällt auf, daß K. zunächst eine ganz ähnliche Erwartungshaltung besitzt wie der Leser. Die Kritik „Vor allem hatte er ihn fast gar nicht ausgefragt“ (Z. 12 f.) scheint dem Leser berechtigt; das Befremden über den Advokaten wird also vom Leser geteilt. Dem steht K.'s Selbsteinschätzung gegenüber: „K. hatte das Gefühl, als ob er selbst alle hier nötigen Fragen stellen könnte.“ Dieses Gefühl der Überlegenheit ist jedoch keine Situationsüberlegenheit, sondern lediglich der Ausdruck einer enttäuschten Erwartungshaltung, die ihm kein Aufblicken zu dem anderen, kein Verlassen auf den Mitmenschen ermöglicht, sondern ihn auf sein eigenes schwaches und durch den Prozeß angeschlagenes Ich verweist. Die so hervorgerufene geistige Isolation ist Merkmal der Hauptfiguren Kafkas. Auf der anderen Seite besitzen die Figuren, denen er begegnet ist, eine geheimnisvolle Macht, die sich K. nicht zu erklären weiß. So war sein Advokat gleich zu Beginn ihrer ersten Begegnung über seinen Prozeß informiert, und auch in diesem Textauszug schwingt eine solche Macht mit, wenn K. feststellt: „Der Advokat ... blickte auf den Teppich nieder, vielleicht gerade auf die Stelle, wo K. mit Leni gelegen war“ (Z. 13 ff.). Zwar hat er keine objektive Macht, was den Prozeß angeht, aber es ist nicht auszuschließen, daß er gerade in jene Bereiche vordringt, die K. vor ihm verbergen möchte, wie man aus diesem Hinweis auf sein sexuelles Abenteuer mit Leni schließen könnte. Also gerade der Bereich des Sexuellen, den K. als seine Intimsphäre gewahrt wissen möchte, ist den anderen zugänglich und räumt ihnen dadurch letztlich mehr Macht ein, als ihnen eigentlich zustünde. Dieses Gefühl des Ertapptseins läßt sich auch in anderen Begegnungen K.'s mit seinen Mitmenschen immer wieder feststellen, zumeist durch ihre überraschende Kenntnis von seinem Prozeß, der hier nur als Begriff für anderes steht. Ausdruck dieser Macht ist K.'s Gefühl, daß ihn der Advokat bei ihren Treffen zunächst demütigt, um ihn anschließend wieder aufzubauen, so daß der Eindruck der Überlegenheit der Hauptfigur auch durch diesen Mechanismus wieder zurückgenommen wird.

Der weitaus größte Teil des Textauszuges besteht aus Redewiedergaben des Advokaten. Erzähltechnisch ist dieser Teil besonders interessant, weil der Erzähler hier Redeakte der Geschehensebene nicht unmittelbar selbst wiedergibt, sei es in direkter oder indirekter Rede, sondern diese in den Gedankengang der Hauptfigur integriert. Damit erfahren diese Reden nicht nur eine Brechung durch das Erzählerbewußtsein, sondern zusätzlich durch das Bewußtsein der Figur Josef K.'s. Daher bleibt es in der Schwebe, ob das Gesagte den Redeintentionen des Advokaten noch entspricht oder ob K. eigene Perspektiven seiner Weltsicht in diese Reden projiziert hat. Diese Fragestellung ist insofern wichtig, als sich in den Reden des Advokaten ähnliche Erfahrungen widerspiegeln, wie K. sie selbst macht. Es bleibt festzuhalten, daß der Konjunktiv als Merkmal der indirekten Rede zum einen die Distanz K.'s zum Advokaten reflektiert, daß aber daneben auch Indikativformen vorkommen, die als Signal dafür zu werten sind, daß sich die Meinungen des Advokaten und der Hauptfigur oder auch des Erzählers völlig decken, daß eine grammatische Distanz, wie sie der Konjunktiv gewährleistet, nicht mehr erwünscht ist. Solche Passagen finden sich vor allem in den Ausführungen über das Gericht (Z. 44 - 58) und bei der Beschreibung des Advokatenzimmers (Z. 64 ff.); beide Darstellungen werden dadurch auf die Ebene der Faktizität gehoben und werden, im Gegensatz zu den angeblichen

Bemühungen des Advokaten, durch den Erzähler nicht mehr in Frage gestellt. Damit deckt sich die Erfahrung einer anderen Figur in wesentlichen Punkten mit denen der Hauptfigur. Auf diese Weise werden die zu vermittelnden Bedeutungsebenen aus der bloß individuellen Sphäre des Josef K. herausgelöst und zu einem allgemeinen Merkmal der erzählten Welt. Josef K.'s Erfahrungen können dann nicht länger, wie manche Auslegungen des Romans nahelegen, als die Interpretation von Wirklichkeit durch einen psychisch kranken Menschen verstanden werden, sondern sie werden auf die Ebene der Allgemeingültigkeit gehoben.

Aus den erinnerten Redekomplexen des Advokaten sind zwei Themenkreise von besonderem Interesse, und zwar seine Ausführungen zu den Chancen einer Eingabe bei Gericht und die Beschreibung der Advokatenkammer. Auf der einen Seite stellt sich heraus, wie er die Wichtigkeit der ersten Eingabe, auf der anderen Seite betont er, wie wenig wahrscheinlich es sei, daß die Eingabe überhaupt gelesen werde. Hier wiederholt sich das oben beschriebene Strukturprinzip des Romans, das wir bei der Charakterisierung der personalen Beziehungen der Hauptfigur erarbeitet haben. Der Aufbau von Hoffnungen wird durch die Zerstörung oder die radikale Infragestellung dieser Hoffnung abgelöst. Wir haben oben bereits angedeutet, daß es sich dabei letztlich um Bewußtseinsvorgänge der Figur handelt, die Symptom der totalen Vereinsamung sind. Ging es dort jedoch um die Einschätzung eines Menschen durch K., so geht es hier um die Beurteilung der eigenen Arbeit. Unterstellen wir, daß K. die Ausführungen des Advokaten zumindest tendenziell richtig wiedergibt, dann muß der Advokat mit der Situation leben, daß seine Arbeit, hier verkörpert durch die Eingabe, wahrscheinlich niemals Erfolg haben wird. Auch in seinem Bewußtsein besteht dieses ewige Wechselspiel zwischen Hoffnung und Wissen um die Ausweglosigkeit dieser Hoffnung. Bei einem solchen Interpretationsansatz wird die Figur des Advokaten nicht zu einer Gegenfigur, sondern zu einer Parallelfigur Josef K.'s. Etwas ähnliches haben wir schon in der Prüglerszene (5. Kap.) erlebt, in der sich die Bewacher Josef K.'s in der Rolle der Opfer befanden. Somit zeigt sich in diesem Roman nicht nur das individuelle Bewußtsein Josef K.'s, sondern dieses Bewußtsein wird zum Kennzeichen der erzählten Welt erhoben, für die es kosntitutiv ist. An dieser Stelle sei noch einmal erwähnt, daß gerade diese Erzählpassage durch den Indikativ authentischer wird. Die Welt ist nicht mehr in klaren Konturen faßbar, sie wird zu etwas Dynamischem, das eine Art Eigenleben führt, dessen Erscheinungsformen niemals voll kalkulierbar sind. Es muß offenbleiben, ob die Welt als solche so ist oder ob nur der Begriff von ihr, also unser Bewußtsein von Welt, diese Wesensmerkmale aufweist.

Den Aspekt, den Advokaten als Parallelfigur zu Josef K. aufzufassen, können wir noch in anderer Hinsicht vervollständigen. K.'s Advokat hat mit dem Gericht nicht nur Erfahrungen durch die Behandlung von Eingaben gesammelt, sondern auch die Örtlichkeiten, an denen er mit dem Gericht zusammentrifft, weisen ähnliche Charakteristika auf wie die Orte, an denen K. unmittelbare Kontakte mit dem Gericht hatte. Wohnzimmer von Privatwohnungen, Dachböden und Rumpelkammern waren die bisherigen Schauplätze seines Prozesses. Ein ähnliches Bild entwirft der Advokat auch von der Advokatenkammer, in der sich die Anwälte während der Prozesse aufzuhalten haben. Aus der Schilderung dieser Advokatenkammer spricht eine vergleichbare Mißachtung durch das Gericht, wie sie K. am eigenen Leib erfahren hat. Fast stellt

diese Darstellung noch eine Steigerung der Erfahrungen K.'s dar. Befinden sich die Prozeßräume auf dem Dachboden, so ist die Advokatenkammer auf dem zweiten Dachboden untergebracht. Licht und Luft sind den Advokaten verwehrt, und mit ihrem durch die Decke des erstens Dachbodens hängenden Fuß sind sie zur Witzfigur geworden, der Willkür des Gerichts völlig ausgesetzt. Beschwerden der Advokaten (Z. 74 f.) haben ebensowenig Aussicht auf Erfolg wie vergleichbare Proteste der Hauptfigur in ihrem Prozeß. Doch der Parallelismus läßt sich noch in anderen Punkten nachweisen. In demselben Maße, wie K. dem Gericht immer mehr Machtbefugnisse in seinem Leben einräumt, ist auch der Advokat bereit, die skandalösen Verhaltensweisen des Gerichts zu akzeptieren und zu entschuldigen: „Aber auch diese Behandlung der Advokaten hat ihre Begründung“ (Z. 77 f.). In dieser Bereitschaft, das Unerhörte zu akzeptieren, spiegelt sich ein weiteres generelles Merkmal dieses Romans wider.
Diese gesamte Erzählsequenz erweist sich damit als eine Wiederholung der Probleme Josef K.'s auf einer anderen Ebene. Sie ist erzählerischer Reflex des Grundthemas in nur leicht gebrochener Form. Dabei ist, wie oben schon angedeutet, nicht endgültig zu entscheiden, ob es sich hierbei um die Darstellung der objektiven Befindlichkeit der Welt handelt oder um das Bewußtsein von dieser Welt oder um das Problem, daß es keine Welt außerhalb unseres Bewußtseins gibt.

C. In der vorangehenden Analyse haben wir die Bedeutung des Bewußtseins der einzelnen Figuren, mit der sie die sie umgebende Welt erfassen, in den Mittelpunkt gestellt. Es muß jedoch eingeräumt werden, daß wir damit einen bestimmten Aspekt dominant gesetzt haben. Mit gleichem Recht kann man die vorgegebene Erzählsequenz ganz anders verstehen. Die Darstellung der Mechanismen des Gerichts und seiner Arbeitsweisen kann auch als satirische Darstellung des Bürokratismus der modernen Gesellschaft verstanden werden. Wir hätten es dann also nicht mit der existentiellen Krise des Individuums zu tun, sondern mit der satirischen Entlarvung menschenunwürdiger Zustände durch eine hyperbolische (übertreibende) Darstellung. Allerdings muß hier bedacht werden, daß gerade die stilistische Ausformung dieser Erzählsequenz eine solche Deutung etwas fragwürdig erscheinen läßt. Die langen Satzperioden mit ihren vielfältigen hypotaktischen Verschachtelungen deuten eher auf komplizierte Bewußtseinsvorgänge hin denn auf die einfache, wenn auch übertriebene Abbildung einer falschen Realität, wie sie die Satire entlarven soll. Immerhin ist auch in diesem Abschnitt die prinzipielle Vieldeutigkeit der Romane Franz Kafkas spürbar.

Einbettung des Romans in die Epoche

Kafkas Roman „Der Prozeß“ fällt mit seiner Entstehung (1914/15) in die Epoche des Expressionismus, der in etwa das Jahrzehnt von 1910 bis 1920 umfaßt. Dennoch kann man den Roman nicht einfach als ein expressionistisches Werk bezeichnen. Zwar hatte der Autor mannigfache Kontakte zu expressionistischen Dichtern, und er beschäftigte sich auch mit expressionistischer Literatur; doch muß festgehalten werden, daß er innerlich und in vielen seiner Äußerungen auf Distanz zu jener Literatur ging, die man traditionell als expressionistisch bezeichnet. So schrieb Kafka 1913 an seine Verlobte

Felice Bauer über die Gedichte Else Lasker-Schülers, einer Vertreterin des Frühexpressionismus: „Ich kann ihre Gedichte nicht leiden, ich fühle bei ihnen nichts als Langeweile über ihre Leere und Widerwillen wegen des künstlichen Aufwandes. Auch ihre Prosa ist mir lästig aus den gleichen Gründen." Diese Abneigung spiegelt sich in Kafkas eigenem Prosastil wider, der kaum Gemeinsamkeiten mit expressionistischem Stil zeigt, wie er sich in seinen Tendenzen zur Auflösung der Sprache niederschlägt. Andererseits läßt sich das Prosawerk Kafkas durchaus mit der folgenden Beschreibung expressionistischer Prosa durch Kurt Pintus charakterisieren, der Ende 1915 im Blick auf die „jüngste Dichtung" von der „Auflösung der Realität durch den Geist in der Form der jüngsten Prosa" sprach. Wir erinnern uns, daß wir diesen Satz auf Kafka in der Form anwenden müssen, daß aus seinem Werk eine Realität als Bewußtsein von Realität hervortritt. Es ist nicht der laute, aufbegehrende Protest, der uns aus seinen Romanen und Erzählungen entgegenschreit, sondern es begegnet uns in seinen Werken das an seinem Bewußtsein leidende Ich, das sich nicht in der Kampfgemeinschaft mit den anderen aufgehoben weiß, wie es für viele andere Dichter dieser Zeit zutrifft, sondern gerade in der Vereinzelung und Vereinsamung lebt. Diese Grundhaltung wird auch in Kafkas Kommentar zu der berühmten Anthologie expressionistischer Dichtung „Menschheitsdämmerung" von Kurt Pintus deutlich: „Das Buch macht mich traurig. Die Dichter strecken nach den Menschen die Hände aus. Die Menschen sehen aber keine freundschaftlichen Hände, sondern nur krampfhaft geschlossene Fäuste, die nach den Augen und Herzen zielen."

Will man auf der Bildebene bleiben, so streckt auch Kafka mit seinen literarischen Gestalten Hände aus, aber diese Hände suchen die Hilfe anderer Hände, die ihrerseits jedoch auch vergeblich ihre Hände in die Höhe strecken. Während die Expressionisten im allgemeinen die Flucht nach vorn antreten wollten, beschreibt Kafkas Dichtung die Paradoxie des Daseins und das Gefühl der eigenen Machtlosigkeit und des Ausgeliefertseins.

Eine gemeinsame Wurzel mit anderen Werken des expressionistischen Jahrzehnts hat Kafkas erzählende Literatur in der Ablehnung traditioneller Erzählformen und Inhalte (vgl. dazu 2.5). Überkommene Autoritätsstrukturen, wie sie sich zum Beispiel auch im Justizapparat konkretisieren, werden in Frage gestellt. Auch das kapitalistische Wirtschaftssystem und die zunehmende Industrialisierung und Mechanisierung des Lebens, beengte Wohnverhältnisse in den Vorstadthäusern Prags spiegeln sich in Kafkas Romanen wider, erinnert sei nur an die Beschreibung der Häuser, in denen das Gericht tagt. Selbstentfremdung und Geringschätzung des Menschen werden bei Kafka jedoch nicht in einer plakativen Gesellschaftskritik präsentiert, sondern als Veränderungen im menschlichen Bewußtsein erfahrbar gemacht, das in dem Lebensgefühl der Vereinsamung und Vereinzelung für die Bewußtseinskrise in der Moderne, auch angesichts des Verlustes metaphysischer Instanzen (faßbar in einem religiösen Lebensstil), typische Formen angenommen hat.

Eine andere geistige Verwandtschaft zwischen dem Werk Kafkas und einer literarischen und poetischen Bewegung soll hier noch kurz angesprochen werden, und zwar meinen wir die Übereinstimmungen mit dem Surrealismus, der sich, allerdings zeitlich versetzt, zu Beginn der zwanziger Jahre in Frankreich herausbildet. Wenn man auch nicht von einer unmittelbaren Beeinflussung dieser Strömung durch Kafka sprechen kann, so bleibt doch festzuhalten, daß es erstaunliche Übereinstimmungen gibt. Hinzuweisen ist hier auf die Bedeutung des Traumhaften, das die Dinge ihrer alltäglichen Kontexte beraubt und sie in absurde neue Zusammenhänge bringt und dabei Wesentliches hervortreten läßt. Während aber die surrealistischen Künstler von einem Gefühl der Lebensbejahung getragen werden, wendet sich Kafka der Schattenseite solcher neuen Erkenntnismöglichkeiten zu. Das Unbewußte und der Wahnsinn sind neue Bereiche, die in das künstlerische Schaffen aufgenommen werden. M. Goth formuliert diesen Zusammenhang so: „Es geht also um ein Transzendieren einer vordergründigen Scheinwirklichkeit, so daß die Realität in ihrer Ganzheit erfaßt werden kann. Der Wahnsinnige weist den Weg dahin." „Der Wahnsinnige", wie es an anderer Stelle bei Goth heißt, „zweifelt an der Identität jedes Dinges." Aber, um es noch einmal zu betonen, bei den Surrealisten führen derartige Erfahrungen zu einer neuen Daseinsqualität, während bei Kafka jede Bereitschaft für die Aufnahme des Positiven fehlt. Selbst in den gestalteten Beziehungen zu Frauen bleiben seine Hauptfiguren immer die zurückhaltenden, abwehrenden Personen, die zwar ihrer Sexualität nachgeben oder erliegen, diese aber niemals zur Liebe sublimieren können, wie im „Prozeß" an Josef K.'s Beziehung zu Leni nachzuweisen ist.

Zusammenfassend läßt sich sagen, daß Kafka mit seinem Werk zwar durchaus Tendenzen seiner Zeit aufgreift, aber durch die parabolische* Gestaltung dieser Themen sich deutlich von seinen Zeitgenossen absetzt. Sein Werk bleibt singulär und weist durch seine Besonderheit über seine Zeit hinaus, wenngleich es diese in einer besonderen Optik immer auch widerspiegelt.

Übungsbeispiel: Auszug aus Franz Kafka: Der Prozeß

Aufgabenstellung:

Analysieren Sie bitte den folgenden Ausschnitt aus dem Roman „Der Prozeß" von Franz Kafka!

Textgrundlage:

Franz Kafka: Der Prozeß. Frankfurt: Fischer Bücherei 1964, S. 152 ff.

Text:

Fast hatte er schon das Gebiet der Bänke verlassen und näherte sich dem freien Raum, der zwischen ihnen und dem Ausgang lag, als er zum erstenmal die Stimme des Geistlichen hörte. Eine mächtige, geübte Stimme. Wie durchdrang sie den zu ihrer Aufnahme bereiten Dom! Es war aber nicht die Gemeinde, die der Geistliche anrief, es war ganz eindeutig, und es gab keine Ausflüchte, er rief: „Josef K.!" K. stockte und sah vor sich auf den Boden. Vorläufig war er noch frei, er konnte noch weitergehen und durch eine der drei kleinen, dunklen Holztüren, die nicht weit vor ihm waren, sich davonmachen. Es würde eben bedeuten, daß er nicht verstanden hatte, oder daß er zwar verstanden hatte, sich aber darum nicht kümmern wollte. Falls er sich aber umdrehte, war er festgehalten, denn dann hatte er das Geständnis gemacht, daß er gut verstanden hatte, daß er wirklich der

Angerufene war und daß er auch folgen wollte. Hätte der Geistliche nochmals gerufen, wäre K. gewiß fortgegangen, aber da alles still blieb, solange K. auch wartete, drehte er doch ein wenig den Kopf, denn er wollte sehen, was der Geistliche jetzt mache. Er stand ruhig auf der Kanzel wie früher, es war aber deutlich zu sehen, daß er K.'s Kopfwendung bemerkt hatte. Es wäre ein kindliches Versteckenspiel gewesen, wenn sich jetzt K. nicht vollständig umgedreht hätte. Er tat es und wurde vom Geistlichen durch ein Winken des Fingers näher gerufen. Da jetzt alles offen geschehen konnte, lief er - er tat es auch aus Neugierde und um die Angelegenheit abzukürzen - mit langen, fliegenden Schritten der Kanzel entgegen. Bei den ersten Bänken machte er halt, aber dem Geistlichen schien die Entfernung noch zu groß, er streckte die Hand aus und zeigte mit dem scharf gesenkten Zeigefinger auf eine Stelle knapp vor der Kanzel. K. folgte auch darin, er mußte auf diesem Platz den Kopf schon weit zurückbeugen, um den Geistlichen noch zu sehen.

„Du bist Josef K.", sagte der Geistliche und erhob eine Hand auf der Brüstung in einer unbestimmten Bewegung. „Ja", sagte K., er dachte daran, wie offen er früher immer seinen Namen genannt hatte, seit einiger Zeit war er ihm eine Last, auch kannten jetzt seinen Namen Leute, mit denen er zum erstenmal zusammenkam, wie schön war es, sich zuerst vorzustellen und dann erst gekannt zu werden. „Du bist angeklagt", sagte der Geistliche besonders leise. „Ja", sagte K., „man hat mich davon verständigt." „Dann bist du der, den ich suche", sagte der Geistliche. „Ich bin der Gefängniskaplan." „Ach so", sagte K. „Ich habe dich hierher rufen lassen", sagte der Geistliche, „um mit dir zu sprechen." „Ich wußte es nicht", sagte K. „Ich bin hierhergekommen, um einem Italiener den Dom zu zeigen." „Laß das Nebensächliche", sagte der Geistliche. „Was hältst du in der Hand? Ist es ein Gebetbuch?" „Nein", antwortete K., „es ist ein Album der städtischen Sehenswürdigkeiten." „Leg es aus der Hand", sagte der Geistliche.

K. warf es so heftig weg, daß es aufklappte und mit zerdrückten Blättern ein Stück über den Boden schleifte. „Weißt du, daß dein Prozeß schlecht steht?" fragte der Geistliche. „Es scheint mir auch so", sagte K. „Ich habe mir alle Mühe gegeben, bisher aber ohne Erfolg. Allerdings habe ich die Eingabe noch nicht fertig." „Wie stellst du dir das Ende vor?" fragte der Geistliche. „Früher dachte ich, es müsse gut enden", sagte K., „jetzt zweifle ich daran manchmal selbst. Ich weiß nicht, wie es enden wird. Weißt du es?" „Nein", sagte der Geistliche, „aber ich fürchte, es wird schlecht enden. Man hält dich für schuldig. Dein Prozeß wird vielleicht über ein niedriges Gericht gar nicht hinauskommen. Man hält wenigstens vorläufig deine Schuld für erwiesen." „Ich bin aber nicht schuldig", sagte K., „es ist ein Irrtum. Wie kann denn ein Mensch überhaupt schuldig sein. Wir sind hier doch alle Menschen, einer wie der andere." „Das ist richtig", sagte der Geistliche, „aber so pflegen die Schuldigen zu reden." „Hast auch du ein Vorurteil gegen mich?" fragte K. „Ich habe kein Vorurteil gegen dich", sagte der Geistliche. „Ich danke dir", sagte K., „alle anderen aber, die an dem Verfahren beteiligt sind, haben ein Vorurteil gegen mich. Sie flößen es auch den Unbeteiligten ein. Meine Stellung wird immer schwieriger." „Du mißverstehst die Tatsachen", sagte der Geistliche, „das Urteil kommt nicht mit einem Mal, das Verfahren geht allmählich ins Urteil über." „So ist es also", sagte K.

und senkte den Kopf. „Was willst du nächstens in deiner Sache tun?" fragte der Geistliche." „Ich will noch Hilfe suchen", sagte K. und hob den Kopf, um zu sehen, wie der Geistliche es beurteile. „Es gibt noch gewisse Möglichkeiten, die ich nicht ausgenützt habe." „Du suchst zuviel fremde Hilfe", sagte der Geistliche mißbilligend, „und besonders bei Frauen. Merkst du denn nicht, daß es nicht die wahre Hilfe ist?" „Manchmal und sogar oft könnte ich dir recht geben", sagte K., „aber nicht immer. Die Frauen haben eine große Macht. Wenn ich einige Frauen, die ich kenne, dazu bewegen könnte, gemeinschaftlich für mich zu arbeiten, müßte ich durchdringen. Besonders bei diesem Gericht, das fast nur aus Frauenjägern besteht. Zeig dem Untersuchungsrichter eine Frau aus der Ferne, und er überrennt, um nur rechtzeitig hinzukommen, den Gerichtstisch und den Angeklagten." Der Geistliche neigte den Kopf zur Brüstung, jetzt erst schien die Überdachung der Kanzel ihn niederzudrücken. Was für ein Unwetter mochte draußen sein? Das war kein trüber Tag mehr, das war schon tiefe Nacht. Keine Glasmalerei der großen Fenster war imstande, die dunkle Wand auch nur mit einem Schimmer zu unterbrechen. Und gerade jetzt begann der Kirchendiener, die Kerzen auf dem Hauptaltar, eine nach der anderen auszulöschen. „Bist du mir böse?" fragte K. den Geistlichen. „Du weißt vielleicht nicht, was für einem Gericht du dienst." Er bekam keine Antwort. „Es sind doch nur meine Erfahrungen", sagte K. Oben blieb es noch immer still. „Ich wollte dich nicht beleidigen", sagte K. Da schrie der Geistliche zu K. hinunter: „Siehst du denn nicht zwei Schritte weit?" Es war im Zorn geschrien, aber gleichzeitig wie von einem, der jemanden fallen sieht und, weil er selbst erschrocken ist, unvorsichtig, ohne Willen schreit.

Lösungshinweise:

1. Der Textauszug stammt aus dem vorletzten Kapitel, und seine Bedeutung wird durch die Konfiguration (Geistlicher - Josef K.) hervorgehoben. Der Geistliche repräsentiert eine andere, umfassendere Instanz als die Vertreter des Gerichts. Der Eindruck wird aufgehoben oder zumindest relativiert, da der Geistliche Gefängniskaplan ist und damit ein dem Gericht Untergeodneter.
2. Der Ort des Gespräches (Dom = Gotteshaus) und die individuelle Ansprache von der Kanzel unterstreichen das Besondere der Szene. Eine weitere Hervorhebung erfolgt durch die Parabelerzählung „Vor dem Gesetz“ (= poetische Verdichtung der Situation Josef K.'s), die der Geistliche Josef K. erzählt, um ihm seine Situation zu verdeutlichen.
3. Detailanalyse des Textanfangs: K. wird bei seinem Namen gerufen (Individualisierung des Prozesses); K.'s Reflexionen über eine angemessene Reaktion auf diesen Ruf → typisches Verhaltensmuster: K. verzichtet auf seine Freiheit mit Scheinargumentationen.
4. Untersuchung des Dialogs: Herausarbeiten der kommunikativen Situation: komplementäre Situation (ungleiche Kommunikationspartner, vgl. erhöhte Position des Geistlichen auf der Kanzel), imperativische Äußerungsformen des Geistlichen, resignative Verhaltensmuster der Hauptfigur (heftiges Wegwerfen des Buches; Eingeständnis, daß der Prozeß vielleicht schlimm enden kann; Eingeständnis, daß

Hilfesuchen bei Fremden vielleicht ein Fehler war, aber Angriff auf das Gericht wegen seiner Korruptheit (Frauengeschichten); dadurch Vergrößerung der Schuld? (Frage an den Leser?)
5. Atmosphärische Verschlechterung gegen Ende des Textauszuges (Wetter, Schweigen des Geistlichen, schließliches Schreien des Geistlichen).
6. Die Frage „Siehst du denn nicht zwei Schritte weit?“ stellt eine massive Anklage an Josef K. dar. Es ist eine Frage, die auf sein Bewußtsein, seine Erkenntnismöglichkeiten abhebt. Damit wird die Anklage hier zum erstenmal konkreter, obgleich es offen bleibt, ob hier nur das momentane Verhalten K.'s kritisiert wird oder sein grundsätzliches. Gleichzeitig wird damit die Parabelerzählung vorbereitet.
7. Wie im ganzen Roman wird auch die Gestalt des Geistlichen wieder relativiert. Hat man teilweise den Eindruck gewonnen, als habe man mit ihm einen bedeutenden Vertreter der Gerichtsinstanzen vor sich, so deuten erzählerische Details auf seine Ohnmacht hin: Die Überdachung der Kanzel scheint ihn niederzudrücken. Auch der Schlußsatz dieser Erzählsequenz, der das Schreien des Geistlichen begründet, zeigt, daß er sich „unvorsichtig“ verhalten hat, daß es also Kontrollinstanzen über ihm gibt.
8. Der Textauszug läßt K.'s Problematik zu einer Bewußtseinsproblematik werden, deren existentielle Bedeutung hervortritt. Durch die Verknüpfung mit dem Bereich des Religiösen wird die Frage der Lebensverantwortlichkeit angesprochen.
Denkbar wäre aber auch ein realistischer Ansatz, der den Geistlichen als Vertreter des Überbaus (im Sinne des Marxismus) entlarvt, insofern dieser Hand in Hand mit weltlichen Machtinstanzen arbeitet.
Nachbemerkung: Diese Interpretationshinweise können Sie sowohl in einen linearen wie aspektorientierten Deutungsansatz einbauen.

Literaturhinweise:

Günter Heinz (Hg.): Interpretationen zu Franz Kafka. Stuttgart: Klett-Cotta 1979.
Herbert Kraft: Wirklichkeit und Perspektive. Bebenhausen: Verlag Lothar Rotsch 1972.
Heinz Politzer: Franz Kafka. Wege der Forschung. Darmstadt: Wissenschaftliche Buchgesellschaft 1973.

2.6 Romane der Nachkriegszeit

Die erzählende Literatur nach 1945, im Unterricht sicherlich am häufigsten gelesen, erscheint sehr unübersichtlich. Einerseits, weil der zeitliche Abstand und damit die große Übersicht fehlt, andererseits, weil nach 1945 erst recht einheitliche Kategorien und Stilrichtungen fehlen. Aus der Grunderfahrung, daß der Roman nicht mehr in der Selbstverständlichkeit wie im 19. Jahrhundert erzählt werden kann - mit Sinnstiftung, Leserillusion, einem vertrauten Inventar an Helden und Handlungen -, werden unterschiedliche Folgerungen gezogen. Viele Autoren, gerade auch die meistgelesenen, suchen weiterhin das gesellschaftskritische Engagement, beharren auf faßbarer übergreifender Intention und schreiben gegen die schlechten gesellschaftlichen

Verhältnisse mit dem Ziel, diese zu ändern - allerdings mit ästhetischen Mitteln. Eine zweite Gruppe verwirft dieses Engagement und sieht sich auf die Sprache zurückgeworfen, die für sie die einzig verfügbare Wirklichkeit bleibt. Eine dritte Gruppe sucht den Ausweg im Dokumentarischen; man verzichtet auf die Fiktionalität zugunsten der authentischen Wirklichkeitswiedergabe einer Reportage.
Im folgenden können diese Hauptströmungen nur knapp, und zwar geordnet nach zeitlichen Phasen, vorgestellt werden, wobei auf die reine dokumentarische Literatur ebenso wie auf die DDR-Literatur hier nicht näher eingegangen werden kann. In den späten vierziger und den fünfziger Jahren überwiegen noch handlungs- und wirklichkeitsgebundene Romane und Erzählungen, die sich mit der unmittelbaren Vergangenheit (Krieg, Nationalsozialismus) oder dem Nachkriegselend auseinandersetzen (vgl. W. Borchert, H. Böll, A. Andersch).
Eine zweite Phase, eine Blütezeit des deutschen Romans, beginnt in den sechziger Jahren. Am Beginn stehen die „Blechtrommel" und U. Johnsons „Mutmaßungen über Jakob" (1959); es folgen M. Walsers „Halbzeit" (1961) und Bölls „Ansichten eines Clowns" (1963). Aber im Vergleich zu den großen Romanen der „klassischen Moderne" wie von Kafka, Döblin, H. Mann kreisen diese Romane um eher banale Alltäglichkeiten, haben jedoch, da noch handlungs- und wirklichkeitsgebunden, beträchtlichen Erfolg. Es sind gesellschaftskritische Romane, in denen die Figuren fast ausschließlich in ihren sozialen Bezügen gesehen werden. Indem diese Figuren an der gesellschaftlichen Wirklichkeit leiden, die ihnen die Selbstverwirklichung verweigert, wird diese entlarvt. Vorrangig attackieren sie die platte Wirtschaftswundermentalität, die Unaufrichtigkeit der öffentlichen Moral, die fassadenhafte Wohlanständigkeit, hinter der das Moralische ebenso wie die Hoffnungen auf einen Neubeginn verkümmern.
In den siebziger Jahren erkennt man eine dritte Umorientierung literarischer Produktion; es ist die Wiederentdeckung des Ich. Ein Autor wie Max Frisch schrieb auch in den fünfziger Jahren schon (vgl. „Stiller", 1954) über die Suche nach der Indentität des Ich; seine Frage beim Schreiben war, nach den Worten F. Dürrenmatts: „Wie kann ich zwar die Identität leugnen, ohne sie aber aufzuheben?" In den siebziger Jahren löst Frisch sich konsequent vom gesellschaftskritischen Engagement (vgl. seine Erzählung „Montauk", 1975) und entschließt sich zur rückhaltlosen Selbstdarstellung. So wie er über die Wirkungslosigkeit gesellschaftskritischer Literatur resigniert, haben auch viele andere Autoren keine Botschaft mehr. Mit der Gesellschaft zerfallen, kann man nur über das Verhältnis zu sich selbst erzählen. Im Schreiben über sich selbst rechtfertigt der Autor sein Leben, rechtfertigt dadurch auch sein Schreiben. Einer der bekanntesten Autoren dieser Richtung, Peter Handke, lehnt das realistische Schreiben als trivial ab, da es nur das wiedergebe, was schon da sei. Er sagt: „Ich habe keine Themen, über die ich schreiben möchte, ich habe nur ein Thema: über mich selbst klar, klarer zu werden, mich kennenzulernen oder nicht kennenzulernen, zu lernen, was ich falsch mache, was ich falsch denke(...)". Also nicht mehr gesellschaftliche Aufklärung ist Legitimation und Ziel des Schreibens, sondern die rückhaltlose Selbstdarstellung, die Selbsterkenntnis ermöglicht. Es ist ein neues ästhetisches Programm: die Bewußtseinsprosa, durch sie (vgl. den gehäuften Einsatz des inneren Monologs) dringt äußere Wirklichkeit nur sehr begrenzt und gefiltert ins Bewußtsein.

Nachdem der gesellschaftliche Raum sich als heillos erwiesen hat, bleibt das Innere des Ich der einzig authentische Raum der Erfahrung. Aber bei vielen Autoren erweist sich auch dieser Binnenraum als leer, und Identität und Individualität sucht man vergebens. Wenn nur noch abstrakte Bewußtseinsvorgänge erfahrbar sind und die Konturen des Ich sich sogar auflösen, geraten das Erzählen und die Sprache in den Blick. Dieser Sprache als Mittel der Selbstvergewisserung und als Verständigungsmittel eines zunehmend vereinsamenden Ich gilt dann das erzählerische Interesse. Denn wenn es, radikal formuliert, nur noch das in Sprache sich aussprechende Bewußtsein gibt, beschäftigt sich die Literatur nur noch mit sich selbst, indem die dichterische Sprache und das Erzählen selbst thematisiert werden.

2.6.1 Heinrich Böll: Ansichten eines Clowns. Ein Beispiel für die bundesrepublikanische Vergangenheitsbewältigung und Gesellschaftskritik

Einführung in das Werk

Bölls Roman, 1963 erschienen, gehört, gemessen an der Auflagenhöhe, zu den erfolgreichsten Romanen der deutschen Nachkriegsliteratur. Ein Grund für diesen Erfolg ist sicherlich, daß Böll eine anrührende Liebesgeschichte und bitterböse Gesellschaftskritik schrieb.

Der Ich-Erzähler, Hans Schnier, verläßt als 21jähriger sein großbürgerliches Elternhaus. Er lebt von seinen Auftritten als Clown, ist allein schon durch diesen Beruf zum Außenseiter gestempelt. In diesen fünf Jahren, die vergangen sind, seit er sein Elternhaus in Köln verlassen hat, ist er mit Marie Derkum, der Tochter eines verarmten Kleinhändlers, zusammen. Als Marie ihn verläßt, weil ihr Zusammenleben weder durch eine staatliche noch kirchliche Eheschließung, die der Clown ablehnt, legalisiert ist, bricht dieser körperlich und seelisch zusammen. Zu diesem Zeitpunkt setzt die Handlung ein. Erzählt wird nur von ungefähr vier Abendstunden. Der Clown hat sich, da er ohne Marie auch beruflich am Ende zu sein scheint, in seine Bonner Wohnung zurückgezogen. In diesen Stunden durchlebt er eine schwere Existenzkrise. In erinnernden Rückblicken, in Monologen, Telefonaten und wenigen Gesprächen erfährt der Leser über sein bisheriges Leben, über seine Beziehungen zu Mitmenschen und seine Einstellung zur gesellschaftlichen Realität. Auf diese Weise wird die außerordentliche Begrenzung des Raumes (Wohnung) und der Zeit (ca. 4 Stunden) aufgehoben, und verschiedene Lebensbereiche und frühere Zeitabschnitte geraten in den Blick. Aber diese Bereiche und Zeitabschnitte spiegeln sich nur im Bewußtsein der Perspektivfigur, so daß der Leser nur subjektive „Ansichten“ kennenlernt, Ansichten eines Clowns. Der außerhalb des gesellschaftlichen Ordnung stehende Clown versteht sich als Künstler, dessen Optik ermöglicht, die politisch-gesellschaftlichen Zustände jener Jahre von außerhalb und damit kritisch zu sehen. Gerade in Bonn kann er registrieren, wie sich die Machtinteressen von Politik, Kirche, Parteien und Wirtschaft verbinden und wie unkontrolliert Einfluß ausgeübt wird. Sein Kampf, Marie zurückzugewinnen, ist gleichzeitig ein Kampf gegen die Institutionen der Macht, insbesondere gegen die katholische Kirche und deren Repräsentanten. Denn diese

haben Marie zum Liebesverrat bewogen und in eine katholische Heirat mit Züpfner gedrängt. Der Angriff des Clowns gegen die Repräsentanten, die Institution und Gesetze der katholischen Kirche, deren „abstrakte Ordnungsprinzipien" sein individuelles Glück zerstören, richtet sich prinzipiell gegen alle Institutionen, die Macht gegenüber dem Individuum ausüben und dem Ordnungsprinzip Vorrang einräumen.
Am Schluß des Romans wartet der Clown, als Bettler auf den Bahnhofstreppen sitzend, auf Marie, die von ihrer Hochzeitsreise zurückkommt. Ein offener Schluß, eher ein Bild des Scheitern als der Hoffnung. Zumindest aus der Sicht des Clowns spricht die Zerstörung der wahren Liebesgemeinschaft mit Marie das Urteil über diese Gesellschaft.

Analysebeispiel

Aufgabenstellung:
Analysieren Sie bitte den Romanauszug mit dem Ziel, - unter Berücksichtigung von Erzählhaltung und Erzählweise - die Merkmale und Beziehung der Figuren sowie ihre Gesprächspositionen zu erarbeiten.

Textgrundlage:
Heinrich Böll: Ansichten eines Clowns. München: Deutscher Taschenbuchverlag (400) 1967, 127 f.

Text:

Ich schwieg. „Ich weiß sehr wohl", sagte er, „daß Sie mich nicht mögen, es wird Sie überraschen, ich mag Sie, und Sie werden mir das Recht zugestehen müssen, gewisse Ordnungen, an die ich glaube und die ich vertrete, durchzusetzen."

„Notfalls mit Gewalt", sagte ich.

„Nein", sagte er, seine Stimme klang klar, „nein, nicht mit Gewalt, aber nachdrücklich, so wie es die Person, um die es geht, erwarten darf."

„Warum sagen Sie Person und nicht Marie?"

„Weil mir daran liegt, die Sache so objektiv wie nur möglich zu halten."

„Das ist Ihr großer Fehler, Prälat", sagte ich, „die Sache ist so subjektiv, wie sie nur sein kann."

Mir war kalt im Bademantel, meine Zigarette war feucht geworden und brannte nicht richtig. „Ich bringe nicht nur Sie, auch Züpfner um, wenn Marie nicht zurückkommt."

„Ach Gott", sagte er ärgerlich, „lassen Sie Heribert doch aus dem Spiel."

„Sie sind sehr witzig", sagte ich, „irgendeiner nimmt mir meine Frau weg, und ausgerechnet den soll ich aus dem Spiel lassen."

„Er ist nicht irgendeiner, Fräulein Derkum war nicht Ihre Frau - er hat Sie Ihnen nicht weggenommen, sondern sie ist gegangen."

„Vollkommen freiwillig, was?"

„Ja", sagte er, „vollkommen freiwillig, wenn auch möglicherweise im Widerstreit zwischen Natur und Übernatur."

„Ach", sagte ich, „wo ist denn da die Übernatur?"

„Schnier", sagte er ärgerlich, „ich glaube trotz allem, daß Sie ein guter Clown sind - aber von Theologie verstehen Sie nichts."

„Soviel verstehe ich aber davon", sagte ich, „daß Ihr Katholiken einem Ungläubigen wie mir gegenüber so hart seid wie die Juden gegenüber den Christen, die Christen gegenüber den Heiden. Ich höre immer nur: Gesetz, Theologie - und das alles im Grunde genommen nur wegen eines idiotischen Fetzens Papier, den der Staat - der Staat ausstellen muß."

„Sie verwechseln Anlaß und Ursache", sagte er, „ich verstehe Sie, Schnier, ich verstehe Sie."

„Sie verstehen gar nichts", sagte ich, „und die Folge wird ein doppelter Ehebruch sein. Der, den Marie begeht, indem sie euren Heribert heiratet, dann den zweiten, den sie begeht, indem sie eines Tages mit mir wieder von dannen zieht. Ich bin wohl nicht feinsinnig und nicht Künstler, vor allem nicht christlich genug, als daß ein Prälat zu mir sagen würde: Schnier, hätten Sie's doch beim Konkubinat gelassen."

„Sie verkennen den theologischen Kern des Unterschieds zwischen Ihrem Fall und dem, über den wir damals stritten."

„Welchen Unterschied?" fragte ich, „wohl den, daß Besewitz sensibler ist - und für euren Verein eine wichtige Glaubenslokomotive?"

„Nein", er lachte tatsächlich. „Nein. Der Unterschied ist ein kirchenrechtlicher. B. lebte mit einer geschiedenen Frau zusammen, die er gar nicht kirchlich hätte heiraten können, während Sie - nun, Fräulein Derkum war nicht geschieden, und einer Trennung stand nichts im Wege."

„Ich war bereit zu unterschreiben", sagte ich, „sogar zu konvertieren."

„Auf eine verächtliche Weise bereit."

„Soll ich Gefühle, einen Glauben heucheln, die ich nicht habe? Wenn Sie auf Recht und Gesetz bestehen - lauter formalen Dingen - warum werfen Sie mir fehlende Gefühle vor?"

„Ich werfe Ihnen gar nichts vor."

Ich schwieg. Er hatte recht, die Erkenntnis war schlimm. Marie war weggegangen, und sie hatten sie natürlich mit offenen Armen aufgenommen, aber wenn sie hätte bei mir bleiben wollen, hätte keiner sie zwingen können, zu gehen.

Vorbemerkung: Bei diesem Textauszug bietet sich ebenfalls die lineare Textanalyse an. Bei einem Gespräch wie dem vorliegenden, insbesondere einem „fernmündlichen", entfallen Analysegesichtspunkte wie z. B. des Raums, der Zeit, der Erzählerhaltung bzw. spielen eine geringe Rolle. Denn der Erzähler tritt fast völlig zugunsten der szenisch-zeitdeckenden Präsentation des Telefongespräches zurück. Das Erzählte ist somit nicht perspektivisch an die Erzähler- oder Figurenperspektive gebunden; der Geschehenszusammenhang wird, sieht man vom grundsätzlich fiktiven Charakter des Romans ab, objektiv wiedergegeben. Das Ergebnis ist, daß der Leser die Figurenstandpunkte ungefiltert wahrnehmen und vergleichen kann. Der Schwerpunkt der Analyse liegt darin, die Gesprächsführung und Redeweise sowie die Merkmale,

Beziehungen und insbesondere die Einstellungen der Figuren zu erarbeiten. Der Text läßt sich von daher nach den thematischen Schwerpunkten des Gespräches gliedern.

Ausführung

A. Dieser Textauszug gibt auf der Ebene der Erzählgegenwart ein weiteres Telefongespräch des Clowns wieder, der diesmal von dem Prälaten Sommerwild, einem führenden Repräsentanten des katholischen Kreises in Bonn, angerufen wird. In diesem Gespräch streiten beide über prinzipielle Fragen, insbesondere über die Rechtmäßigkeit überindividueller Normen und über das richtige Verständnis des Evangeliums. Ausgang und ständiger Bezugspunkt des Streites ist Marie, die den Clown, beeinflußt durch den katholischen Kreis, verlassen hat. Aus dem längeren Gespräch wird nur die erste Gesprächsphase untersucht, die bereits die Gegensätzlichkeit der Standpunkte offenbart.

B. Das Gespräch wird zeitdeckend und weitgehend in neutraler Erzählhaltung wiedergegeben. Der Erzähler tritt bis auf wenige, kaum nennenswerte Ausnahmen (Z. 11 f.) zurück und bietet so dem Leser die Möglichkeit, sich einen objektiven Eindruck über die Gesprächspositionen beider Figuren zu verschaffen. Bezeichnend für die Situation des Erzählers ist wiederum, daß eine Kommunikation nur indirekt, eben durch das Telefon, erfolgt, so daß die für den gesamten Roman typische Vereinzelung des Clowns auch hier bestehen bleibt.

Bereits in der ersten Sequenz (Z. 1 - 10) steuert das Gespräch auf den Konfliktkern zu. Zunächst lenkt der Prälat ein - „es wird Sie überraschen, ich mag Sie" (Z. 1 f.) -, weicht aber von seinem Standpunkt, daß „gewisse Ordnungen" (Z. 3) durchzusetzen seien, nicht ab. Zwar schwächt er durch das Adjektiv „gewisse" leicht ab, aber offensichtlich nur im Sinne seiner Gesprächsabsicht, sich zu rechtfertigen und den Clown zu beruhigen. Obschon unausgesprochen, wissen beide, daß mit „Ordnungen" vorrangig die katholische Ehemoral gemeint ist, die aus der Sicht des Clowns „mit Gewalt" (Z. 4) durchgesetzt wird. Der Prälat widerspricht und gibt vor, nur „nachdrücklich, so wie es die Person, um die es geht, erwarten darf" (Z. 5 f.), das Recht zu vertreten. Er möchte allgemein, ohne Marie zu nennen, diskutieren und darlegen, daß auch er vom individuellen Recht der Person ausgeht. Damit geht er von einer Einheit zwischen dem Recht des Einzelnen und der katholischen Moralauffassung aus. Der unvollkommene und sündhafte Mensch benötigt nach dieser Auffassung eine ihn leitende moralische Ordnung der Kirche. Der Clown sieht dagegen nur die einzelne Person; er beharrt darauf, Marie mit ihrem Individualnamen anzusprechen, und widerspricht, die „Sache sei so subjektiv, wie sie nur sein" könne (Z. 9 f.). Damit wird, durch den Vergleichssatz in den Rang einer gültigen Aussage gehoben, das Recht des Einzelnen dem der Institutionen - hier die katholische Kirche - und dem von Ordnungsprinzipien - hier die katholische Eheauffassung - übergeordnet.

In der nächsten Sequenz (Z. 11 - 20) wird das Gespräch, verursacht durch die Provokation des Clowns „Ich bringe nicht nur Sie, auch Züpfner um, wenn Marie nicht zurückkommt" (Z. 12), sehr konkret. Es geht um die für den Roman zentrale Frage, ob Marie den Clown rechtmäßig verlassen hat, weil sie ohne kirchlichen Segen in

Sünde lebt, oder ob „irgendeiner" (Z. 14) dem Clown die rechtmäßige, legitime Frau „weggenommen" hat. Für den Clown ist die Sachlage klar: Er führt mit Marie eine gültige, auch im christlichen Sinne gültige Ehe, denn sie spenden sich das Sakrament der Ehe zunächst selbst. Der Prälat widerspricht in einer dreiteilig angelegten Antwort: „Er ist nicht irgendeiner, Fräulein Derkum war nicht Ihre Frau - und er hat Sie ihnen nicht weggenommen, sondern sie ist gegangen" (Z. 16 f.), „vollkommen freiwillig" (Z. 19), wie er präzisiert. Aber in dem nachfolgenden Konditionalsatz schwächt er - allerdings zurückhaltend, wie das Adverb „möglicherweise" signalisiert - seine Beurteilung ab und anerkennt immerhin bei Marie einen Konflikt zwischen „Natur und Übernatur" (Z. 20). Mit diesem Stichwort beginnt in der dritten Erzählsequenz (Z. 20 - 30) ein theologischer Disput über die katholische Ehemoral und die Gültigkeit dieser Moral. Das sich offenbarende Menschenbild des Prälaten sieht den Menschen in einer Spannung zwischen Natur und Übernatur. Eine semantische Analyse beider Schlüsselbegriffe ergibt, daß unter „Übernatur" das göttliche Gebot zu verstehen ist, das der Natur des Menschen zu gebieten hat; und diesem göttlichen Gebot entspricht die katholische Ehemoral. Das Natürliche, hier als menschliche Bedürfnisse, z. B. als Liebe, zu verstehen, ist den allgemeinen Regeln der Moral zu unterwerfen. Liebe darf sich also nur innerhalb der katholisch geschlossenen Ehe ereignen; nur so wird zwischen Natur und Übernatur eine Einheit erreicht. Diese Bedeutung der Übernatur leugnet der Clown, indem er fragt: „Wo ist denn da die Übernatur?" Für ihn kann ein Gegensatz nicht bestehen, denn er denkt vom Recht und den Bedürfnissen des einzelnen aus und lebte in einer legitimen Ehegemeinschaft mit Marie. Da der Prälat ausweichend antwortet, kann der Clown verdeutlichen, daß die kirchliche Eheschließung für ihn wegen eines formalen Gesetzes, daß sie nur „wegen eines idiotischen Fetzens Papier, den der Staat - der Staat ausstellen muß" (Z. 27 f.), erfolge. Allein schon die Wiederholung des Begriffes „Staat", durch den Satzbruch noch zusätzlich betont, wertet den formalen Akt der Eheschließung ab. Denn er verfehlt, zur verpflichtenden Norm erhoben, menschliche Bedürfnisse und dient offensichtlich nur der Sicherung der Macht der Institutionen von Staat und Kirche. Indem der Clown die Beziehung des einzelnen zur Kirche mit der Beziehung der Religionsgemeinschaften zueinander und zu den Heiden vergleicht, verdeutlicht er, daß es immer nur um das Prinzip - „Gesetz, Theologie" - und um Macht geht. Der Prälat antwortet mit dem Vorwurf, der Clown verwechsle „Anlaß und Ursache" (Z. 29). Damit spricht er dem Clown pauschal ab, die Substanz der katholischen Moral begreifen zu können. In der folgenden Sequenz (Z. 31 - 52) konzentriert sich das Gespräch auf ein Unterthema, das Konkubinat (vereinfacht: wilde Ehe) und den Ehebruch. In der Konsequenz der Auffassung des Clowns liegt es, wenn er einen „doppelten Ehebruch" voraussieht. Den ersten Ehebruch begeht Marie, wenn sie Züpfner heiratet, den zweiten, wenn sie zu ihm zurückkehrt. Er lebt eben nicht im sündhaften Konkubinat, sondern in unauflösbarer Ehegemeinschaft, und die wahre Ehe zweier Liebender ist für den Clown das höhere Prinzip, und eine Institution, die diese Liebesgemeinschaft zerstört, handelt zutiefst inhuman; aber sie handelt auch widersprüchlich, da sie in anderen Fällen (vgl. die Besewitz-Geschichte, S. 88 f.) das Konkubinat erlaubt, ja sogar empfiehlt, weil Besewitz als „Glaubenslokomotive" (Z. 39) seinem „Verein" nützt und einflußreich ist. Diesen Vorwurf einer zynischen Doppelmoral und eines opportunistischen Verhaltens kann der Prälat nicht akzeptieren, und er verweist auf den theologischen Unterschied beider Fälle: Besewitz habe die geschiedene Frau nicht kirchlich, der Clown jedoch Marie kirchlich heiraten können. Dieser Denkansatz, der von theologischen und glaubensrechtlichen Prinzipien ausgeht, widerspricht der Auffassung des Clowns völlig. Aber statt erneut seine Gegenposition darzulegen, verweist er auf seine konkrete Bereitschaft: „Ich war bereit zu unterschreiben", „sogar zu konvertieren" (Z. 44). In seiner Antwort bezieht sich der Prälat offensichtlich auf ein früheres Gespräch zwischen Marie und dem Clown (vgl. S. 74). In diesem Gespräch warf Marie diesem Faulheit und mangelnde Überzeugung vor, als er schließlich das Formular über die katholische Erziehung der Kinder unterschreiben wollte. Jetzt besteht auch der Prälat auf religiöser Überzeugung bei formalen Akten. Für den Clwon zeigt sich hier ein erneuter Widerspruch. Einerseits bestehen die Katholiken auf abstrakten Ordnungsprinzipien, auf „Recht und Gesetz - lauter formalen Dingen" (Z. 47), andererseits fordern sie „Gefühle", „einen Glauben" (Z. 46). Dabei mißachten sie aus seiner Sicht gerade diese innere Überzeugung, diese Gefühle, wenn sie Marie beeinflussen, die Gemeinschaft mit ihm zu verlassen. Dies Verhalten ist für ihn Heuchelei. Aber der Prälat läßt sich darauf nicht ein. Seine Antwort - „ich werfe Ihnen gar nichts vor" - zeigt dem Clown die Schwäche seiner Position. Auch wenn er recht hat, bleibt die Tatsache, daß Marie ihn ohne wirklichen Zwang verlassen hat, daß die Liebesgemeinschaft mit Marie nicht mehr besteht.

C. Dieser erste Teil des Gespräches mit Sommerwild offenbart die Unversöhnlichkeit der Standpunkte. Der Clown wirft der Kirche vor, sie setze rigoros ihre Ordnungsvorstellungen gegen die Interessen des einzelnen durch, ohne, ihrem christlichen Auftrag entsprechend, Mitleid und Barmherzigkeit gegenüber dem Leidenden zu zeigen. Ihre Ordnungsprinzipien, so verdeutlichen diese „Ansichten eines Clowns", schaffen keine menschliche Ordnung, wie sie zum Beispiel die Ehegemeinschaft des Clowns darstellt, sondern sie zerstören diese um des Prinzips willen, das im Grunde nur der Macht der Kirche zu dienen hat. Inwieweit der Autor, Heinrich Böll, mit diesem Standpunkt übereinstimmt, ist nur unter Einbeziehung des Kontextes zu klären. Immerhin spricht vieles dafür, daß Heinrich Böll hier einer Gesellschaft den Prozeß macht, die eine Liebe zu zerstören vermag.

Einbettung in die Epoche

1. Die Literatur nach 1945 ist noch schwieriger auf vorherrschende Stil- und Epochenmerkmale festzulegen als zum Beispiel die des 18. und 19. Jahrhunderts. Nach den Katastrophen des 2. Weltkrieges, den furchtbaren Verbrechen des Nationalsozialismus verschärft sich das Krisenbewußtsein der Moderne; gleichzeitigt wächst die Vielfalt der Ausdrucksformen und Stilrichtungen. Die Positionen der klassischen Moderne (vgl. Kapitel 2.5) bleiben gültig (vgl. den Rückzug des persönlichen Erzählers, die Auflösung des einheitlich-geschlossenen Charakters, die Problematisierung der Realitätswiedergabe etc.). Aber es wird auch noch - wenn auch in eingeschränkter und kritisch-reflektierender Weise - realistisch erzählt.

Die Künstler und Intellektuellen beharren auf der spätestens seit der Jahrhundertwende vorherrschenden Grunderfahrung der Moderne (vgl. die Erkenntnis- und Fortschrittskritik, den radikalen Zweifel). Während man nach 1945 schnell zur Normalität übergeht, alle Energien auf den Wirtschaftsaufschwung konzentriert, jeder gesellschaftlichen Veränderung mißtraut und das Kulturleben oft nur eine glitzernde Fassade bietet, beziehen die Schriftsteller kritische Gegenposition. Die Schriftsteller zeigen sich unbeeindruckt durch die Segnungen der Wohlstands- und Konsumgesellschaft. Denn ihnen bleiben die untergründigen Bedrohungen zu bewußt, Bedrohungen, die zum Beispiel ausgehen von den Spannungen des Kalten Krieges, der atomaren Aufrüstung, der Umweltzerstörung, aber auch von den Abgründen der menschlichen Natur, die sich in dem industriell organisierten Völkermord an den Juden offenbarten. Äußerst sensibel registrieren die Schriftsteller auch Fehlentwicklungen der westdeutschen Gesellschaft: zum Beispiel die soziale Kluft zwischen Arm und Reich, das statische und hierarchisch gegliederte Gesellschaftsgefüge, die Demokratiedefizite. Den schnellen Übergang zur Normalität, als habe sich Ausschwitz nicht ereignet, empfinden die kritischen Schriftsteller als verhängnisvolle Verdrängung von Wahrheit, aber auch von Schuld.

2. Versuchen wir nun, Autor und Werk in diesen Zusammehang einzuordnen. Fragen wir, a) wie sich Bölls Standort in dieser Epoche bestimmen läßt, b) welche Realitätserfahrungen in den hier behandelten Roman eingehen, c) welches Kunst- und Literaturverständnis sein Schreiben beeinflußt.

a) Nach einer Phase der Aufarbeitung des Krieges und seiner Folgen - als „Trümmer- und Heimkehrerliteratur" bezeichnet - setzen sich viele Schriftsteller, darunter insbesondere Böll, kritisch mit der gesellschaftlichen Situation des westdeutschen Staates auseinander. Denn die Erwartungen, auf den materiellen und geistigen Trümmern des NS-Systems eine sozial gerechte, eine humane und demokratische Ordnung aufbauen zu können, werden bitter enttäuscht. Zwar bieten die Zeitschrift „Der Ruf" und die „Gruppe 47" den Schriftstellern ein Forum, auf dem sie ihre Pläne einer Erneuerung diskutieren und verbreiten können, aber die sich abzeichnende Ordnung entspricht nicht ihren Erwartungen. Zu sehr gelten alle Energien dem wirtschaftlichen Aufbau und der Einrichtung einer Wohlstands- und Konsumgesellschaft, als daß man sich von den Ideen einer besseren Gesllschaft beeinflussen läßt. Konrad Adenauer wird für Schriftsteller wie Böll zur Symbolfigur der Fehlentwicklung. In einer Rezension der Adenauer-Memoiren nennt Böll, ausgehend von einer Stilkritik, die Mängel dieses „Adenauer-Systems": „die Menschenverachtung", die „Diffamierung jeglicher Form des Sozialismus", die „hochgetriebene Wiederaufrüstung", die „moralische Fäulnis, die alles zu befallen droht, was in diesem Lande offiziell unter ‚Bewältigung der Vergangenheit' läuft" (H. Böll, Werke, Bd. 2, Seite 166 ff.). Zu den Fehlentwicklungen der Adenauerzeit zählt Böll noch die unheilige Allianz zwischen Kirche und Staat, der als CDU-Staat qualifiziert wird, die antikommunistische Grundeinstellung, die zur innenpolitischen Erstarrung führt, die uneingeschränkte Orientierung am Besitz-, Konsum- und Wohlstandsdenken. Alle diese Merkmale führen zu jener Kälte und Versachlichung menschlicher Beziehungen, unter denen die kleinen Leute in Bölls Romanen leiden. Sein Schreiben richtet sich gegen die als restaurativ - im Sinne einer Wiederherstellung früherer kapitalistischer und autoritärer Strukturen - empfundene Ordnung. Einer Ordnung, in der die öffentlich proklamierten Werte wie Toleranz, soziale Gerechtigkeit, Mitleidsfähigkeit, Freiheit ihres Sinnes beraubt und zur Heuchelei werden. Paradoxerweise ist in der Kirche, die diesen Werten besonders verpflichtet sein sollte, der Widerspruch zwischen Sein und Sollen besonders groß. Böll aber nimmt deren Anspruch ernst und prüft ihn an der Praxis.

b) Der Böll-Roman ist, wie deutlich wurde, auf die zeitgenössische Wirklichkeit in hohem Maße bezogen; hier findet der Autor seinen Stoff, seine Motive und Konstellationen. Vielfältig sind die Bezüge zur Wirklichkeit; das beginnt mit Anspielungen auf historische Figuren (vgl. Papst Johannes), auf Parteien (vgl. CDU, SPD), auf konkrete historische Schauplätze (vgl. Bonn) und wird fortgesetzt mit der Einbeziehung jener die Epoche bewegenden Themen. Das Leiden der Hauptfigur ist weitgehend gesellschaftlich. Der Kreis um Sommerwild und Kinkel sorgt für Maries Weggang, weil ihnen „abstrakte Ordnungsprinzipien" wichtiger sind als das Recht des einzelnen. Zu diesem Kreis gehören Politiker, Wirtschaftsführer und hochrangige Kirchenleute, die, von ihrem Macht- und Eigentumsdenken bestimmt, überall ihren großen Einfluß einsetzen, meist gegen die kleinen Leute. Als typisches Beispiel für diese Machtverhältnisse ist die Familie Schnier anzusehen, die im Schnittpunkt verschiedener Kreise aus Wirtschaft, Politik und Kirche liegt. Die Mutter des Clowns versammelt zu ihren wöchentlichen „jour fixe" die Führungskräfte um sich, und hier knüpft sich zum Beispiel das Netz an Beziehungen, Einflußnahmen, das unkontrollierte Macht bedeutet. Gerade die Figur der Mutter repräsentiert aber auch die beiden Seiten der führenden Kräfte. Einerseits ist ihre Macht anonym und unkontrolliert, andererseits verkörpern gerade sie die Defizite der Nachkriegsgesellschaft: die Liebesunfähigkeit, den Geiz, Besitzdenken, entschiedenen Konformismus, die Unfähigkeit zu trauern. Diese Defizite charakterisieren für den Clown den inneren Zustand der Republik, und sie fordern seinen entschiedenen Widerspruch heraus.

Auf der anderen Seite spiegelt sich Schniers Leiden in den Geschichten anderer Außenseiterfiguren, die ebenfalls Opfer werden und damit zu Sympathieträgern für den Leser. Der Arbeiter Frehlingen, dessen wilde Ehe von der katholischen Kirche zerstört wird, der Pfarrer Behlen, der mit seiner Freundin untertauchen muß, sein Freund Edmonds, der unter Wohnungsnot und Kinderreichtum leidet, Maries Vater, der kommunistisch orientiert ist und eine Randexistenz führt - alle diese Figuren unterliegen als einzelne den von den Mächtigen kontrollierten Institutionen sowie den Zwängen der Profit- und Konsumgesellschaft.

Diese kritische Einstellung der Perspektivfigur wird allerdings grundsätzlich vom Autor gestützt. Dafür gibt es Indizien. Zunächst gibt es im Roman für den Leser keine erkennbare Gegenperspektive, die es ermöglichte, sich von der des Clowns zu distanzieren. Zweitens deutet das Motto des Romans, das im Gespräch der Romanfiguren aufgegriffen wird (vgl. S. 196), auf eine entschiedene Parteinahme für die von den „Kreisen" ausgeschlossenen Opfer. Drittens gibt es eine Vielzahl von - nicht-fiktionalen - Äußerungen Bölls, die der radikal-kritischen Einstellung des Clowns entsprechen.

c) In seinem Roman reflektiert Böll auch Möglichkeiten und Aufgaben eines Künstlers in einer solchen Gesellschaft. Im Grunde ähnelt dieser einem Hofnarren, der die Wahrheit sagen, den Spiegel - mittels seiner Pantomime, Parodie - vorhalten darf, dessen Kunst aber wirkungslos bleibt, so boshaft er sie auch vorträgt (vgl. den Roman, Seite 57). In seiner wichtigsten literaturtheoretischen Schrift, in seinen „Frankfurter Vorlesungen" (1964) schreibt Böll dazu: „Sie erwarten etwas Freches, etwas Kesses, Gesellschaftskritisches, sie erwarten Zeitkritik, ich möchte fast sagen, sie erwarten - ob es sich nun um selbstsichere Industrielle handelt oder um Kleriker - sie erwarten Prügel, und seitdem mir das bewußt geworden ist, bin ich nicht mehr bereit, Prügel, wenn auch nur scheinbare, auszuteilen" (Bd. II, S. 36). Die satirische Bloßstellung reicht also nicht aus, obwohl er auf satirische Mittel nicht verzichtet. In den „Vorlesungen" entwickelt er sein Programm einer „Ästhetik des Humanen"; dabei ist weniger Kunstprinzipien als vielmehr von menschlichen Lebensformen wie „Heimat, Nachbarschaft, Freundschaft, Wohnen" (Bd. II, S. 34) die Rede. Diese Lebensformen darzustellen bedeutet für Böll, hier durchaus dem Clown vergleichbar, die Wahrheit im Detail, im Einzelnen und Besonderen zu suchen. Augenblicke also zu sammeln. Das bedeutet, daß auf die Darstellung gesellschaftlicher Totalität, wie sie Hegel vertrat (vgl. Kapitel 3.1) verzichtet wird. Böll bleibt bei seinem Schreiben auf die ihn umgebende also begrenzte Realität bezogen, weitgehend auf das Milieu kleiner Leute und Außenseiter.

Dieser Bezug zum konkreten gesellschaftlichen Leben weist Böll als einen realistisch schreibenden Schriftsteller aus. Böll erzählt eine überschaubare Geschichte, hat einen klar umrissenen Standpunkt als Autor, wählt eine individuell gezeichnete Hauptfigur, mit der man sich identifizieren kann, zielt auf Erkenntnis und Veränderung. Aber indem er Wirklichkeit nur aus begrenzter Sicht, nur im Detail und nur in subjektiver Brechung - in Monologen, Telefongesprächen, Erinnerungen - wahrnimmt und darstellt, dokumentiert er damit ein modernes Wirklichkeitsverständnis. Hierzu gehört auch, daß der Held zum Außenseiter wird, daß ein Einklang zwischen Ich und Welt sich nicht herstellen läßt, daß das Ich auf sich selbst verwiesen wird. Aber Böll wendet sich immerhin in wenigstens zwei Punkten gegen zentrale Positionen der „Ästhetik der Moderne" (vgl. dazu das Kapitel über Döblin). Erstens lehnt er die Autonomieästhetik ab (vgl. Kapitel 2.3.1), zweitens die prinzipielle Negativität. Er grenzt sich damit von allen Spielarten experimenteller Prosa (vgl. Collage, Montage), jeder Art von l'art pour l'art* bzw. poésie pure ab. Denn die Elemente moderner Ästhetik schließen für ihn Verantwortung aus. Da Böll das Negative historisch-gesellschaftlich verursacht sieht, kann man sich nicht damit abfinden. Nach seiner Auffassung soll Kunst über den Bereich der Kunst hinausgehen und zu verändern suchen, was Leiden verursacht. Literatur in einer inhumanen Gesellschaft muß sich also für Humanität einsetzen. Sie kann das, so Böll, weil sie in dieser Konsum- und Profitgesellschaft, als einzige den Marktgesetzen nicht unterworfen, Freiheit besitzt. Die Poesie in ihrer Freiheit vermag nicht nur, Zwänge und Regeln zu sprengen, sondern auch das Recht des alleingelassenen Individuums zu schützen. Deshalb, so heißt es in den „Vorlesungen", kann sie in dieser Gesellschaft „nur das zum Gegenstand wählen, was in der Gesellschaft zum Abfall, als abfällig erklärt wird" (Bd. II, S. 71). Mit dem Wort „Abfall" meint er offensichtlich das Überflüssige in einer Leistungsgesellschaft, meint er die Gescheiterten und Außenseiter. Die Figur des Clowns zum Beispiel ist eine Figur, die „abfällig" geworden ist, aber als einzige Figur Mitleid mit anderen Abfälligen besitzt. Da für Böll der Humor zentrales Element seines Schreibens ist, kann er in seinen

Romanen nur das „für Abfall Erklärte, für abfällig Gehaltene in seiner Erhabenheit" (Vd. II, S. 89) bestimmen. Das Recht des isolierten und unterdrückten Individuums, zum Beispiel auf Liebe, soll gegen Machtkartelle, Institutionen und die von diesen vertretenen abstrakten Ordnungsprinzipien und Ideologien verteidigt werden. Bölls Literatur ist jedoch nicht einfach auf moralisches und soziales Engagement festzulegen; er sucht die Einheit von Ästhetik und Moral zu verwirklichen, die er so erklärt: „Die Glaubwürdigkeit eines Autors ergibt sich nie aus einer (jeweiligen) Moral allein, sie ergibt sich aus der Kraft, die entsteht, wenn er für seine Stimme seinen Stil gefunden hat; wenn seine Ästhetik sich mit seiner Moral deckt, er an seine Moral gar nicht zu denken braucht, weil er seiner Stimme gewiß ist." (Bd. II, S. 136).

Übungsbeispiel

Aufgabenstellung:

Analysieren Sie bitte den Romanauszug mit dem Ziel, - unter Berücksichtigung von Erzählhaltung und Erzählweise - die Merkmale, Konstellation und Einstellung der Figuren zu erarbeiten.

Textgrundlage:

Heinrich Böll: Ansichten eines Clowns. S. 17 f.

Text:

Es wurde einer der peinlichsten Abende meines Lebens. Ich kann einfach nicht glauben, daß religiöse Gespräche so anstrengend sein müssen. Ich weiß: an diese Religion zu glauben ist schwer. Auferstehung des Fleisches und ein ewiges Leben. Oft hatte Marie mir aus der Bibel vorgelesen. Es muß schwer sein, das alles zu glauben. Ich habe später sogar Kierkegaard gelesen (eine nützliche Lektüre für einen werdenden Clown), es war schwer, aber nicht anstrengend. Ich weiß nicht, ob es Leute gibt, die sich nach Picasso oder Klee Tischdeckchen sticken. Mir kam es an diesem Abend so vor, als häkelten sich diese fortschrittlichen Katholiken aus Thomas von Aquin, Franz von Assisi, Bonaventura und Leo XIII. Lendenschurze zurecht, die natürlich ihre Blöße nicht deckten, denn es war keiner anwesend (außer mir), der nicht mindestens seine fünfzehnhundert Mark im Monat verdiente. Es war ihnen selbst so peinlich, daß sie später zynisch und snobistisch wurden, außer Züpfner, den die ganze Geschichte so quälte, daß er mich um eine Zigarette bat. Es war die erste Zigarette seines Lebens, und er paffte sie unbeholfen vor sich hin, ich merkte ihm an, er war froh, daß der Qualm sein Gesicht verhüllte. Mir war elend, Maries wegen, die blaß und zitternd da saß, als Kinkel die Anekdote von dem Mann erzählte, der fünfhundert im Monat verdiente, sich gut damit einzurichten verstand, dann tausend verdiente und merkte, daß es schwieriger wurde, der geradezu in große Schwierigkeiten geriet, als er zweitausend verdiente, schließlich, als er dreitausend erreicht hatte, merkte, daß er wieder ganz gut zurechtkam, und seine Erfahrungen zu der Weisheit formulierte: „Bis fünfhundert im Monat gehts ganz gut, aber zwischen fünfhundert und dreitausend das nackte Elend." Kinkel merkte nicht einmal, was er anrichtete: er quatschte, seine dicke Zigarre rauchend, das Weinglas an den Mund hebend, Käsestangen fressend, mit einer olympischen Heiterkeit vor sich hin, bis sogar Prälat Sommerwild, der geistliche Berater des Kreises anfing, unruhig zu werden, und ihn auf ein anderes Thema brachte. Ich glaube, er brachte das Stichwort Reaktion auf und hatte damit Kinkel an der Angel. Der biß sofort an, wurde wütend und hörte mitten in seinem Vortrag darüber, daß ein Auto für zwölfhundert billiger sei als eins für viertausendfünfhundert, auf, und sogar seine Frau, die ihn in peinlicher Kritiklosigkeit anhimmelte, atmete auf.

Lösungshinweise:

1. (Einleitung) Dargestellt wird, im erzählerischen Rückblick eine der ersten, von Marie initiierten Begegnungen mit dem Kreis fortschrittlicher Katholiken; das charakteristische Milieu und bezeichnende Gesprächsthema solcher Treffen werden vorgestellt. Entlarvt werden dabei die Widersprüche, in die sich diese fortschrittlichen Katholiken verwickeln, Widersprüche zwischen dem christlichen Ideal und ihrem unchristlichen Verhalten und Reden.
2. Das Treffen wird weitgehend im raffenden Erzählerbericht (nur eine Wiedergabe in wörtlicher Rede) erzählt; die Perspektive ist subjektiv und einseitig; der Erzähler verzichtet fast ganz darauf, seine Figuren selbst zu Wort kommen zu lassen und eine gewisse Objektivität anzustreben. Das erzählende, sich erinnernde Ich hat zwar eine größere Distanz gegenüber dem erlebenden Ich, kann aber durch die raffende Erzählweise auslassen und zuspitzen, also für den Leser die Hauptaspekte bewußter herausstellen.
3. Das Thema des Abends („Armut in der Gesellschaft, in der wir leben") ist zwar ein christliches Thema, wird aber in einer für diesen Kreis typischen Weise verfehlt; deutlich wird eine unchristliche Einstellung und Scheinheiligkeit.
Im einzelnen:
a) Die Adjektive „schwer" und „anstrengend" (Z. 6) stehen im Kotext für unterschiedliche Einstellungen; zwar ist der Glaube „schwer", aber eine ernste und akzeptierte Herausforderung (positiv konnotiert); dagegen verweist das Adjektiv „anstrengend" auf ein Fehlverhalten, das nicht von der Sache (Religion), sondern von einer unangemessenen Einstellung der Personen bedingt ist.
b) Der zentrale Bildbereich („Lendenschurz, häkeln, Blöße", Z. 9 f.) veranschaulicht weiteres Fehlverhalten der Katholiken: mit Zitaten kirchlicher Autoritäten wollen sie Unchristliches (ihren Reichtum, ihre Macht und unchristliche Einstellung = Blöße) verdecken. Dieses Verdecken gelingt nur unzureichend, wie die Ausdrücke „Lendenschurz" und „häkeln" verdeutlichen.
c) Der Clown durchschaut den Widerspruch zwischen biblischem Armutsideal und dieser Position (Macht, Reichtum, Einfluß), aber auch die fortschrittlichen Katholiken erkennen diesen Widerspruch und weichen in Zynismus aus, der erst recht entlarvend wirkt.
d) Die von Kinkel erzählte Anekdote verdeutlicht diesen menschenverachtenden Zynismus, wie er in dem Satz zum Ausdruck kommt: „Bis fünfhundert im Monat gehts ganz gut, aber zwischen fünfhundert und dreitausend das nackte Elend" (Z. 21 f.). Für

den Clown ist dies eine Verspottung der Armen (am Existenzminimum lebend) aus der Position eines Gutverdienenden, der als Christ den Armen helfen müßte.
4. Die Figuren werden unterschiedlich gekennzeichnet: hier Züpfner, neben Marie („blaß und zitternd", Z. 16) noch positiv vorgestellt („er war froh, daß der Qualm sein Gesicht verhüllte", Z. 15), dort Kinkel, der satirisch überzeichnet wirkt (vgl. „Käsestangen fressend", Z. 24, „mit einer olympischen Heiterkeit", Z. 24); Kinkel erkennt nicht die Widersprüche in seiner Position und wirkt provozierend durch seine Arroganz (vgl. den Vortrag über das Auto, Z. 28 f.) und das Unchristliche seines Wesens. - Nebenfiguren wie Prälat 'Sommerwild und Frau Kinkel („in peinlicher Kritiklosigkeit", Z. 30) vervollständigen das Bild, das „fortschrittliche" Katholiken dem Clown bieten.
5. (Schluß) Diese Episode zeigt die Scheinheiligkeit führender Katholiken, die einerseits im Reichtum leben und diese kapitalistische Ordnung rechtfertigen und genießen, während sie andererseits öffentlich und in privaten Zirkeln christliche Ideale verkünden. Wieder wird deutlich (vgl. das Gespräch mit Sommerwild), wie christliche Gebote und Moralvorstellungen zu Floskeln werden und, ihres eigentlichen Sinnes beraubt, dazu dienen, eine sozial ungerechte Ordnung zu rechtfertigen und die Armen entgegen dem christlichen Gebot auszugrenzen und sogar zu verspotten.

Benutzte Literatur (und für eigene Lektüre zu empfehlen):

Jochen Vogt: Heinrich Böll. Autorenbücher (602). 2. Aufl. München 1987.
Heinrich Böll: Werke, Bd. II. Essayistische Schriften und Reden 2, Köln o. J.

2.6.2 Max Frisch: Stiller. Ein Beispiel für die moderne Identitätsproblematik

Der Schweizer Max Frisch zählt zu den bedeutendsten deutsprachigen Nachkriegsautoren. Ein zentrales Thema seiner Romane „Stiller", „Homo faber" und „Mein Name sei Gantenbein" ist die Frage nach der Ich-Identität und dem Verhaftetsein des Menschen in den unterschiedlichsten Rollen. Dieses Thema findet sich aber auch in seinem dramatischen Werk (z. B. „Biografie"). Beschränken wir uns auf die drei zitierten Romane, so läßt sich festhalten, daß es sich bei diesen Figurenromanen um eine moderne Variante der Entwicklungsromane* handelt. Der Roman „Stiller" soll nun GHegenstand genauerer Betrachtung sein.

Wir wollen eine kurze Inhaltsangabe vorausschicken:
Stiller kehrt unter dem Namen Jim White mit einem gefälschten Paß in seine Heimatstadt Zürich zurück. An der Grenze wird er jedoch als der Verschollene Anatol Stiller erkannt und wegen des Verdachtes, vor seinem Verschwinden in eine Spionageaffaire verwickelt gewesen zu sein, verhaftet. Während der Gefängnishaft verfaßt er sieben Hefte, in denen er dem Gericht Rechenschaft über sich selbst ablegt. Die Hefte mit den ungeraden Nummern beschäftigen sich mit seiner Identität als Jim White (Gefängnisaufenthalt, Amerika), während die Hefte mit geraden Nummern

protokollartige Rekonstruktionen von Stillers Vergangenheit sind, die auf Berichten der Personen beruhen, die in Stillers Leben eine Rolle gespielt haben. Diese Wiedergaben enthalten jedoch reflektierende Passagen, die Whites wahre Identität als Stiller verraten. Im siebten Heft kommt es zu einer zögerlichen Anerkennung seiner alten Identität. Es schließt sich ein von seinem Freund Rolf, dem Staatsanwalt, verfaßtes Nachwort an, welches das Schicksal Stillers und seiner Frau Julika bis zu ihrem Tod verfolgt.

Aus den verschiedenen Perspektiven ergibt sich folgende Lebensgeschichte Stillers: Als junger Mann kämpft er im Spanischen Bürgerkrieg auf der Seite der Republikaner, versagt aber, als es um die Ausführung eines Schießbefehls geht. Er läßt sich als Bildhauer wieder in der Schweiz nieder und heiratet die Ballettänzerin Julika. Da die Ehe äußerst problematisch ist, beginnt er ein Verhältnis mit Sibylle, der Frau seines späteren Staatsanwalts. Julika flüchtet sich in eine Lungenkrankheit und Sibylle in Liebesabenteuer. Stiller hält nach Besuchen an beiden Fluchtorten beide Beziehungen für beendet. Er flieht seinerseits nach Amerika. Unter dem Namen Jim White führt er dort ein - angeblich - abenteuerliches Leben. Parallel dazu wird von der Ehekrise zwischen Rolf, dem Staatsanwalt, und Sibylle berichtet. Diese bricht aus ihrer Ehe aus und beginnt in New York ein eigenes Leben zu führen. Als sie nach zwei Jahren zurückkehrt, wird die Ehe zwischen Rolf und Sibylle auf eine neue Grundlage gestellt, im Gegensatz zu Stillers Ehe. Nach Stillers Freispruch kann seine Ehe jedoch trotz eines Versuches nicht mehr gerettet werden, und nach Julikas Tod lebt Stiller einsam als Keramiker.

Einführung in das Werk

Kennzeichnend für diesen Roman ist inhaltlich der erste Satz: „Ich bin nicht Stiller." In diesem Satz spiegelt sich die Problematik der Hauptfigur wider. Das Ich ist nicht mehr identisch mit dem Namen, den es trägt. Wenn dieses Ich seinen eigenen Namen verneint, so ist das die Zurückweisung des Bildes, das andere von ihm gewonnen haben, denn der Name wird bei der Anrede verwendet oder in Gesprächen über das Ich. Er meint aber grundsätzlich anderes als jene Vorstellungen, die das Ich von sich selbst hat, wobei nicht einmal eine Kontinuität innerhalb der ureigensten Vorstellungen von sich selbst zu bestehen braucht.

Formal wählt Frisch eine tagebuchähnliche Form, die seit dem 18. Jahrhundert die Romanform ist, die sich für die Auseinandersetzung des Ich mit sich selbst herausgebildet und bewährt hat. Allerdings hält dieses Ich in Frischs Roman keine Rückschau, was aufgrund der vorgegebenen und tatsächlichen Nichtidentität zwischen Stiller und White auch gar nicht möglich wäre, sondern es tritt auf als Ich ohne Geschichte, als bloßes Gegenwarts-Ich, das denn auch über Stiller nur in der grammatischen Form der dritten Person erzählt, zum einen deshalb, weil hier auf Berichte anderer zurückgegriffen wird, zum andern aber auch, weil es zwischen dem Gegenwarts-Ich und dem Stiller-Ich der Vergangenheit keine Kontinuität mehr gibt. Andererseits ist es natürlich das Ich, das über sich selbst erzählt. Dadurch entsteht die für den Roman typische Brechung des Erzählvorganges. Das bedeutet etwa für das zweite Heft, das vordergründig aus der Perspektive Julikas erzählt wird, daß sich dieser Perspektive immer eine zweite überlagert, nämlich die Stillers oder der Reste, die davon im Bewußtsein Whites noch übrig sind. Erst im zweiten Teil des Romans ändert sich diese Erzählsituation, wo an die Stelle der Aufzeichnungen Stillers/Whites das Nachwort des Staatsanwalts tritt. Aber auch dieser Teil kann nicht als die objektive Darstellung eines auktorialen Erzählers bezeichnet werden.

Fassen wir zusammen, was sich an der besonderen Form des Romans ablesen läßt: Trotz aller Vielfalt der erzählten Ereignisse, in denen es auch um die z. T. satirische Darstellung von Welt geht, hat der Roman primär die existentielle Frage nach dem Ich zum Thema. Dahinter verbrigt sich die Frage nach der Kontinuität des Lebens, wie man sie in einer Situation des Rückblicks stellen kann, etwa in der Form: War ich das, der da gelebt hat? Das wird an folgender zentralen Stelle des Romans deutlich: „Ein wirkliches Leben, ein Leben, das sich in etwas Lebendigem ablagert, nicht bloß in einem vergilbten Album ... Daß ein Leben ein wirkliches Leben gewesen ist, es ist schwer zu sagen, worauf es ankommt. Ich nenne es Wirklichkeit, doch was heißt das! Sie können auch sagen, daß einer mit sich selbst identisch wird“ (S. 65 f.) Dies ist die Bejahung der eigenen individuellen Geschichte, etwas, was Stiller/White für sich nicht leisten kann. In diesem Ansatz spiegelt sich ein Grundproblem der modernen Literatur wider. Nachdem das Gefühl des Eingebettetseins in allgemein akzeptierte Ordnungen spätestens seit der Aufklärung verlorengegangen ist und auch das Ich als integrierende Instanz des nicht mehr Geordneten nicht mehr in Frage kommt, bleibt für das Individuum der Moderne nichts mehr übrig als die Erfahrung der eigenen Diskontinuität, des Aufgespaltenseins in unterschiedliche Bilder und Rollen, die mit dem eigenen Bewußtsein nicht mehr vereinbart werden können. Die daraus resultierende Problematik läßt sich unter psychologischen, soziologischen und religiösen Fragestellungen untersuchen.

a) psychologisch: Seine Rolle erfährt Stiller vor allem in Erwartungshaltungen, die andere an ihn herantragen und die in ihm das Gefühl, versagt zu haben, zurücklassen. So hat er als Liebhaber in seinen Beziehungen zu Julika und Sibylle letztlich versagt, gescheitert ist er auch als Kämpfer in Spanien - beides verbindet sich in seinem Traum vom Gewehr, das nicht losgehen will, zu verstehen als Symbol der Impotenz -, und schließlich sein Versagen als Bildhauer. Auch seine Flucht nach Amerika hat in diesen Bereichen zu keiner Wende geführt.

b) soziologisch: Damit ist gemeint, daß Stiller vor allem den fertigen Bildern begegnet, die seine Mitmenschen von ihm haben. Der Mensch in seiner Ebenbildlichkeit zu Gott fällt ebenso unter das Bildnisverbot wie Gott selbst (vgl. 2. Mos., 20). Hervorzuheben ist jedoch, daß Stiller selbst genauso mit Bildern von anderen Menschen lebt wie diese mit ihrem Bild von seiner Person. Paradoxerweise erwählt er den Beruf des Bildhauers, dessen Aufgabe es ist, Bildnisse zu erstellen. So hat er ein Bildnis seiner Frau Julika geschaffen. Diese Bildnisthematik wiederholt sich auch im öffentlichen Bereich, wo die durch Medien erzeugten Bilder in Presse, Funk und Fernsehen an die Stelle der Dinge selbst getreten sind (vgl. S. 186 des Romans).

c) religiös: Das Identitätsproblem erhält noch eine andere Dimension, wenn die Frage aufgeworfen wird, ob Stiller sich letztlich nur deshalb nicht annehmen kann, weil er keinen religiösen Bezugspunkt hat (vgl. das Gespräch zwischen Rolf und Stiller nach der Operation Julikas, S. 433); ähnliches wird durch die dem Roman vorangestellten Kierkegaard-Zitate deutlich und die Verweisungen, die es im Roman auf diesen Philosophen gibt. Allerdings wird die innere Beziehung des Romans zu dem dänischen Philosophen in der Sekundärliteratur unterschiedlich behandelt. Einen kurzen Überblick bietet Therese Poser: Max Frisch: Stiller. Interpretation. München: Oldenbourg Verlag. S. 20 ff.

Nachdem wir uns bisher im wesentlichen mit der Problematik Stillers und seiner Ich-Suche beschäftigt haben, wollen wir uns nun noch einigen *gesellschaftlichen Problemen* zuwenden, die im Roman angesprochen werden.
Zunächst wollen wir uns mit der Institution Ehe beschäftigen, die uns im Roman an zwei Paaren, Stiller und Julika sowie Rolf und Sibylle, vorgeführt wird. Beide Ehekonstellationen sind handlungsmäßig durch ein Liebesverhältnis zwischen Stiller und Sibylle verknüpft. Es ist beiden Ehen gemeinsam, daß sie gescheitert sind oder zumindest einmal zu scheitern drohten. Die Ehe zwischen Stiller und Julika erweist sich als problematisch, weil beide psychisch dadurch belastet sind, daß Julika sexuell frigide ist und Stiller Angst hat, in der Liebe zu versagen. Zudem wird sie durch ihrer beider Künstlerdasein kompliziert. Julikas Krankheit ist angesichts dieser komplizierten Lage als Flucht vor der Wirklichkeit zu verstehen, der im Leben Stillers die tatsächliche Flucht nach Amerika entspricht. Aber auch die bürgerliche Ehe zwischen Rolf und Sibylle erweist sich als zerbrechlich, indem unterschiedliche Vorstellungen von Freiräumen für die Partner bestehen, und erst, nachdem Sibylle aus den USA als gefestigte Persönlichkeit zurückgekehrt ist, kann die Ehe mit positiver Zukunftsperspektive fortgesetzt werden. Es muß offenbleiben, ob hiermit die bürgerliche Institution der Ehe grundsätzlich in Frage gestellt werden soll.
Ein anderer Bereich ist die kritische Darstellung der Räume Schweiz und Amerika. Dabei nimmt die Auseinandersetzung mit der Schweiz einen größeren Raum ein. Hier ist zu unterscheiden zwischen der Schweizkritik Stillers, vermittelt durch die Berichte der anderen Personen, und der Kritik Whites, wobei sich insgesamt die Tendenz feststellen läßt, daß sich die zunächst oberflächlichen Positionen Whites immer mehr denen Stillers annähern. Es geht um die Verlogenheit der Schweizer, wenn sie von Freiheit sprechen und gleichzeitig Kritiker des Staates als Nihilisten oder Kommunisten abstempeln und damit ihre eigene Tendenz zum Faschismus dokumentieren.
Der Kontinent Amerika ist dagegen zunächst als Gegenpol konzipiert, insbesondere die Erinnerungen Stillers/Whites an Mexiko, wo die Indios noch etwas von ihrem ursprünglich ungebrochenen Verhältnis zur Natur bewahrt haben. Die USA werden dagegen von Stiller heftig kritisiert, doch schwingt in der Darstellung Sibylles noch immer etwas von der Vorstellung vom „Land der unbegrenzten Möglichkeiten“ mit, weil sie sich dort emanzipieren konnte. Diese in der Tendenz letztlich amerikafeindliche Haltung findet sich auch im „Homo faber“ wieder.
Schließlich sei noch kurz auf die eingestreuten Erzähleinlagen verwiesen, die nur auf den ersten Blick den Eindruck machen, als hätten sie nichts mit der eigentlichen Handlung zu tun. Bei ihnen handelt es sich letztlich um parabolische Erzählungen, in denen Erfahrungen Stillers in fiktive Geschichten umgesetzt werden, weil sie nur so überhaupt mitteilbar werden. Die hier nur als Einlage erscheinende Form des Erzählens

wird in Frischs Roman „Mein Name sei Gantenbein" zum erzählerischen Prinzip überhaupt erhoben. Da wir hier keine Gesamtinterpretation des Romans „Stiller" vorlegen wollen, müssen wir auf weitere Interpretationshinweise zu diesen Texten an dieser Stelle verzichten.

Analysebeispiel zu Max Frisch: Stiller

Aufgabenstellung:
Ordnen Sie den folgenden Textauszug in den Romanzusammenhang ein, und analysieren Sie ihn anschließend mit dem Ziel, Stillers Selbstverständnis herauszuarbeiten!

Textgrundlage:
Max Frisch: Stiller. Frankfurt: Suhrkamp 1954. S. 251 ff.

Text:

Ich sehe jetzt ihren verschollenen Stiller schon ziemlich genau: - er ist wohl sehr feminin. Er hat das Gefühl, keinen Willen zu besitzen, und besitzt in einem gewissen Sinne viel zuviel, nämlich so wie er ihn einsetzt; er will nicht er selbst sein. Seine Persönlichkeit ist vage; daher ein Hang zu Radikalismen. Seine Intelligenz ist durchschnittlich, aber keineswegs geschult; er verläßt sich lieber auf Einfälle und vernachlässigt die Intelligenz; denn Intelligenz stellt vor Entscheidungen. Zuweilen macht er sich Vorwürfe, feige zu sein, dann fällt er Entscheidungen, die später nicht zu halten sind. Er ist ein Moralist wie fast alle Leute, die sich selbst nicht annehmen. Manchmal stellt er sich in unnötige Gefahren oder mitten in eine Todesgefahr, um sich zu zeigen, daß er ein Kämpfer ist. Er hat viel Phantasie. Er leidet an der klassischen Minderwertigkeitsangst aus übertriebener Anforderung an sich selbst, und sein Grundgefühl, etwas schuldig zu bleiben, hält er für seine Tiefe, mag sein, sogar für Religiösität. Er ist ein angenehmer Mensch, hat Charme und streitet nicht. Wenn es mit Charme nicht zu machen ist, zieht er sich zurück in seine Schwermut. Er möchte wahrhaftig sein. Das unstillbare Verlangen, wahrhaftig zu sein, kommt auch bei ihm aus einer besonderen Art von Verlogenheit; man ist dann mitunter wahrhaftig bis zum Exhibitionismus, um einen einzigen Punkt, den wunden, übergehen zu können mit dem Bewußtsein, besonders wahrhaftig zu sein, wahrhaftiger als andere Leute. Er weiß nicht, wo genau dieser Punkt liegt, dieses schwarze Loch, das dann immer wieder da ist, und hat Angst, auch wenn es nicht da ist. Er lebt stets in Erwartungen. Er liebt es, alles in der Schwebe zu lassen. Er gehört zu den Menschen, denen überall, wo sie sich befinden, zwanghaft einfällt, wie schön es jetzt auch anderswo sein möchte. Er flieht das Hier-und-Jetzt zumindest innerlich. Er mag den Sommer nicht, überhaupt keinen Zustand der Gegenwärtigkeit, liebt den Herbst, die Dämmerung, die Melancholie, Vergänglichkeit ist sein Element. Frauen haben bei ihm leicht das Gefühl, verstanden zu werden. Er hat wenig Freunde unter Männern. Unter Männern kommt er sich nicht als Mann vor. Aber in seiner Grundangst, nicht zu genügen, hat er eigentlich auch

Angst vor den Frauen. Er erobert mehr, als er zu halten vermag, und wenn die Partnerin einmal seine Grenze erspürt hat, verliert er jeden Mut; er ist nicht bereit, nicht imstande, geliebt zu werden als der Mensch, der er ist, und daher vernachlässigt er unwillkürlich jede Frau, die ihn wahrhaft liebt, denn nähme er ihre Liebe wirklich ernst, so wäre er ja genötigt, infolgedessen sich selbst anzunehmen - davon ist er weit entfernt!

Kaum ist man in diesem Land, so hat man schlechte Zähne. Und kaum melde ich meine Zahnschmerzen, so soll ich zum Zahnarzt von Herrn Stiller gebracht werden. Als gäbe es hier keine andern! Sein Name ist übrigens anhand einer nie bezahlten Rechnung, die mein Verteidiger in seinem Dossier umherträgt, alsbald ermittelt. Sofort wird angerufen. Zum Glück (und zum sichtlichen Bedauern meines Verteidigers) stellt sich heraus, daß dieser Zahnarzt vor kurzem verstorben ist. Ich werde bei seinem Nachfolger angemeldet - also bei einem Mann, der Stiller nie gesehen hat und nicht behaupten kann, er erkenne mich wieder.

Gliederung:

A. Beschreibung der Romanstruktur und strukturelle Einordnung des Textauszuges
B. I. Inhaltliche Einordnung des Textauszuges
II. Aufbaubeschreibung des Auszuges
III. Die Charakterisierung Stillers
IV. Zusammenfassende Ausdeutung des Romanabschnitts
C. Ausweitung der Identitätsproblematik im Blick auf das Romanende

Ausführung

A. Strukturelles Kennzeichen des Frisch-Romans „Stiller" ist es, daß das Leben der Hauptfigur aus verschiedenen Perspektiven dargestellt wird, die dadurch entstehen, daß der inhaftierte White Protokolle über Berichte von Personen schreibt, die im Leben Stillers eine Rolle gespielt haben. Diese in den Heften mit geraden Zahlen niedergelegten Protokolle werden auf der Gegenwartsebene des Ich-Erzählers mit Berichten Whites über die Untersuchung und Reflexionen über Stiller und andere Personen erweitert, die dann in den Heften mit ungerader Numerierung zu finden sind. Führt man sich vor Augen, daß in diesen Reflexionsteilen über Stiller letztlich das erzählende Ich über eine Stufe seiner Entwicklung nachdenkt, mit der es nicht mehr identisch ist und zu der es auch keine kontinuierliche Verbindung mehr gibt, dann ergibt sich daraus eine für das Verständnis des Romans wichtige Quelle für das Selbstverständnis Stillers/Whites. Eine solche Textstelle liegt mit dem gegebenen Abschnitt vor. Ehe wir fragen, welches Bild hier von Stiller entworfen wird, wollen wir diese Textstelle kurz in den Romanzusammenhang einordnen.

B. Es gehen in den Heften zwei und vier Protokolle voraus über Berichte von Stillers Frau Julika und seinem „Freund und Staatsanwalt" Rolf, wie der Ich-Erzähler ihn immer wieder nennt. Es folgt noch die Darstellung aus der Perspektive Sibylles (Heft 6). Das bedeutet, daß bis zum gegenwärtigen Zeitpunkt White bereits ein relativ vollständiges Bild von Stiller durch die Berichte der anderen Figuren vermittelt worden ist, so daß er im fünften Heft in einer Art Zusammenfassung das Stiller-Ich charakterisieren kann. Diese Charakterisierung erfolgt noch aus der Distanz des Ich-Erzählers White, obwohl sich an einigen Punkten schon abzeichnet, daß er letztlich diese rigorose Trennung von Stiller und White nicht aufrechterhalten kann. An diesem Abschnitt wird noch zu zeigen sein, daß die Textstruktur eine solche Annäherung durchschimmern läßt.

Bei einer Aufbaubeschreibung dieses Abschnitts muß als erstes festgehalten werden, daß die zu untersuchende Erzählsequenz in zwei Teile zerfällt, zum einen in einen Reflexionsteil über die Person Stillers, zum andern in einen kurzen Erzählerbericht über einen bevorstehenden Zahnarztbesuch Whites. Beide Teile unterscheiden sich nicht nur inhaltlich voneinander, sondern auch durch ihre sprachliche Form. Der Reflexionsteil besteht überwiegend aus Hauptsätzen, die nur durch wenige Infinitivkonstruktionen und einige Nebensätze unterbrochen werden, während der zweite Teil wesentlich verschachtelter ist. Der sich syntaktisch abzeichnende Reihungsstil im ersten Teil wird durch gleiche Satzanfänge - meist durch das Personalpronomen „er" - noch unterstrichen. Dieser sachlich wirkende Stil korrespondiert mit der fiktiven Kommunikationssituation dieses Teils. Ein Unbeteiligter, White, resümiert, was er über den Charakter Stillers erfahren hat. Er reiht Mosaiksteine aneinander, ohne selbst Verknüpfungen vornehmen zu wollen. Andererseits sind diese Aussagen Deutungen Whites, was schon ihr hoher Abstraktionsgrad beweist. Insbesondere der Schlußteil dieses ersten Abschnitts deutet an, daß sich der Erzähler bis in die Gedanken Stillers hineinversetzen kann: „... denn nähme er ihre Liebe wirklich ernst, so wäre er ja genötigt, infolgedessen sich selbst anzunehmen - davon ist er weit entfernt" (Z. 32 ff.). Hier nähert sich White dem Bewußtsein der von ihm charakterisierten Figur, was sich in komplexeren syntaktischen Strukturen widerspiegelt. Der Ausruf schließlich, am Ende dieses ersten Abschnitts, läßt Erzähler und erzählte Figur (White und Stiller) fast verschmelzen, indem sich dieser Satz der erlebten Rede nähert, die Erzähler und Figur emotional auf eine Ebene stellt.

Der zweite Abschnitt setzt dann mit dem Erzählerbericht über ein Ereignis ein, das hier nur aus der Innenperspektive wiedergegeben wird. Somit setzt sich formal das fort, was am Ende des ersten Abschnitts mit einer Verlagerung des Erzählschwerpunktes auf die Gedankenwelt Stillers begonnen wurde. Insofern erzeugt die Form hier Kontinuität, wo das Erzählte Verschiedenes zu sein scheint. Dieser Aspekt wird noch dadurch fortgesetzt, daß auch am Ende des zweiten Abschnitts die Frage nach der Identität thematisiert wird, wenn auch aus einer anderen Perspektive, nämlich aus der scheinbar anderen des Mr. White, der nicht mit dem verschollenen Stiller in Verbindung gebracht werden möchte. Diese formale Parallelisierung und der Kommentar „zum Glück" (Z. 39) deuten an, was der Erzähler verschweigen möchte, nämlich seine Identität mit Stiller, zumindest in dem Sinn, wie dieses Wort normalerweise verstanden wird (gleicher Körper mit gleicher Geschichte), vielleicht aber auch in einem tieferen Sinn, nämlich der Wesensgleichheit von Stiller und White.

Nach unseren bisherigen Beobachtungen ergibt sich nun die Frage, wie White den verschollenen Stiller - und damit letztlich sich selbst - sieht. Das zusammenfassende Urteil läßt sich in dem einleitenden Satz finden: „... er ist wohl sehr feminin (Z. 1 f.).

Das Adjektiv „feminin" ermöglicht einen Zugang zu Stillers Problemen. Er ist nicht so, wie man es von ihm als Mann erwartet. Aus seiner „Minderwertigkeitsangst" (Z. 11) resultieren seine Probleme. Als erstes führt White seine vermeintliche Willensschwäche auf. Gemeint ist damit der extravertierte Willen, der auf Selbstbehauptung, Durchsetzung der eigenen Interessen gegenüber anderen, Bestehen im Konkurrenzkampf abzielt. Statt dessen setzt Stiller diesen Willen nach innen ein, also in introvertierter Form: „... er will nicht er selbst sein" (Z. 3). Das aber ist nicht die gesellschaftlich anerkannte Form, was den Einsatz von Willensenergie betrifft. Allenfalls Frauen gesteht die Gesellschaft einen solchen Selbstzweifel zu. (Inwiefern es sich bei einem solchen Ansatz um eine Herabsetzung der Frau handeln könnte, kann hier nicht diskutiert werden.) Feminin sein heißt aber auch, den „Einfällen" (Z. 5) zu vertrauen anstatt der „Intelligenz" (Z. 6). Stillers Flucht nach Amerika, aber auch der Identitätswechsel von Stiller zu White sind Einfälle, die einer rationalen Prüfung nicht standhalten, wie der Verlauf der gerichtlichen Untersuchung dann auch bestätigt, der White schließlich veranlaßt, seine Stiller-Identität wieder anzunehmen. Als solcher irrationaler Einfall ist auch Stillers Selbstmordversuch zu werten; nach Statistiken ist die Selbstmordrate unter Frauen höher. Weiteres Merkmal seiner Persönlichkeit ist Whites Hinweis, daß Stiller ein „Moralist" sei (Z. 8). Als Moralisten bezeichnet White Leute, „die sich selbst nicht annehmen" (Z. 8). Sie ordnen sich und ihr Leben abstrakten Prinzipien unter, und zwar bis zur Selbstaufgabe. Erinnert sei hier nur an Stillers Versuch, im Kampf gegen die Faschisten in Spanien für die Gerechtigkeit zu wirken. Als Mann, wie ihn der klassische Rollenbegriff zu beschreiben versucht, hätte er nicht zögern dürfen, die faschistischen Soldaten zu erschießen. In seiner femininen Art konnte er sich jedoch nur dazu durchringen, sich selbst als Opfer anzubieten. Aus all diesen Erfahrungen resultiert „sein Grundgefühl, etwas schuldig zu bleiben" (Z. 12), was er nach Whites Deutung „für seine Tiefe, mag sein, sogar für Religiösität" hält (Z. 12 f.). An dieser Stelle deutet sich eine religiöse Komponente seiner Identitätskrise an: Stiller sieht sich immer nur als denjenige, der Menschen und auch Gott etwas schuldig bleibt, der vor den Anforderungen der anderen versagt. Damit hat er jedoch nur die eine Seite des protestantischen Menschenbildes übernommen, daß der Mensch von sich aus vor Gott nichts gilt; aber die andere Seite, daß dieser unvollkommene Mensch von Gott schon vor all seinen Bemühungen, menschlichen und göttlichen Forderungen zu genügen, angenommen ist, macht er sich nicht zu eigen. Eine solche außerhalb seines Ich liegende Existenzbegründung könnte ihm helfen, seine eigene Identität wiederzufinden. Statt dessen flüchtet er sich in einen Wahrhaftigkeitswahn, der bis zum Exhibitionismus führt. Um die eigene Schwachheit wissend, versucht er den „einen einzigen Punkt, den wunden, übergehen zu können" (Z. 17 f.). White nennt dies in seiner Charakterisierung „Verlogenheit" (Z. 16). Es bleibt unklar, worin diese Verlogenheit nun konkret besteht, vielleicht in dem fehlenden Bekenntnis, daß die eigene Persönlichkeit nun einmal feminin und nicht maskulin ist, so daß der Versuch, konsequent wahrhaftig zu sein, letztlich nichts anderes ist als der zum Scheitern verurteilte Versuch, Mannhaftigkeit vorzutäuschen, wo man die eigene Schwäche, auch in der Frage der Wahrhaftigkeit, zugeben sollte. Ehrlicher erscheint Stiller in seiner Vorliebe für Phasen des Übergangs, wie den Herbst und die Dämmerung, und die Melancholie, weil sie den Menschen nicht festschreiben, ihn nicht irgendwelchen

Prinzipien unterordnen, sondern ihm die Möglichkeit offenlassen, sich zu entwickeln, ein anderer zu werden. Das trifft genau die Grundproblematik Stillers: Er möchte nicht in einer Rolle festgeschrieben sein, er möchte die Möglichkeit haben, eine andere Identität anzunehmen, so, wie der Herbst nicht mehr der Herbst ist, wenn er zum Winter geworden ist; so, wie Stiller nicht mehr das Bild sein möchte, das sich seine Mitmenschen von ihm gemacht haben. In einem letzten Punkt spricht White das Verhältnis Stillers zu den Frauen an. Auch dieses Verhältnis ist bestimmt von der Angst zu versagen. Stets möchte er mehr und anderes sein als derjenige, den die Frauen durchaus zu lieben bereit sind. Wäre er bereit, geliebt zu werden, müßte er sich in seiner Identität akzeptieren, müßte er sich selbst lieben. Dazu aber ist er nicht fähig, weil er nicht der ist, der er sein möchte und der er glaubt, sein zu müssen: ein Mann ohne feminine Züge.

Vergegenwärtigen wir uns noch einmal, daß White weiß, wer Stiller ist, und daß White auch weiß, daß seine Persönlichkeit letztlich mit der Stillers identisch ist, wie es aus der Erzählsituation abgeleitet werden kann, dann erkennen wir, worin Stillers eigentliche Problematik besteht: Er weiß sehr genau, wie er ist, aber er ist nicht in der Lage, sich so zu akzeptieren, wie er ist, weil er sich nicht nur ein Bild von anderen Menschen gemacht hat, sondern auch ein Bild von sich selbst, das aber nicht identisch mit dem Abgebildeten ist, sondern verzerrt ist, wie die Bilder, die andere von ihm haben. Erst wenn er aufgibt, einem solchen Bild nachzueifern, kann er zu seiner Identität zurückfinden. Das bedeutet, daß er das Paradoxon, ein femininer Mann zu sein, akzeptieren muß.

C. Der Schluß des Romans bleibt offen, insofern der Leser nicht endgültig erfährt, was es bedeutet, daß White unter der Identität Stillers fortlebt. Zwar trägt er wieder den Namen Stiller, aber der Schlußsatz des Romans „Stiller blieb in Glion und lebte allein" enthält einen Unterton Resignation. Gerade das Alleinsein wirft die Frage auf, ob Stiller zu sich selbst gefunden hat. Dies aber wäre die Voraussetzung dafür, daß er zu anderen Menschen feste Beziehungen aufbauen könnte.

(Nachbemerkung: Stärker als andere Analysen in diesem Band haben wir diese problemorientiert angelegt, weil dieser Abschnitt grundsätzliche Fragen des menschlichen Lebens anspricht, das Eingebundensein in Rollen, aber auch die Selbstauferlegung von Rollen und die Akzeptanz des eigenen Ich. Aber auch bei solchen Analysen darf eine Einbeziehung formaler Gesichtspunkte nicht fehlen, die zudem, wie die obige Analyse zeigen sollte, die Durchdringung des Textes erst ermöglichen.)

Einbettung des Romans in die Epoche

Anders als bei den Romanen der Nachkriegszeit in der Bundesrepublik und der ehemaligen DDR stehen bei Max Frisch nicht die gesellschaftlichen Probleme im Vordergrund. Ihm geht es mehr um existentielle Fragen des Individuums. Die moderne Industriegesellschaft, die auch in diesem Roman als Hintergrund zu denken ist, stellt den Menschen radikal vor die Frage nach dem Sinne des Lebens. Arbeit, Familie,

Religion vermögen dem Menschen nicht mehr das Gefühl von Geborgenheit und damit auch von Sinnerfüllung zu vermitteln. Nicht nur der andere Mensch ist ihm fremd geworden, sondern, was noch schlimmer ist, er ist auch sich selbst fremd geworden. Er erlebt sein Ich nicht mehr als einheitsstiftende Instanz für disparate Erscheinungen seiner Umgebung (z. B. Trennung von Arbeits- und Freizeitwelt, von Sexualität und Liebe, von Privatsphäre und Öffentlichkeit), sondern existentielle Grunderfahrung ist, daß auch dieses Ich in Auseinanderstrebendes zerfällt, wie es am Rollenbegriff faßbar wird. Entsprechend den einzelnen Situationen, spielt das Ich seine Rollen, ist aber letztlich ersetzbar durch andere Menschen, die seine augenblickliche Rolle übernehmen. Frischs besondere Leistung besteht nun darin, daß er diesen Rollenbegriff nicht nur auf der Ebene des zwischenmenschlichen Kontaktes läßt, sondern ihn in die Person hineinverlagert, indem er dem Leser in Stiller ein Individuum vorstellt, das nicht nur unter dem Rollendruck von außen leidet, sondern insbesondere unter den Rollenerwartungen, die es an sich selbst hat. Damit erfährt das Ich sich selbst als etwas Disparates, es hat aufgehört, als Individuum zu existieren. Meinte dieses Wort einst das Unteilbare, so ist die Erfahrung des modernen Ich genau gegenteilig. Kontinuität ist weder synchron, d. h. in den unterschiedlichen Situationen einer Zeit, noch diachron, d. h. in der Geschichte einer Person gegeben. Das erste spiegelt sich z. B. in Stillers Verhältnis zu Julika und Sibylle wider, das zweite in seinem Versuch, als White die Vergangenheit von Stiller abzuschütteln, mit dem er sich nicht mehr identisch fühlt. Vielleicht ist es gerade die Position des Schweizers, die den Blick für diese individuelle Problematik öffnet, weil die gesellschaftliche Entwicklung angesichts der vordergründigen Kontinuität in einem neutralen Land, das den Zweiten Weltkrieg aus der Beobachterperspektive erlebte, nicht so in den Vordergrund tritt. Daher stellt dieser Roman mit seiner Konzentration auf das Individuum ein Gegengewicht zu Romanen von Grass, Böll und Lenz dar.

Analysebeispiel zu Max Frisch: Stiller

Aufgabenstellung:

Anlysieren Sie den gegebenen Romanausschnitt, und vergleichen Sie Rolfs Ausführungen mit der Identitätsproblematik Stillers/Whites!

Textgrundlage:

Max Frisch: Stiller. Frankfurt: Suhrkamp 1954. S. 321 f.

Text:

Gespräch mit dem Staatsanwalt, meinem Freund, über Stiller: - „Die weitaus meisten Menschenleben werden durch Selbstüberforderung vernichtet", sagt er und erklärt es sich etwa folgendermaßen: „Unser Bewußtsein hat sich im Laufe einiger Jahrhunderte sehr verändert, unser Gefühlsleben sehr viel weniger. Daher eine Diskrepanz zwischen unserem intellektuellen und unserem emotionalen Niveau. Die meisten von uns haben so ein Paket mit fleischfarbenem Stoff, nämlich Gefühle, die sie von ihrem intellektuellen Niveau aus nicht wahrhaben wollen. Es gibt zwei

Auswege, die zu nichts führen; wir töten unsere primitiven und also unwürdigen Gefühle ab, soweit als möglich, auf die Gefahr hin, daß dadurch das Gefühlsleben überhaupt abgetötet wird, oder wir geben unseren unwürdigen Gefühlen einfach einen anderen Namen. Wir lügen sie um. Wir etikettieren sie nach dem Wunsch unseres Bewußtseins. Je wendiger unser Bewußtsein, je belesener, um so zahlreicher und um so nobler unsere Hintertürchen, um so geistvoller die Selbstbelügung! Man kann sich ein Leben lang damit unterhalten, und zwar vortrefflich, nur kommt man damit nicht zum Leben, sondern unweigerlich in die Selbstentfremdung. Beispielsweise können wir uns den Mangel an Mut, einmal in die Knie zu gehen, unschwer als gute Handlung auslegen, die Angst vor Selbstverwirklichung unschwer als Selbstlosigkeit und so fort. Die meisten von uns wissen nur allzu gut, was sie in dieser oder jener Situation empfinden sollten, beziehungsweise nicht empfinden dürften, und haben selbst bei gutem Willen bereits die allergrößte Mühe herauszufinden, welcher Art ihre tatsächlich vorhandenen Gefühle sind. Das ist ein übler Zustand. Sarkasmus allem Gefühl gegenüber ist das klassische Symptom dafür ... Zur Selbstüberforderung gehört unweigerlich eine falsche Art von schlechtem Gewissen. Einer nimmt es sich übel, kein Genie zu sein, ein anderer nimmt es sich übel, trotz guter Erziehung kein Heiliger zu sein, und Stiller nahm es sich übel, kein Spanienkämpfer zu sein ... Es ist merkwürdig, was sich uns, sobald wir in der Selbstüberforderung und damit in der Selbstentfremdung sind, nicht alles als Gewissen anbietet. Die innere Stimme, die berühmte, ist oft nur die kokette Stimme eines Pseudo-Ich, das nicht duldet, daß ich es endlich aufgebe, daß ich mich selbst erkenne, und es mit allen Listen der Eitelkeit, nötigenfalls sogar mit Falschmeldungen aus dem Himmel versucht, mich an meine tödliche Selbstüberforderung zu fesseln. Wir sehen wohl unsere Niederlage, aber begreifen sie nicht als Signale, als Konsequenzen eines verkehrten Strebens, eines Strebens weg von unserem Selbst. Merkwürdigerweise ist ja die Richtung unserer Eitelkeit nicht, wie es zu sein scheint, eine Richtung auf unser Selbst hin, sondern weg von unserem Selbst."

Lösungshinweise:

1. Der gegebene Textausschnitt enthält eine Stellungnahme des Staatsanwalts zur Problematik Stillers. Wichtig ist, daß Stiller/White den Staatsanwalt als seinen Freund bezeichnet, was darauf hindeutet, daß Stiller sich von Rolf bis zu einem gewissen Grade verstanden glaubt.
2. Obwohl die Ausführungen - bis auf eine Stelle (Z. 26) - allgemein gehalten sind, lassen sie sich auf Stiller beziehen: sie sind eine umfassende Analyse seiner Persönlichkeit.
3. Zentrales Thema ist die Unterdrückung von Gefühlen durch unser Bewußtsein. Der Gefühlsbereich Stillers und die Kontrolle durch sein Bewußtsein sind an Beispielen seines Lebens zu verdeutlichen. Eventuell ist eine Beschreibung des Sachverhalts anhand des Freudschen Schichtenmodells (Über-Ich - Ich - Es) möglich. Hier kann Stillers Verhältnis zu Frauen thematisiert werden. Generell könnte hier auf die

weiblichen Züge in seinem Charakter verwiesen werden, die systematisch von ihm unterdrückt werden.

4. Wichtig ist die Aussage, daß man „damit nicht zum Leben" kommt (Z. 15). Das Thema der Selbstentfremdung müßte am Leben Stillers exemplifiziert werden, z. B. sein Versagen im Spanischen Bürgerkrieg. Seine humanistisch geprägte Entschuldigung („Ich wollte keinen Menschen töten") wird damit als Lebenslüge, kaschiert mit dem Vorwand der Selbstlosigkeit, entlarvt.

5. Das Gewissen wird als Vorwand für die Überspielung von Selbstentfremdung entlarvt. Es ist Ausdruck eines Pseudo-Ich, das die Selbsterkenntnis verhindert. Die Eitelkeit wird als Weg charakterisiert, der vom Selbst wegführt. Damit wird Stillers Weigerung, sich selbst anzunehmen, als Eitelkeit interpretiert.

6. Der logische und folgerichtige Aufbau der Gedankenführung in Whites Protokoll zeigt, in welch hohem Maße diese Gedanken für White/Stiller nachvollziehbar sind, was ein Indiz dafür ist, daß sich diese Gedanken mit Stillers Selbsterkenntnis decken. Ein anderes Indiz dafür ist die Bezeichnung „mein Freund".

(Nachbemerkung: Auch diese Analyse ist - wie die Beispielanalyse - problemorientiert konzipiert. Die auf abstrakter Ebene angesprochenen Elemente der Lebensdeutung lassen sich ausnahmslos durch Stillers Lebensgeschichte belegen. Das Verfahren der Analyse wird also im wesentlichen die Erklärung der allgemeinen Aussagen durch konkrete Lebenserfahrungen Stillers sein müssen.)

Literaturhinweise:

Therese Poser: Max Frisch: Stiller. Interpretation. München: Oldenbourg Verlag 1988.
Frederick A. Lubich: Max Frisch: „Stiller", „Homo faber" und „Mein Name sei Gantenbein". München: Fink Verlag 1992. (psych. Ausdeutung).

3 Die Analyse fachspezifischer Texte zum Roman

Zu den Klausur- und Abituranforderungen im Fach Deutsch gehört auch die Analyse nichtfiktionaler Texte. Sehr häufig werden Ihnen bei diesem Aufgabentyp Texte über im Unterricht behandelte Literatur vorgelegt (sog. Sekundärtexte), oder Sie müssen sich mit literaturtheoretischen Texten auseinandersetzen, in denen Teilfragen unseres Faches diskutiert werden. Texte dieser Art nennen wir *fachspezifische Texte*. In diesem Band, der die Analyse von Romanen behandelt, wollen wir uns mit solchen Texten beschäftigen, die Gattungsfragen bzw. Positionen zu einzelnen in diesem Band besprochenen Werken zum Gegenstand haben.

3.1 Die Analyse romantheoretischer Texte aus verschiedenen Epochen

Darstellung der Methode: Alle nichtfiktionalen Texte beziehen sich auf einen in der Wirklichkeit gegebenen Gegenstand, den sie sprachlich zu erfassen versuchen, während der fiktionale Text einen Wirklichkeitsentwurf darstellt. Unter unserer jetzigen Fragestellung geht es um den Wirklichkeitsbereich „Roman“, der in seinen Teilaspekten erfaßt werden soll. Eine erste Aufgabe bei der Analyse fachspezifischer Texte besteht demnach darin, den Gegenstandsbereich - etwas ungenau könnte man auch vom Thema sprechen - möglichst genau zu erfassen.
Damit haben wir den ersten wesentlichen Bereich dieses Aufgabentypes angesprochen: die ***Verstehensleistung***. Sie müssen in Ihrer Analyse nachweisen, daß Sie den Text in seiner zentralen Aussageabsicht, also in seiner individuellen Beziehung zum behandelten Gegenstandsbereich „Roman“, erfaßt haben. Gleichzeitig müssen Sie darstellen, wie sich diese individuelle Beziehung zum Gegenstand in Teilaspekten des Textes realisiert. Die bisherigen Ausführungen machen deutlich, daß bis zu diesem Punkt eine gewisse Verwandtschaft mit der in der Mittelstufe gelernten Textform der „Textwiedergabe“ besteht. Die Analyse geht jedoch über diese Textform insofern hinaus, als sie nicht bei der bloßen *Beschreibung* des vorliegenden Textes stehenbleibt, sondern die einzelnen Aussagen in Zusammenhänge stellt, die über den konkreten Text hinausgehen. Wir bezeichnen dies als die Stufe des *Erklärens*. Wenn es in der Textvorlage etwa heißt: „Die Abkehr vom traditionellen Helden spiegelt das Dilemma des modernen Menschen wider“, dann kann man diese Aussagen über die Hauptfiguren in Romanen dadurch erklären, daß man sozialgeschichtliche und philosophische Gründe dafür anführt. Diese brauchen in der Textvorlage selbst nicht vorzukommen, passen aber in den zur Diskussion stehenden Kontext. Eine dritte Phase der Analyse kann in der *Wertung* von Aussagetexten gesehen werden, die sich in knapper Form an die Beschreibung und Erklärung anschließen kann.
Häufig sind aber die zu analysierenden Texte so komplex, daß man gar nicht bis zu einer Wertung gelangen kann. Sie müssen in jedem Fall auf die konkrete Aufgaben-

stellung achten, denn obligatorisch ist eine Wertung nur, wenn Sie der Analyse des Textes noch eine Erörterung anschließen müssen (vgl. den Punkt 2 dieses Kapitels). Indem Sie beschreibende und erklärende Aussagen in Ihrem eigenen Text konsequent zueinander in Beziehung setzen, genügen Sie dem zweiten Anforderungsbereich dieser Aufgabenstellung, der ***Darstellungsleistung***. Insbesondere sind hier exakte syntaktische Verknüpfungen gefordert, die beschreibende und erklärende Phasen sinnvoll miteinander verbinden. Zudem ist der Konjunktiv I anzuwenden, wenn es um die bloße Wiedergabe von Textinhalten geht, während erklärende Bemerkungen im Indikativ Präsens stehen müssen. Die Darstellungsleistung umfaßt allerdings auch die sinnvolle Art der Anordnung von Analyseergebnissen, denn häufig verlangt eine Aspektuierung in der Aufgabenstellung (z. B. die Vorgabe eines bestimmten Untersuchungsaspektes) von Ihnen, daß Sie den Text nicht einfach wiedergeben, sondern relevante Aspekte auswählen und diese sinnvoll zueinander in Beziehung setzen.
Im folgenden wollen wir Ihnen einige Leitfragen an die Hand geben, die Ihnen helfen können, den Text zu erschließen, und Ihnen Anhaltspunkte für den Aufbau Ihres eigenen Textes liefern.

A. Einleitung:

1. Was sind die Entstehungsumstände des Textes (besonders wichtig bei Rezensionen und anderen wirkungsgeschichtlichen Texten)?
Spontane Erstreaktionen auf ein Werk; Text, der im Dialog mit anderen vorher erschienenen Texten steht.

2. In welchem fachspezifischen Kontext steht der Text?
Beitrag zur Gattungsdefinition; Beitrag zur geschichtlichen Entwicklung der Gattung; Erläuterung eines wichtigen Form- oder Strukturelementes von Romanen wie der Rolle des Erzählers, der Funktion von Zeitstrukturen; Erläuterung von Phasen der Rezeptionsgeschichte; Diskussionsbeiträge zur inhaltlichen Problematik von einzelnen Romanen usw.

B. Hauptteil:

1. Worin besteht die zentrale Aussageabsicht des vorliegenden Textes?
Auseinandersetzung mit und Kritik an einer anderen Position; appellativer oder manipulativer Text zur Beeinflussung des Lesers; Klärung eines Sachverhalts; Problematisierung eines Phänomens wie Erzählerstandorte usw.

2. Wie ist der Text aufgebaut? Wie ist die Gedankenführung?
Einleitung - Hauptteil - Schluß; Abfolge von Thesen; Art der Argumente; Überzeugungskraft der Beispiele; Art der Gedankenverknüpfung → syntaktische Strukturen; Entfaltung der Teilthemen → Begrifflichkeit, semantische Elemente; Nachvollziehbarkeit des Gedankengangs usw.

3. (bezogen auf die eigene Darstellung) Wie kann ich meinen Analysetext am besten strukturieren?
In der Aufgabenstellung vorgegebene Untersuchungsaspekte für die inhaltliche Gliederung nutzen; Ausführungen nach der Wichtigkeit und dem logischen Zusammen-

hang der Teilaspekte ordnen → Prinzip des steigernden oder abfallenden Textaufbaus = vom weniger Wichtigen zum Wichtigsten oder umgekehrt, beides ist möglich.

Der einfachere Weg ist eine Analyse, die sich an der Textchronologie orientiert. Achten Sie bei dieser Form besonders auf Textdistanz, damit Ihnen nicht der Vorwurf der Textparaphrase gemacht werden kann.

4. (bezogen auf die eigene Darstellung) An welchen Stellen lassen sich bzw. muß ich erklärende Erläuterungen hinzufügen?
Auf Probleme und Fragestellungen achten, die im Unterricht diskutiert worden sind: Vergleich mit anderen Positionen; überprüfen, inwieweit die im Unterricht behandelten Primärtexte, also die besprochenen Romane, zur Illustration der Textaussagen, aber auch zur Problematisierung derselben herangezogen werden können.
(Insgesamt geht es also hier um das sinnvolle Einbringen von Wissen.)

5. Wie läßt sich der vorliegende Text inhaltlich und formal in knapper Form beurteilen?
Wichtigkeit bei der behandelten Frage; Bedeutung der tatsächlich gelieferten Ergebnisse; Beurteilung der Methode, die zu diesen Ergebnissen geführt hat.
(Hier sei angemerkt, daß nicht unbedingt alle Aspekte behandelt werden müssen. Im Zweifelsfall sollten sie nur den Aspekt auswählen, zu dem Sie wirklich etwas zu sagen haben.)

C. Schlußteil:

Welche weiterführenden Fragen wirft der Text auf? Worin liegt seine besondere Problematik?
(Es ist auch denkbar, daß der Punkt B5 als Schlußteil dient.)

Allgemeiner Hinweis: In den Ausführungen zum zweiten Punkt dieses Kapitels finden Sie noch weitere hilfreiche Fragestellungen für die Analyse solcher fachspezifischen Texte, die wir hier, um Doppelung zu vermeiden, nicht auch aufgeführt haben.

Hegels Romantheorie

Analysebeispiel 1: G. F. W. Hegel: Vorlesungen über die Ästhetik (Auszug)

Aufgabenstellung:
Analysieren Sie bitte den Auszug mit dem Ziel, - unter Berücksichtigung der Argumentationsstruktur - Hegels Verständnis vom Roman zu erarbeiten.

Textgrundlage:
Georg Wilhelm Friedrich Hegel: Vorlesungen über die Ästhetik. In: Theorie des Romans. Hrsg. von H. U. Lindken. Stuttgart: Reclam 1984. S. 42 f.

Text:

Ganz anders verhält es sich dagegen mit dem Roman, der modernen bürgerlichen Epopöe. Hier tritt einerseits der Reichtum und die Vielseitigkeit der Interessen, Zustände, Charaktere, Lebensverhältnisse, der breite Hintergrund einer totalen Welt sowie die epische Darstellungen von Begebenheiten vollständig wieder ein. Was jedoch fehlt, ist der ursprünglich poetische Weltzustand, aus welchem das eigentliche Epos hervorgeht. Der Roman im modernen Sinne setzt eine bereits zur Prosa geordnete Wirklichkeit voraus, auf deren Boden er sodann in seinem Kreise - sowohl in Rücksicht auf die Lebendigkeit der Begebnisse als auch in betreff der Individuen und ihres Schicksals - der Poesie, soweit es bei dieser Voraussetzung möglich ist, ihr verlorenes Recht wieder erringt.

Eine der gewöhnlichsten und für den Roman passendsten Kollisionen ist deshalb der Konflikt zwischen der Poesie der Herzen und der entgegenstehenden Prosa der Verhältnisse sowie dem Zufalle äußerer Umstände: ein Zwiespalt, der sich entweder tragisch oder komisch löst oder seine Erledigung darin findet, daß einerseits die der gewöhnlichen Weltordnung zunächst widerstrebenden Charaktere das Echte und Substantielle in ihr anerkennen lernen, mit ihren Verhältnissen sich aussöhnen und wirksam in dieselben eintreten, andererseits aber von dem, was sie wirken und vollbringen, die prosaische Gestalt abstreifen und dadurch eine der Schönheit und Kunst verwandte und befreundete Wirklichkeit an die Stelle der vorgefundenen Prosa setzen. -

Was die Darstellung angeht, so fordert auch der eigentliche Roman wie das Epos die Totalität einer Welt- und Lebensanschauung, deren vielseitiger Stoff und Gehalt innerhalb der individuellen Begebenheit zum Vorschein kommt, welche den Mittelpunkt für das Ganze abgibt. In bezug auf das Nähere jedoch der Auffassung und Ausführung muß dem Dichter hier um so mehr ein großer Spielraum gestattet sein, je weniger er es zu vermeiden vermag, auch die Prosa des wirklichen Lebens mit in seine Schilderungen hineinzuziehen, ohne dadurch selber im Prosaischen und Alltäglichen stehenzubleiben.

Anmerkung:
Epopöe: Epos

Vorbemerkung: In der Poetik der klassischen Literaturepoche, zu der wir auch noch Hegels Ästhetik rechnen können, gilt der Roman wenig, dagegen hat das Epos hohen Stellenwert. Unter Epos verstehen wir eine epische Großform, gekennzeichnet durch gleichartig gebaute Verse oder Strophen, gehobene Sprache, typisierende Gestaltungsmittel, eine repräsentative Zentralfigur, eine Konflikthandlung, die meist ein kriegerisches Geschehen umfaßt. Hintergrund des Epos ist eine einheitlich geprägte, vorwiegend hierarchisch-aristokratische

Gesellschaft. Das Epos stellt die Einheit des Weltzustandes dar, d. h. das Individuum handelt nicht vereinzelt, sondern exemplarisch; es ist als Einzelner in seiner Gesinnung, Mentalität und Handlungsweise Teil der Gesamtheit. Wenn das Epos die Handlung eines einzelnen erzählt, kommt dabei die Totalität der gesamten Weltanschauung und Lebensordnung in den Blick. Immer noch gültiges Vorbild für das Epos sind die „Homerischen Gesänge" („Ilias", „Odyssee"), weniger die späteren römischen oder christlichen Epen; die griechische Antike gilt für die Epoche der Klassik als Gipfelpunkt der Kunst und anzustrebende Norm. Hegels Anschauungen zum Epos und Roman stimmen im wesentlichen mit denen Schillers und Goethes überein. Für Schiller ist zum Beispiel allein dem Epos die hohe Idealität vorbehalten, während der Roman zwar viel gelesen wird, aber die Reinheit des Ideals beleidigt.

Ausführung

A. Dieser romantheoretische Text Hegels, ein Auszug aus seinen „Vorlesungen über die Ästhetik", zwischen 1815 und 1829 mehrfach gehalten und nach Hegels Tod erst publiziert, versucht den Roman vom Epos abzugrenzen und gemeinsame und unterschiedliche Merkmale zu klären. Für Hegel hat der veränderte Weltzustand um 1800 neue Bedingungen geschaffen, so daß an die Stelle des Epos der bürgerliche Roman tritt. Denn der Weltzustand hat eine „prosaische" Ordnung angenommen, und es fehlt die für das Epos gegebene Einheit zwischen Individuum und Allgemeinheit. Der Roman ist also Ausdruck dieser verlorenen Einheit und ein Versuch, eine bürgerliche Ersatzform zu finden, die, wenn auch minderen Ranges, in einigen wichtigen Strukturmerkmalen mit dem Epos übereinstimmt.

B. Im ersten Abschnitt (Z. 1 - 6) grenzt Hegel das Epos, von dem bisher die Rede war, vom Roman grundsätzlich ab. Mit dem Begriff „der modernen bürgerlichen Epopöe" (Z. 1 f.) bindet er den Roman an den Aufstieg des Bürgertums, sieht ihn bedingt durch eine umfassende gesellschaftliche Veränderung, die Ablösung des feudalen durch das bürgerliche Gesellschaftssystem. In dieser neuen Gattung erkennt Hegel nun sowohl Gemeinsamkeiten wie Unterschiede zu dem Epos. Gemeinsam mit dem Epos strebt der Roman einmal den „Reichtum und die Vielseitigkeit" (Z. 2) an, genauer gesagt: die gesellschaftliche Totalität, zum anderen konkretisiert sich dieser Romangegenstand in einem Handlungsablauf. Unter dieser Totalität sind sowohl die Lebensanschauungen, die Einstellungen und Verhaltensweisen der Figuren als auch die Breite und Weite der Welterfassung zu verstehen, darstellbar ist das Bild einer „totalen Welt" (Z. 3) nur im Zusammenhang mit einem Geschehensablauf. Diesen Gemeinsamkeiten stellt Hegel sodann den grundsätzlichen Unterschied gegenüber, der in äußeren Bedingungen begründet ist. Denn der „ursprünglich poetische Weltzustand" (Z. 5), in dem das Epos wurzelte, ist verlorengegangen. Die bürgerlich-modernen Gesellschaftsstrukturen, z. B. die Herausbildung eines bürokratischen Staatsapparates, das beginnende Maschinenwesen, die Auflösung der traditionell ständischen Gesellschaft, bieten nicht mehr die Einheit und Geschlossenheit des früheren Weltzustandes. Das Individuum befindet sich in dieser Welt, die zur „Prosa" (Z. 6 f.) geworden ist und die Poesie verloren hat, nicht mehr in

Übereinstimmung. Die Begriffe „poetisch" und „Poesie" sind hier metaphorisch zu verstehen und bezeichnen die Welt, die gemeinsamen Idealen verpflichtet ist und deren Einheit in einem einheits- und sinnstiftenden Mythos beruhte. Der Mythos, gemeint sind die heiligen Geschichten eines Volkes (seine vorrationalen Vorstellungen zum Beispiel über die Entstehung der Welt, die Götter und Dämonen), geht in die Dichtung über und enthält die gemeinschaftlichen geltenden Wertungen und Weltbilder.
Im zweiten Abschnitt (Z. 6 - 10) erläutert Hegel diesen neuen prosaischen Zustand und die Chancen des Romans. Wieder ist der Begriff ‚Prosa' metaphorisch zu verstehen, also nicht im Wortsinn als ungebundene Rede, sondern als Kennzeichnung der Wirklichkeit dieser Epoche; diese ist eben nicht poetisch, sie ist, so läßt sich erschließen, durch Rationalität der Institutionen, durch Zweckmäßigkeit des Handelns und durch Aufsplitterung in Parteien und Interessen zu charakterisieren. Aber dennoch kann in diesem gesellschaftlichen Zustand „der Poesie [...]" ihr „verlorenes Recht" (Z. 9 f.) zurückgewonnen werden, wobei es einschränkend heißt: „soweit es bei dieser Voraussetzung möglich ist" (Z. 9 f.). Dabei muß „auf die Lebendigkeit der Begebnisse" (Z. 8) ebenso geachtet werden wie auf das Schicksal der Individuen. Ziel der Romankunst kann es offensichtlich für Hegel sein, die Poesie, also die sinnstiftende Einheit von Individuum und Allgemeinheit, von Subjekt und Objekt, im Kunstwerk wiederzugewinnen. Das Erzählbewußtsein schafft eine neue subjektive Ordnung, die diese verlorene Einheit in der Form neu schafft.
Im dritten Abschnitt (Z. 11 - 20) geht Hegel auf ein zentrales Strukturmerkmal näher ein: die Konfliktkonstellation des Romans, die sich von den geänderten Lebensverhältnissen her ergibt. Der am häufigsten vorkommende und auch angemessenste Konflikt für den Roman ist der „zwischen der Poesie des Herzens und der entgegenstehenden Prosa der Verhältnisse" (Z. 12 f.), wozu, wie Hegel ergänzt, auch der Zufall „äußerer Umstände" (Z. 13) zu rechnen ist. Dieser Konflikt beruht auf einer Spannung zwischen den Idealen des einzelnen, wie zum Beispiel Liebe und Gefühl, und den Zwängen der äußeren Welt. Offensichtlich gibt es die Poesie im Hegelschen Sinne nicht mehr als allgemeinverbindliche Idee, sondern nur als eine Wahrheit des Individuums, die sich an der Welt des Zweckes und des Nutzens stoßen muß. Hegel zeigt im folgenden verschiedene Wege auf, diesen Konflikt zwischen Individuum und der objektiven Welt zu lösen: den tragischen, den komischen und den versöhnlichen Weg. Auf die tragische bzw. komische Konfliktlösung geht er nicht näher ein, sondern erläutert die Möglichkeiten der Versöhnung und des Ausgleiches mit der „entgegenstehenden Prosa". Die Figuren des Romans können entweder nach einer Zeit das Widerstrebende in ihrem Charakter erkennen und die Vernünftigkeit der Wirklichkeit - Hegel nennt dies „das Echte und Substantielle" (Z. 15 f.) - erkennen. Wenn sie ihren subjektiv bedingten Widerstand aufgeben, können die Figuren also tätig und „wirksam" (Z. 17) in die Alltagswirklichkeit eingreifen und so ihre Vereinzelung und ihren Sinnverlust aufheben. Oder die Figuren können „eine der Schönheit und Kunst verwandte und befreundete Wirklichkeit an die Stelle der vorgefundenen Prosa setzen" (Z. 18 f.). Diese Lösung bedeutet, daß die Figuren eine neue, nicht entfremdete, also eine poetische Welt für sich schaffen, auf die Hegel allerdings nicht näher eingeht.
Im nächsten Abschnitt (Z. 21 ff.) nennt Hegel allgemeine Forderungen, denen der „eigentliche Roman" (Z. 21) genügen muß. Er überträgt die Strukturmerkmale des Epos

auf diesen Roman, der, wenn er sich den Strukturmerkmalen des Epos angleicht, als moderne „Epopöe" legitimiert werden kann. Der Roman vermag also, „die Totalität einer Welt- und Lebensanschauung" (Z. 22) an einer „individuellen Begebenheit" (Z. 23), welche „den Mittelpunkt für das Ganze" (Z. 23 f.) bildet, darzustellen. Das heißt, daß sich in dem, was dem Individuum geschieht, die gesellschaftliche Totalität spiegeln soll. Für den Dichter, der sich auf die „Prosa des wirklichen Lebens" einläßt, öffnet Hegel das ästhetische Regelsystem und bietet ihm einen desto größeren Spielraum, je mehr er sich dieser Wirklichkeit öffnet. Hegel setzt aber voraus, daß der Dichter den Abstand vom „Prosaischen und Alltäglichen" wahrt, um die Freiheit gegenüber dem Stoff nicht zu verlieren.

c. Hegels Bemerkungen zur Romantheorie bleiben zwar recht allgemein, und er geht den neuen Möglichkeiten des Romans gegenüber dem Epos nicht näher nach, aber seine Aussagen enthalten zentrale Gesichtspunkte, denen großer Einfluß bis ins 20. Jahrhundert zukommt. Insbesondere die Aussagen zum epischen Konflikt und den Lösungsmöglichkeiten haben ebenso wie die Verknüpfung von historisch-gesellschaftlicher Epoche und der Kunstform die Romandiskussion angeregt. Adornos Aussagen zum Roman beziehen sich in gewisser Weise auch noch auf die Hegelsche Position.

Analysebeispiel 2: Auszug aus: Theodor W. Adorno: Form und Gehalt des zeitgenössischen Romans

Vorbemerkung: Adorno setzt sich in seinem 1954 erschienenen Aufsatz mit dem modernen Roman auseinander. Der dem Auszug vorangehende Abschnitt legt dar, daß der traditionelle Roman der sogenannten Guckkastenbühne vergleichbar ist, da der Erzähler stets auf Distanz zum erzählten Geschehen bleibt. Davon unterscheidet sich der moderne Roman.

Aufgabenstellung:
Analysieren Sie bitte den romantheoretischen Text von Adorno mit dem Ziel, die Auffassung des Verfassers von der besonderen Spannung zwischen der fiktiven Welt des Romans und der Wirklichkeit herauszuarbeiten!

Textgrundlage:
Theodor W. Adorno: „Form und Gehalt des zeitgenössischen Romans". Zitiert nach: Theorie des Romans (Hg. H. U. Lindken). Stuttgart: Reclam Verlag 1984. S. 107-110.

Text:

Zu den Extremen, an denen mehr über den gegenwärtigen Roman sich lernen läßt als an irgendeinem sogenannten „typischen" mittleren Sachverhalt rechnet das Verfahren Kafkas, die Distanz [des Erzählers zum Erzählten, unser Zusatz] vollends einzuziehen. Durch Schocks zerschlägt er dem Leser die kontemplative Geborgenheit vorm Gelesenen. Seine Romane, wenn anders sie unter den Begriff überhaupt noch fallen, sind die vorwegnehmende Antwort auf eine Verfassung der Welt, in der die kontemplative Haltung zum blutigen Hohn ward, weil die permanente Drohung der Katastrophe keinem Menschen mehr das unbeteiligte Zuschauen und nicht einmal dessen ästhetisches Nachbild mehr erlaubt. Auch von den minderen Erzählern, die schon kein Wort mehr zu schreiben wagen, das nicht als Tatsachenbericht um Entschuldigung dafür bittet, daß es geboren ist, wird die Distanz eingezogen. Kündigt bei Ihnen die Schwäche eines Bewußtseinsstandes sich an, der zu kurzatmig ist, um eine ästhetische Darstellung zu dulden, und der kaum mehr Menschen hervorbringt, die solcher Darstellung fähig wären, so ist in der fortgeschrittensten Produktion, der solche Schwäche nicht fremd bleibt, die Einziehung der Distanz Gebot der Form selber, eines der wirksamsten Mittel, den vordergründigen Zusammenhang zu durchschlagen und das Darunterliegende, die Negativität des Positiven auszudrücken. Nicht daß notwendig wie bei Kafka die Schilderung von Imaginärem die vom Realen ablöste. Er eignet sich schlecht zum Muster. Aber die Differenz zwischen Realem und imago wird grundsätzlich kassiert. Es ist den großen Romanciers der Epoche gemeinsam, daß die alte Romanforderung des „So ist es", bis zu Ende gedacht, eine Flucht geschichtlicher Urbilder auslöst, in Prousts unwillkürlicher Erinnerung wie in den Parabeln Kafkas und in den epischen Kryptogrammen von Joyce. Das dichterische Subjekt, das der Konventionen gegenständlicher Darstellung sich entschlägt, bekennt zugleich die eigene Ohnmacht, die Übermacht der Dingwelt ein, die inmitten des Monologs wiederkehrt. So bereitet sich eine zweite Sprache, vielfach aus dem Abhub der ersten destilliert, eine zerfallene assoziative Dingsprache, wie sie den Monolog nicht nur der Romanciers, sondern der ungezählten der ersten Sprache Entfremdeten durchwächst, welche die Masse ausmachen. Wenn Lukács in seiner Theorie des Romans vor fast vierzig Jahren die Frage aufwarf, ob die Romane Dostojewskis Bausteine zukünftiger Epen, wo nicht selber bereits solche Epen seien, dann gleichen in der Tat die heutigen Romane, die zählen, jene, in denen die entfesselte Subjektivität aus der eigenen Schwerkraft in ihr Gegenteil übergeht, negativen Epopöen. Sie sind Zeugnisse eines Zustandes, in dem das Individuum sich selbst liquidiert und der sich begegnet mit dem vorindividuellen, wie er einmal die sinnerfüllte Welt zu verbürgen schien. Mit aller gegenwärtigen Kunst teilen diese Epopöen die Zweideutigkeit, daß es nicht bei ihnen steht, etwas darüber auszumachen, ob die geschichtliche Instanz, die sie registrieren, Rückfall in die Barbarei ist oder doch auf die Verwirklichung der Menschheit abzielt, und manche fühlen sich im Barbarischen allzu behaglich. Kein modernes Kunstwerk, daß etwas taugte und nicht an der Dissonanz und dem Losgelassenen auch seine Lust hätte. Aber indem solche Kunstwerke gerade das Grauen ohne Kompromiß verkörpern und alles Glück der Betrachtung in die Reinheit solchen Ausdrucks werfen, dienen sie der Freiheit, die von der mittleren Produktion nur verraten wird, weil sie nicht zeugt von dem, was dem Individuum der liberalen Ära widerfuhr. Ihre Produkte sind über der Kontroverse zwischen engagierter Kunst und l'art pour l'art, über der Alternative zwischen Banausie der Tendenzkunst und der Banausie der genießerischen. Karl Kraus hat einmal den Gedanken formuliert, was immer aus seinen Werken moralisch als leibhafte, nichtästhetische Wirklichkeit spreche, sei ihm lediglich unterm Gesetz der Sprache, also im Namen von l'art pour l'art zuteil geworden. Die Einziehung der ästhetischen Distanz im Roman heute, und damit dessen Kapitulation vor der übermächtigen und noch real zu verändernden, nicht im Bilde zu verklärenden Wirklichkeit, wird erheischt von dem, wohin die Form von sich aus möchte.

Anmerkung:

Kafka (Z. 3)	-	österr. Schriftsteller (1883 - 1924). Romane: „Der Prozeß", „Das Schloß", „Amerika"
imago (Z. 20)	-	lat. Bild
Proust (Z. 23)	-	frz. Schriftsteller (1871 - 1922). Hauptwerk: „Auf der Suche nach der verlorenen Zeit"
Kryptogramm (Z. 24)	-	griech.: Geheimtext (verschlüsselte Mitteilung in einem anderen Text)
Banausie (Z. 48)	-	Banause = ursprgl.: Handwerker, Mensch ohne Kunstsinn; Banausie: die Haltung eines solchen Menschen
Karl Kraus (Z. 49)	-	österr. Schriftsteller (1874 - 1936), Literatur- u. Kulturkritiker, Essayist, Aphoristiker, Dramatiker u. Herausgeber der satirischen Zeitschrift „Die Fackel"

Ausführung

A. Der 1954 von Theodor W. Adorno veröffentlichte Text zum modernen Roman stellt einen Beitrag zur Gattungsdefinition und -geschichte dar. Anhand der veränderten Erzählerstandorte in der Moderne versucht Adorno den Roman des 20. Jahrhunderts von den traditionellen Romanen früherer Zeiten abzugrenzen und diese Veränderung mit dem Wandel der sich in den Romanen spiegelnden Wirklichkeit zu erklären.

B. Zentraler Aspekt des Aufsatzes ist der Verlust der Distanz zum Erzählten, mit welchem der moderne Erzähler zurecht kommen muß. Damit greift Adorno auf eine grundlegende Kategorie des Erzählens zurück: Im Gegensatz zum Drama ist die Darstellung der fiktiven Welt im Roman immer eine vermittelte, da der Erzähler zwischen der erzählten Welt und dem Leser als Gegenüber dieser Welt steht. Traditionell stand der Erzähler meist außerhalb dieses Wirklichkeitsentwurfes der erzählten Welt und konnte sich, wenn die Welt seinen Ordungs- und Wertvorstellungen entsprach, jeglicher Kommentare enthalten und von dieser Welt als neutraler Erzähler berichten, oder aber, falls es Diskrepanzen zwischen der erzählten Welt und seinen eigenen Erwartungen dieser Welt gab, als auktorialer Erzähler das Geschehen des Romans im Sinne seiner Ordnungs- und Wertvorstellungen so kommentieren, daß diese Kommentare als Korrektiv einer problematischen erzählten Welt gegenüberstanden und diese im Bewußtsein des Rezipienten zurechtrückten. Der auktoriale Erzähler nimmt dem Geschehen gegenüber letztlich eine distanzierte Position ein. Kennzeichen der modernen Romane ist es nun, daß diese im Extremfall versuchen, als Beispiel führt Adorno Kafka an, „die Distanz vollends einzuziehen" (Z. 4). Schon die Begründung

dieser Hauptthese, daß nämlich „dem Leser die kontemplative Geborgenheit vorm Gelesenen“ (Z. 4 f.) zerschlagen werde, läßt ahnen, in welche Richtung Adornos Ansatz geht.
Der distanzierte Erzähler gestattet es dem Leser, seinerseits auch auf Distanz zum Romangeschehen zu gehen oder sich zumindest mit dem Erzähler in der Beurteilung dieses Geschehens eins zu wissen, handle es sich nun um Mitgefühl für die Hauptfiguren, satirische Überlegenheit oder um bloße Kenntnisnahme der Ereignisse. In der Moderne dagegen, für die Kafka hier als Extrembeispiel angeführt wird, ist die Distanzlosigkeit die einzige Möglichkeit für den Erzähler, auf „die permanente Drohung der Katastrophe“ (Z. 8) zu reagieren, die in jeder episch ausgestatteten Welt ihre Reflexe hinterlassen muß. Selbst das „ästhetische Nachbild“ (Z. 9) erlaubt kein „unbeteiligtes Zuschauen“ mehr. An dieser Stelle erkennen wir eine weitere Grundvoraussetzung der Überlegungen Adornos: Alle Entwürfe von Wirklichkeit, also auch die erzählten Welten im Roman, können sich nicht von der Wirklichkeit, von der sie sich eigentlich absetzen wollen, völlig trennen. „Die Negativität des Positiven“, wie Adorno an anderer Stelle in diesem Aufsatz formuliert (Z. 18), tritt immer wieder in Erscheinung. Diese paradox klingende Formulierung bedarf der näheren Erklärung. Das „Positive“ ist das in der Wirklichkeit Vorhandene, vergleichbar der Bedeutung, die dieses Substantiv in der Photographie hat, also ohne jegliche Wertung. Eine solche Wertung ist erst in dem vorangestellten Substantiv „Negativität“ vorhanden. Das in der Wirklichkeit Vorhandene ist das Negative, das Abzulehnende, das, was den Menschen leiden läßt. Insofern ist auch Distanz zu dem Erzählten nicht mehr möglich. Angesichts der „Verfassung der Welt“ spräche eine „kontemplative Haltung“ des Erzählers und des Lesers dem aus dieser Verfassung resultierenden Leiden „blutigen Hohn“ (Z. 7). Diese Grundproblematik spiegelt sich aber auch in den Werken „minderer Erzähler“ (Z. 10) wider. Von diesen Autoren heißt es, daß sie „schon kein Wort mehr zu schreiben wagen, das nicht als Tatsachenbericht um Entschuldigung dafür bittet, daß es geboren ist“ (Z. 10 f.). In dieser Formulierung kommt zum Ausdruck, daß der Verweisungscharakter eines jeden Wortes auf Elemente der Wirklichkeit dazu führt, daß das Geschaffene (z. B. der Roman) sich dafür entschuldigen muß, daß er bei seiner Geburt die Hypothek der Wirklichkeit nicht abschütteln konnte, sondern immer mit sich umhertragen muß. Die Personifikation in dem oben zitierten Satz („Wort ..., das ... um Entschuldigung dafür bittet, daß es geboren ist“, Z. 10 f.) korrespondiert mit Adornos Verständnis vom Kunstwerk als autonomem Gebilde mit Eigenleben, wie er in seiner „Ästhetischen Theorie“ (ersch. 1969) darlegt. Jedes Kunstwerk, auch das schlechte, verweist auf das, wovon es sich eigentlich absetzen möchte. Schriftsteller wie Kafka erheben nach Adorno dagegen die Unmöglichkeit von Distanz zum Prinzip der Form ihrer Werke; das heißt: Schon die Form vermittelt, was als Aussage nicht verschwiegen werden kann, nämlich das Bewußtsein von einer verhärteten Wirklichkeit. In diesem Sinn ist jedes Kunstwerk als „Kryptogramm“ (Z. 24) zu verstehen, da es neben der erzählten Geschichte immer eine zweite enthält, nämlich die Wirklichkeit, zu der man nicht auf Distanz gehen kann. Adorno spricht in diesem Zusammenhang von der „Übermacht der Dingwelt, die inmitten des Monologs wiederkehrt“ (Z. 26). Der Terminus „Monolog“ verweist auf den Sprechakt des Erzählens, also scheinbar auf die Welt des Subjekts. Doch indem das Subjekt spricht, zieht die Welt, die Wirklich-

keit, in das Gesprochene ein. In der Ästhetik und in der Romantheorie taucht immer wieder der Begriff der Widerspiegelung auf, der an dieser Stelle, auch wenn Adorno ihn nicht verwendet, auf neue Weise gefüllt wird. Tatsächlich spiegelt der Roman die Wirklichkeit wider, aber nicht als bewußter Akt des Autors, sondern als Sieg der Wirklichkeit über die Auflehnung der Phantasie. Im Rückgriff auf Lukács, der an die Überlegungen Hegels zum Roman anknüpft und diese fortführt, diskutiert Adorno im folgenden die Frage, wie man das Wesen der Romane im Vergleich zum Epos bestimmen kann. Lukács hatte dieses Problem in Auseinandersetzung mit Hegels Vorstellung vom Roman als „moderner bürgerlicher Epopöe" angeschnitten. Wenn Hegel, ähnlich wie Goethe, die Subjektivität zum Zentrum des Romans erhebt, zeichnen sich bei Lukács - und erst recht bei Adorno - andere Tendenzen ab. Sah Lukács in den Romanen Dostojewskis „Bausteine zukünftiger Epen" (Z. 32), dann sieht Adorno in den modernen Romanen „negative Epopöen" (Z. 34 f.), zumindest in denen, „die zählen" (Z. 33). Es bedarf nun der Klärung dieses neuen von Adorno eingeführten Begriffs. Beim Epos der Antike kommt es zur Abbildung eines „poetischen Weltzustandes" (Hegel). Erzähler, epische Welt und Zuhörer wußten sich eingebunden in ein und dasselbe Ordnungsgefüge, das allen Beteiligten Halt bot. Spricht man von den Romanen der Moderne als „negative Epopöen", so sind diese „Zeugnisse eines Zustands, in dem das Individuum sich selbst liquidiert und der sich begegnet mit dem vorindividuellen, wie er einmal die sinnerfüllte Welt zu verbürgen schien" (Z. 35 ff.). Die ordnende Instanz des Individuums ist nicht mehr möglich, schlüge sie sich doch in der Distanz des Erzählers zum Erzählten nieder, was aber, wie oben bereits dargelegt, nicht mehr möglich ist; also schaltet sich das Individuum als vermittelnder Erzähler selbst aus, weil es eine andere Position oder eine Position überhaupt angesichts des verhärteten Weltzustandes nicht durchsetzen könnte. Indem so erzählt wird, nähert sich der moderne Roman wieder der ursprünglichen Form des Epos, in dem der Erzähler keine Distanz zum Erzählten aufzubauen brauchte, weil er sich als Teil des erzählten Sinnzusammenhangs wußte. Insofern verweist die Form des Romans auf das, was das Epos früher einmal war; es ist das Epos mit umgekehrtem Vorzeichen. Aber wie in einem Negativ in der Photographie das Positiv enthalten ist, so sind auch in den modernen Romanen die Struktur und das Wesen des Epos noch lebendig. In dieser Form des Romans bleibt die Utopie einer sinnerfüllten Wirklichkeit bewahrt. Negativ und Positiv sind gleichermaßen präsent, und es bleibt offen, ob die „geschichtliche Distanz, die sie registrieren, Rückfall in die Barbarei ist oder doch auf Verwirklichung der Menschheit abzielt" (Z. 39 f.). Gerade in dieser Offenheit sieht Adorno den Dienst an der „Freiheit, die von der mittleren Produktion nur verraten wird, weil sie nicht zeugt von dem, was dem Individuum der liberalen Ära widerfuhr" (Z. 45 f.). Indem der moderne Roman die absolute Negativität des Bestehenden durch seine Form zum Ausdruck bringt, tritt er ein für das, was episches Erzählen einmal darstellte. Von diesem Gedanken ausgehend, setzte sich Adorno abschließend mit zwei extremen künstlerischen Gestaltungsformen auseinander: der engagierten Kunst* und der l'art pour l'art*. Angesichts des von der Wirklichkeit ausgehenden Grauens könnte man vermuten, daß die engagierte Kunst die einzige verantwortbare Form von Kunst sei, doch gelangt Adorno genau zu der gegenteiligen Position.

Die Auswertung eines Zitats von Karl Kraus macht deutlich, daß moralische Postulate nur durch die Form glaubhaft vermittelt werden können. Hier findet sich eine Parallele zu dem, was Adorno in seiner „Ästhetischen Theorie“ ausführt. Die Gesetze der Nachahmungslehre (Mimesis) in der Kunst sind in ihr Gegenteil verkehrt. Als Forderung sei aufzustellen, daß die Wirklichkeit die Kunst nachahmen müsse. Genau dieser Ansatz läßt sich aus Adornos Betrachtung zum Roman erklären: Einzig in der Form des modernen Romans, in der Distanzlosigkeit des Erzählers, ist bewahrt, was das Epos einmal abbilden durfte, eine einheitliche, sinnerfüllte Welt. Eine solche Welt ist es, „wohin die Form von sich aus möchte“ (Z. 55 f.), und diese Form steht einer „nur noch real zu verändernden, nicht im Bilde zu verklärenden Wirklichkeit“ (Z. 54 f.) gegenüber.
Damit engagiert sich Kunst selbst und nicht der Autor. Sie geht aus der Gesellschaft hervor und tritt dieser zugleich als Antithese entgegen. Somit wird am Beispiel des modernen Romans verständlich, was Adorno damit meint, wenn er an anderer Stelle von Kunst als der „gesellschaftlichen Antithesis zur Gesellschaft“ spricht.
Abschließend muß festgehalten werden, daß Adornos Ausführungen zum Roman auf komplizierten kunstphilosophischen Annahmen beruhen, die in vielfältiger Weise der Erläuterung und Konkretisierung bedürfen. Auf Literatur, die ganze Bibliotheken füllt, geht Adorno nur mit einem einzigen Wort ein, stillschweigend voraussetzend, daß der Leser solche Anspielungen selbst kontextualisieren kann. Läßt man sich allerdings auf Adornos Ansatz ein, dann erscheinen Literatur und die Beschäftigung mit Literatur in einem völlig neuen Licht. Die Frage nach dem Warum solcher Beschäftigung mit Literatur wird als eine unzulässige offenkundig. Statt dessen müßte die Frage lauten: Wie kann man es verantworten, sich angesichts unserer entmenschlichten Wirklichkeit nicht mit Literatur zu beschäftigen, wo doch in ihr vielleicht der letzte Hort von Menschlichkeit, wenn auch nur negativ - wie beim Roman - zu finden ist.

C. Wünschenswert wäre es allerdings, wenn man die komplizierten Gedanken Adornos nicht nur in dieser allgemeinen Form zur Kenntnis nähme, sondern sich auch seinen Interpretationen literarischer Werke zuwenden könnte, die durch ihren Rückgriff auf konkrete Texte wesentlich leichter zu verstehen sind.

Nachbemerkung: Lassen Sie sich als Leser dieses Bandes bitte nicht durch den obigen Adorno-Text und den Analyseversuch abschrecken. Kein Lehrer wird Ihnen diesen Text zur Analyse vorlegen, aber mit Sicherheit wird er in einem anspruchsvollen Deutschunterricht Gegenstand des gemeinsamen Unterrichtsgespräches sein, so daß Ihnen die obigen Seiten eine Hilfe sein können. Vielleicht haben Sie zudem aber auch erkannt, was wir in unserem allgemeinen Einleitungsteil meinten, wenn wir dort von Verstehen und Darstellen und von Beschreiben und Erklären gesprochen haben.

3.2 Analyse und Erörterung von Rezensionen und anderen wirkungsgeschichtlichen Texten
(Erörterung im Anschluß an eine fachspezifische Textvorlage)

Darstellung der Methode

I. Vorbemerkungen

1. Dieser Aufgabentyp verlangt, abgesehen vom Einleitungs- und Schußteil, zwei methodisch klar voneinander zu trennende Arbeitsschritte. Zunächst die Analyse eines nichtfiktionalen Textes (vgl. Kapitel 3.1), sodann eine kritische Erörterung dieser Textvorlage, d. h. die Entwicklung einer begründeten eigenen Position zu der Problemstellung des Textes. In der Regel wird Ihnen ein fachspezifischer Text vorgelegt, der eine kontroverse bzw. kritikfähige Position zu einem im Unterricht behandelten Thema enthält.

2. Zur Analyse eines nichtfiktionalen Textes
Die erforderlichen Schritte der Textaufnahme und Analyse sind in Kapitel 3.1 dargelegt worden. Sie müssen also auch hier untersuchen
- die Themenbereiche und die Kernaussage, insbesondere die Verfasserposition,
- den Argumentationsansatz,
- die Argumentationsstruktur (z. B. die Abfolge der logischen Schritte wie These, Begründung, Schlußfolgerung, Beispiel etc.),
- den Argumentations- und Sprachstil.

Deutlicher als bei der Ihnen bisher bekannten Textanalyse ist also der Argumentationsansatz zu klären (vgl. das unten Gesagte).

3. Zur textgebundenen Erörterung
Die Erörterung muß den Schwerpunkt der Arbeit bilden. Sie bezieht sich direkt auf die Textvorlage mit ihrem „Angebot", ihren Kernaussagen, ihren Wertungen und ihrer Beweisführung. Sie müssen sich mit der Textvorlage auseinandersetzen und zu einem eigenen Standpunkt finden. Dabei können Sie sich oft auf im Unterricht erarbeitete Ergebnisse oder Texte stützen. Es genügt allerdings nicht, nur Gegenthesen zu der Vorlage aneinanderzureihen, Sie müssen zu einer schlüssigen Beweisführung finden. Wichtig ist, aus der Textvorlage und Ihrer Auseinandersetzung mit dieser Ansatzpunkte für Ihre Erörterung zu finden. Diese Ansatzpunkte sollten sich a) aus dem Argumentationsansatz, b) aus der Kernaussage und Problemstellung, c) aus der Argumentationsstruktur und dem Argumentationsstil der Textvorlage ergeben.

Prüfen Sie die Textvorlage daraufhin,
- ob sie von direkt ausgesprochenen oder nur immanent enthaltenen Voraussetzungen (z. B. Weltanschauung, literaturtheoretische Position) ausgeht, denen entweder zum Teil oder grundsätzlich oder gar nicht zugestimmt werden kann,
- in welchem literarischen und außerliterarischen Kontext sie steht und ob ein großer zeitlicher Abstand gegeben ist,

- ob sich ein bestimmter Verwendungszweck oder kommunikativer Zusammenhang erkennen läßt,
- ob sie einen Ausschnitt aus einem größeren Problemfeld bietet,
- welche logischen Widersprüche bzw. sachlichen Ungenauigkeiten oder welche einseitigen Akzentuierungen erkennbar sind,
- ob sie einer Ergänzung, einer Korrektur oder Vervollständigung bedarf,
- welche Auffälligkeiten in der Struktur und im Stil der Argumentation vorkommen,
- ob sich eine bestimmte Textart erkennen läßt,
- ob die im Text erkennbaren Voraussetzungen und Annahmen stimmen und ob sie dem dargestellten Problem überhaupt gerecht werden.

Aus diesen Fragestellungen entwickeln Sie einen Erörterungsplan, den Sie - zum Beispiel anhand der oben genannten Kriterien - stichwortartig notieren.

II. Ausführung

A. Einleitung: Überblick über das Textganze
Einzugehen ist in knapper Form auf die Kommunikationssituation (Wer sagt was zu wem warum wo mit welcher Absicht?), dabei genauer auf das Thema bzw. die Problemfrage, den Anlaß, den Zweck und die Zielgruppe.

B. Hauptteil
Teil I: Textanalyse
1. Argumentationsansatz: Wie schon in der Vorbemerkung erwähnt, ist es oft schwierig, den Ansatz zu erkennen, denn er ist oft nicht ausformuliert. Jedenfalls müssen Sie in der Regel auf im Unterricht Erarbeitetes zurückgreifen. Folgende Fragen sind zu stellen: Von welcher Position aus (z. B. weltanschaulich, wissenschaftlich, literaturtheoretisch, politisch), in welchem Verwendungszusammenhang (journalistische Rezension, wissenschaftliche Abhandlung) und aus welchem Blickwinkel (z. B. Distanz oder Anteilnahme) ist der vorliegende Text verfaßt worden? Wie läßt sich dieser Ansatz näher bestimmen, und wie wirkt er auf den Text ein?
2. Gedankengang und Argumentationsstil
Orientieren Sie sich am besten an den Teilschritten, in denen sich die Argumentation vollzieht.
Wie entwickelt der Verfasser seine Gedanken, welche Schrittfolge ist erkennbar (These, Begründung, Folgerung, Beispiel, Zitat, Einschränkung, Zusammenfassung etc.)? Welche Merkmale charakterisieren den Argumentationsstil? Argumentiert der Verfasser nachprüfbar schlüssig oder thesenhaft? Welche Sprachebene (sachgebundene Begriffssprache, appellative oder subjektive getönte Elemente) liegt vor und in welchen Schlüsselbegriffen konzentriert sich das Interesse des Verfassers? Welche auffälligen sprachlichen rhetorischen Elemente kennzeichnen den Text, und welche Funktion haben sie im Blick auf die Verfasserposition und die Leser?
3. Fassen Sie Ihre Einsichten knapp zusammen (vgl. Kapitel 4).

Teil II: Erörterung
1. Allgemeines: Diese Erörterung braucht sich nicht an der Abfolge der Sinnabschnitte zu orientieren, sondern kann eine methodisch eigenständige Form der Ausein-

andersetzung wählen. Wichtig ist nur, die Beziehung zur Textvorlage nicht aus den Augen zu verlieren.

2. Zum Argumentationsansatz: Kann man weitgehend oder teilweise dem Ansatz zustimmen und diesen grundsätzlich übernehmen, oder muß ein eigener Ansatz gefunden und begründet werden? Ist zum Beispiel der historische Abstand oder die ideologische Position ein Ausgangspunkt ihrer Auseinandersetzung? Welche Belege und Unterrichtserfahrungen dienen dazu, Ihren Ansatz zu begründen? Welche Aspekte muß man, wenn man grundsätzlich zustimmt, dennoch ergänzen, einschränken, korrigieren, vertiefen?

3. Zur Struktur und zum Stil der Argumentation: Ist das Argumentationsverfahren im einzelnen schlüssig oder finden sich Einseitigkeiten, Verkürzungen, unpassende Beispiele etc.? Welche Korrekturen bzw. Präzisierungen sind hier erforderlich? Überzeugt der Argumentationsstil, finden sich zum Beispiel begriffliche Ungenauigkeiten, auf Beeinflussung angelegte rhetorische Mittel, ein Schlagwortstil etc.?

C. Schluß

In diesem Teil sollte eine überzeugende abschließende Beurteilung des in der Textvorlage behandelten Problems erfolgen. Möglich ist auch, auf weitere Lösungs- oder Antwortmöglichkeiten, die bisher nicht angesprochen wurden, hinzuweisen.

Analysebeispiel: Analyse und Erörterung einer Rezension zu Bölls „Ansichten eines Clowns"

Aufgabenstellung:

Untersuchen Sie bitte den Text nach Argumentationsansatz und -struktur; setzen Sie sich anschließend kritisch damit auseinander, indem Sie sich auf im Unterricht erarbeitete Positionen zum Roman beziehen.

Textgrundlage:

Werner Ross: Katholizismus als rotes Tuch. In: Die Zeit, 31.5.1963, zitiert nach Bernd Balzer: Heinrich Böll: Ansichten eines Clowns. Frankfurt a. M. 1988, S. 77 f.

Text:

Der Held von Bölls neuem Roman, der Clown Hans Schnier, hat eine verblüffende Eigenschaft: Er kann durchs Telefon Gerüche wahrnehmen. Wohlgeruch oder Patschouli, was es auch sei, seine Nase wittert es durch den Hörer.

So mystisch diese Eigenschaft scheint, so verräterisch ist sie für die besondere Begabung auch des Autors, der Hans Schnier erzeugte. Er „riecht" Milieus mit jener untrüglichen Sicherheit, die sonst nur Hundenasen auszeichnet. In der Erfassung „echter" Details hat er nicht seinesgleichen. Während andere Autoren Stilnebel übers Bild sprühen wie Uwe Johnson in seinen „Mutmaßungen", damit es kunstvoll unscharf wird, oder drastisch aus der Tube Farbe auftragen wie Grass in der „Blechtrommel", so liefert Böll saubere Momentaufnahmen, Schnappschüsse, bei denen man bewundernd „Donnerwetter!" sagt.

Umgangston und Seelenregung, Anekdote und Atmosphäre - er trifft's. Natürlich muß der Stil darunter leiden.

Es ist ein Problem des „Naturalisten", daß er zwischen der ungeschminkten und der künstlerisch veredelten Wirklichkeit zu wählen hat. Hauptmann hat sich damit geplagt, Fontane kam damit zurecht, indem er seinen Figuren das eigene Plaudertalent lieh, Hemingway hat es nicht ohne Manier geschafft.

Böll könnte ihr Nachfolger werden. Soll man nach diesem letzten Roman sagen: hätte ihr Nachfolger werden können?

Die Bonner Nachkriegsgesellschaft gab den Stoff. Kein Juvenal war dazu vonnöten, denn die Laster halten sich in biederbürgerlichen Maßen, der Sumpf ist eher Matsch. Als Koeppen das „Treibhaus" schrieb, trug er viel zu dick auf. Fontane 1963 wäre der Richtige; der hatte auch die Gründerjahre aufs Korn genommen, eine wankende Welt, und ein Panorama davon hinterlassen, daß selbst wir mit unseren Allerweltsnasen wittern: Ja, so war's. Bölls Köln und Bonn könnten uns den Prälaten Sommerwild und den Fabrikanten Schnier so unzerstörbar konservieren wie Fontanes Berlin die literaturlüsterne Frau Jenny Treibel und ihren kommerzienrätlichen Gemahl.

Aber Heinrich Böll mit seiner guten Nase hat die besten seiner künstlerischen Möglichkeiten nicht gespürt. Statt dessen gibt er sich einer anderen Hundeleidenschaft hin: Er bellt. Wie ein treuer Haushund bellt er alles an, was ihm über den Weg läuft, genauso unermüdlich, unterschiedslos und im Grunde arglos, wie es Hundesitte ist. Es soll vielleicht Satire sein, aber bei den großen Satirikern steckt sie in der Sache selbst. Petronius braucht über den Wanst Trimalchio kein böses Wörtchen zu verlieren. Bölls rheinisches Naturell ist von Hause aus eher gutmütig, lässig, läßt leben. Es kann sich schlecht im großen Zorn entladen, lieber und leichter in Raunzen, Mäkeln, Quengelei.

So hadert Bölls Clown mit Gott und Welt, am unverdrossensten aber mit den Katholiken, die ihm alles eingebrockt haben. Wenn der Farbton nicht so unpassend wäre, müßte man die Katholiken sein rotes Tuch nennen.

Da Böll selber Katholik ist, liegt Familienkrach vor. Wem die Welt nicht gefällt, dem gehen die Vettern und Basen besonders auf die Nerven.

Das kann erhellend oder erheiternd sein, auch ein Vorwurf für einen Roman. Bernanos und Bloy haben mit Ingrimm und Wollust die „guten Katholiken" aufs Korn genommen.

Aber Bölls Angriffsziel ist weiter gerückt: Es geht nicht mehr gegen die bien pensants, das mit Geld und Grundsätzen gleich wohlgepolsterte Besitzbürgertum, sondern gegen die „feinen" Katholiken, die liturgisch Gebildeten, die diskussionsfreudig auf der Höhe der Zeit wandeln, aber in den Dingen der Moral und im Seelenfang immer noch so prüde und perfid sind wie in orthodox verstockten Zeiten.

Bölls Selbstportrait und seine Familienpolemik sind freilich verfremdet: Der Clown Hans Schnier ist protestantisch getauft, in einem katholischen Internat erzogen, von Freundin Marie in katholisch-akademische Zirkel eingeführt, seit langem aber rundum ungläubig. Leider ist die Maske verrutscht: Ein Agnostiker würde weder mit

solcher Inbrunst Litaneien singen, sei's auch in der Badewanne, noch hinter jedem Busch einen Katholiken auf der Lauer liegen sehen.
Es muß allerdings angemerkt werden, daß diese Art konfessioneller Hysterie nicht nur in Bölls Vorstellungswelt existiert; daß sie so vergröbert und vergrößert dargestellt ist, kommt der Wirklichkeit immer noch näher als ihre Ignorierung in einer sogenannten realistischen Literatur.
Alles in allem gesehen: Auch mit dem Umweg über Hans Schnier junior ist die Objektivierung nicht gelungen. Der Roman versackt im Ressentiment.

Anmerkung:
1. Der Verfasser verweist auf viele Autoren und literarische Werke, deren Kenntnis für das Verstehen der Rezension nicht erforderlich ist. Nur einige sollen hier vorgestellt werden: Th. Fontane: Frau Jenny Treibel (1892); G. Hauptmann, führender deutscher Vertreter des Naturalismus; U. Johnson: Mutmaßungen über Jakob (1959); Juvenal, römischer Satiriker; W. Koeppen: Das Treibhaus (1953); Petronius, römischer Satiriker, Trimalchio ist eine komische Figur aus seinem Werk „Satyricon".
2. Worterklärungen:
Patschouli: Duftstoff aus Blättern einer asiatischen Pflanze;
Agnostiker: glaubt an die Lehre von der Unerkennbarkeit des wahren Seins;
liturgisch: die gottesdienstlichen Handlungen betreffend;
perfide: treulos, hinterlistig.

Vorbemerkung: Die folgende Beispielanalyse muß ohne den konkreten Bezug auf im Unterricht erarbeitete Ergebnisse und Begleittexte auskommen, obgleich die Aufgabenstellung davon ausgeht. Diese liegen in der Regel vor und bieten eine hinreichende Grundlage für ihre Stellungnahme. In unserer Beispielanalyse können wir uns nur auf das zweite Kapitel (2.6.1) beziehen.

Ausführung

A. Unmittelbar nach Erscheinen (1963) wird der Roman ausführlich in den Medien besprochen. Die Resonanz auf den Roman ist ebenso groß wie kontrovers. Die Wochenzeitung „Die Zeit" veröffentlicht eine Reihe sehr unterschiedlicher Rezensionen, darunter die von Werner Ross. Ross stellt einige Vorzüge, aber vorwiegend Schwächen des Romans vor, bezieht grundsätzlich eine kritisch bewertende Position. Er meint, daß Böll der große Roman der Nachkriegszeit eben nicht gelungen sei. Ross setzt einen literaturkundlichen Leser voraus, der die vielfältigen Verweise auf andere Schriftsteller und Werke nachvollziehen kann.

B. I
1. Der Verfasser vergleicht Böll mit anerkannten realistisch schreibenden Autoren von Fontane über Hauptmann bis Hemingway und fragt zunächst danach, in welchem Maße es Böll gelungen sei, wie diese die Wirklichkeit seiner Zeit zu erfassen und darzustellen. Am Vorbild eines Fontane zum Beispiel gemessen (vgl. Z. 16 f.), versagt

Böll beim Versuch, die Wirklichkeit der Nachkriegsgesellschaft abzubilden. Ross läßt sich also offensichtlich von einem Realismus-Verständnis leiten, das zwar nicht epochengebunden ist, aber doch bestimmt von Prinzipien eines realistischen Schreibens. Er grenzt sich zwar von einer „sogenannten realistischen Literatur" (Z. 61) ab, gemeint ist offensichtlich eher triviale Literatur, verpflichtet aber dennoch die Literatur auf Wirklichkeitsnähe, auf eine weitgehende Übereinstimmung der dargestellten Wirklichkeit mit der Wirklichkeit, wie der Leser sie kennt. Nach diesem Literaturverständnis ist Böll eine allgemeingültige realistische Darstellung der Wirklichkeit, eine „Objektivierung" (Z. 63) also, nicht gelungen, und sein Roman „versackt im Ressentiment" (Z. 63). Der Leser kann nach der Lektüre nicht feststellen: „Ja, so war's" (Z. 25).

Ein zweiter Ansatzpunkt der Kritik ist für Ross die künstlerische Darstellungsweise. Für Ross ist Böll auch die satirische Entlarvung nicht gelungen, da die Satire „in der Sache selbst" (Z. 34) stecken solle, sich aber nicht im platten „Anbellen" nach Hundesitte (vgl. Z. 31), nicht im „Raunzen, Mäkeln und Quengeln" (Z. 37) erschöpfen dürfe.

Hinzu kommt, daß laut Ross das künstlerische Vermögen zwar für Nahaufnahmen ausreicht, nicht aber für den großen Roman, so daß der „Stil darunter leiden" muß, wenn Böll wie im „Clown" mehr anstrebt.

Ein dritter Ansatzpunkt ist die grundsätzliche inhaltliche Übereinstimmung mit Bölls Kritik am Katholizismus. Er meint zwar, daß diese Kritik „vergröbert und vergrößert" dargestellt sei, sieht sie aber insgesamt als legitim an.

2. W. Ross geht im ersten Abschnitt (Z. 1 - 13) von einer „besonderen Begabung" (Z. 4 f.) Bölls aus, der Milieus mit einer solch „untrüglichen Sicherheit" (Z. 6) wahrnehmen könne, daß ihm detailgetreue und stimmige Einzelepisoden gelängen. Aus dieser Würdigung der einzelnen Episoden ergibt sich für Ross im zweiten Abschnitt (Z. 14 - 19) ein Vorbehalt gegenüber der künstlerischen Gesamtleistung Bölls. Denn sein Vergleich mit realistisch bzw. mit „naturalistisch" schreibenden literarischen Vorbildern wie zum Beispiel Fontane deutet an, daß Böll deren künstlerischen Rang, hier im Blick auf den realistischen Stil, wohl erreichen könnte, aber nicht erreicht hat. Nach diesen Überlegungen zur künstlerischen Methode wendet sich der Verfasser der Kategorie des Romanstoffes zu (Z. 20 ff.). Dem Stoff, den die Bonner Nachkriegsgesellschaft biete, fehle zwar das Außerordentliche, aber dennoch hätte diese Welt unverwechselbar und realitätsgetreu dargestellt werden können; aber dies sei Böll, wie die Form des Irrealis signalisiert, nicht gelungen. Im nächsten Gedankenschritt (Z. 29 - 37) präzisiert Ross seine Kritik an der künstlerischen Gestaltung, indem er - allerdings auf metaphorischer Ebene (vgl. den Bildbereich Haushund) - Bölls Satire als zu flach wertet und ihr, wieder im Vergleich zu Vorbildern, die satirische Schärfe abspricht. Sodann wendet sich Ross (Z. 38 - 51) erneut dem thematischen Aspekt zu, der Katholizismus-Kritik, die nicht nur als Romanstoff geeignet sei - wie sein Hinweis auf vorhandene Widersprüche zeigt -, sondern für die Böll auch die entsprechenden Kenntnisse besitze. Aber im nächsten Abschnitt (Z. 52 - 61) folgt sein Einwand, daß diese Katholizismus-Kritik psychologisch unwahrscheinlich dargestellt werde und die Realität verfremde, wie er hauptsächlich an der Figur des Clowns belegt. Abschließend (Z. 62 f.) bringt er seine Kritik auf den Punkt: es fehle dem Böllschen Roman die

„Objektivierung“ (Z. 63), also die gültige und wiedererkennbare Realitätswiedergabe, statt dessen überwiege das rein Subjektive, Gefühlsmäßige.

Teil II (Erörterung)
W. Ross lehnt den Roman nicht völlig ab; hält die Auswahl des Themas für legitim und sieht einzelne Episoden, die detail- und milieugetreu erzählt werden, als gelungen an, so daß man „bewundernd ‚Donnerwetter‘“ (Z. 11) sagen könne. Aber an der künstlerischen Ausführung des Romanganzen wird kaum ein gutes Haar gelassen. Die Einwände lassen sich im wesentlichen in drei Punkten zusammenfassen, an denen sich die folgende Erörterung orientiert.
1. Der Roman wird in seiner Gestaltung dem Anspruch eines gesellschaftskritischen und realistischen Romans nicht gerecht.
2. Die beabsichtigte Satire verflacht, erschöpft sich in „Quengelei“, weil zum Beispiel der „große Zorn“ fehle.
3. Der Figur des Clowns, hier mit dem Autor gleichgesetzt, mangele es, wie auch den anderen, an psychologischer Wahrscheinlichkeit und Stimmigkeit.
a) Wenn Ross von einem Realismus-Verständnis ausgeht, das sich am realistischen Schreiben eines Fontane orientiert, so ist zu fragen, ob Böll einen traditionell realistischen Roman hat schreiben wollen und können. Böll steht nämlich (vgl. Kapitel 2, 6.1.1) in der Tradition der Moderne, wenn er gesellschaftliche Realität nicht im Sinne einer „Objektivierung“ (Z. 63) abbilden will. Sein Schreiben läßt sich zwar als realistisch bezeichnen, da es sich auf gesellschaftliche Realität umfassend einläßt, ist aber subjektiv gebrochen allein schon durch ein Mißtrauen gegenüber einer „objektiv“ angelegten Realitätswiedergabe. Diese allgemeingültige und auf Totalität hin ausgerichtete Darstellung bundesrepublikanischer Realität strebt Böll offensichtlich gerade nicht an. Denn diese „Objektivierung“ dürfte für ihn eine Illusion sein, da er sich bewußt für die radikal subjektive Perspektive entscheidet, die gerade der Clown exemplarisch verkörpert. Allein schon der Titel des Romans „Ansichten eines Clowns“ verkündet programmatisch die radikal subjektive Sicht. Ross geht nicht darauf ein, daß diese Sicht eines Clowns, der zudem nur „Ansichten“ mitteilt, von der Autorensicht grundsätzlich zu unterscheiden ist, daß eine grundsätzliche Diskrepanz zwischen der Sicht eines Autors und einer Erzählerfigur besteht.
b) Auch der Vorwurf, die Satire sei mißlungen, geht nicht auf die Voraussetzungen des Schreibens ein, die Frage also, ob Böll einen satirischen Roman schreiben wollte. Zwar weist der Roman sicherlich satirische Elemente auf, ist aber wohl kaum als satirischer Roman zu bezeichnen; ein zentrales Thema ist nämlich das Mitleiden mit den Zukurzgekommenen, ist die Melancholie angesichts des nicht erreichbaren Glücks. Zudem ließe sich ein satirischer Roman kaum mit Bölls künstlerischer Position einer Einheitlichkeit von Ästhetik und Moral vereinbaren (vgl. Kapitel 2.6.1). Die Augenblicke, die der Clown sammelt, kennzeichnen auch das Erzählen Bölls, dessen „Momentaufnahmen“ - hier ist Ross zunächst zuzustimmen - präzise und satirisch entlarvend wirken. Aber was Ross als „Quengeln“ abwertet, erweist sich als grundlegende Kritik an den Zwängen, Ordnungssystemen und Konventionen einer Gesellschaft, die das individuelle Recht und die Selbstverantwortlichkeit des einzelnen immer weiter eingrenzt und der humane Werte (Barherzigkeit und Solidarität) fehlen. Ihre Unfähigkeit, sich der Verbrechen der Nazis zu erinnern, korrespondiert mit ihrer

Unfähigkeit, sich der Benachteiligten in der Gegenwart anzunehmen. Ross entgeht, daß Böll ein solches Thema zwar mit satirischen Elementen im Detail, nicht aber als große Satire darstellen will. Ihm entgeht auch ein entsprechender Grundzug Böllscher Gesellschaftskritik; Böll wollte eben nicht nur den „Familienkrach" (Z. 41) beschreiben.

c) Damit ist der dritte Kritikpunkt angesprochen, daß Bölls „Selbstportrait" und „Familienpolemik" zu sehr „verfremdet" seien (Z. 52). Zunächst ist noch einmal festzustellen, daß die der gesamten Rezension zugrundeliegende Auffassung, Böll lege ein Selbstportrait vor, an der Tatsache vorbeigeht, daß die Perspektivfigur mit dem Autor nicht gleichzusetzen ist und daß die radikal subjektive und künstlerisch-eigenwillige Perspektive erst zu der Bedeutung des Romans führt. Die Realitätserfahrung ist also durch diese Perspektivierung bewußt „verfremdet". Unabhängig von dieser Korrektur kann man allerdings fragen, ob einzelne Figuren (vgl. z. B. Kinkel, Frau Schnier) überzeichnet werden und ob die „konfessionelle Hysterie" überzogen wirkt. Hier ist Ross, wenn es um Einzelaspekte geht, zuzustimmen.

d) Über die drei Kritikpunkte hinaus ist noch abschließend auf Struktur und Stil der Argumentation einzugehen. Schon deutlich wurde, daß viele der von Ross vorgebrachten Aspekte nur angesprochen, aber nicht näher erläutert werden. Er neigt wiederholt dazu, sich mit Verweisen auf literarische Vorbilder zu begnügen; so wird weder verdeutlicht, wie Böll einer naturalistischen oder realistischen Methode zugeordnet werden kann, noch wird klar, was Bölls „Angriffsziel" (Z. 46) konkret ist. Die Argumentation überzeugt beim ersten Lesen mehr durch die Fülle literarischer Bezüge, durch die der Leser fast erschlagen wird und die kaum nachprüfbar sind, als durch präzise Beweisführung. Indem sich der Verfasser auf diese Beispiele beruft, beeindruckt er den Leser.

C. Die Rezension von W. Ross, im Jahr der Romanveröffentlichung geschrieben und damit als eine schnelle Antwort eines Literaturkritikers zu werten, wird dem Roman nur sehr bedingt gerecht. Allerdings ist es aus dem Abstand mehrerer Jahrzehnte und auf der Grundlage der wissenschaftlichen Arbeiten zu dem Roman nicht schwierig, auf Einseitigkeit und Vereinfachungen hinzuweisen und nicht hinreichend bedachte Prämissen des Romans zu kritisieren. Immerhin erfaßt diese Rezension einige wichtige Merkmale des Romans: so die gelungenen Detailstudien, die Thematik, den gesellschaftskritischen und bedingt realistischen Charakter des Romans. Es ist klar, daß eine Rezension heute differenzierter ausfallen würde.

Analyse und Erörterung eines Vorwortes zu Goethes „Werther"

Aufgabenstellung:

Analysieren Sie bitte das folgende Vorwort einer zwölfbändigen DDR-Goethe-Klassikerausgabe nach Argumentationsansatz und -struktur, und setzen Sie sich anschließend kritisch mit diesem Text auseinander!

Textgrundlage:
H. Holtzhauer: Goethes Werk in zwölf Bänden. Berlin und Weimar: Aufbau-Verlag 1968. S. XX - XXI

Text:

Das Haus des Amtmanns Buff'in Wetzlar scheint Goethe das Ideal der Hütte im Sinne eines bürgerlichen Familienlebens gewesen zu sein. Die Seele dieses Hauses ist Charlotte Sophie Henriette, die mit dem Legationssekretär Johann Georg Christian Kestner verlobt ist. Goethe fühlt sich bald „eingesponnen und gefesselt" von der Gesellschaft Lottes. Aber wie in Sesenheim reißt er sich auch hier von dem aussichtslosen Verhältnis los und verläßt ohne Abschied im September 1772 die Stadt. Bald darauf hört er, daß sich ein Altersgenosse aus Wetzlar, Karl Wilhelm Jerusalem, am 30. Oktober 1772 erschossen habe. Von Kestner erfährt er die näheren Umstände. Sie stimmen mit Goethes eigenen Erfahrungen und Beobachtungen so genau überein, daß er diesen unmittelbar aus dem Leben genommenen Stoff in wenigen Monaten in einen Roman gestalten kann. Zur Herbstmesse 1774 erscheinen „Die Leiden des jungen Werthers". Das Buch ist eine Sensation. Seine Leser verstehen, daß Goethe als Anwalt bürgerlicher Forderungen spricht. Er rechnet mit einer verhaßten Gesellschaftsordnung ab, ergreift Partei für einen moralisch hochstehenden, aber mißhandelten Menschen. Er verteidigt dessen Anspruch auf gesellschaftliche Anerkennung und auf individuelle Freiheit, bis zum Recht, seinem Leben selbst ein Ende setzen zu können. Diese Auffassung war ein Schlag gegen einen der festgefügtesten religiösen Glaubenssätze. Er traf Pietisten und Orthodoxe gleich stark. So wirkte der Roman wie eine Brandrakete. Goethe, der zum Wortführer der Nation geworden ist, übt Kritik nach zwei Seiten: er greift vor allem den Adel an, aber auch Schichten des Bürgertums, die als Empfindsame eine ausweglose Richtung eingeschlagen haben. Die Sprache, die Goethe führt, ist neuartig und mitreißend. Die starken Gefühlsausbrüche, ob sie nun der Liebe oder der Natur gelten, sind etwas ganz anderes als die weinerlichen Tiraden, die in der Literatur Mode geworden waren.

Der „Werther" wurde ein Welterfolg. Schon 1775 übersetzte man den Roman ins Französische, 1781 ins Italienische. Für viele ausländische Bewunderer blieb Goethe zeitlebens der Dichter des „Werther". Von nun an wurde die deutsche Literatur für längere Zeit führend in Europa. Die in rascher Folge entstehenden Dramen „Clavigo" (1774), „Stella" (1775) und das Singspiel „Claudine von Villa Bella" (1775) sind mit der Problematik des „Werther" und des „Götz" eng verwandt.

Ausführung

A. Der vorliegende Text ist ein Auszug aus einem Vorwort zu einer Ausgabe der Werke Goethes in 12 Bänden aus dem Aufbau-Verlag der ehemaligen DDR. Die preiswerten Bände dieser Ausgabe, sie kosteten seinerzeit nur 5 Mark (Ost) pro Band, machen deutlich, daß diese Klassikerausgabe für breite Schichten der Bevölkerung gedacht war. Entsprechend mußte dieses Vorwort so verfaßt sein, daß es zum einen eine Einführung in das Werk gab, die mit dem Kunstverständnis einer sozialistischen Gesellschaft konform war, und zum anderen so gestaltet war, daß sie von möglichst vielen Bürgern verstanden wurde und ihnen dennoch alle notwendigen Informationen übermittelte. Diese von außen an den Herausgeber des Werkes herangetragenen Intentionen beeinflußten den Text in seinem Inhalt, seinem Aufbau und seiner sprachlichen Gestalt.

B. Der Textauszug setzt mit einem biographischen Teil ein, der die Umstände der Entstehung dieses Romans zu erhellen versucht. Neben privaten Beziehungen Goethes zu Charlotte Buff werden bereits in diesem Teil gesellschaftsrelevante Akzente gesetzt. Das Haus der Buffs wird als „das Ideal der Hütte im Sinne eines bürgerlichen Familienlebens" im Sinne Goethes charakterisiert. Damit wird ein semantischer Raum umrissen, der auch im Roman selbst von großer Bedeutung ist, die bürgerliche Privatsphäre. Wenn auf den Tod des Karl Wilhelm Jerusalem hingewiesen wird, dann heißt es von den „näheren Umständen" (Z. 9): „Sie stimmen mit Goethes eigenen Beobachtungen und Erfahrungen so genau überein, daß er diesen unmittelbar dem Leben entnommenen Stoff in wenigen Monaten in einen Roman gestalten kann" (Z. 9 ff.). An dieser Stelle wird ein grundlegendes Prinzip sozialistischer Kunstanschauung faßbar, die Widerspiegelungstheorie*. Literatur hat Einblick in gesellschaftliche Zusammenhänge zu ermöglichen. Hier bietet sich eine Möglichkeit, dieses Postulat auch dem literaturtheoretisch ungebildeten Leser zu vermitteln, weil es durch die Verbindung der gesellschaftlichen Sphäre mit dem Bereich des Privaten unmittelbar nachvollziehbar ist.

Der zweite Teil des Vorwortes (Z. 11 ff.) enthält dann die eigentlichen Hinweise auf ein angemessenes Verständnis dieses Romans, wie es die Herausgeber im Sinne haben. Grundlagen der interpretierenden Aussagen zum Roman ist ein literatursoziologischer Ansatz, wie ein kurzer Blick auf einige Kernaussagen des Textes bereits zeigt: Da ist vom „Anwalt bürgerlicher Forderungen" (Z. 13) die Rede, der „mit einer verhaßten Gesellschaftsordnung abrechnet" (Z. 14). Er „ergreift Partei für einen moralisch hochstehenden, aber mißhandelten bürgerlichen Menschen" (Z. 14 f.). Wir erkennen an diesen und anderen Textstellen die Hervorhebung des Bürgerlichen in Goethes Roman, das einer „verhaßten Gesellschaftsordnung" (Z. 14) gegenübergestellt wird. Die Erstarkung des Bürgertums im 18. Jahrhundert war für die Geschichtsauffassung der DDR ein erster Schritt in die richtige Richtung. Zuerst mußte der Adel als führende Schicht abgelöst werden, bevor das Proletariat bürgerliche Vorstellungen überwinden konnte. In diesem Zusammenhang fällt auf, daß die Herausgeber der Goethe-Ausgabe im Bereich der Prädikate auf Formulierungen des Klassenkampfes zurückgreifen („Anwalt sein von", „abrechnen mit", „Partei ergreifen für", „verteidigen", „ein heftiger Schlag sein gegen", „wie eine Brandrakete wirken"). Bei dem Begriff „Brandrakete" handelt es sich übrigens um einen Goethebegriff, der hier in einen anderen Zusammenhang gestellt wird. Damit wird Goethe zum Vorreiter des Sozialismus proklamiert, indem er fortschrittliche Ideen des Bürgertums aufgreift, wenngleich er die Zusammenhänge im Sinne der marxistischen Lehre noch nicht durchschauen konnte. Wichtig ist in diesem Zusammenhang, daß die Verfasser nicht nur Goethes negative Einstellung gegenüber dem Adel herausstellen, sondern auch seine kritische Haltung gegenüber gewissen Tendenzen im Bürgerlichen betonen: „... er greift vor allem den Adel an, aber auch die Schichten des Bürgertums, die als Empfindsame eine ausweglose Richtung eingeschlagen haben" (Z. 20 ff.). Das letzte Interpretationselement dieses Vorworts beschäftigt sich mit der Sprache in Goethes

Roman. Die Verfasser stellen die „starken Gefühlsausbrüche" (Z. 23) den „weinerlichen Tiraden" (Z. 24) in anderen literarischen Werken der Zeit entgegen. Hier spiegelt sich die Ablehnung der sogenannten empfindsamen Literatur der Epoche wider, die als Teilströmung der Epoche dem eigentlichen Sturm und Drang entgegenläuft. Der letzte Teil dieses Textausschnitts behandelt einige Aspekte der Rezeptionsgeschichte, besonders den Erfolg des Romans im In- und Ausland, und schließlich wird auf die Fortführung von Themen aus dem „Werther" in anderen Werken Goethes hingewiesen. Eine kritische Auseinandersetzung muß sich in erster Linie mit den Ausführungen zum Roman selbst beschäftigen, da die Beschreibung der Entstehungsumstände weitgehend eine Wiedergabe von Fakten ist, aus denen man allenfalls den gesellschaftlichen Gesamtansatz des Textes untermauern könnte. Mit diesem soziologischen Ansatz ist auch schon der erste Punkt genannt, der sich einer kritischen Befragung unterziehen muß.

Zwar muß man wohl insgesamt einräumen, daß eine soziologische Betrachtung von Literatur durchaus ihre Berechtigung hat, und das nicht nur in der ehemaligen DDR, sondern auch in der Literaturwissenschaft des Westens. Doch muß man sich gegen die plakative Form wenden, mit der ein solcher Ansatz in dem vorliegenden Text durchgeführt wird. Wer Goethe und diesen Roman in die Nähe des Klassenkampfes rücken will, wird damit weder dem Autor noch dem Werk gerecht. Das heißt wiederum nicht, daß in dem Roman keine gesellschaftskritischen Tendenzen vorhanden wären. Werthers Frustration durch die Welt des Adels ist in der Tat eine Erfahrung, die bis an die Wurzeln seiner Existenz reicht. Persönliches Engagement und Leistung werden von den Vertretern des Adels nicht anerkannt, zumindest nicht im Sinne einer gesellschaftlichen Aufwertung des Individuums, sondern Werther muß am eigenen Leibe erfahren, wie die überkommenen Gesellschaftsstrukturen festgeschrieben werden und das Bürgertum ausgegrenzt wird. Im Mittelpunkt des Romans stehen dabei jedoch die Rückwirkungen, die solche Erfahrungen auf das Individuum haben können, und nicht der Aufruf zur Revolte gegen solche Mißstände, obwohl gesellschaftskritische Tendenzen insgesamt nicht zu leugnen sind. Werther ist ja gerade der Leidende, der sensible junge Mensch, der zur tragischen Figur wird, weil die bestehende Gesellschaftsordnung inhuman ist. Als Lösung denkbar wäre also auch eine Reform der bestehenden Ordnung in Richtung einer menschenwürdigen Ordnung. Zudem muß bedacht werden, daß Werther nicht nur das Opfer einer überholten Gesellschaftsordnung wird, sondern vor allem das einer unerfüllten Liebe. Werther betritt also als Angeschlagener den gesellschaftlichen Raum, den allerdings die fragwürdig gewordene Feudalordnung nicht aufzufangen vermag. Ob man die Gesellschaftskritik bis zu dem Punkte ausdehnen kann, daß auch Verlobung und Ehe, letztere damals und heute ein Grundpfeiler auch der bürgerlichen Gesellschaft, spricht der Text nicht offen an. Nur der Hinweis, daß Goethe die Werther-Problematik z. B. in seinem Drama „Stella" weiterverfolgt habe, läßt den Eingeweihten vermuten, daß die Verfasser eine solche Kritik auch an der Institution Ehe nicht ausschließen wollen. Erinnert sei hier an die nicht-tragische Fassung des Dramas, die mit einer Dreiecksbeziehung endet. Für die meisten Leser dieses Textes bleiben solche Spekulationen unerkennbar, was wohl nicht zuletzt deshalb geschieht, weil die Ehe auch in der sozialistischen Gesellschaft nicht grundsätzlich in Frage gestellt wurde.

Zu dem gesellschaftskritischen Ansatz der Herausgeber des Textes gehört auch die Bemerkung, daß Goethe mit dem Roman „auch die Schichten des Bürgertums [angreife], die als Empfindsame eine ausweglose Richtung eingeschlagen haben" (Z. 21 f.). Empfindsamkeit zeigt sich im Roman in erster Linie in der Gestalt Werthers, in seinem innigen Verhältnis zur Natur, aber auch in seiner leidenschaftlichen Liebe zu Lotte. Folgte man dem Ansatz des Herausgebers, so würde dies bedeuten, daß Goethe mit seiner Hauptfigur Werther ein Negativbeispiel habe schaffen wollen. Ein solcher Ansatz scheint jedoch schlechthin absurd, auch steht er im Widerspruch zu den vorangehenden Ausführungen der Verfasser, wo sie von der Parteinahme des Autors für seine Hauptfigur gesprochen haben (Z. 14 f.). Doch sehen wir von diesem inneren Widerspruch des Textes einmal einen Augenblick ab, und überprüfen wir die These sachlich. Schon die Form des Romans spricht gegen eine solche Interpretation; verzichtet der Autor doch auf einen Erzähler, der zu Werther hätte auf Distanz gehen können. Der statt dessen eingeführte fiktive Herausgeber der Aufzeichnung Werthers enthält sich weitgehend aller Kommentare, und sein „Vorspruch" zum Werk verdeutlicht, daß seine ganze Sympathie und sein Mitleid diesem Werther gehören. Auch aus einem anderen Grunde kann Werthers Empfindsamkeit nicht Gegenstand Goethescher Kritik sein. Der „Werther" ist der Roman des Individuums, und seine Individualität erfährt Werther gerade in seiner Gefühlswelt, in seiner Innerlichkeit. Das ist die erste Möglichkeit auch für das bürgerliche Individuum, den Wert des eigenen Ich unabhängig von gesellschaftlicher Anerkennung zu erfahren. Individuelles Naturerleben und individuelle Liebeserfahrung, auch wenn sie in diesem Roman nicht ihre Erfüllung finden, sind Bereiche, die jedem Menschen zugänglich sind, unabhängig von seinem gesellschaftlichen Stand. Gerade auch der tragische Ausgang des Romans erhebt die bürgerliche Figur Werther zu neuer Größe, wie dies nur wenig früher auch im bürgerlichen Trauerspiel geschehen ist. Es ist zumindest in der Literatur ein Schritt des Bürgers auf dem Weg zur Emanzipation. Richtig ist dagegen wohl die Behauptung der Herausgeber, daß Goethe mit diesem Roman gegen dogmatische religiöse Anschauungen Position bezieht. Am deutlichsten zeigt sich dies im Zusammenhang mit der Selbstmordproblematik. Hier ist nicht nur auf die engagierten Diskussionen Werthers mit Lottes Verlobten zu verweisen, sondern auch auf das Romanende, wo nüchtern festgestellt wird, daß Werther ohne einen Geistlichen beerdigt wurde. Ein solcher Satz wirkt stärker als lange Diskussion über Irrwege der Kirche. Hat doch der Leser längst eine intensive Beziehung zur Hauptfigur entwickelt und Werther als eines der vortrefflichsten Individuen kennengelernt. Dies wird im Vorwort genannt, obgleich nicht intensiv genug begründet.

Damit kommen wir zu einem weiteren Punkt unserer kritischen Stellungnahme. Das Vorwort setzt eine Reihe von Akzenten für eine gesellschaftskritische Interpretation des Romans. Allerdings werden diese Aspekte nur angerissen und nicht im Dialog mit dem Werk entfaltet. Man muß sich fragen, ob der Durchschnittsleser einer solchen für breite Teile des Volkes gedachten Klassikerausgabe imstande ist, diese Aspekte selbständig zu füllen oder ob durch den ausgeprägten Schlagwortcharakter dieser Einleitung der Leser nicht letztlich doch allein gelassen wird und ihm statt des Urteils ein Vor-Urteil vermittelt wird. Man muß zwar zugeben, daß für eine Volksausgabe des „Werther" kein wissenschaftlicher Kommentar geeignet wäre, aber andererseits müßte dem Leser zumindest ansatzweise vermittelt werden, wie Interpretationsansätze zustande kommen,

nämlich durch Beschreibung und Auswertung von Textphänomenen. In diesem Punkt versagt das Vorwort weitgehend, es hilft nicht, den Käufer dieser Ausgabe zu einem mündigen Leser heranzubilden.
In einem letzten Punkt soll noch einmal auf die Sprache dieses Vorworts eingegangen werden. Die im Analyseteil dieses Aufsatzes schon zitierten Schlagworte und Parolen aus dem Bereich des Klassenkampfes tragen wenig dazu bei, die Berechtigung des soziologischen Ansatzes in der Literaturbetrachtung zu untermauern. Stilistisch wird das Werk durch das Vokabular des Kampfes auf eine Ebene herabgezogen, die es nicht verdient. Aber auch die Leser dieses Vorworts verdienen eine solche Behandlung nicht; denn in diesem Vokabular spiegelt sich eine Mißachtung des Lesers wider, den man offensichtlich einer differenzierten Betrachtung des Werkes nicht für fähig hält, so daß man ihm eine Meinung aufzudrängen versucht. Damit entlarvt sich an dieser Stelle die Grundposition der Verfasser selbst, insofern sie nicht zur Urteilsbildung der Leser beitragen, sondern diese auf ideologische Grundpositionen der bestehenden Gesellschaftsordnung festlegen und die Literatur der deutschen Klassiker lediglich dazu benutzt wird, bestehende gesellschaftliche Ordnungen zu stabilisieren, in diesem Fall die sozialistische Ordnung der DDR, indem ein bestimmtes Gesellschaftsbild vermittelt wird.

C. Der gegebene Text dokumentiert zum einen die Abhängigkeit von Analyseergebnissen von der jeweiligen Fragestellung bzw. von dem zugrunde gelegten Literaturbegriff. Zum anderen kann man aber gerade an diesem Text auch sehr gut feststellen, wie man den Versuch ideologischer Manipulation erkennen kann und welche Möglichkeiten es gibt, solchen Versuchen zu begegnen und eigene auf den Text bezogene Gegenpositionen zu entwickeln.

Übungsbeispiel: Analyse eines Sekundärtextes zu Max Frisch: „Homo faber"

Aufgabenstellung:
Analysieren Sie bitte den folgenden Text nach Argumentationsansatz und -struktur, und setzen Sie sich anschließend mit dem in diesem Text entworfenen Bild von Sabeth auseinander!

Textgrundlage:
Mona Knapp: „Moderner Ödipus oder blinder Anpasser? Anmerkungen zum ‚Homo faber' aus feministischer Sicht". Zitiert nach Max Frisch: Homo faber. Erläuterungen und Dokumente (Hg. K. Müller-Salget, Stuttgart: Reclam Verlag 1987. S. 163).

Text:

Auch Walters Tochter Elisabeth zeigt nicht viel mehr Substanz als Ivy. Sie wird ebenfalls konstant durch Dingaccessoires charakterisiert - der Pferdeschwanz, die Cowboy-Jeans, die Espadrilles - und sie ist, aufs Ganze gesehen, einfach zu gut, um glaubhaft zu wirken. Ihre Persönlichkeit erscheint flach und folienhaft, nachgerade kitschig, und dennoch berührt sie Walter fremd und „anders". [...]

Sobald er dann mit ihr ins Gespräch kommt, verkürzt er ihren Namen zu Sabeth und etabliert so seine Überlegenheit auf subtile Art.
In seinem Verhältnis mit Elisabeth gelingt es ihm zeitweilig, sein Mißtrauen und seine Verachtung gegenüber Frauen dadurch zu suspendieren, daß er sie als Kind ansieht [...]. Indem er wieder und wieder ihre Jugend und ihre Naivität („das junge Ding") als augenfälligstes Merkmal ihres Andersseins unterstreicht, nivelliert er sie derart, daß nunmehr ebenso wenig Zweifel an seiner Überlegenheit aufkommen wie in seinem Verhältnis zu Ivy. Von einer Gleichrangigkeit kann auch hier nicht die Rede sein. Elisabeth ist bloß eine der Frauen, die Walter „von falschen Minderwertigkeitsgefühlen befreit haben" (98,18). Ihre Rolle im Romangefüge erschöpft sich weitgehend in der ans Wunderbare grenzenden Zufälligkeit ihres Zusammentreffens mit Walter und der Bereitwilligkeit, sich in ihn zu verlieben. Denn nur so kann es zur Inzest-Tragik kommen. Paradox der Befund, daß Fabers Gedanken und Überlegungen dabei nicht in erster Linie ihr, sondern häufig Hanna, am meisten jedoch seiner eigenen Rolle, seinen Handlungen und seiner möglichen Schuld gelten. Elisabeth ist somit vorderhand Auslöser eines für die Erzählfigur bedeutsamen Geschehens, an dessen Konsequenzen sie keinen Anteil hat. Sie ist letztlich austauschbar.

Lösungshinweise:

1. Zum Argumentationsansatz: Wie aus dem Titel schon hervorgeht, liegt dem Text eine feministische Position zugrunde. Es geht um die Entlarvung eines falschen Frauenbildes, das eine von Männern geprägte Gesellschaft erzeugt.

2. Zum Argumentationsgang:

1. These: Wie Ivy zeigt auch Sabeth wenig Substanz.
   Begründung:
   - reduzierte Darstellung ihres Äußeren;
   - wenig ausgeprägte Persönlichkeit.
2. These: Walter Faber dokumentiert seine Überlegenheit gegenüber Sabeth.
   Begründung:
   - Verkürzung ihres Namens;
   - Reduzierung ihres Andersseins auf kindliche Naivität;
   - sie dient zur Kompensation seiner Minderwertigkeitsgefühle.
3. These: Auch im Romangefüge spielt sie eine untergeordnete Rolle.
   Begründung:
   - sie ist wichtig, weil sie bereit ist, sich in Faber zu verlieben;
   - Fabers Gedanken konzentrieren sich mehr auf Hanna denn auf Sabeth;
   - sie ist nur Auslöser eines für die Erzählfigur bedeutsamen Geschehens;
   - sie ist eine austauschbare Figur.

Zum Erörterungsteil:

- Problematisierung des Ansatzes (Beispiel für einen deduktiven Ansatz); Gefahr des Vorurteils: Männer schreiben nur frauenfeindliche Literatur! Anführen von Gegenbeispielen (z. B. Lessing: Minna von Barnhelm, Fontane: Effi Briest).
- Untersuchung der Frage, wie Sabeth im Roman dargestellt wird:

- attraktives Äußeres bzw. die Aussendung erotischer Signale dürfen noch nicht als Negativmerkmale gewertet werden;
- Sabeth verkörpert positive menschliche Eigenschaften (Offenheit, Lebensfreude, Sensibilität für Natur und Kultur, romantische Liebe). Die Tendenz zur positiven Überzeichnung ist nicht als Schwäche des Romans anzusehen, sondern als Ergebnis der idealisierenden Darstellung eines Liebenden. Selbst diese Idealisierung ist strukturell notwendig, um die Wandlung im Denken Fabers aufzuzeigen.
- Sabeth ist die Verkörperung eines anderen Lebensentwurfs, der dem Fabers gegenübersteht.

- Untersuchung der Beziehung Sabeth - Faber:
    - sie verkörpert das Prinzip des Weiblichen, dem durch die Romanstruktur Priorität vor dem Prinzip des Männlichen eingeräumt wird;
    - für Faber ist sie gerade nicht irgendeine Frau, sondern die Gegenfigur zu Ivy;
    - Faber baut im Umgang mit Sabeth die Pose des Überlegenen kontinuierlich ab (Lernprozeß ist von Sabeth initiiert);
    - Sabeth und Hanna sind als Parallelfiguren auf unterschiedlicher Ebene zu verstehen (Lebensreife).
- Untersuchung der Frage, ob Frisch ein antiemanzipatorisches Frauenbild produziert.
    - Hauptfigur ist zwar männlich, sie wird aber gerade in ihrer typisch männlichen Position durch das Romanganze kritisiert.
    - Sabeth und Hanna verkörpern die positive Alternative, Hanna hat durch ihre Trennung von Männern gerade ihre wahre Emanzipation dokumentiert.

Abschließende Wertung: Der Sekundärtext geht von Vorurteilen einer bestimmten Ideologie aus und trägt nichts dazu bei, begründet über den Roman zu urteilen, sondern bestätigt Vorurteile und weitet sie aus.

4 Formulierungshilfen für die schriftliche Analyse

4.1 Beschreibungsvokabular

Im folgenden wollen wir Ihnen einige konkrete Hinweise darauf geben, wie man Analysen am besten versprachlicht. Wir gehen dabei vom Aufbau der Analyse und von relevanten Untersuchungsaspekten aus, denen jeweils bestimmte sprachliche Strukturen zugeordnet werden können. Dies soll jedoch nicht in Form einer bloßen Auflistung geschehen, sondern in Frage kommende Ausdrücke sollen in der Regel jeweils innerhalb eines Satzes vorgestellt werden. Soweit möglich, sind die Ausdrücke durch Kursivstellung hervorgehoben.

4.1.1 Wie leite ich ein?

a) Der Einleitungssatz gibt das Thema an:
Der vorliegende Auszug aus Max Frischs Roman „Stiller" *enthält* eine Selbstreflexion der Hauptfigur.
(Einige Varianten der Themaangabe)
Der vorliegende Auszug ...
- beinhaltet ...
- hat ... zum Thema
- thematisiert ...
- wirft die Frage auf, ob ...
- entfaltet das Problem ...
- beschäftigt sich mit ...

b) Der Einleitungssatz enthält eine strukturelle Aussage:
In Max Frischs Roman „Stiller" *spielen Selbstreflexionen* der Hauptfigur Stiller/White *eine bedeutende Rolle*. Dies zeigt auch der gegebene Textauszug.
Neben den im eigentlichen Sinn *erzählten Passagen tragen die Selbstreflexionen* der Hauptfigur in Max Frischs Roman „Stiller" *zur Bedeutungserschließung* des Romans *bei*. Einen solchen Abschnitt stellt der vorliegende Textauszug dar.

c) Allmähliche Hinführung zum vorliegenden Text:
Der Roman „Stiller" des Schweizer Autors Max Frisch stellt in erster Linie die Frage nach der Identität des Individuums. Diese Frage wird sowohl in den auf das Leben Stillers zurückblickenden Passagen deutlich wie auch in den Selbstreflexionen Whites, die als Einschübe immer wieder anzutreffen sind. Eine solche reflektierende Erzählsequenz soll im folgenden genauer untersucht werden.

4.1.2 Wie baue ich Zitate ein?

a) Die Zitate haben einen formalen Einleitungssatz:
Dies zeigt sich an folgender Beschreibung der Figur: „..." (Z.).

Varianten dazu sind:
- Der Erzähler beschreibt … mit den Worten: „…“ (Z.)
- Das kann aus folgender Frage erkannt werden: „…“ (Z.)
- Stiller charakterisiert seine Frau Julika folgendermaßen: „…“ (Z.)

b) Sollen Zitate in den eigenen Analysetext eingebaut werden, so müssen sie sich der Grammatik des Satzes anpassen, dürfen aber in ihrem Sinn nicht entstellt werden. Vgl. den Sonderteil „Technik des Zitierens“ (S. 221).

4.1.3 Wie beschreibe ich Textphänomene

a) erzähltechnische Phänomene:
- An dieser Stelle wechselt die Erzählsituation: Der außerhalb des Geschehens stehende auktoriale Erzähler wird durch einen Ich-Erzähler mit Innenperspektive abgelöst.
- Die Gegenwartsebene der Erzählhandlung wird durch einen Rückblick unterbrochen.
- Im nächsten Abschnitt baut der Erzähler einen neuen semantischen Raum auf. Die Hauptelemente dieses Raumes deuten auf eine vitale Lebensfreude. Insbesondere sind hier zu nennen: „…“ (Z.).
- In der Figur des Staatsanwaltes werden bürgerliche Lebenselemente, wie der Versuch, eine den Konventionen entsprechende Ehe zu führen, mit der Bereitschaft zum philosophischen Reflektieren verbunden.

b) Textstrukturen: In solchen Sätzen werden immer Textelemente zueinander in Beziehung gesetzt.
- Diese Gefühlslage der Hauptfigur *findet ihre Entsprechung in* der Landschaftsbeschreibung.
- Im folgenden Abschnitt *liegt eine klimaktische Struktur vor*, die an den immer kürzer werdenden Sätzen abgelesen werden kann.
- *Durch die Parallelisierung auf syntaktischer Ebene* - beide Figuren werden in einer langen Satzperiode charakterisiert - wird der Leser zum Vergleich aufgefordert.
- Die innere Unruhe der Figur *spiegelt sich in* Satzbrüchen und Ausrufen *wider*.

Weitere Ausdrücke zur Beschreibung von Textstrukturen sind:
- etwas ist eine Anspielung auf;
- im Gegensatz/Kontrast/in Opposition stehen zu;
- parallelisiert werden mit;
- eine Steigerung darstellen im Vergleich zu;
- korrespondieren/übereinstimmen mit;
- etwas findet seinen Höhepunkt/eine Abschwächung in;
- von der bisherigen Struktur abweichen;
- etwas ist unvereinbar mit usw.

c) semantische Besonderheiten:
- Der Abschnitt wird beherrscht von einem semantischen Feld der Aggression. Besonders die Verben mit ihren jeweiligen Konnotationsgehalten lassen diesen Eindruck entstehen.
- Kennzeichnend für die Unmenschlichkeit dieses Staates sind die Metaphern aus dem Bereich der Tierwelt. Sie signalisieren, daß der Staat seine Untertanen zu erniedrigen versucht, wo er nur kann.

4.1.4 Wie deute ich?

In den obigen Beispielsätzen waren immer auch schon Deutungsansätze enthalten. Als Methode ist festzuhalten, daß zunächst das Textphänomen beschrieben wird und dann in einer allgemeinen Form hinsichtlich seiner Bedeutung beschrieben wird.
Wir wollen das an einem Beispiel erläutern:
Einer der Lieblingsausdrücke des alten Briest ist die Feststellung: „Das ist ein weites Feld." → **Feststellung des Textphänomens.**
In diesem Satz deutet sich an, daß Briest das vorangehende Ereignis innerlich problematisiert, aber nicht bereit oder nicht imstande ist, diese Problematik mit anderen Menschen zu besprechen. → **1. Phase der Deutung.**
Für den Leser offenbart sich hier jedoch ferner, daß nicht nur Effi, sondern auch der alte Briest letztlich bereits vereinsamte Individuen sind. → **2. Phase der Deutung (Verallgemeinerung).**

4.1.5 Wertung

Wertungen kommen in Analysen im allgemeinen nur in abschließenden Stellungnahmen zu einem Text oder in der Sonderform der „Erörterung im Anschluß an einen fachspezifischen Text" vor.
Sprachlich gibt es mehrere Möglichkeiten, Wertungen auszudrücken, von denen wir einige aufzählen:
a) durch Merkmalssätze, erkennbar an wertenden Adjektiven:
Die Schlußfolgerung des Autors *ist vorschnell.*
An dieser Stelle wird eine *unzulässige Gleichsetzung* vorgenommen.

b) durch Einordnungssätze, erkennbar am substantivischen Prädikatsnomen:
Die Textbeschreibung ist in Wahrheit *eine Verleumdung* des Autors.
Hierbei handelt es sich um *eine Verkürzung* der Thematik.

c) durch adverbiale Bestimmungen:
Der Rezensent gelangt zu diesem Urteil, *ohne die sprachliche Qualität des Werkes zu berücksichtigen.* Der Kritiker behandelt die gesellschaftlichen Aspekte des Romans *nur oberflächlich.*

> **Anmerkungen:** Jeder Wertung sollte eine klare Benennung des zu bewertenden Phänomens vorausgehen, und die Ebenen der Textvorlage und der eigenen Stellungnahme müssen sprachlich sauber getrennt werden, z. B. durch den Gebrauch des Konjunktivs.

4.2 Fehlerbeispiele

Wie erkennen ich eigene Mängel, wie verbessere ich meinen Stil?

Im folgenden werden einfache, aber typische Fehler aus Schüleraufsätzen vorgestellt. Wir hoffen, daß diese kommentierten Beispiele Ihnen helfen, überlegter und genauer zu formulieren. Wir nennen zunächst das Werk, dann die Schüleräußerung und kommentieren in knapper Form und geben einen Verbesserungsvorschlag. Unsere Absicht ist es, den Leser für stilistische Fragen zu sensibilisieren.

Beispiel 1
a) In H. Manns Roman „Der Untertan“ finden sich die Sätze: „Ihm nach! Dem Kaiser nach!“ (vgl. Beispielanalyse Kapitel 2.5.1).
b) Ein Schüler schreibt dazu: „Die Aufregung der Figur ist am Ausrufezeichen festzumachen.“
c) Sehen wir von der Floskel „festmachen“ einmal ab. Der Schreiber geht nicht auf die imperativische, elliptische Satzstruktur, sondern nur auf das formale Element des Satzzeichens ein und gelangt zu einer belanglosen Einsicht. Zu empfehlen ist, die Sätze nach ihrer kommunikativen Funktion zu beschreiben (Aussagesatz, Fragesatz, Befehlssatz). Von der Satzstruktur ausgehend, hätte die innere Verfassung der Figur verdeutlicht werden müssen.
d) Man könnte also schreiben: „Diederichs Begeisterung verdeutlicht sich im elliptischen Ausrufesatz, der, leicht verändert, wiederholt wird.“

Beispiel 2
a) Eine Erzählung von G. Wohmann, „Flitterwochen, dritter Tag“, zeigt ein Ehepaar, das sich bereits am dritten Tag nach der Heirat nichts mehr zu sagen hat.
b) Ein Schüler schreibt: „Sie sagt in Zeile 31: ‚… egal Reinhards Seitensprünge durchs Fernglas.‘ So etwas sollte doch eigentlich nach drei Tagen Ehe noch nicht der Fall sein, denn es ist ja eigentlich eine Art Mißtrauen.“
c) Zunächst ist ein Verstoß gegen die Logik darin zu sehen, daß es heißt: „Sie sagt in Zeile 31“. Hinzu kommt, daß der Verfasser, statt Textelemente auszuwerten, nur eine persönliche Meinung („sollte nicht der Fall sein) formuliert.
d) Ein Verbesserungsvorschlag ist: „Der Gedanke der Frau „egal Reinhards Seitensprünge durchs Fernglas“ zeigt die Entfremdung des Paares; der Mann beobachtet durchs Fernglas andere Frauen, der Frau ist dies Verhalten offensichtlich „egal“.

Beispiel 3
a) Der Roman „Der geteilte Himmel“ von Christa Wolf erzählt von der Trennung eines Liebespaares.
b) In einem Schüleraufsatz heißt es: „Doch Rita durchschaut Manfred und merkt, daß er auch sonst nicht zur Beerdigung seiner Mutter gekommen wäre (‚Aber auch sonst wärest du nicht gekommen‘)“.
c) Das nachgestellte, in Klammern gesetzte Zitat wiederholt unnötigerweise das Gesagte.
d) Geschickter wäre die Formulierung: „Die Aussage Ritas ‚Aber auch sonst wärest du nicht gekommen‘ zeigt, daß sie Manfred durchschaut.“

Beispiel 4
a) Auf H. Manns Roman „Der Untertan“ (vgl. Beispielanalyse in Kapitel 2.5.1) bezieht sich das nächste Beispiel.
b) Eine Schülerin schreibt: „‚Sie haben gedient?‘ soll heißen, daß vom anständigen Deutschen vorausgesetzt wird, daß er Militärdienst geleistet hat.

c) Zunächst wird das Textzitat nicht eingeführt und klassifiziert (z. B. „Die Frage") und ungeschickt mit der nachfolgenden Deutung verbunden. Zudem könnte das Textelement „Sie haben gedient?" genauer beschrieben und gedeutet werden, d. h. diese Frage hätte auf den Redezusammenhang, auf die hier deutlich werdende Einstellung des Sprechenden bezogen und als Ausdruck einer politisch-weltanschaulichen Grundeinstellung gedeutet werden müssen.
d) Aus dem Gesagten ergibt sich folgender Verbesserungsvorschlag: „Die Frage des Mannes mit dem Eisernen Kreuz ‚Sie haben gedient?' ist eine stereotype Redeweise jener Zeit, mit Hilfe derer sich der Sprechende über die politische Zuverlässigkeit Heßlings zu vergewissern sucht.

Beispiel 5
a) Es folgt ein Beispiel zu H. Bölls Roman „Ansichten eines Clowns" (vgl. Kapitel 2.6.1).
b) In einer Schülerarbeit ist zu lesen: „Der Clown ist immer noch an Marie interessiert. Er sieht in Züpfner seinen Konkurrenten, den er ablehnt. Er unterscheidet sich von diesem Züpfner, da er außerhalb der Kirche steht. Züpfner steht für die fortgeschrittenen Katholiken, der Clown für die Atheisten. Der Clown kämpft darum, die fortschrittlichen Katholiken auf ihr falsches Christentum hinzuweisen."
c) Sehen wir davon ab, daß hier über den Text gesprochen, aber nicht vom Text her analysiert wird, und untersuchen wir diese Satzbauweise und Satzverknüpfung. Die Sätze sind zwar sachlich korrekt, aber es fällt nicht nur auf, daß die hier vermittelten Einsichten sehr allgemein und unverbindlich bleiben, sondern auch, daß die Sätze in gleichförmig, recht monotoner Weise aneinandergereiht werden. Das gleichförmige Aufbauschema hätte durch Umstellung vermieden, und durch überlegte Satzverknüpfungen hätte der Gedankenfluß klarer und folgerichtiger angelegt werden können.
d) Die ersten Sätze unseres Beispiels könnten zum Beispiel so verknüpft werden: „Da der Clown Marie liebt, muß er Züpfner, der Marie eine katholische Ehe bieten kann, ablehnen, zumal er als Atheist Maries und Züpfners Motive nicht begreifen kann. ..."
Unser Verbesserungsvorschlag soll nicht nur zeigen, wie man Sätze komplexer anlegen und gedankliche Beziehungen darstellen kann, sondern auch, wie man die Aussage präzisieren kann.

Beispiel 6
a) Sehen wir uns noch einmal den letzten Satz aus Beispiel 5 an.
b) Es heißt dort: „Der Clown kämpft darum, die fortschrittlichen Katholiken auf ihr falsches Christentum hinzuweisen."
c) Diese Art von Verallgemeinerungen ist häufig in Schüleraufsätzen zu finden. Da aber Genauigkeit zu wünschen ist, sollte der Schreibende zum Beispiel oft einschränken bzw. differenzieren. In unserem Beispiel könnte mehrfach eingeschränkt bzw. differenziert werden.
d) Übertreiben wir einmal zur Verdeutlichung: „Der Clown kämpft vornehmlich, weil er Marie nicht verlieren will, gegen die fortschrittlichen Katholiken, die sich jedoch, wie der Clown sieht, zwar fortschrittlich nennen, aber reaktionär handeln."

Im folgenden Kapitel sollen, ausgehend von den Fehlerbeispielen, einige Empfehlungen vorgestellt werden, die beim Schreiben beachtet werden könnten.

4.3 Empfehlungen

1. Es gibt immer verschiedene Möglichkeiten, sich auszudrücken, und der Schreibende muß zwischen diesen Möglichkeiten auswählen. Sogenannter guter Stil ist abhängig vom Gebrauchszusammenhang des Textes. In unserem Band geht es um den Stil der Analyse und um eine angemessene Beschreibungssprache. Diese soll sich, zumindestens in der Tendenz, an wissenschaftlichen Ansprüchen orientieren, d. h. es kommt auf ein rationales, intersubjektiv überprüfbares Beweisverfahren an.
2. Es ist erforderlich, sich fachspezifischer Begriffe (vgl. das angefügte Glossar) zu bedienen, die in der Regel am klarsten ein Phänomen definieren können.
3. Eine Ausdrucksweise, die in Begrifflichkeit und im Satzbau an den mündlichen Sprachgebrauch angelehnt ist, bleibt undeutlich.
4. Eine übertriebene Häufung von Nominalphrasen (der sogenannte Nominalstil) wirkt schwerfällig, ist schwer lesbar und weist häufig unklare Bezüge auf.
5. Vielfach neigt der Schreibende zu überflüssigen Füllwörtern (vgl. „eigentlich", „etwa"), die einen Satz unnötig aufschwemmen.
6. Besonderes Augenmerk sollte auf die gedanklichen Beziehungen innerhalb des Satzes, aber auch zwischen den Sätzen gelegt werden. Konjunktionen und Adverbien verbinden, stellen gedankliche Beziehungen her, ermöglichen eine Differenzierung. Ein paar Beispiele, Gedankenverbindungen auszudrücken, folgen:

wenn ..., so/dann
zum einen ..., zum anderen
je ..., desto
zwar ..., aber
nicht nur ..., sondern auch
einerseits ..., andererseits
deshalb ..., weil
der Grund dafür ..., daß
insofern ..., als
dadurch ..., daß.

7. In den Beispielanalysen dieses Bandes sind die Sätze meist komplex angelegt, aber dennoch empfielt sich für die Klausur eine mittlere Satzlänge (ca. 15 Wörter pro Satz). In einem verschlungenen und verschachtelten Satz kann der Bezug unklar werden, und der Leser kann sich verheddern. Ein Beispiel: „Der Clown Hans Schnier, aus einer großbürgerlichen Familie stammend, die sich im Dritten Reich tief in das Unrechtssystem verstrickt hatte, zumal, wenn wir an die Mutter des Clowns denken, die ihre Tochter kurz vor Kriegsende in den Krieg schickte, hat früh das Elternhaus verlassen." In diesem Satz wird die Reihenfolge der Teilsätze nicht sinnvoll angeordnet, die Aussage des Hauptsatzes wird auseinandergerissen und die Gliedsätze des Mittelteils verselbständigen sich. Ein Vorschlag: „Der Clown ... hatte früh sein großbürgerliches Elternhaus verlassen, das sich tief in das Unrechtssystem verstrickt hatte. Insbesondere ist hier die Mutter zu erwähnen, die ihre Tochter kurz vor Kriegsende in den Krieg schickte."
8. Indirekte Redewiedergaben dienen dazu, Textauszüge bzw. wörtliche Äußerungen einer Figur knapp zusammenzufassen. Zu bedenken ist die Redeeinleitung sowie der Modus des Konjunktivs. Am Beispiel des Einleitungssatzes aus dem „Untertan" soll die Leistung der

Redewiedergabe gezeigt werden: „Diederich Heßling war ein weiches Kind, das am liebsten träumte, sich vor allem fürchtete und viel an den Ohren litt". In einer Analyse des Romananfangs könnte man, zum Beispiel in der Einleitung, diesen Satz so zusammenfassen: Der Erzähler bemerkt über die Hauptfigur, daß sie ein weiches, furchtsames und kränkelndes Kind gewesen sei.

9. Statt einer schlichten Aneinanderreihung der einzelnen Sätze (z. B. durch Adverbien und Konjunktionen wie „sodann, zudem, auch" etc. oder Ausdrücke wie „hinzu kommt") sollten Sie die verschiedenen Möglichkeiten bedenken, komplexere Sätze zu bilden, um logische Beziehungen herzustellen, die Beweisführung zu verdichten und ein klares Verständnis zu erreichen. Zum Beispiel sollten Sie bedenken, daß man allgemeine und daher angreifbare Aussagen einschränken, gegen Einwände absichern und überhaupt differenzieren kann. Im folgenden können wir nur auf ein sprachliches Mittel - und zwar an einfachen Beispielen - aufmerksam machen, nämlich die Differenzierung der Aussage durch verschiedene Arten der Gliedsätze.

a) Sie können Unterschiede verdeutlichen, zum Beispiel durch den Adversativsatz (Bsp.: Während Frau Schnier ihre Tochter in den Krieg schickte, blieben die fanatischen Nazis in ihrem Heimatort.).

b) Sie können durch den Komparativsatz vergleichen, Bezüge herstellen, Alternativen angeben (Bsp.: Diederich Heßling unterwarf sich der Macht, als ob er ohne jedes Rückgrat wäre.).

c) Sie können Gegengründe einbeziehen und etwaige Bedenken einräumen (Bsp.: Obwohl der Krieg bereits zu Ende ging, mußten viele Jugendliche noch zum Kriegsdienst einrücken.).

d) Sie können Ursachen und Gründe betonen, zum Beispiel durch den Kausalsatz (Bsp.: Da D. Heßling Macht erstrebte, verstieß er seine erste Freundin.).

e) Sie können Ziele und Absichten durch den Finalsatz angeben (Bsp.: D. Heßling heiratete, um seine finanzielle Situation zu verbessern.).

f) Wenn Sie Bedingungen und logische Zusammenhänge hervorheben wollen, können Sie den Konditionalsatz wählen (Bsp.: Wenn sich alle in Netzig so verhalten hätten wie der alte Buck, hätte Heßling nicht die Macht gewinnen können.).

g) Folgen einer Handlung oder einer Idee können durch den Konsekutivsatz einbezogen werden (Bsp.: D. Heßling war so feige, daß er beim Militärdienst kniff.).

4.4 Die Technik des Zitierens

Das Zitat ist ein wesentliches Element der Textanalyse. Zitate müssen herangezogen werden, wenn man die eigene Analyse intersubjektiv nachprüfbar machen will oder andere Positionen zum Text (z. B. in der Sekundärliteratur) widerlegen will. Dazu ist es notwendig, auf den Primärtext zurückzugreifen. Das Zitat ist also eine Art „Beweisstück" innerhalb der Analyse.

Wir wollen die wichtigsten Regeln des Zitierens hier noch einmal zusammenstellen. Dabei gehen wir von einem kurzen Primärtext aus und zeigen an Beispielsätzen, wie Zitate in den eigenen Text eingebaut werden können.

Text:

Was ich von der Geschichte des armen Werthers nur habe auffinden können, habe ich mit Fleiß gesammelt und lege es euch hier vor und weiß, daß ihr mir's danken werdet. Ihr könnt seinem Geiste und seinem Charakter eure Bewunderung und Liebe, seinem Schicksale eure Tränen nicht versagen. Und du, gute Seele, die du eben den Drang fühlst wie er, schöpfe Trost aus seinem Leiden, und laß das Büchlein deinen Freund sein, wenn du aus Geschick oder eigener Schuld keinen nähern finden kannst.

Beispiele für richtiges Zitieren:

Buchangaben:
Der obige Text stammt aus:
Johann Wolfgang Goethe: Die Leiden des jungen Werther. Stuttgart: Reclam Verlag. S. 3.

1. Zitate müssen wörtlich sein; Änderungen oder Auslassungen müssen durch eckige Klammern gekennzeichnet sein:

   Wenn im Vorspruch vom „armen Werther“ die Rede ist (S. 3, Z. 1), dann deutet das auf die Anteilnahme des Erzählers hin. „Geist […] und […] Charakter“ (Z. 3) werden als Grundlage einer solchen Anteilnahme angeführt.

2. Wird ein Einzelwort zitiert, so ist die Bezeichnung der Wortart hinzuzufügen; das Wort selbst wird unflektiert zitiert:

   Das Adjektiv „arm“ (Z. 1) intensiviert den Eindruck des Bedauerns.

3. Mehrwortige Ausdrücke werden mit der vorangestellten Satzgliedbezeichnung zitiert.

   Die adverbialen Bestimmungen „aus Geschick oder eigener Schuld“ (Z. 6 f.) eröffnet zwei Perspektiven für die Rezeption des Textes.

4. Werden Zitate ohne formalen Aufhänger in den eigenen Text eingebaut, müssen sie der Syntax dieses Textes angepaßt werden.

   Besondere Anteilnahme verdienen „sein […] Geist und sein […] Charakter“ (Z. 3).

5. Mit einem Aufhänger eingeleitete Zitate sind durch einen Doppelpunkt vom eigenen Text zu trennen.

   Dies erkennt man an folgendem Satz: „Ihr könnt seinem Geist und seinem Charakter eure Bewunderung und Liebe […] nicht versagen“ (Z. 3 f.).

(Anmerkung: Der Punkt als Satzzeichen entfällt beim Zitieren, Rufzeichen und Fragezeichen müssen jedoch in das Zitat eingeschlossen werden. Bsp.: Seine Frage „Warum hast du das getan?“ (S. 23, Z. 9) zeigt seine Ratlosigkeit.)

6. Am wenigsten geschickt ist es, wenn man Zitate als Klammerzusatz in den Text einbaut:

   Der Versuch, die Sympathien des Lesers zu gewinnen, ist ein durchgängiges Prinzip des Romans (z. B. „… und du gute Seele“, Z. 6).

Wenn Sie diese Technik des richtigen Zitierens rechtzeitig in Hausaufgaben und Klausuren einüben, bereitet Ihnen dies bald keine Schwierigkeiten mehr, und Sie haben auch bei einem eventuellen Studium weniger Probleme, denn diese Techniken werden an den Universitäten vorausgesetzt.

Glossar

In diesem Glossar soll nicht die Vielzahl der sprachlichen Mittel aufgeführt werden, die in fast jedem Unterrichtswerk für den Deutschunterricht zu finden sind, sondern nur zentrale Kategorien der Romananalyse sollen knapp definiert werden. Die mit einem * versehenen Begriffe der ersten drei Kapitel, die dort schon erläutert worden sind, werden hier zur schnellen Übersicht noch einmal vorgestellt. Sinnvoll ist es, bei Unklarheiten noch einmal im jeweiligen Kapitel nachzulesen.

Abweichung: Häufiges semantisches, aber auch formales Merkmal von Texten. Die A. ist die Durchbrechung einer „Normalerwartung", eine Regelverletzung; abgewichen werden kann von dem Sprachsystem (Lexikon, Grammatik), aber auch von Regelmäßigkeiten, die sich erst im Text herausgebildet haben. Beispiele für A.en sind u. a. Metaphern, Symbole, Durchbrechungen und aufgrund der bisherigen Textgestalt erwarteten Äquivalenz- und Parallelstruktur im Textaufbau und in der Syntax. Das abweichende Element wird in seiner Grundbedeutung und seinem Konnotationsgehalt hervorgehoben.

Äquivalenzbeziehung: Strukturmerkmal meist poetischer, aber nicht nur lyrischer Texte. Themen, Motive, Figuren und Figurenkonstellationen und Räume können ein gemeinsames Bedeutungspotential haben. Das führt zu Verknüpfungen von eigentlich separaten Textteilen. Ä. kann es auch auf formaler Ebene geben: syntaktische Parallelismen, Reimverkettungen, vergleichbare Einleitungen von Erzählsequenzen usw. Ä.en führen zur Überstrukturiertheit von Texten (s. dort).

Bildungsroman: Besondere Form des Figurenromans. Die Hauptfigur wird unterschiedlichen Bildungseinflüssen ausgesetzt und entwickelt sich zu einem Menschen, der einem bestimmten Bildungsideal entspricht und ins aktive Leben eintritt; abzugrenzen vom Entwicklungsroman (s. dort).

Engagierte Literatur: (Litterature engagée) sucht den Bezug zur außerliterarischen Realität; sie will zu gesellschaftlichen Fragen Stellung beziehen, sie will verändern, aufklären, belehren - wie zum Beispiel die Kunst des Naturalismus. Von diesem Verständnis aus wird die Kunstauffassung, die das Ästhetische autonom setzt (vgl. l'art pour l'art), abgelehnt.

Entwicklungsroman: Form des Figurenromans, in dem es insbesondere um die geistig-seelische Entwicklung der Figur geht mit einem Hauptakzent auf ihrer inneren Befindlichkeit. Die Darstellung muß nicht in ein bestimmtes Persönlichkeitsideal einmünden; häufig aber mit Elementen des Bildungsromans verknüpft (s. dort).

Erzählsituation: Dieser Begriff überschneidet sich in vielen Definitionen mit dem Begriff der *Erzählhaltung* und *Erzählperspektive*, die eine gewisse Unschärfe aufweisen. Wir unterscheiden drei *Erzählsituationen*:
a) die auktoriale des allwissenden, das Geschehen innerhalb und außerhalb der Handlung überblickenden Erzählers;

b) die Ich-Erzählsituation, in der aus Sicht des erlebenden oder des rückblickenden Ich, das mithandelnder oder beobachtender Augenzeuge ist, erzählt wird;
c) die personale bzw. neutrale Erzählsituation, in der in der Er-Form aus der Figuren-Sicht dargestellt wird (vgl. dazu Kapitel 1.2.1).

Erzählweisen: Dies ist ein zusammenfassender Begriff für alle Gestaltungsmittel, die im Roman vorkommen. Sehr allgemein formuliert, kann der Erzähler die erzählte Welt entweder selbst vermitteln, d. h. Formen der Personenrede treten zurück, und der zusammenfassende (oft raffende) Rede-, Gedanken- und Erlebnisbericht herrschen vor; oder der Erzähler zieht sich weitgehend zurück, und es wird szenisch, in der Tendenz zeitdeckend erzählt, und die Reden, die Gedanken und Empfindungen der Figuren treten in den Mittelpunkt (vgl. die Formen der direkten, indirekten, erlebten Rede und des inneren Monologs).

Isotopieebene: s. **semantisches Feld**.

Kontext / Kotext: Der Begriff Kontext wird mehrdeutig benutzt und sollte vom Begriff Kotext abgegrenzt werden. Unter *Kontext* ist der außertextliche Zusammenhang zu verstehen, also das reale Umfeld bzw. die gesellschaftliche, politische, biographische Situation, welche die Entstehung des Kunstwerks beeinflußt. Unter *Kotext* verstehen wir dann nur den innertextlichen Zusammenhang, also das Wort im Satz-, den Satz im Sequenz- und die Sequenz im Textzusammenhang.

L'art pour l'art: (frz. = Kunst um der Kunst willen). Diese Kunstauffassung lehnt gesellschaftsbezogene, belehrende Aufgaben der Kunst ab, da der einzige Zweck der Kunst in ihr selbst liege. Zum Beispiel will die Kunst der Klassik zumindest tendenziell autonom sein, ihre Funktion ist es, funktionslos zu sein.

Parabel, parabolische Gestaltung: Der Text (oder der Textteil) wird als Bild für etwas anderes konzipiert. Die Bildhälfte des Textes verweist auf die Sachhälfte außerhalb des Textes. In der modernen Textwissenschaft wird die P. als die einzig mögliche Textform für das eigentlich Unaussprechbare angesehen. Auf der Satzebene entspricht der P. die Metapher.

Semantisches Feld: Einzelwörter und Textelemente höherer Ordnung wie Ausdrücke, Sätze, Abschnitte usw., die auffallend viele gemeinsame Bedeutungsmerkmale haben.

Sequenzbildung: Erzählende Texte ordnen ihr Geschehen in zeitlicher Sukzession, die aber nach der jeweiligen Erzählkonzeption geordnet und strukturiert ist. Relativ selbständige Handlungseinheiten bezeichnen wir als Sequenzen oder auch Episoden; sie lassen sich durch bestimmte Merkmale abgrenzen, zum Beispiel durch Anfang und Ende, durch ein begrenzbares Geschehen, durch gewisse Einheit von Figur, Raum und Zeit und durch eine zusätzliche Textverklammerung durch Motive, Metaphern, semantische Felder etc. (Kohärenzbildung).

Überstrukturiertheit: Vorherrschen von Äquivalenzbeziehungen (s. dort) innerhalb eines Textes. Ü. erzeugt den Eindruck einer harmonischen Form. Sie dient aber auch der Verkettung von Textteilen und damit der Intensivierung und Hervorhebung bestimmter Textaussagen.

Widerspiegelung: Grundsätzlich galt jede Dichtung sehr lange Zeit - seit Aristoteles - als Mimesis, also als Nachahmung in einem sehr weit gefaßten Sinne. Diese Auffassung deutet an, daß es zwischen fiktivem Geschehen und Realgeschehen einen nachweisbaren Zusammenhang gibt. Zunehmend schwächt sich diese Auffassung seit dem 18. Jahrhundert ab, bis dann im Realismus und Naturalismus wieder Nachahmung und Widerspiegelung angestrebt werden, da man sich der zeitgenössischen, alltäglichen Wirklichkeit wieder stärker zuwenden will. Im vom Marxismus bestimmten „Sozialistischen Realismus" gewinnt die Widerspiegelungsforschung normative Bedeutung. - Die Moderne dagegen rückt vom Gedanken der Widerspiegelung grundsätzlich ab; es geht nicht darum, wie äußere Wirklichkeit widergespiegelt wird, sondern darum, wie der Roman selber eine eigene Wirklichkeit aufbaut, und zwar eine Wirklichkeit, die durch Sprache konstituiert ist.